Rolf Majcen

OHNE viel ABSTIEG!

Steiermark

58 knieschonende Touren zwischen Dachstein und Weinland

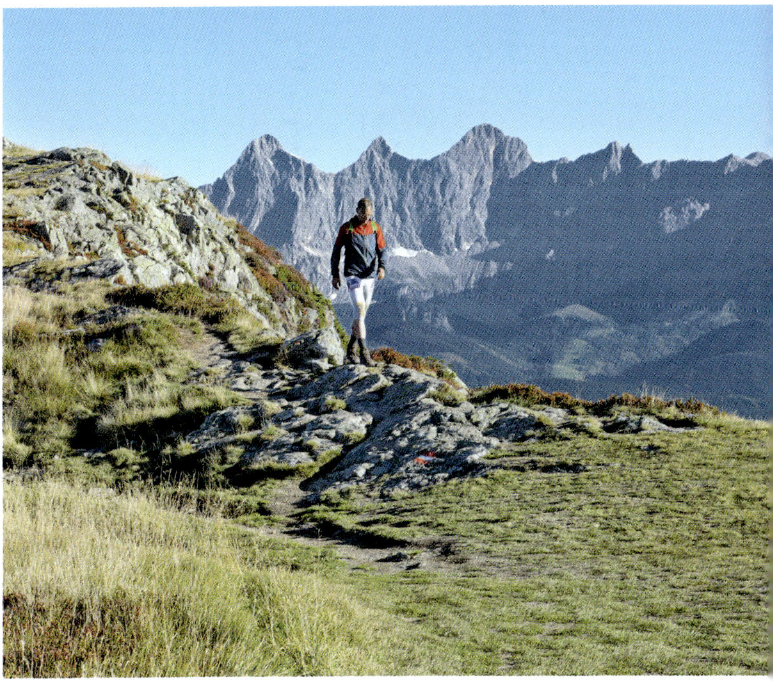

ROTHER
BERGVERLAG

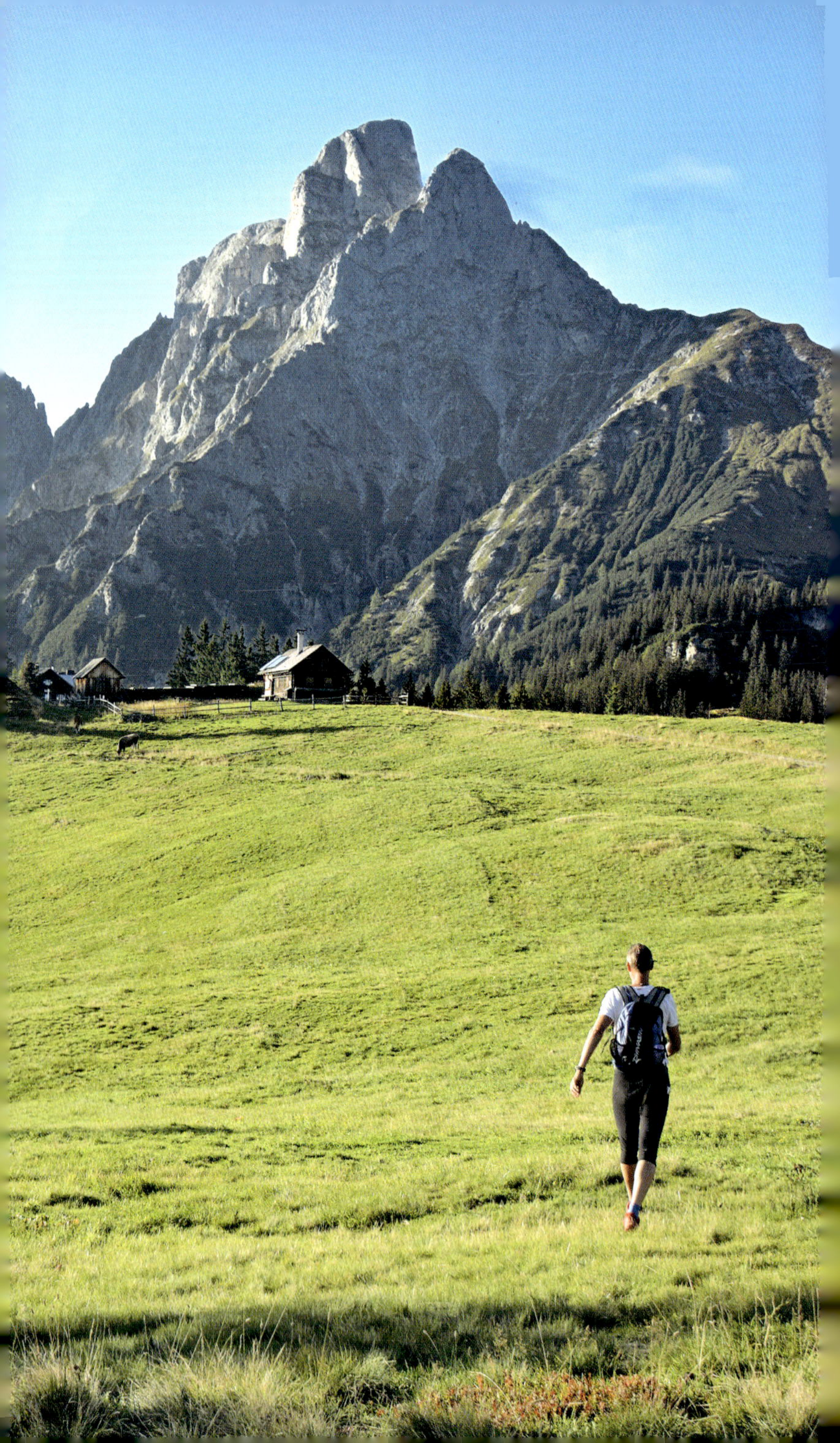

Vorwort

Die Idee zu diesem Buch kam mir, als ich mit meinem Vater auf den Schöckl wanderte. Er mag den Grazer Hausberg, weil er mit der Seilbahn abfahren kann. Doch er wandert nicht auf andere Berge. Das inspirierte mich herauszufinden, ob bzw. wo es in der Steiermark Touren gibt, die durch schöne Landschaft mit alpinen Formen und tollem Aufstiegserlebnis bestechen und gleichzeitig wenig Abstieg haben. Wer kennt nicht das Gefühl, wenn beim Bergabgehen Knie, Beine oder Füße schmerzen, und man froh ist, »endlich unten« zu sein. Reizüberflutung aus der falschen Quelle reduziert die Wahrnehmungsfähigkeit für die Umgebung und kann ein schönes Bergerlebnis trüben. Ich habe auch an Wettkämpfen in den Rocky Mountains, im Kaukasus oder am Mount Fuji teilgenommen. Insofern war zur Lösung der Frage, ob es solche Wanderungen gibt, »sportlicher« Ehrgeiz im Spiel. Zwar verkürzen Talfahrten mit Seilbahnen den Abstieg, aber wandern im Nahbereich von Anlagen mit Blick auf Eingriffe in die Natur war nicht das, was ich mir vorstellte. Das erschwerte die Auffindung geeigneter Touren; Harmonie von Wegführung und Bergpanorama war für die Bewertung aber essenziell!
Ich entdeckte erste Routen, die meine hohen Ansprüche erfüllten, berücksichtigte auch hoch gelegene Bergstraßen und ergänzte das Sortiment der Wanderungen um solche, bei denen Taxi oder Bus für den Weg bergab genutzt werden können; es qualifizierten sich nur Wegverläufe, die das »Gesamterlebnis Berg« so gut vermitteln, dass die Abfahrtskosten Nebensache sind. Da das Spektrum an Wanderungen, bei denen technische Hilfsmittel den Abstieg verkürzen, begrenzt ist, und ich auch Touren ausschloss, die alternativlos zwei private Fahrzeuge erfordern, komplettierte ich das Angebot um Rundwanderungen. Dabei war ich allerdings mit der Herausforderung konfrontiert, dass der Wunsch nach wenig Abstieg die Palette für Wanderungen mit herrlichem Berg- und Gipfelpanorama, samt Gipfelsieg, kleiner werden lässt.
Nach den vielen Tagen, an denen ich in der ganzen Steiermark auf Tourensuche war, freue ich mich nun, dass ich 58 passende Wanderungen gefunden habe, ganz nach dem Motto der steirischen Landeshymne »Hoch vom Dachstein an ... bis ins Rebenland ...«. Bei fast allen Touren, Rundwege selbstredend ausgenommen, liegt der Höhenunterschied im Aufstieg signifikant über dem Abstieg, und nur bei einer Handvoll Ausflügen fallen etwas mehr als 400 Höhenmeter Talmarsch an.
Das Aufspüren der Touren war ein Prozess, der mir sehr viel positive Energie vermittelt hat. Heute denke ich mit Wehmut an die schönen Tage zurück, an denen ich für dieses Büchlein unterwegs war. Jede Tour hat mir mehrfach das gegeben, was ich mir so sehr gewünscht hatte, nämlich viel Freude am aktiven Höhersteigen, schöne Berg- und Naturerlebnisse, große Begeisterung für herrliche Berglandschaften und alpine Formen samt dem »Blick über die Berge« und – was mir ganz wichtig war – wenig Abstieg.

Teesdorf, im Oktober 2022 Rolf Majcen

Am Weg zur Mödlinger Hütte (Tour 28).

Inhalt

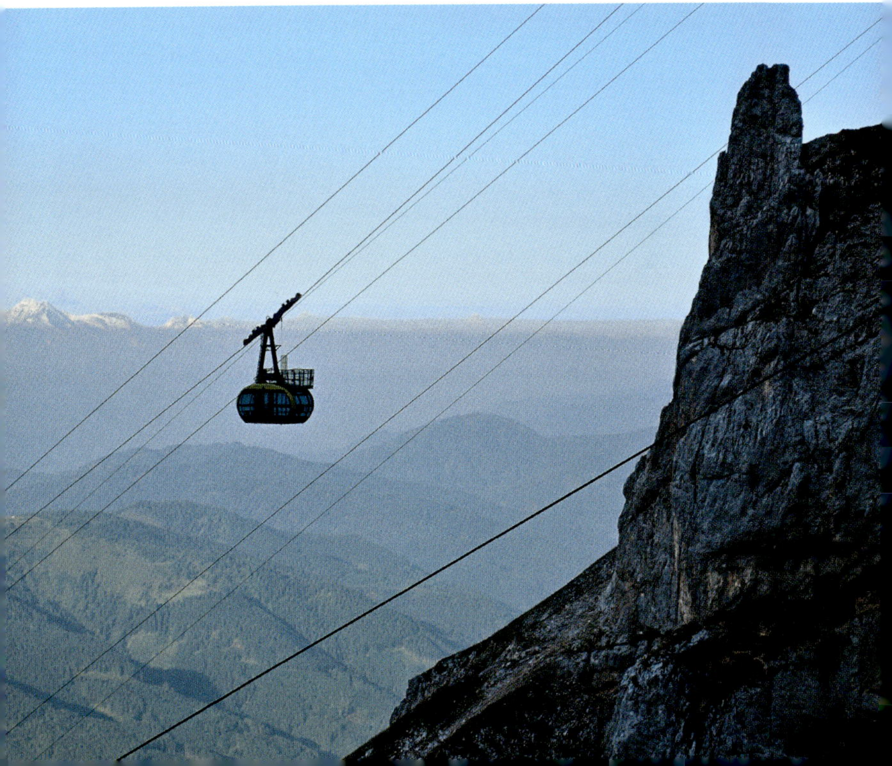

Top-Touren

Drachenhöhle und Rote Wand, 1505 m
Das kolossale Höhlenportal, der spannende Übergang zur Roten Wand und der Aufstieg zu dieser, wo man Steinböcke sehen kann, sorgen für viel Abwechslung. Tiefblicke ins Murtal zu Beginn und das weite Panorama im letzten Teil der Tour komplettieren das Erlebnis im Grazer Bergland. *(Tour 6, 4.15 Std.)*

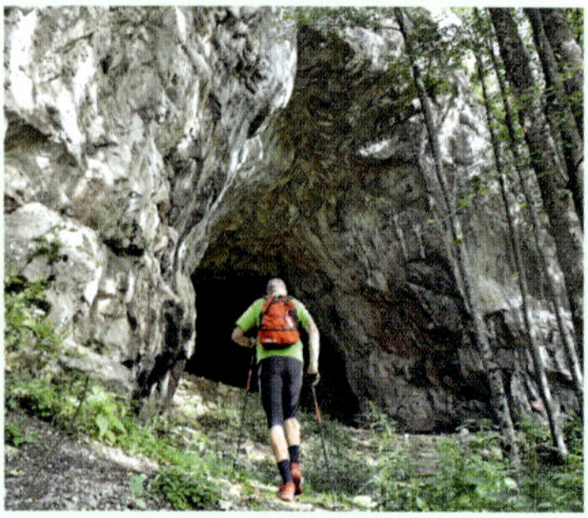

Peterer Riegel, 1967 m
Los geht's mit dem Taxi, um schnell zu den aussichtsreichen Almen zu gelangen. Dort fasziniert die liebenswürdige Landschaft, die das Gefühl unendlicher Weite vermittelt. Am Peterer Riegel heißt ein schönes Gipfelkreuz willkommen, und nach kurzem Abstieg wird man bei einem hoch gelegenen Speichersee wieder abgeholt. *(Tour 19, 4.30 Std.)*

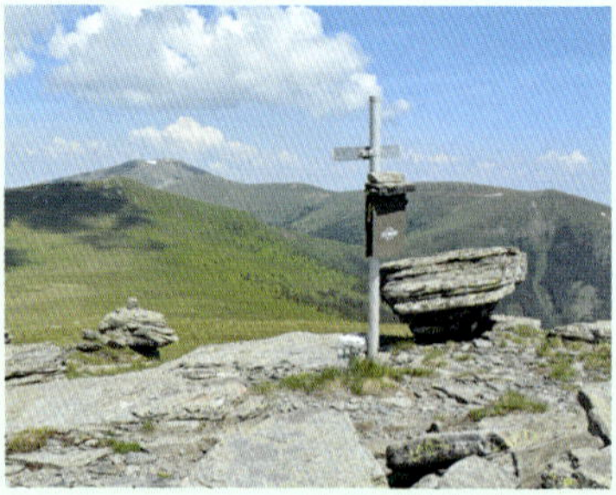

Schießeck, 2275 m
Sanfte Wiesen, soweit man schaut! Kein Waldabschnitt, sondern Aussicht pur! Drei schöne Gipfel mit prächtigen Gipfelkreuzen und ein viertes Kreuz am formschönen »Schrattofen« prägen die Wanderung an der Lachtal-Westbegrenzung, bei der man im Frühsommer durch ein Meer voll Alpenblumen geht. *(Tour 24, 4.30 Std.)*

Von Admont auf den Hahnstein, 1697 m
Der attraktiv zerrissene Felsgipfel, der aus vielen Blickwinkeln bewundert wird, könnte auch Teil der Dolomiten sein. Die fabelhafte Aussicht und sein bizarres Haupt über der idyllischen Hochalm machen den Hahnstein trotz der geringen Höhe attraktiv. Der Abstieg zur Oberst-Klinke-Hütte ist sehr steil, doch umso beeindruckender die umgebende Felsszenerie. Nur für Geübte! *(Tour 29, 4.45 Std.)*

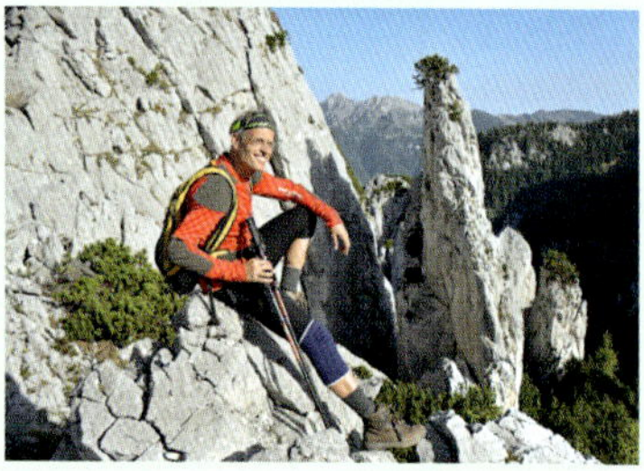

Tauplitzalm
Es sind die Prachtblicke zum Grimming, die ausgedehnten Wiesen, der Steilanstieg durch »Die Riesen« und das größte Seenhochplateau Mitteleuropas, die dazu beitragen, dass der Ausflug im Toten Gebirge überaus lebendig und emotional wird. Und welcher der Seen der schönste ist, ist wirklich schwer zu sagen … *(Tour 31, 5.00 Std.)*

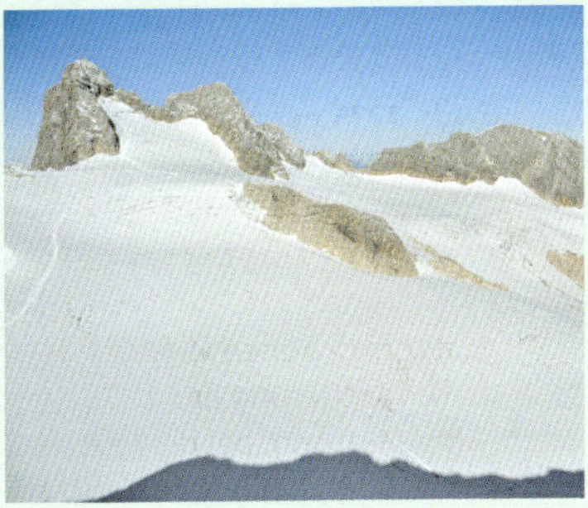

Kleiner Gjaidstein, 2735 m

Mächtiger Aufstieg und sehr kurzer Abstieg: Die hochalpine Tour führt in das Herz der Dachstein-Gruppe mit Gletscherblick. Wählt man die Variante über den Silberkarsee, wird man von einem der schönsten steirischen Bergseen begeistert sein. Wer lieber zwei Tage unterwegs ist, kann bei Halbzeit im Guttenberghaus – in Prachtlage! – übernachten. *(Tour 37, 6.30 Std.)*

Moaralmsee und Hauser Kaibling, 2015 m

Diese Route ist sicher keine Standard-Tour auf den bekannten Gipfel. Aber bestimmt eine mit sehr viel Abwechslung. Beim Moaralmsee lässt man die märchenhafte Landschaft auf sich wirken, bevor es auf einem schönen Wanderweg zum Dach der Tour geht, wo das edle Panorama erneut Emotionen freisetzt. *(Tour 39, 5.30 Std.)*

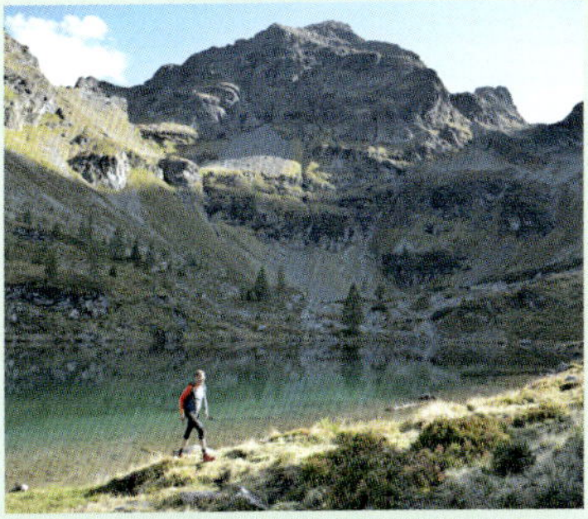

Reiteralm-Rundweg

Sechs Seen liegen am Weg. Und mit dem Spiegelsee wohl einer der schönsten im gesamten Alpenraum, denn im Wasser spiegelt sich das Dachstein-Massiv. Danach geht es auf einem wunderbaren Höhenrücken genussvoll dahin, und man ist Teil der Märchenwelt, die die Natur in diesem Teil der Tauern geschaffen hat. *(Tour 42, 2.15 Std.)*

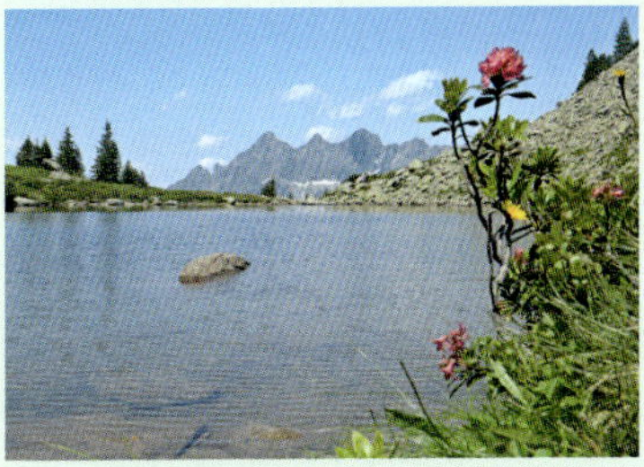

Über den Hinterkarsee zum Rantentörl, 2166 m

Kein Waldweg, nur Panorama – das lang gezogene Rantental begeistert. Vom Talschluss zieht ein Steig zum romantischen Hinterkarsee hinauf. Was für ein traumhafter Platz! Hochalpines Ambiente erfreut am einfachen Weiterweg zum Rantentörl. Dann geht es bergab zum Rantensee, wo es wieder heißt: exquisite Bergidylle in Reinkultur! *(Tour 43, 4.30 Std.)*

Leopoldsteiner See – Pfaffingalm – Präbichl

Diese lange Tour vermittelt glanzvolle Hochschwab-Impressionen, und es sind weit mehr als »nur« formschöne Felswände, kühn in den Himmel ragende Bergspitzen, sprudelndes Wasser und romantische Almen, die begeistern. Der imposante Osteingang der Frauenmauerhöhle und eine panorama- und kontrastreiche Querung gegen Ende verleihen der Tour noch zusätzlichen Reiz. *(Tour 47, 7.15 Std.)*

Allgemeine Hinweise

Anforderungen

Die Touren sind grundsätzlich so ausführlich beschrieben, dass sie ohne den Einsatz von technischen Geräten oder Hilfsmitteln wie GPS oder Smartphone-Apps problemlos gegangen werden können. Die meisten Routen verlaufen auf sehr gut markierten und auch instand gehaltenen Wegen und Steigen. Nur sehr wenige Touren integrieren auch Abschnitte mit Asphaltstraßen, doch diese sind verkehrsarm, schmal und aussichtsreich.

Die Wanderungen reichen im alpinistischen Sinne von leicht bis schwer. Nur sehr wenige verlangen explizit Trittsicherheit, Schwindelfreiheit und Ausdauer. Bei einer Handvoll Touren führt der Weg zum Teil über unmarkierte Abschnitte, doch können diese ohne Orientierungsprobleme bewältigt werden, weil die natürlichen Gegebenheiten die »logische Linie« eindeutig vorgeben.

Vor allem Nebel, Regen, Schnee und Eis können manche Touren um einiges schwieriger gestalten. In Waldgebieten können Schlägerungen oder neu gebaute Forststraßen Änderungen der Routenführung notwendig machen, damit kann sich auch die Schwierigkeit der Tour ändern. Wege über Hochflächen sollen grundsätzlich bei guter Sicht begangen werden, auch wenn die meisten dieser Höhenwege mit Stangen oder Steinmännchen zusätzlich gut markiert sind. Jedoch können Sturm und Kälte auf den exponierten Wegen für zusätzliche Schwierigkeiten sorgen. Um die jeweiligen Anforderungen besser einschätzen und vergleichen zu können, sind die einzelnen Tourenvorschläge mit verschiedenen Farben gekennzeichnet.

■ Leicht

Blaue Routen können unter normalen Bedingungen ohne besondere Gefahren auf breiten, gut ausgebauten Wegen zurückgelegt werden. Sie sind in der Regel nicht barrierefrei, teils auch schmal, aber nicht ausgesetzt, ohne technische Schwierigkeiten, meist nicht übermäßig lang und ohne besondere Bergerfahrung oder Kondition zu meistern.

■ Mittel

Rot bezeichnet schwierigere und ausgesetztere Routen oder solche, die eine gewisse Bergerfahrung und Kondition voraussetzen. Rote Wege sind oft schmäler, weniger gut gesichert und näher an steilen Abbrüchen. Gleichzeitig erfordern rote Touren aber keine Klettererfahrung.

■ Schwierig

Schwarze Touren sollten nur mit guter Kondition, solider Bergerfahrung und ohne Kinder gemacht werden. Sie sind in der Regel ausgesetzt, körperlich fordernd und oft mit Klettereien im I. und II. Schwierigkeitsgrad oder mit Klettersteigen bis Schwierigkeitsstufe B oder C verbunden.

Tourenplanung

Die Sicherheit einer Tour hängt wesentlich von einer guten Vorbereitung ab. Dabei sollten die folgenden Dinge geprüft und in Einklang gebracht werden:

- Bergerfahrung und der Gesundheitszustand der Teilnehmer.
- Wetterbedingungen und ggf. Lawinenlage.
- Dauer und Schwierigkeit der Tour.

Auch sollte man immer mit Sicherheitspuffer planen, möglichst früh und mindestens zu zweit unterwegs

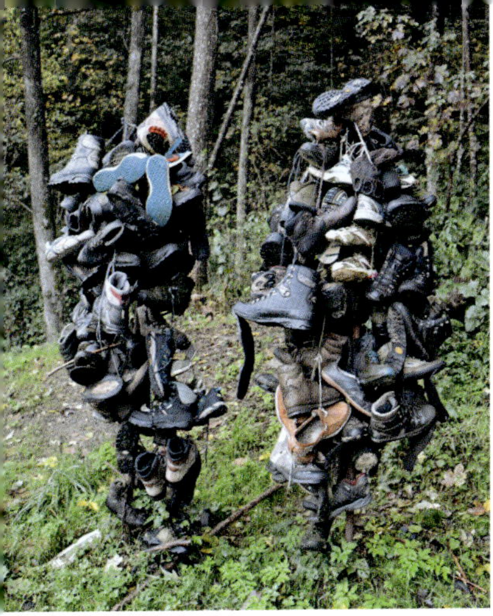

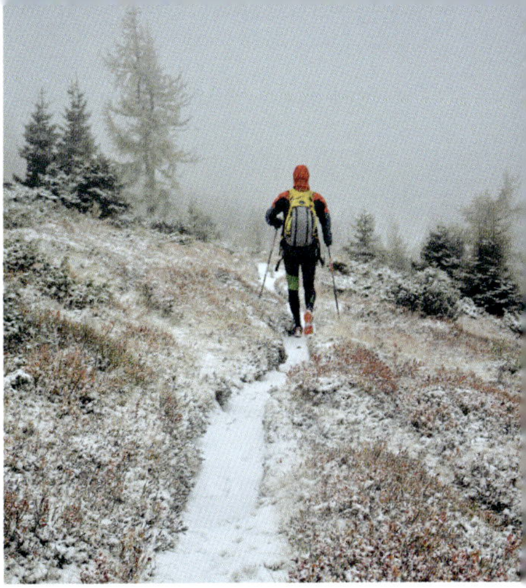

Turnschuhe sind zwar leicht, aber Bergschuhe geben dem Knöchel zusätzliche Stabilität und können so auf unebenen Untergründen – oder auch bei Schnee und Eis – ein Umknicken verhindern.

sein und eher umdrehen, als den höchsten Punkt der Tour erzwingen zu wollen. Wichtiger Hinweis: Dieses Wanderbuch bringt viele Vorschläge, bei denen die Höhenmeter im Aufstieg (mitunter signifikant) über denen des Abstieges liegen; das erleichtert unter normalen Bedingungen eine Tour mit einem Aufstieg von 1000 Höhenmetern im Vergleich zu einer solchen, bei der diese Höhenmeter sowohl im Aufstieg als auch im Abstieg überwunden werden müssen.

Vorsicht: Wer die Tour vorzeitig abbrechen muss, hat unter Umständen weitaus mehr Höhenmeter im Abstieg zurückzulegen, als in der Tourenbeschreibung für den Fall der problemlosen Bewältigung vorgesehen ist!

Gefahren

Obwohl die meisten der hier beschriebenen Wanderungen markierten Wegen oder Forststraßen folgen, ist vor allem bei den Touren in den Bergregionen – Dachsteingebirge, Totes Gebirge, Schladminger Tauern, Hochschwab, Mürzsteger Alpen und Rax-Schneeberg-Gruppe – im Frühsommer auf Altschneefelder und ganzjährig auf Steinschlaggefahr zu achten.

Auch sind, speziell in der Obersteiermark, sommerliche Gewitter eine nicht zu vernachlässigende Gefahrenquelle; meist treten sie nachmittags auf.

Gefahren können grundsätzlich nie ausgeschlossen werden, durch eine genaue Tourenvorbereitung (Wegverlauf, Wetterbericht, Öffnungszeiten von Hütten, Betriebszeiten der Seilbahnen) können sie aber minimiert werden. Ist explizit auf besondere Gefahren zu achten, ist dies bei den Touren angemerkt.

Auch von normalerweise friedlichem Weidevieh kann Gefahr ausgehen, zum richtigen Verhalten siehe Kasten auf der nächsten Seite.

Bergrettung, Notruf

Über die Telefonnummer 140 (keine Vorwahl) kann in ganz Österreich die Bergrettung verständigt werden. Ebenso ohne Vorwahl und un-

Umgang mit Weidevieh

Viele Wanderungen führen durch Weidegebiet. Das Bundesministerium für Nachhaltigkeit und Tourismus hat gemeinsam mit Landwirtschaftskammer, Wirtschaftskammer und Alpenverein den Aktionsplan »Miteinander sicher auf Österreichs Almen« mit zehn Verhaltensregeln für den Umgang mit Weidevieh gestaltet. So verhält man sich richtig:

- Kontakt zum Weidevieh vermeiden, Tiere nicht füttern, sicheren Abstand halten!
- Ruhig verhalten, Weidevieh nicht erschrecken!
- Mutterkühe beschützen ihre Kälber, Begegnung von Mutterkühen und mitgeführten Hunden vermeiden!
- Hunde immer unter Kontrolle halten und an der kurzen Leine führen. Ist ein Angriff durch ein Weidetier abzusehen: Sofort ableinen!
- Wanderwege auf Almen und Weiden nicht verlassen!
- Wenn Weidevieh den Weg versperrt, mit möglichst großem Abstand umgehen!
- Bei Herannahen von Weidevieh: Ruhig bleiben, nicht den Rücken zukehren, den Tieren ausweichen!
- Schon bei ersten Anzeichen von Unruhe der Tiere Weidefläche zügig verlassen!
- Zäune sind zu beachten! Falls es ein Tor gibt, dieses nutzen, danach wieder gut schließen und Weide zügig queren!
- Begegnen Sie den hier arbeitenden Menschen, der Natur und den Tieren mit Respekt!

abhängig vom Netzbetreiber bzw. Empfang ist die Europäische Notrufnummer 112 zu verwenden. Beim Absetzen eines Notrufs bitte Ruhe bewahren und an die 4-W-Regel denken: Wo ist was passiert? Was ist passiert? Wie viele sind verletzt? Wer ruft an?

Gehzeiten

Es ist zu beachten, dass sich die Zeitangaben bei den Touren auf die reine Gehzeit beziehen. Pausen und Besichtigungen sind nicht enthalten, ebenso nicht die Dauer der Abfahrten mit Seilbahnen, Taxis und anderen Verkehrsmitteln, um wieder zum Ausgangspunkt zurückzukommen. Das ist auch bei der Abreise mit öffentlichen Verkehrsmitteln sowie in der kalten Jahreszeit (Tageslicht) zu berücksichtigen. Auch zu beachten sind Wetterlage sowie Wegverhältnisse und individuelle Faktoren wie Gepäck und persönliche Kondition. Grundsätzlich wird von einer Gehgeschwindigkeit von 4 km pro Stunde ausgegangen, Höhenmeter im Auf- und Abstieg (ca. 400 Hm/Std.) fließen in die Gehzeit mit einer speziellen Berechnungsformel ein.

Varianten

Die vorgestellten Touren sind als Vorschläge zu sehen. Selbstverstandlich sind noch zahlreiche weitere Variationen denkbar, und jeder kann mithilfe einer geeigneten Karte eigenständig planen.

Ausrüstung und Verpflegung

Wenngleich manche Touren auch mit (stabilen) Turnschuhen begangen werden können (z.B. der Klöcher

Traminerweg), wird für alle Touren festes Schuhwerk (Wander- oder Bergschuhe) mit Profilsohle sowie zweckmäßige Wanderbekleidung empfohlen. Außerdem kommen in den Rucksack: Regen- und Sonnenschutz, zusätzliche Kleidung gegen Wind und Kälte, ein kleines Erste-Hilfe-Set mit Alu-Rettungsdecke, Tourenproviant, eine gefüllte Wasserflasche, eine regionale Wanderkarte (Maßstab 1:50.000 oder 1:25.000) und ein Mobiltelefon mit vollem Akku.
Zu beachten ist, dass die Regionen, die von diesem Wanderbuch abgedeckt werden, sehr unterschiedlich sind und das Tourenspektrum von einfachen Wanderungen in Höhenlagen von unter 1000 Metern (Südoststeiermark) bis zu hochalpinen Bergtouren mit Gletscherberührung (Dachsteingebirge), die auf fast 2800 Meter hinaufführen, reichen.

Einkehr und Nächtigung

Bei jeder Tour sind unter »Einkehr« alle an der Route gelegenen Stützpunkte sowie weiterführende Informationen, insbesondere die jeweilige Website oder eine Telefonnummer erwähnt. Auf die Angabe von Öffnungszeiten und Ruhetagen wurde bewusst verzichtet, weil sich immer wieder kurzfristige Änderungen ergeben können, nicht zuletzt aufgrund der Auswirkungen der Corona-Pandemie. Es wird empfohlen, Öffnungszeiten im Zuge der Tourenvorbereitung direkt über die Website des jeweiligen Stützpunktes oder telefonisch zu recherchieren.
Die Schutzhütten der alpinen Vereine sind grundsätzlich bewirtschaftet und bieten eine Nächtigungsmöglichkeit an. Im Gegensatz dazu sind Almhütten eher auf Tagestouristen ausgerichtet; ob genächtigt werden kann, sollte vorab direkt mit dem

Neugieriges Weidevieh auf der Mahdfeldalm (Tour 26).

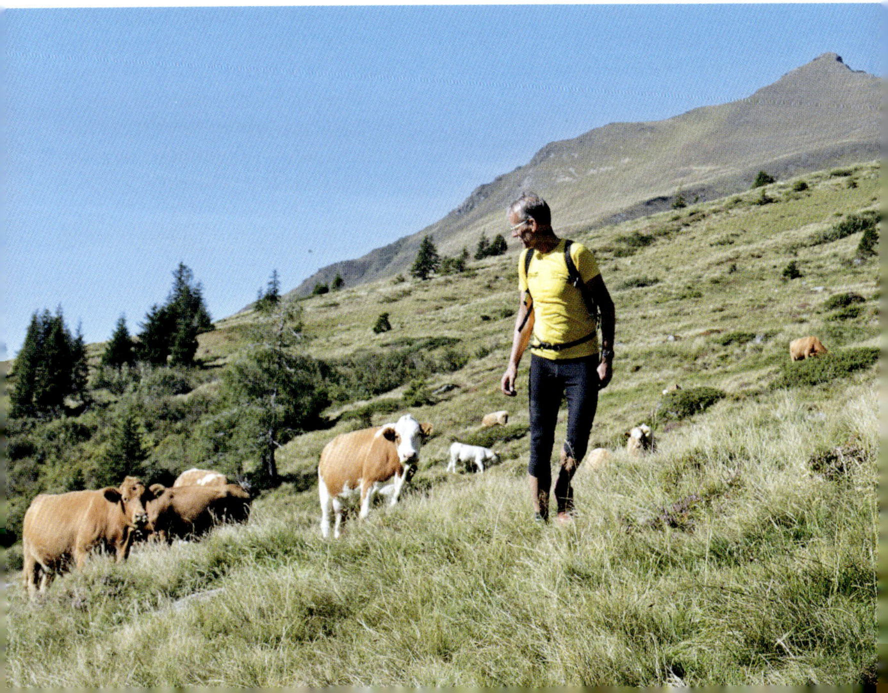

Betreiber der Almhütte abgeklärt werden. Für eine Nächtigung empfiehlt es sich generell, vorab zu reservieren.

Wanderkarten

Die Tourenkarten mit eingezeichnetem Routenverlauf und Wegpunkten sind wesentlicher Bestandteil dieses Wanderbuchs. Zusätzlich sind bei den einzelnen Touren Wanderkarten angeführt, die empfohlen werden können.

Bitte verlassen Sie sich nicht gänzlich auf Online-Karten, schon alleine aus Gründen der Verfügbarkeit unterwegs. Selbst wenn die Karte am Smartphone offline verwendet wird – auch das Smartphone kann aus unerfindlichen Gründen den Geist aufgeben. Daher die Empfehlung, stets eine Papierkarte in geeignetem Maßstab (mindestens 1:50.000) mitzunehmen. Kartenanbieter wie Google Maps sind für Wanderungen nicht geeignet.

Folgende Wanderkarten von Freytag & Berndt (f&b) im Maßstab 1:50.000 decken das Wandergebiet ab:

WK 021, WK 022, WK 0031, WK 0041, WK 0062, WK 0082, WK 131, WK 132, WK 0133, WK 201, WK 203, WK 211, WK 212, WK 222, WK 411, WK 412.

Jahreszeiten und Wintertouren

Bei Wanderungen mit Seilbahn- oder Sessellift-Abfahrt muss auf die Betriebszeiten der Bahnen geachtet werden, da grundsätzlich zwischen Wintersaison und Sommersaison (oft kein Betrieb im Frühling/Herbst) unterschieden wird. Auch im Sommerbetrieb haben nicht alle Seilbahnen täglich geöffnet. Bei Seilbahnen mit Ganzjahresbetrieb (z.B. Gondelbahn auf den Schöckl, Rax-Seilbahn) können mehrwöchige Revisionsarbeiten stattfinden; während dieser Zeit ist der Betrieb eingestellt. Es wird empfohlen, die Betriebszeiten im Zuge der Tourenvorbereitung über die Website des Seilbahnunternehmens, die bei der entsprechenden Tour im Infoblock angeführt ist, zu recherchieren.

Viele andere Wanderungen können – wenn es die Schneelage erlaubt – auch ganzjährig gemacht werden. Bei höher gelegenen Touren (in der Obersteiermark und der Hochsteiermark) gilt es dabei, neben den Schneeverhältnissen auch auf die Lawinenverhältnisse zu achten und die komplette Sicherheitsausrüstung mit Lawinenverschüttetensuchgerät (LVS), Sonde und Schaufel mitzutragen. Vor allem ist auch bei Dolinen

GPS-Tracks und Koordinaten der Ausgangspunkte

Zu diesem Wanderbuch stehen auf www.rother.de GPS-Tracks und Koordinaten der Ausgangspunkte zum kostenlosen Download bereit.

1. Auflage, Passwort: **329701mPr**

Sämtliche GPS-Daten wurden vom Autor auf einer digitalen Karte erfasst. Verlag und Autor haben die Tracks und Wegpunkte nach bestem Wissen und Gewissen überprüft. Dennoch können wir Fehler oder Abweichungen nicht ausschließen, außerdem können sich die Gegebenheiten vor Ort zwischenzeitlich verändert haben. GPS-Daten sind zwar eine hervorragende Planungs- und Navigationshilfe, erfordern aber nach wie vor sorgfältige Vorbereitung, eigene Orientierungsfähigkeit sowie Sachverstand in der Beurteilung der jeweiligen (Gelände-) Situation. Man sollte sich für die Orientierung auch niemals ausschließlich auf GPS-Gerät und -Daten verlassen.

Vorsicht geboten, die im Winter – verborgen unter der Schneedecke – eine besondere Gefahrenquelle darstellen.

Jagdsperre

Während der Brunftzeit zwischen Mitte September und Mitte Oktober kann es zu Jagdsperren kommen. Dies gilt es in der Tourenplanung zu beachten.

Kinder

Die blauen und viele der roten Touren können – abhängig von der Erfahrung und Kondition der Kinder – in der Regel mit der gesamten Familie begangen werden, besonders empfehlenswerte Ausflüge sind mit einem entsprechenden Symbol im Tourenkopf gekennzeichnet.

Anreise und öffentliche Verkehrsmittel

Anfahrt mit dem Auto

Bei der Anreise mit dem Auto ist zu berücksichtigen, dass vereinzelt Mautstraßen befahren werden müssen und manche Parkplätze gebührenpflichtig sind. Es kann allgemein festgehalten werden, dass bei jeder Tour gute Parkmöglichkeiten vorhanden sind.

Anfahrt mit Bus und Bahn

Die meisten Orte sowie Ausgangspunkte der einzelnen Wanderungen sind mit öffentlichen Verkehrsmitteln erreichbar, manche besser, manche schlechter.

Der Verkehrsverbund Steiermark (Verbund Linie) umfasst zahlreiche Verkehrsunternehmen und rund 500 Linien. Alle Linien, Fahrpläne, Haltestellen und Fahrzeiten können unter www.verbundlinie.at abgerufen werden.

Seilbahnen, Taxis und Mikro-ÖV-Mobilitätslösungen

Seilbahnen und Sessellifte

Abfahrten mit Seilbahn und Sessellift wurden in nachstehenden Regionen berücksichtigt: Planai, Hochwurzen, Reiteralm, Dachstein-Hunerkogel, Lachtal, Kreischberg, Gemeindealpe, Semmering, Schöckl, Aflenzer Bürgeralm, Kornock, Tauplitz, Hauser Kaibling, Rax, Polster-Präbichl (ab Sommer 2023).

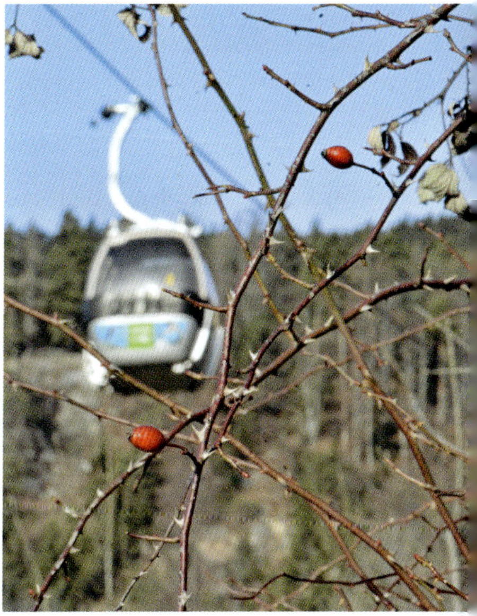

Schöckl-Seilbahn (Tour 3).

Der Vollständigkeit halber sei darauf hingewiesen, dass Wanderungen ohne viel Abstieg zusätzlich unter Verwendung der Seilbahnen in Mautern, auf die Mariazeller Bürgeralpe, den Rittisberg (Ramsau), die Riesneralm und die Loser-Panoramabahn (Eröffnung 8. 12. 2023) gemacht werden können. Betriebszeiten können der jeweiligen Website entnommen werden.

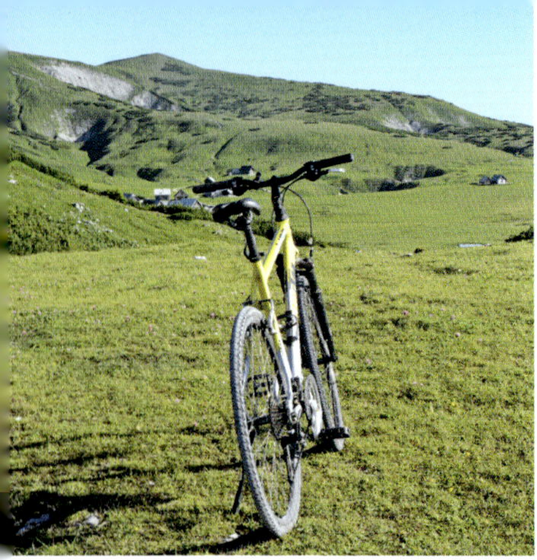

Oft praktisch: Fahrrad »oben« abstellen und nach der Wanderung bequem hinunterfahren.

Taxis

Touren, bei denen Taxis für die Anfahrt verwendet werden können, enthalten die Telefonnummer der in der Region tätigen Taxiunternehmer. Idealerweise sollte vor Tourstart mit dem Fahrer Kontakt aufgenommen werden. Zeitliches Feintuning kann dann – in Absprache mit dem Fahrer – während der Tour erfolgen. Grundsätzlich sind die Tourenvorschläge nicht so entlegen, dass es keinen Handy-Empfang gibt, doch es kann vorübergehend zu schlechter Abdeckung kommen. Bei Taxis ist zu bedenken, dass sie bei Vollbesetzung – oder wenn sogar ein Kleinbus eingesetzt werden kann – preisgünstiger sind.

Tipp: Das eigene Fahrzeug beim Endpunkt der Tour abstellen und von dort – also vor Beginn der Wanderung – mit dem Taxi zum Ausgangspunkt fahren! Auf diese Weise behält man sich volle Flexibilität während der Wanderung; zudem sind die Taxi-Fahrten in der Früh sehr einfach zu organisieren und die Wartezeit kann so auf ein Minimum reduziert werden.

Spezielle Mobilitätslösungen

Neben klassischen Taxis kommen in der Oststeiermark, im Bezirk Graz-Umgebung, in der Südsteiermark und im Gesäuse auch günstigere Mobilitätslösungen (Sammeltaxi) infrage. ISTmobil deckt die Oststeiermark und Graz-Umgebung mit fixen Haltepunkten ab. Die Fahrten werden von SAM-Sammeltaxi Oststeiermark bzw. GUSTmobil durchgeführt und können für beide telefonisch (Tel. +43 503 63738) oder via ISTmobil-App im Vorhinein bestellt werden; die relevanten Haltepunkte sind bei den jeweiligen Touren vermerkt.

- https://istmobil.at

In der Südsteiermark fungiert regioMOBIL nach dem gleichen System wie ISTmobil und hat mit dem WEINmobil eine weitere Einrichtung für touristische Zwecke geschaffen. Fahrten für beide können telefonisch (Tel. +43 50 161718) oder online im Vorhinein bestellt werden.

- www.regiomobil.st
- Im Gesäuse: Gesäuse Sammeltaxi, Tel. +43 3613 2100099

Tälerbusse

In der Sommersaison können Tälerbusse zum Rantensee, Etrachsee und im Sölktal genutzt werden. Infos: www.taelerbus.at bzw. Naturpark Sölktäler (Tel. +43 677 64412492).

Der gute alte Drahtesel

Wer Taxikosten sparen will, kann ein Fahrrad beim Tourende abstellen und mit dem Auto zum Ausgangspunkt fahren (oder umgekehrt). Abfahrten, für die Taxi/Bus vorgeschlagen werden, können leicht mit Fahrrad bewältigt werden, da es fast überall nur bergab geht. Besonders radtauglich sind die Abfahrten bei den folgenden Touren: 4, 8, 9, 10, 11, 14, 15, 16, 17, 22, 26, 32, 33, 34, 46, 47, 48, 55, 56 und 57.

Vergünstigungen für Seilbahn, Bus und Mautstraßen

Steiermark-Card

Die Steiermark-Card ermöglicht freien Eintritt in 167 Ausflugsziele!
Unter anderem sind davon für die Touren in diesem Wanderbuch besonders interessant: Lachtal-Sessellift (Tour 23 und 24), Loser-Panoramastraße (Tour 32), Stoderzinken-Panoramastraße (Tour 33 und 34), Planai-Gondelbahn (Tour 40), Hochwurzen-Gondelbahn (Tour 41), Kornock-Sessellift (Tour 44), Kreischberg-Gondelbahn (Tour 45), Sessellift Aflenzer Bürgeralm (Tour 52 und 53), Sessellifte Gemeindealpe Mitterbach (Tour 54), Semmering-Gondelbahn (Tour 57).

- www.steiermark-card.net

Schladming-Dachstein Sommercard

Ab einer Übernachtung bei einem Partnerbetrieb kann man täglich eine Seilbahn in der Region nutzen (plus Bus).

- www.schladming-dachstein.at/de/Sommer/Sommercard

Niederösterreich-CARD

Kostenlose Fahrten (auch ohne Nächtigung) mit den Bergbahnen von Rax, Semmering und Gemeindealpe.

- www.niederoesterreich-card.at

Gästekarte HOCHsteiermark

Bei Übernachtung Ermäßigungen für die Schneealm-Mautstraße und Tickets für die Bergbahnen von Gemeindealpe, Aflenzer Bürgeralm und Semmering.

Jungfrauensteig (Tour 36).

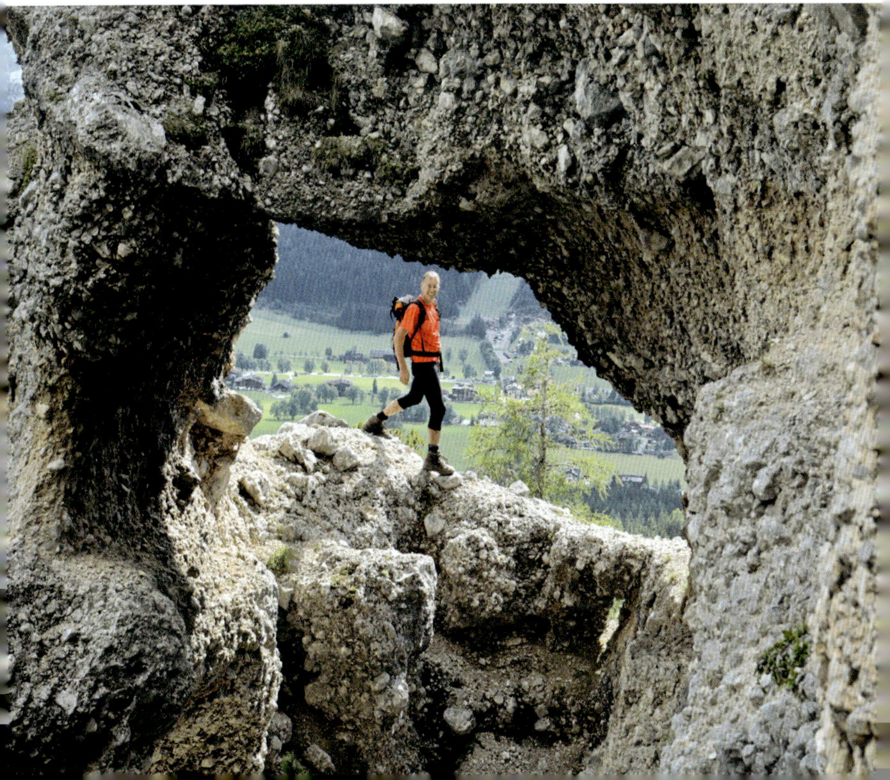

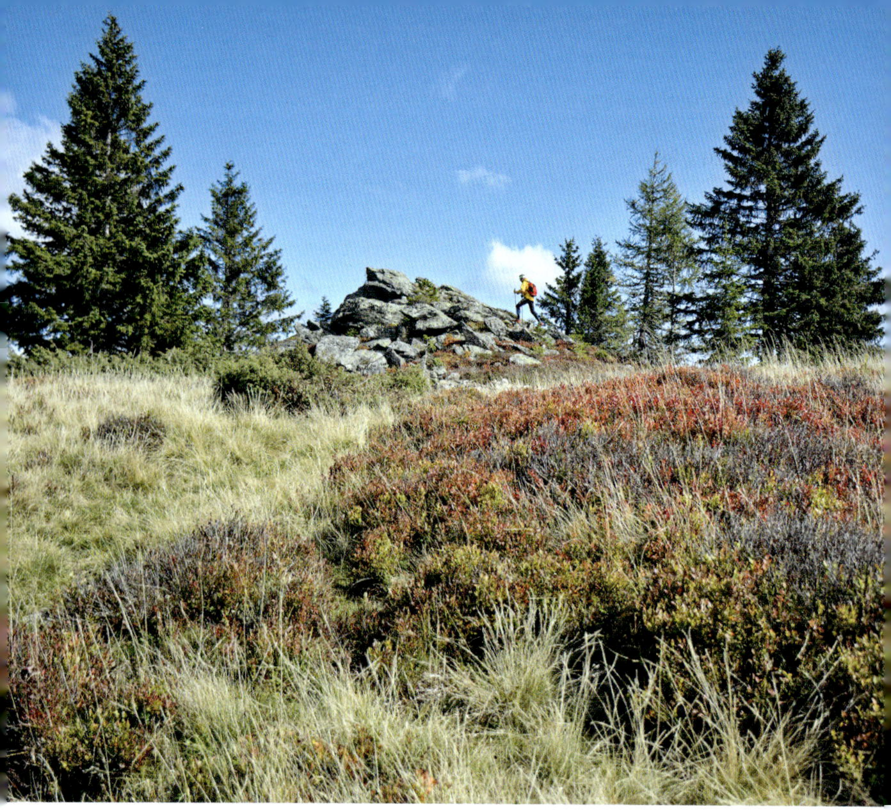

Foto oben: Steinplan-Gipfelplateau (Tour 21).

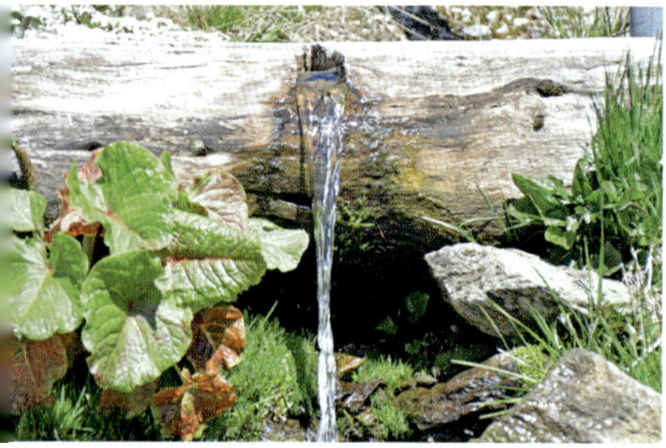

Freizeit-Ticket-Steiermark
1-Tages-Ticket um 11 Euro (Stand 1.1.2022) für eine Person auf allen steirischen Verbundlinien im Nahverkehr.

- www.verbundlinie.at/freizeit1/spezielle-ticket-angebote/freizeit-ticket.

Vergünstigungen mit diesem Wanderbuch
Vereinzelt sind einmalige Vergünstigungen sogar bei Vorlage dieses Wanderbuchs bei Seilbahnen, Mautbetreibern, Hütten und Taxis möglich, wobei die Inanspruchnahme vom jeweiligen Unternehmer bei der jeweiligen Tour vermerkt wird.
Jedenfalls Vergünstigungen bis zum Ende der Sommersaison 2024 gewähren: Sessellift Lachtal (Tour 23 und 24), Taxi Hubner (Tour 37), Sessellifte Gemeindealpe (Tour 54), Gondel Kreischberg (Tour 45), Shuttle-Service Gasthaus Moasterhaus bei Übernachtung (Tour 19), Schneealm-Mautstraße bei Abfahrt mit Taxi 50 Prozent auf den Mautpreis (Tour 55 und 56).

Interessante hoch gelegene steirische Bergstraßen

Ergänzend zu den 58 Tourenvorschlägen soll noch auf ein paar hoch gelegene Bergstraßen, die fast alle mit dem eigenen Fahrzeug befahren werden dürfen, hingewiesen werden, denn auch von dort aus sind schöne Touren ohne viel Abstieg möglich:

- Straße zur Dreiwiesenhütte, 1770 m (https://dreiwiesenhuette.at): Panorama-Touren im Wandergebiet Grebenzen, 1892 m, mit Gipfel und Gipfelkreuz.
- Straße zum Almgasthof Puster am Madereck, 1000 m (www.madereck.at): Aufstiegstour von Bruck an der Mur, 491 m, zum Gipfelkreuz des Madereck, 1052 m, Abfahrt mit Taxi.
- Schießling-Almstraße (Gemeinde Aflenz, Mautstraße): Aufstiegstour von Jauring, 725 m, über Hackentörl, Oisching, 1699 m (sehr schönes Gipfelkreuz), oder Schießling, 1667 m, zur Schießling-Alm, 1484 m (Tel. +43 660 4447044), Abfahrt mit Taxi.
- Straße zum Schutzhaus Hochanger, 1304 m (www.schutzhaus-hochanger.at), keine Zufahrt für private Fahrzeuge: Aufstieg von Bruck an der Mur, 510 m, zum Brucker Hochanger, 1304 m, mit Gipfelkreuz, schöne Aussicht, Abfahrt mit Taxi (Absprache vor Tour nötig).
- Straßen zu den hoch gelegenen Hütten um den Zirbitzkogel: Winterleitenhütte, 1800 m (www.winterleiten.com), Sabathyhütte, 1620 m (www.alpengasthof-sabathy.at), Waldheimhütte, 1614 m (Tel. +43 35788205).
- Straße zum Alten Almhaus, 1649 m (www.altesalmhaus.at): Wanderung auf Wölkerkogel, 1706 m, mit Madonnenstatue.
- Dachstein-Mautstraße: diverse Ausgangspunkte für Wanderungen im oberen Teil bis zum Ende auf 1680 m.

Oben links: Wölkerkogel mit Madonnenstatue. – Rechts: Madereck mit Bruck an der Mur. – Unten links: Oisching-Gipfelkreuz. – Rechts: Wandergebiet Grebenzen.

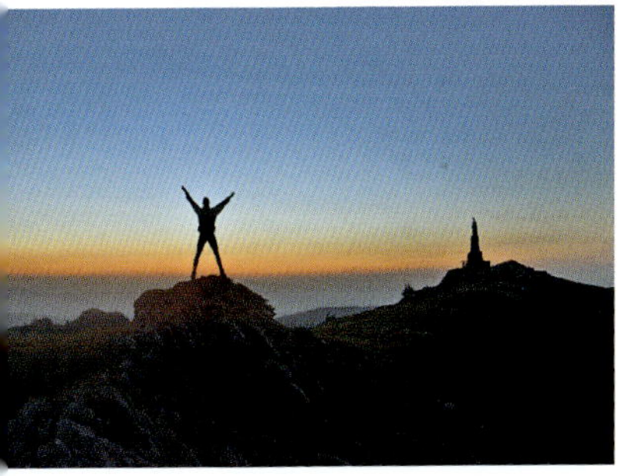

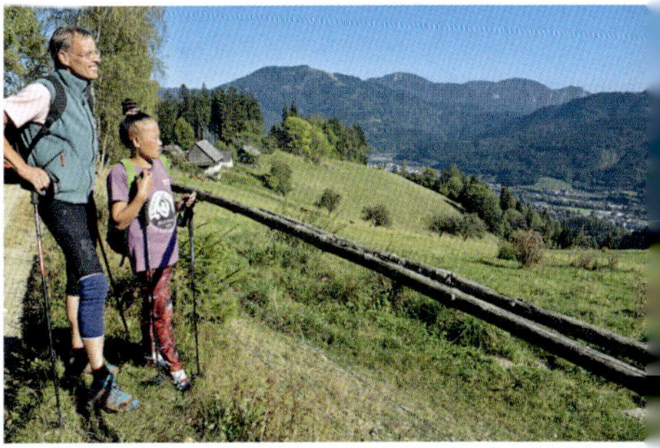

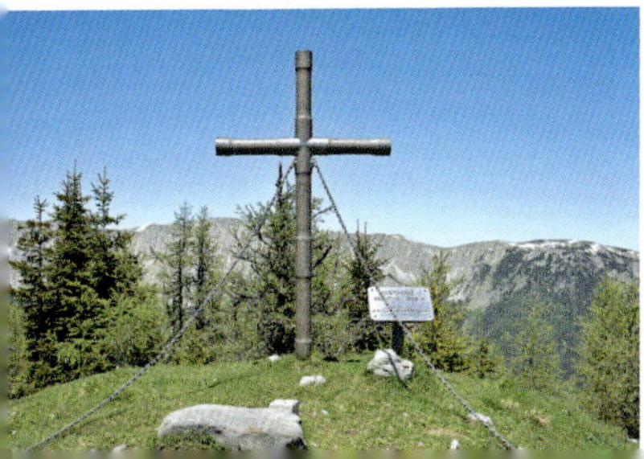

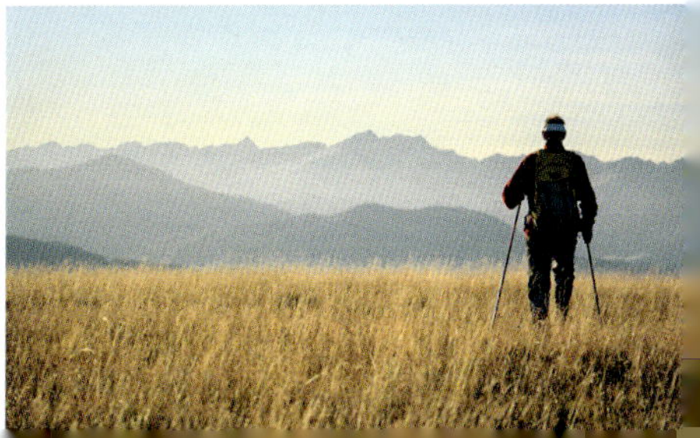

Die Steiermark ohne viel Abstieg

Eine bunte Bergwelt, liebliche Hügellandschaften und pittoreske Weinhänge zeichnen die Steiermark besonders aus. Die einzelnen Regionen beeindrucken durch ihre Vielfalt, und trotz der unterschiedlichen Topografie und Höhenlage – vom Dachstein, 2995 m, bis zur Mur östlich von Bad Radkersburg, 200 m – kann man so gut wie von jeder frei stehenden Erhebung die Berge sehen. Der Blick zu den Bergen ist es auch, der die Freude am Wandern intensivieren und einem ein entzücktes »Mein Gott, ist das schön!« entlocken kann. Wer sich aus Rücksicht auf die Gelenke eine Tour mit kurzem Abstieg wünscht, muss keinesfalls auf schön(st)e Bergpanoramen und -bilder verzichten, denn innerhalb der 1078 Kilometer langen Landesgrenze gibt es Touren, die den Traum vom Bergerlebnis mit gelenkschonendem Abstieg in die Tat umsetzen lassen.

Es sind die Kontraste, die der grünen Mark den besonderen Reiz verleihen; egal, ob es die mächtigen Felswände und Gletscher im Dachsteingebirge sind, die kristallklaren Seen der Schladminger Tauern, die Frauenmauerhöhle, die Nockberge, Hochschwab und Gesäuse, Hirschegger Alm, Gleinalm, Schneealpe, das Grazer Bergland mit Schöckl, Bärenschützklamm, Drachenhöhle und Roter Wand, der oststeirische Kulm, die Waltrafelsen bei St. Anna am Aigen oder die Heiligengeistklamm, das Sausal, die Koralm und so weiter. Man kann sie finden, die Touren, die

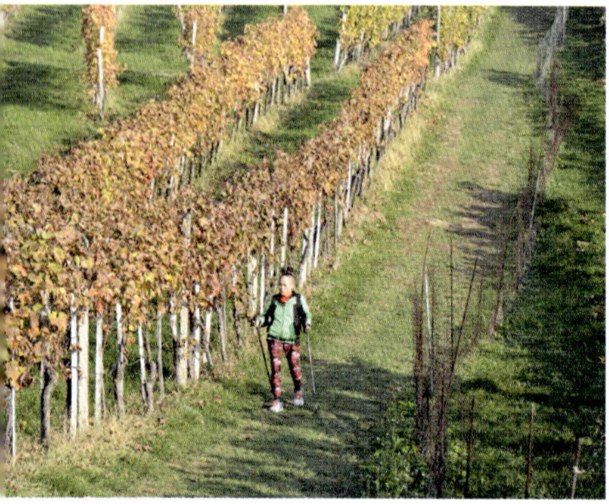

Foto oben: Klöcher Traminerweg (Tour 13).
Unten: Aufstieg zum Kleinen Gjaidstein (Tour 37).

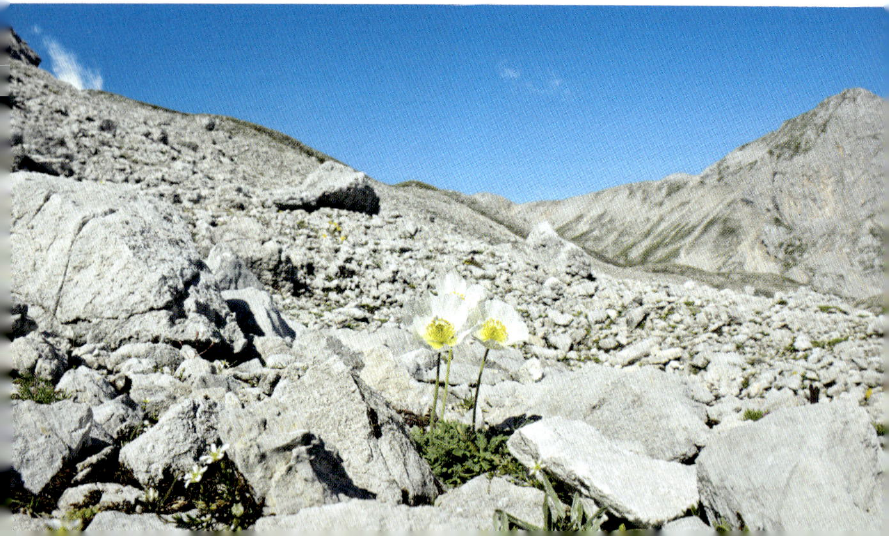

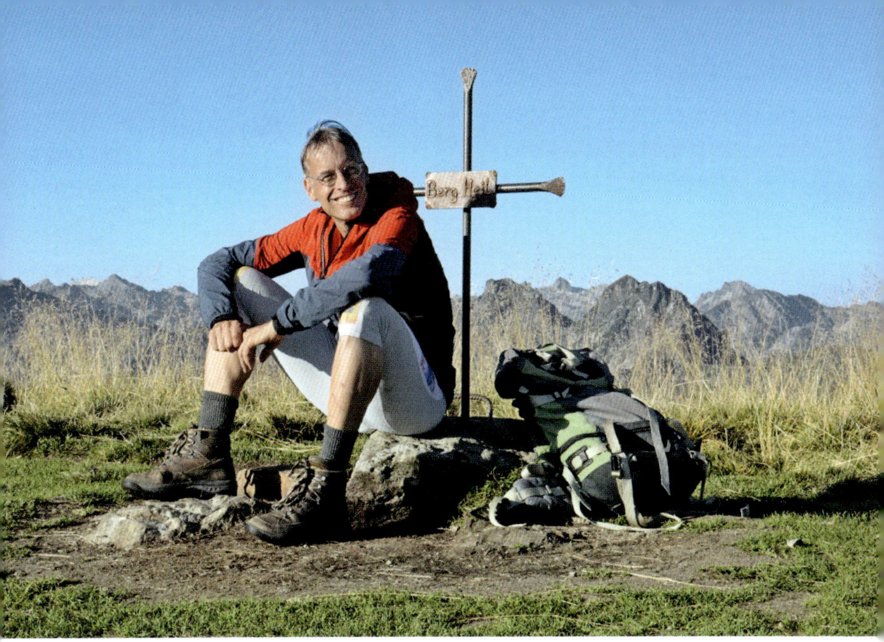

Gasselhöhe (Tour 42).

sogar mitunter (sehr) hoch hinaufführen, doch mit einem überschaubaren Abstieg beendet werden können.

Die in diesem Wanderbuch vorgestellten 58 Touren, die um Varianten und Tipps reichlich ergänzt sind, bewegen sich zwischen dem niedrigsten Punkt am Marktplatz von Klöch, 291 m, wo der Traminerweg beginnt, der sich liebevoll zwischen den Weinstöcken der weltberühmten Weinsorte hindurchschlängelt, und dem höchsten Punkt bei der Dachsteinwarte-Hütte, 2740 m, die über den sehr gut versicherten Hunerscharten-Klettersteig und einen Gletscherpfad erreicht wird. Dazwischen liegt ein Potpourri an Wegen mit (relativ) kurzen Abstiegen, die – genau wie die Vielfalt der steirischen Naturlandschaft – ungemein abwechslungsreich sind und dem Wanderer viele Berg- und Landschaftspanoramen (weit) oberhalb der Baumgrenze schenken, die wie Quellen für innere Kraft, Ruhe und Lebensfreude wirken und echte Begeisterung hervorrufen!

Die beschriebenen Wege tangieren insgesamt 28 Seen und führen auf 53 Gipfel, von denen sogar 42 mit einem Gipfelkreuz geschmückt sind. Mehrere attraktive Klammsteige, monumentale Höhlen, mächtige Aussichtswarten, beeindruckende Felsenfenster und bizarre Felsformationen, Schluchten, Kare, Almen, hochalpine Übergänge und Weinlandschaften können gelenkschonend entdeckt und wie ein großes Puzzle Tour für Tour und Erlebnis für Erlebnis zusammengefügt werden. Gerade weil das Hinuntergehen bei jedem Ausflug kraft- und konditionssparend ist, kann man sich bei den Wanderungen nicht nur ganz dem Aufstiegserlebnis widmen, sondern auch den Abstieg voll genießen und dadurch die »Faszination Berg« – vielleicht – auf eine neue glückliche Art und Weise entdecken.

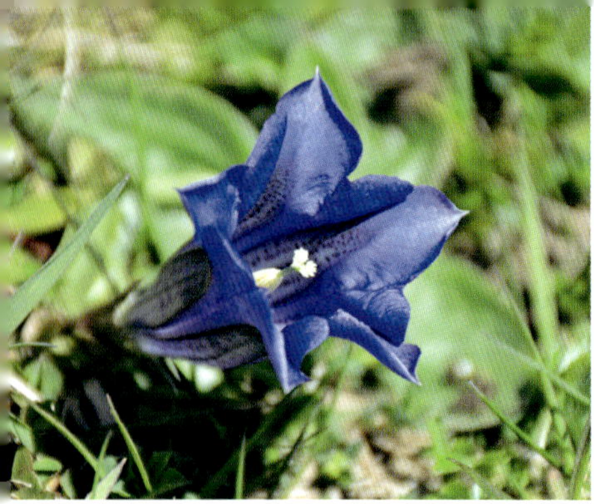

Enzian.

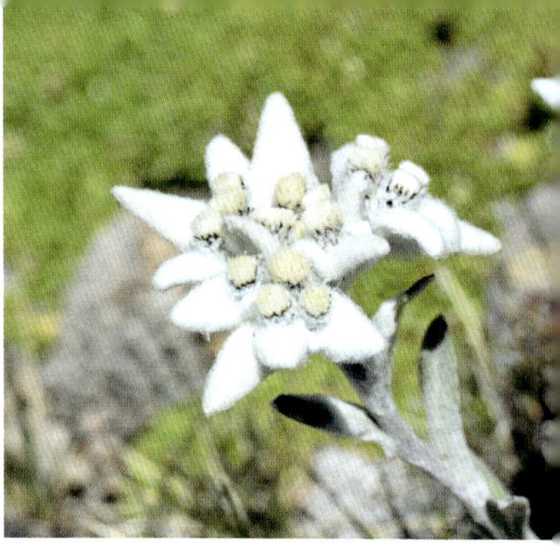

Edelweiß.

Nationalpark und Naturpark

Während im Nationalpark die Rückkehr zur Wildnis explizit gefördert wird, steht im Naturpark die nachhaltige Nutzung im Vordergrund. Die Steiermark verfügt über einen Nationalpark (Gesäuse) und sieben Naturparke (Almenland, Steirische Eisenwurzen, Mürzer Oberland, Pöllauer Tal, Sölktäler, Südsteiermark und Zirbitzkogel-Grebenzen).

Falls das Wetter nicht mitspielt oder auch nach der Tour …

Viele Sehenswürdigkeiten und Aktivitäten bieten bei schlechterem Wetter oder auch nach der Wanderung Abwechslung. Interessant sind die mehr als 160 Ausflugsziele, die man als Besitzer der Steiermark-Card (www.steiermark-card.net) mit freiem Eintritt besuchen kann; auch viele Seilbahnen sind frei! Mit der GenussCard (www.genusscard.at) stehen Gästen ab der ersten Nacht mehr als 250 Highlights des Thermen- und Vulkanlands, der Süd- und Weststeiermark und der Oststeiermark zur Verfügung. Weitere Möglichkeiten: Schladming-Dachstein Sommercard, Niederösterreich-CARD, Gästekarte HOCHsteiermark (siehe Seite 17).

Interessante Orte

- **Admont** ist eine der ältesten Siedlungen der Steiermark und ein Tor zum Gesäuse. Das Benediktinerstift Admont (gegründet 1074) ist das älteste bestehende Kloster der Steiermark und beherbergt mit der weltgrößten Klosterbibliothek ein Kulturgut von Weltrang.

Das wunderbare Trio: Enzian, Edelweiß und Alpenrose

Der Echte Alpenenzian zeichnet sich durch seine tiefblaue Farbe und einen sehr kurzen Stengel aus. Das Edelweiß ist die wahrscheinlich prominenteste und mit Sicherheit symbolträchtigste Pflanze der Alpen. Neben Edelweiß und Enzian zählt die Rostblättrige Alpenrose, auch Almrausch genannt, zu den bekanntesten Alpenblumen. Alle drei können in den steirischen Bergen bewundert werden. Enzian und Almrausch verleihen ihrer Umgebung zur Blütezeit eine unglaublich farbenprächtige Note, und der Blick auf das seltene Edelweiß kann ein tiefes Glücksgefühl bewirken. Doch daneben gibt es viele andere Alpenblumen, die die steirischen Berge vom Frühling bis in den Herbst hinein verzaubern.

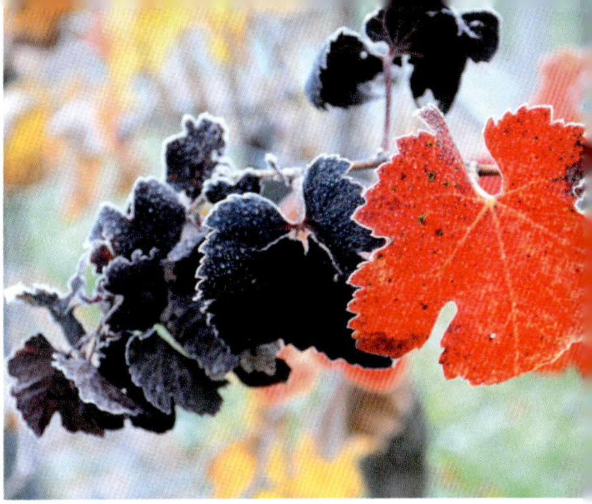

Weinblätter im Herbstlicht.

- **Schladming** hatte über Jahrhunderte hindurch blühenden Bergbau. Auch am Krahbergzinken wurden silberführende Kupfererze abgebaut und über einen eigenen Erzweg nach Schladming gebracht.
- **Murau** hat eine schöne Altstadt. Die Bierstadt war im späten Mittelalter Zentrum der steirischen Adelsfamilie Liechtenstein; Minnesänger Ulrich von Liechtenstein stammt aus dieser Familie.
- **St. Anna am Aigen** liegt malerisch im Herzen des Vulkanlandes, und dort dreht sich alles um den Wein.
- **Stubenberg am See** liegt im Apfelland und bietet viel: Stubenbergsee, Tierpark Herberstein, Schloss Herberstein oder das größte Ballonunternehmen Österreichs.
- **Eisenerz** ist eine historisch gewachsene Bergstadt mit sehenswertem Altstadtkern, in dem man das Flair vergangener Zeiten spürt.
- **Bruck an der Mur** gilt als eine der ältesten Städte Österreichs und hat viele Sehenswürdigkeiten. Das »Kornmesserhaus« (erbaut 1495–1505) ist eines der wichtigsten gotischen Profanbauten Österreichs!
- **Graz** besticht immer! 2003 als Kulturhauptstadt Europas gefeiert glänzt die Landeshauptstadt mit ihrer Vielfalt. Rund um die Mur finden sich viele Möglichkeiten, aktiv zu sein: Schloßberg, Parkanlagen und Gärten, weitere Sehenswürdigkeiten und die Altstadt als UNESCO-Kulturerbe.

Ballonfahren in Stubenberg am See.

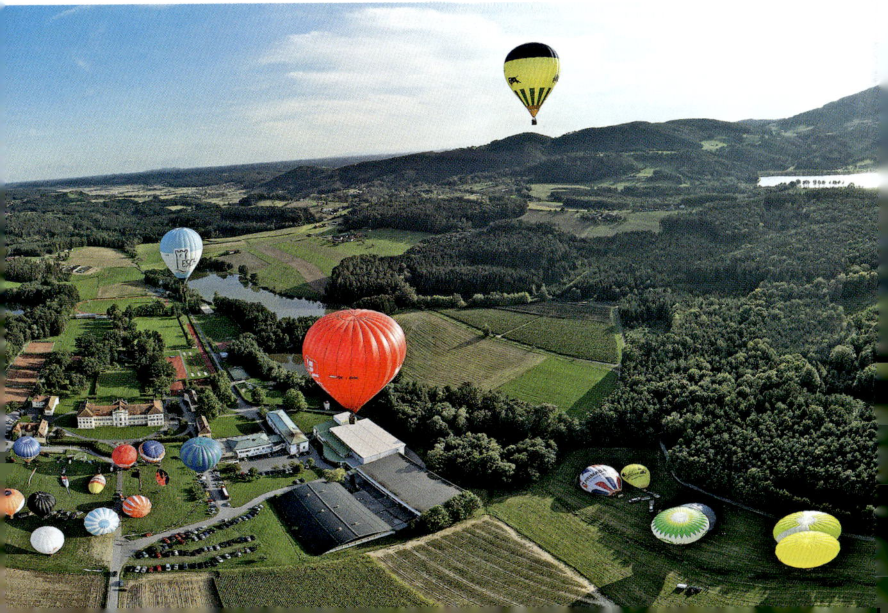

Zur Befahrung von Höhlen

Wie bei anderen Aktivitäten in freier Natur gibt es auch bei der Befahrung von Höhlen Konfliktsituationen mit Grundeigentümern; zusätzlich muss eine Versicherungslücke (der Schutz alpiner Vereine deckt grundsätzlich keine Höhlenunfälle ab) bedacht werden! Höhlen stehen als unterirdischer Hohlraum im Eigentum des Besitzers des darüber liegenden Grundstückes. Das Befahren ist daher nur mit Zustimmung ihres Eigentümers erlaubt. Auf die Wegefreiheit gem. § 33 ForstG kann man sich nicht berufen: Bereits ein Blick auf die Legaldefinition des § 1a (1) ForstG sollte klar machen, dass Höhlen nicht als »mit bestimmten Holzgewächsen bestockte Grundflächen« angesehen werden können. Auch das »freie Betretungsrecht für Ödland« greift nicht, denn als »Ödland« gilt die Erdoberfläche, nicht der Hohlraum darunter.

Um eine Haftung der Eigentümer für Unfälle abzuwenden, sind bei Höhlen manchmal sogar Hinweise auf Privateigentum und Betretungsverbot angebracht.

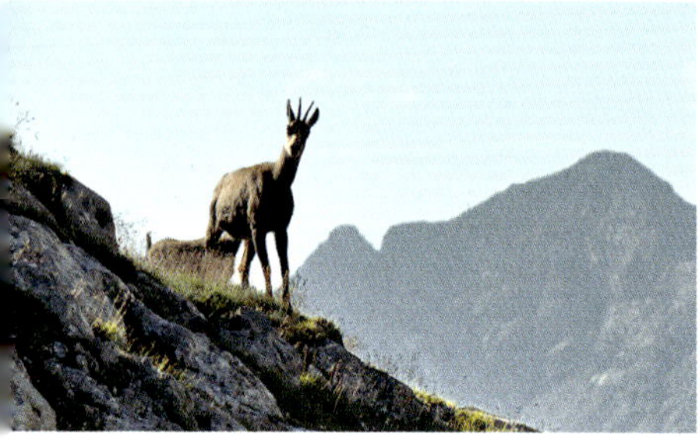

Steinböcke und Gämsen

Der Alpensteinbock gehört zu den imposantesten Tieren in den Bergen, doch das Steinwild entging nur knapp der Ausrottung! Basierend auf Wilderei und Aberglaube waren die

Oben: Begegnung mit Gämse im Aufstieg zum Guttenberghaus (Tour 37).
Unten: Die tropfsteinreichste österreichische Höhle ist das Katerloch bei Weiz (»Tipp« bei Tour 4).

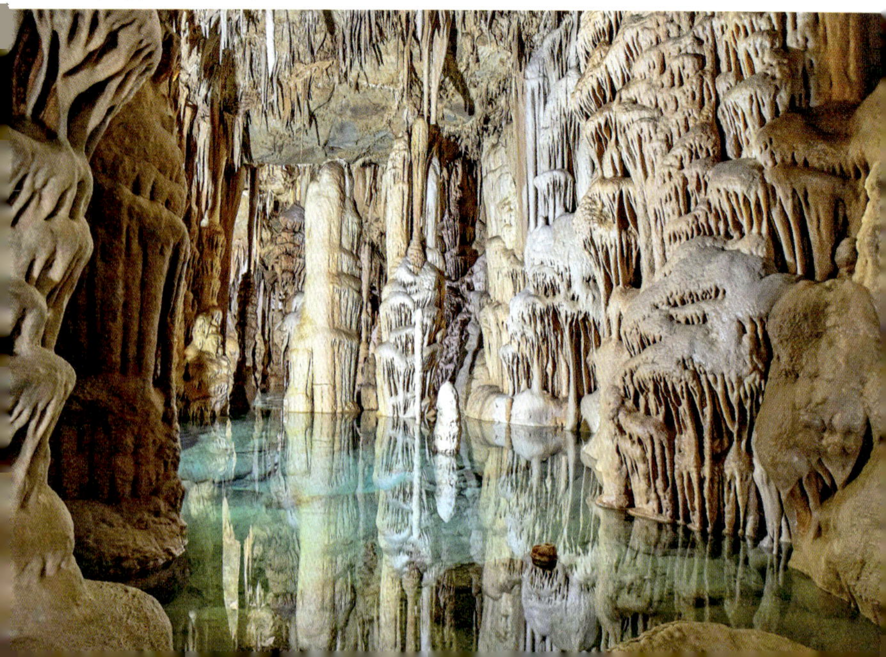

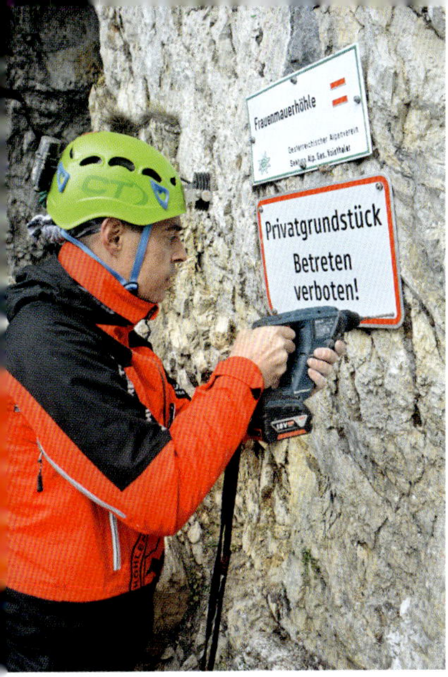

Osteingang Frauenmauerhöhle (Touren 46, 47).

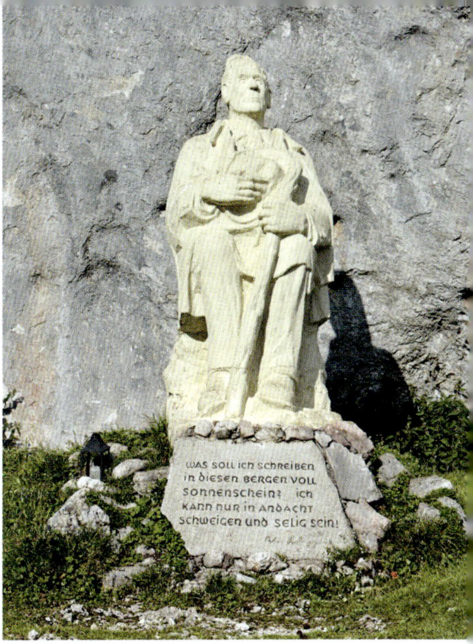

Peter-Rosegger-Denkmal am Stoderzinken (Tour 34).

agilen Kletterkünstler Anfang des 18. Jahrhunderts aus den österreichischen Alpen verschwunden. 1924 begannen Jäger, Steinbockkolonien in Österreich zu gründen.
Auch steirische Ansiedlungsprojekte waren erfolgreich: Die zweitälteste Kolonie in den Ostalpen ist jene von Wildalpen. Heute gibt es wieder knapp ein Dutzend Kolonien in der Steiermark, wobei die zahlenmäßig stärksten Bestände um Hochlantsch, Röthelstein und Rote Wand sowie im Hochschwab zu finden sind.
Die Steiermark ist auch das »Gamsland Nr. 2« in Österreich; besonders die Reviere rund um den Hochschwab wurden bekannt, weil sich Erzherzog Johann dort sehr für die Hege der Wildart eingesetzt hatte. Nicht umsonst beginnt die zweite Strophe der steirischen Landeshymne mit den Worten »Wo die Gemse keck von der Felswand springt …«.

Peter Rosegger und Erzherzog Johann

In den steirischen Bergen stößt man oft auf Spuren von Peter Rosegger und Erzherzog Johann. Der steirische Dichter liebte nicht nur seine »Waldheimat« in den Fischbacher Alpen. Er bezeichnete den Brandriedel hoch über der Ramsau als »Betschemel vor dem Altar Dachstein« und am Stoderzinken steht ein großes Standbild. – Erzherzog Johann ging als Modernisierer in die Geschichte ein und wurde für viele Steirer zur Identifikationsfigur schlechthin. Auch die Erschließung der Ostalpen erhielt durch den Erzherzog entscheidende Impulse. Im Laufe seines Lebens erwanderte er viele österreichische Gebirgsgruppen; besonders im Sölktal stößt man oft auf seinen Namen; zudem war er einer der ersten »Bergfexe«, der den Schöckl am 8./9. Juni 1811 erklomm und zur Erinnerung an ihn wurde 1961 das Gipfelkreuz am Schöckl errichtet.

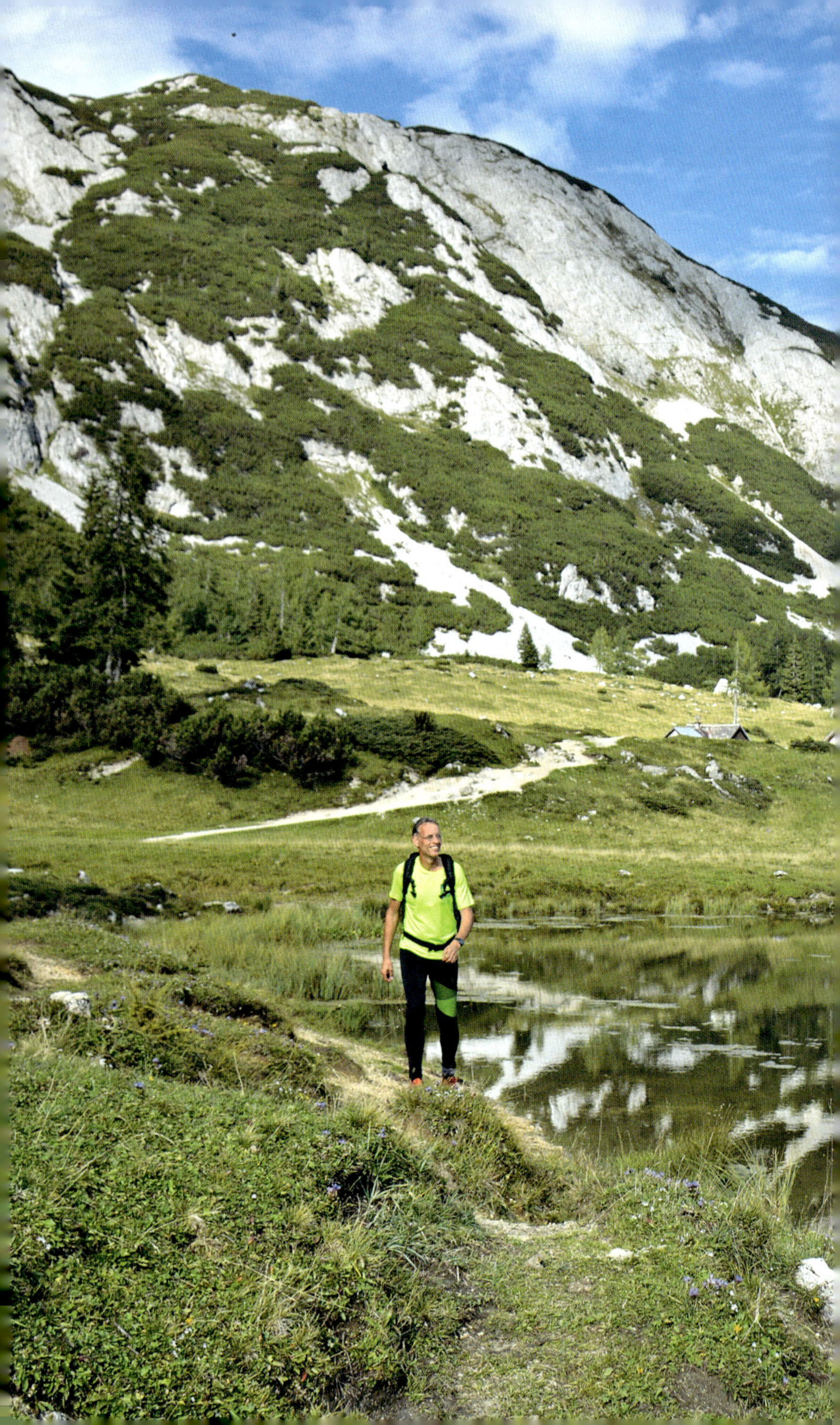

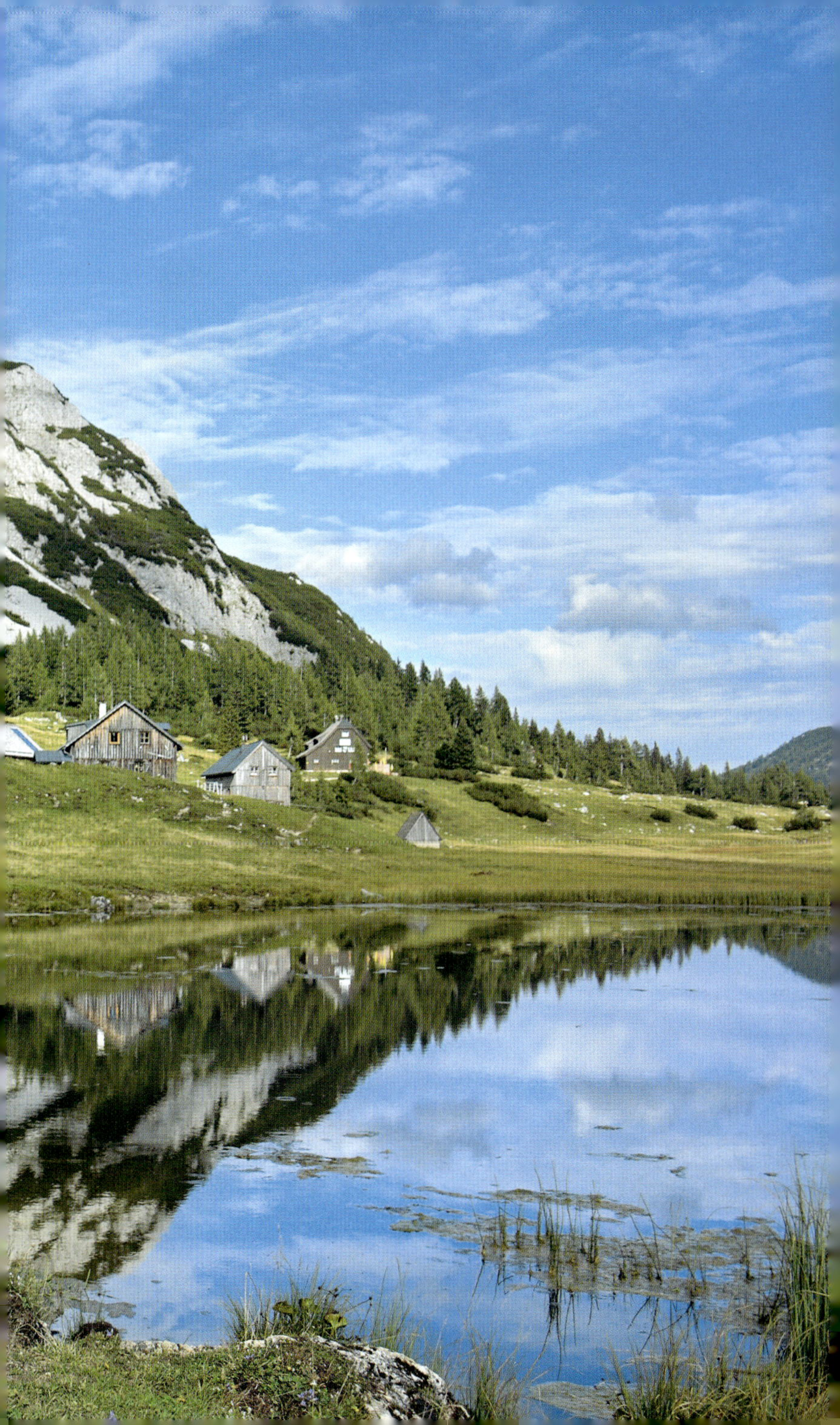

1 Zur Stephanienwarte auf der Platte, 651 m

Von Graz-Andritz über den Plattensteig

2.30 Std. | 8,1 km | ↗ 270 m | ↘ 270 m

International: Buddhistischer Stupa und »belgische« Warte

Trotz ihrer geringen Höhe ist die Platte ein überzeugender Aussichtsberg. Der Rundweg beginnt im Grazer Stadtbezirk Andritz und führt uns zuerst zum Weisheitsstupa mit den farbenfrohen Gebetsfahnen vor dem Buddhistischen Zentrum, das sich in einem ausgebauten Bauernhof am Pfeifferhofweg befindet. Dann geht es auf einem aussichtsreichen Weg, der trotz Stadtnähe sehr viel Natur vermittelt, hinauf zur Stephanienwarte. Der mehr als 140 Jahre alte Aussichtsturm ist nach Stephanie von Belgien benannt; die Prinzessin war als Ehefrau von Kronprinz Rudolf Kronprinzessin von Österreich. Von der Plattform haben wir einen detaillierten Blick auf das Zentrum von Graz mit Schloßberg und Kalvarienberg sowie viele Grazer Hausberge. Beim sanften Abstieg gehen wir durch einen Teil der steirischen Landeshauptstadt, in dem sich alte Bauernhöfe und modernste Architekur die schönsten Plätze in einer sehr viel Weite vermittelnden Landschaft in perfekter Harmonie teilen.

Ausgangspunkt: Graz, Kreuzung Ziegelstraße/Rainleiten im Bezirk Andritz, 399 m; ausreichend Platz zum Parken am Straßenrand.
ÖPNV: Grazer Linien 52E, Haltestelle Ziegelstraße, von dort ca. 300 m auf der Ziegelstraße bergauf.
Anforderungen: Leichte Wanderung ohne große Steigungen, nur am Plattensteig ein kurzes, steileres Stück bergauf und in der Rainleiten ein kurzes Stück etwas steiler bergab.
Einkehr: Gasthaus Stoffbauer (www.stoffbauer.com); Gasthaus Kreuzwirt (www.home.kreuzwirtamrosenberg.at): erreichbar mit einem Abstecher von der Kreuzung Saumgasse/Otto-Wagner-Weg auf der Saumgasse bleibend, 300 m.
Karte: f&b WK 133.

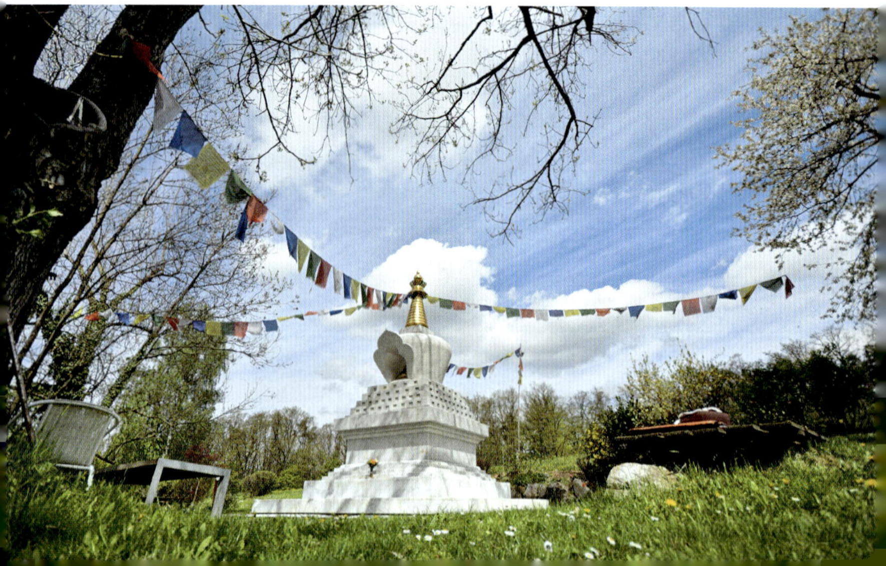

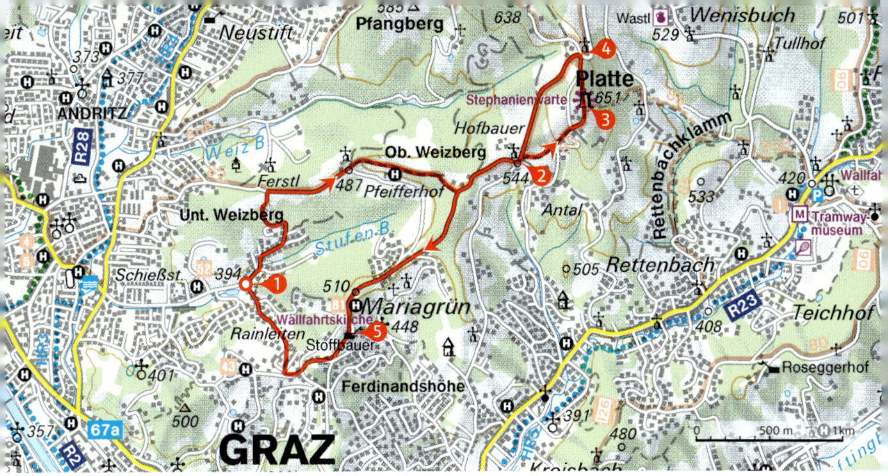

Die Tour auf die Platte beginnt bei der Kreuzung **Ziegelstraße/Rainleiten ❶**, 399 m, im Grazer Bezirk **Andritz**. Wir folgen der Ziegelstraße noch ein Stück, biegen dann links in die Seminarstraße ein und wandern bis zum Haus mit der Nummer 18, wo wir uns wieder links halten, um über die schmale, kurvige Asphaltstraße höher zu steigen. Wir passieren das frei zugängliche **Buddhistische Zentrum** und gelangen zum Pfeifferhofweg, dem wir rechter Hand folgen, bis wir auf eine Wegspinne mit Bildstock stoßen.

Dort wählen wir den bergauf führenden Waldweg, erreichen später den Oberen Plattenweg und bald danach das **erste Plattenkreuz ❷**. Von dort führt der Plattensteig mit zunehmend weiterer Aussicht über die steile, breite Wiese zur **Stephanienwarte ❸**, 651 m, am Gipfel der **Platte**. Das Panorama ist großartig, und besonders schön ist der Blick auf Graz mit seinem Schloßberg im Zentrum.

Der Abstieg folgt zuerst dem Waldweg Richtung Pfangberg, bis wir auf die Straßenkreuzung mit dem **zweiten Plattenkreuz ❹**, 611 m, treffen. Dort begeistert die Sicht zum Schöckl, 1445 m, sowie die Umgebung zwischen Lineck, 700 m, und Hauenstein, 650 m.

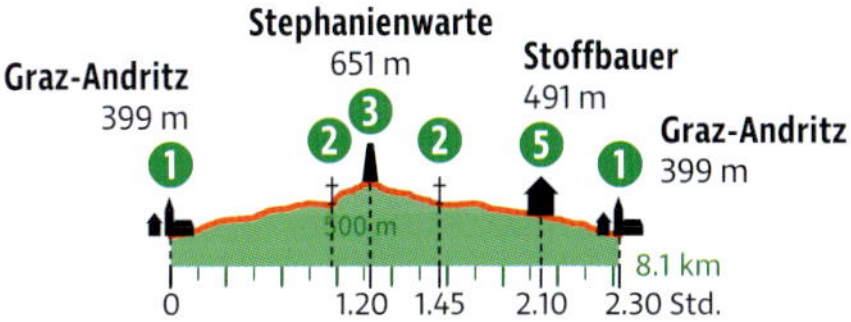

Dann geht es links über den Hinteren Plattenweg bergab, mit hübscher Fernsicht zur Ruine Gösting und zur Koralm, sowie zur Gleinalm und nach St. Veit mit der den Ortskern dominierenden Pfarrkirche.

Nach dem schon bekannten **ersten Plattenkreuz ❷** wandern wir lange am Oberen Plattenweg oder – schöner – ein paar Meter links davon parallel auf einem Waldweg, vorbei am **Gasthaus Stoffbauer ❺**, bis rechts die Saumgasse bergab führt. Wir folgen nun dieser und zweigen später erneut rechts in den Otto-Wagner-Weg ab, der direkt zur Rainleiten führt, auf der wir mit schöner Sicht auf Plabutsch und Gleinalm zurück zur Kreuzung **Ziegelstraße/Rainleiten ❶** gelangen.

Stupa beim Buddhistischen Zentrum.

2 Novystein und Fürwallnerhöhe, 910 m

Mit einem Obelisken im Blick zum Quellenweg

3.30 Std. | 10,3 km | ↗ 600 m | ↘ 290 m

Vielfalt im Zeitraffer: Wiesen, Felsen, Quellen und mehr

Es ist die einzigartige Kombination aus großflächigen, sanften Wiesen und Feldern, erfrischenden Wäldern und frei stehenden Felsgruppen mit uralten Quellen, harmonischen Wegen und einem denkmalgeschützten Kalvarienberg, die auf dem Weg von Möltenhöhe nach St. Radegund begeistert. Dabei rücken wir dem Schöckl auf einer landschaftlich schönen und abwechslungsreichen Route näher und können seine wahre Größe vom Gipfelkreuz der Fürwallnerhöhe aus bewundern. Auf dieser Anhöhe, die mit dem weitreichenden Panorama großen Eindruck macht und mit einer schroffen, steil abfallenden Felswand überrascht, steht auch der Novystein. Der mächtige Obelisk aus dem Jahr 1883 ist ein weithin sichtbares Zeichen der Anerkennung der großen Verdienste von Dr. Gustav Novy um St. Radegund. Dr. Novy leitete mehrere Jahre lang die St. Radegunder Kaltwasserheilanstalt und konnte diese durch seine fachliche Kompetenz und sein Vermarktungsgeschick als Einrichtung von internationalem Ruf etablieren, wodurch die Gästezahlen deutlich gesteigert werden konnten und St. Radegund einen wirtschaftlichen Aufschwung erlebte. Wenn wir St. Radegund erreichen, haben wir noch ausreichend Zeit, um den einzigartigen Kalvarienberg zu bestaunen und die Tour über die romantische »Innere Ungarische Runde« abzuschließen.

Blick vom Gipfel der Fürwallnerhöhe zum Schöckl mit Sender und Stubenberghaus.

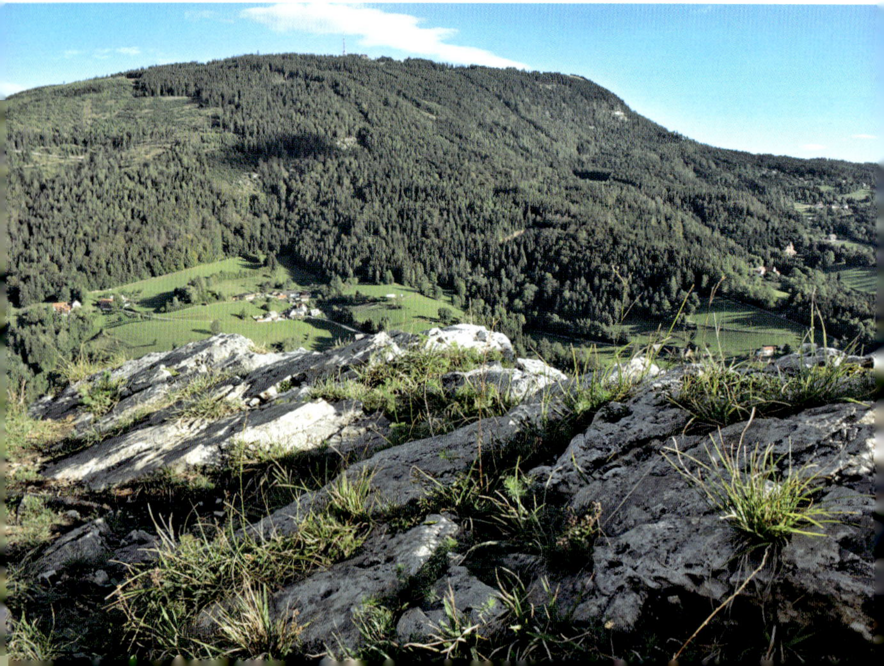

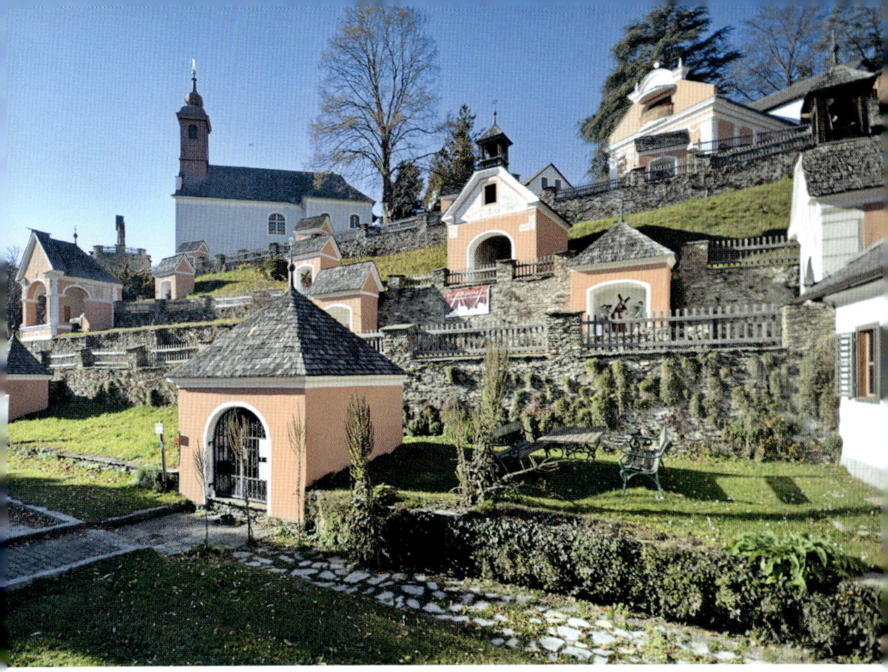

Kalvarienberg in St. Radegund.

Ausgangspunkt: Möltenhöhe (Gemeinde Weinitzen), GUSTmobil Halteplatz GU 3213 (Weinitzen Prenterweg Kompetenz), 474 m. Anfahrt von Graz Richtung Rinnegg bis Möltenhöhe, bei der ersten Kreuzung links in den Prenterweg, nach ca. 250 m Halteplatz und Parkplatz auf der linken Seite.
ÖPNV: Verbund Linie 250 (Graz – Plenzengreith) nach St. Radegund, Haltestelle St. Radegund Seilbahn, ab dort mit GUSTmobil zum Ausgangspunkt oder mit Verbund Linie 240 (Graz Andritz – Eggersdorf) bis Weinitzen, Haltestelle Bachwirt und von dort 900 m zu Fuß.
Anforderungen: Einfache Wanderung, überwiegend schmale Asphaltstraßen, Forst- und Waldwege, nur kurze Stellen beim Abstieg vom Novystein steil.
Abstieg: Talstation der Schöckl-Seilbahn, 780 m, bei St. Radegund (Haltepunkt GU 2927 (St Radegund – Seilbahn Talstation). Die Strecke zurück zum Ausgangspunkt wird mit dem GUSTmobil-Taxi absolviert.
Einkehr: Buschenschank Scheiklhof (www.scheiklhof.com), diverse Gasthäuser in St. Radegund.
Karte: f&b WK 133.
Tipp: Verlängerung der Tour – ohne zusätzlichen Abstieg – von der Talstation der Schöckl-Seilbahn immer auf dem Weg Nr. 21 bis zur Bergstation bzw. über die Hochfläche zum Gipfelkreuz, danach Abfahrt mit Gondel.

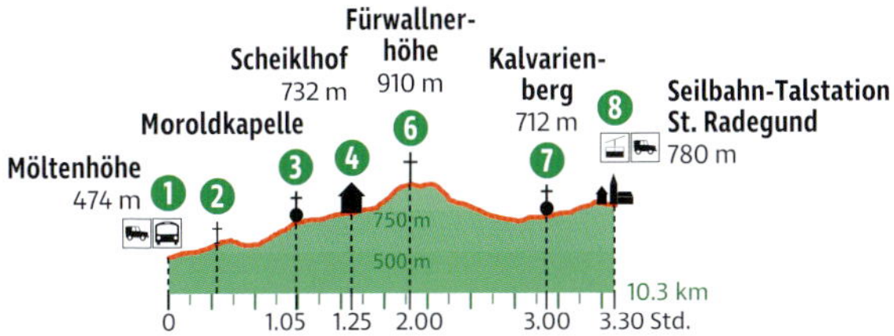

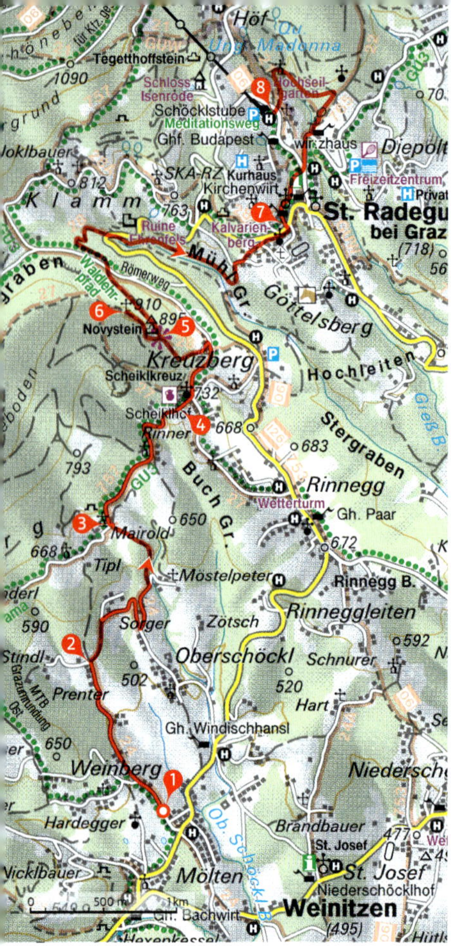

Wir starten beim **GUSTmobil Halteplatz GU 3213** ❶, 474 m, am Ortsrand von **Möltenhöhe**, wo wir den 20 Meter hohen Novystein auf der Fürwallnerhöhe und den Schöckel-Sender gemeinsam im Blick haben. Der Weg Nr. 24 führt auf der schmalen Asphaltstraße bergauf – mit weitem Blick über die saftigen Wiesen – bis zu einer Wegkreuzung mit einem **Marterl** ❷, 549 m.

Wir zweigen nun rechts ab und erreichen nach einer lang gezogenen Rechtsschleife den GUSTmobil Halteplatz GU 3253. Nun biegen wir scharf links ab und folgen der schmalen Asphaltstraße noch ein Stück, bis der Weg Nr. 24 nach links in einen Waldsteig überleitet. Über eine weite Wiese stoßen wir zur gelben **Moroldkapelle** ❸, 676 m, biegen hier rechts ab und marschieren über eine schöne Asphaltstraße (Römerweg) zur Buschenschank **Scheiklhof** ❹, 732 m.

Kurz danach stoßen wir auf eine Kreuzung, halten uns dort links und wandern auf der Wetterturmstraße weiter. Achtung: Die Abzweigung nach links zum Novystein (Weg Nr. 27) bleibt unbeachtet! Erst unmit-

Dr.-Polak-Quelle auf der »Inneren Ungarischen Runde«.

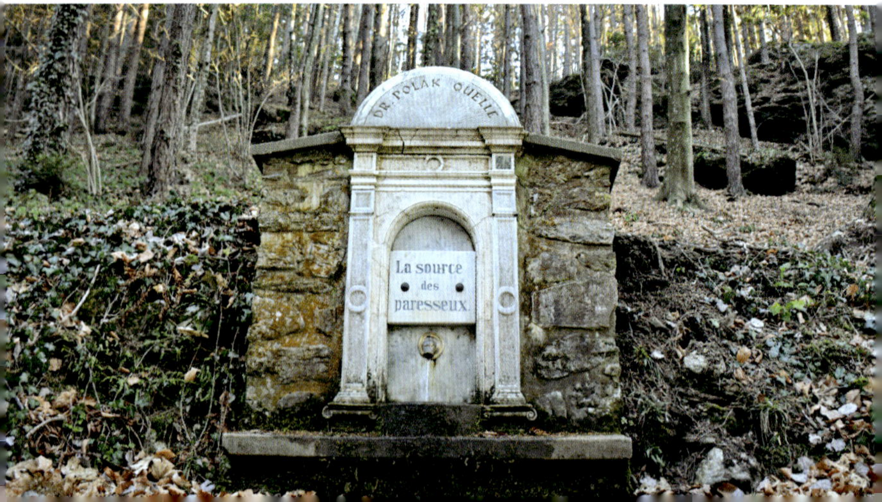

telbar vor dem Anwesen Fürwallner, 758 m, zweigen wir auf Weg Nr. 28 links Richtung Novystein ab, gehen rechts am kleinen Sender vorbei in den Wald und gelangen direkt zum mächtigen **Obelisken** ❺, 895 m, der laut Inschriften im Jahre 1883 »dem Wohlthäter vieler Leidenden, dem grossen Meister der Wasserheilmethode, Doctor Gustav Novy von dankbaren Curgästen« errichtet wurde. Auf der Anhöhe geht's noch ein paar Meter nach links zum Gipfelkreuz der **Fürwallnerhöhe** ❻, 910 m. Ihr Gipfelbereich ist alpin anmutend und ein hervorragender Aussichtsplatz; die senkrecht abfallende Felswand überrascht!

Nach dem herrlichen Panoramablick gehen wir auf gleichem Weg zurück zum Obelisken und von dort auf Weg Nr. 28 links bergab Richtung St. Radegund. Wir erspähen die Katharina-Quelle, überqueren eine asphaltierte Kurve und marschieren, der blauen Tafel »Kalvarienberg-Runde« folgend, bergab in den Graben (Quellenweg). Links ist eine unerwartet mächtige Felsansammlung zu sehen, danach die Emilien-Quelle. Wir erreichen den Ortsrand von **St. Radegund**, stoßen über den Rastleiten-Weg ins Zentrum vor und besteigen den beeindruckenden **Kalvarienberg** ❼, 712 m, über seinen terrassenförmig angelegten Weg. Kein anderer Kalvarienberg im alpenländischen Raum ist so reich an Kapellen und Figuren!

Über den Wernbacherweg nähern wir uns der Hauptstraße, wo wir die Wegweiser nach links hinauf zum Weg Nr. 21 (»Schöckl – Stubenberghaus«) und nach rechts zur »Ungarischen Runde« sehen. Wir könnten zum Ziel bei der Talstation der Schöckl-Seilbahn schon links aufsteigen, gehen aber – viel interessanter (!) – rechts weiter, um die Talstation auf der »Inneren Ungarischen Runde« zu erreichen.

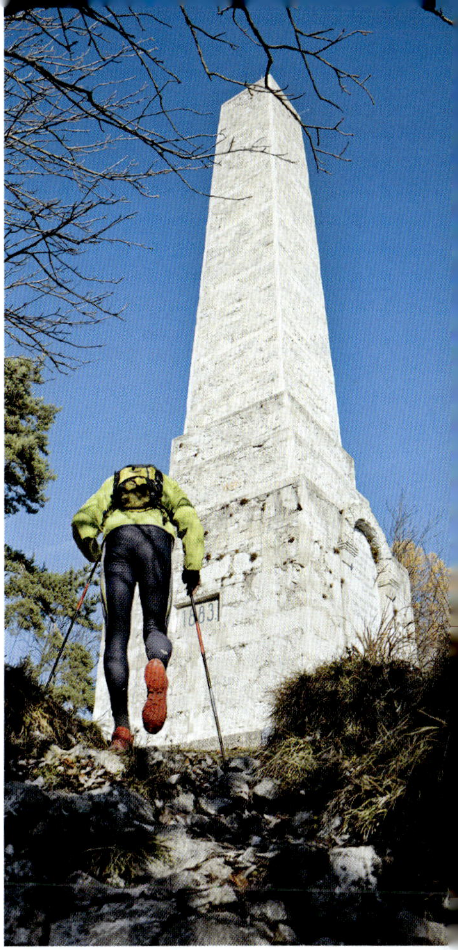

Novystein.

Der liebevoll gestaltete Steig beginnt beim Doktor-Teich und kurvt dann entlang eines Baches und an mehreren wunderschön gefassten Quellen vorbei zur weiten Wiese gegenüber der **Seilbahnstation** ❽, 780 m; dort gleichzeitig GUSTmobil-Taxi Haltepunkt GU 2927 (St. Radegund – Seilbahn Talstation). Bänke am Birkenwaldrand laden zur Rast mit Schöckl-Blick ein, bevor wir mit dem Taxi zurückfahren.

3 Schöckl, 1445 m
Über die Schneidwiese zum Schöckl-Plateau

3.00 Std. | 7,0 km | ↗720 m | ↘70 m

Mehr Bergerlebnis auf einer unüblichen Schleife

Der frei stehende Schöckl ist mit seinen 1445 Metern Höhe kein Riese. Aber der mächtige Kalkstock übt aufgrund seiner Form sowie der lang gestreckten almartigen, flachkuppigen Hochfläche und des umfassenden Panoramas eine magische Anziehungskraft aus. Thomas Untersweg hat in seiner morphologischen Studie über das Schöcklgebiet festgehalten, dass »die Hochfläche des Schöcklplateaus ihre Waldfreiheit nicht dem Gipfelphänomen verdankt, vielmehr handelt es sich um einen pseudoalpinen Gipfel«. Unser Aufstieg auf den Grazer Hausberg beginnt im Luftkurort St. Radegund und erreicht nach einem Teilstück des sehr beliebten Wegs Nr. 21 eine Forststraße, über die wir später zur Schneidwiese gelangen. Von dort steigen wir zum Schöckl-Westgipfel auf, wo das große hölzerne Gipfelkreuz das Ende der Steigungen verkündet. Danach machen wir noch eine aussichtsreiche Schleife über die weitläufige Hochfläche. Die kleine Johanneskapelle mit der Johannes-Skulptur im Inneren, die im Jahr 2015 am höchsten Punkt des ostseitigen Plateaus errichtet wurde, bietet uns eine schöne Gelegenheit zur inneren Einkehr, Ruhe und Dankbarkeit, bevor wir mit der Seilbahn hinunter nach St. Radegund fahren.

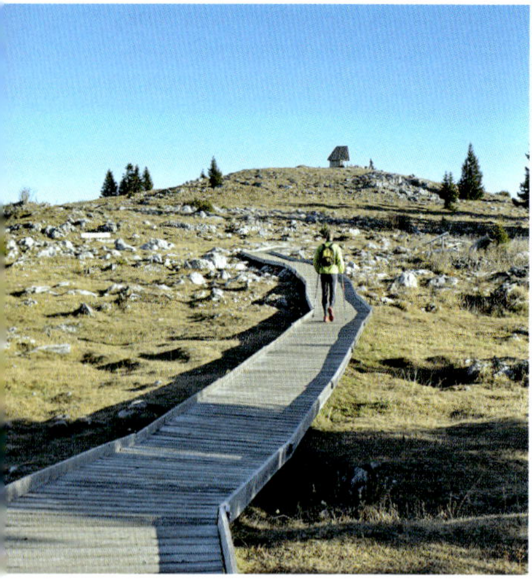

Am Weg zur Johanneskapelle.

Ausgangspunkt: St. Radegund bei Graz, Talstation Schöckl-Seilbahn, 780 m (www.holding-graz.at/de/standort/schoeckl-seilbahn, Tel. +43 3132 2332). Anfahrt über Rinnegg oder Faßlberg.

ÖPNV: Verbund Linie 250 (Graz – Plenzengreith) nach St. Radegund, Haltestelle St. Radegund Seilbahn.

Anforderungen: Überwiegend stein- und wurzeldurchzogene einfache Waldwege bis Schneidsattel, dann Almgelände; Straßenstück nach »Rechtskurve« unmarkiert, aber problemlose Orientierung.

Abstieg: Abfahrt mit Gondel ab Bergstation, 1436 m.

Einkehr: Stoawandhütte, Stubenberghaus (www.stubenberghaus.com), Alpengasthof am Schöckl (www.alpengasthofamschoeckl.at), S'Wirtshaus am Schöckl (Tel. +43 3132 4423); knapp unterhalb der Bergstation: Schöckl-Halterhütte (Tel. +43 3132 2323).

Karte: f&b WK 133.

Tipp: Wenn man gar keinen Abstieg haben möchte, kann man immer auf Weg Nr. 21 bleibend zur Bergstation bzw. von dort weiter über die Hochfläche zum Gipfelkreuz wandern.

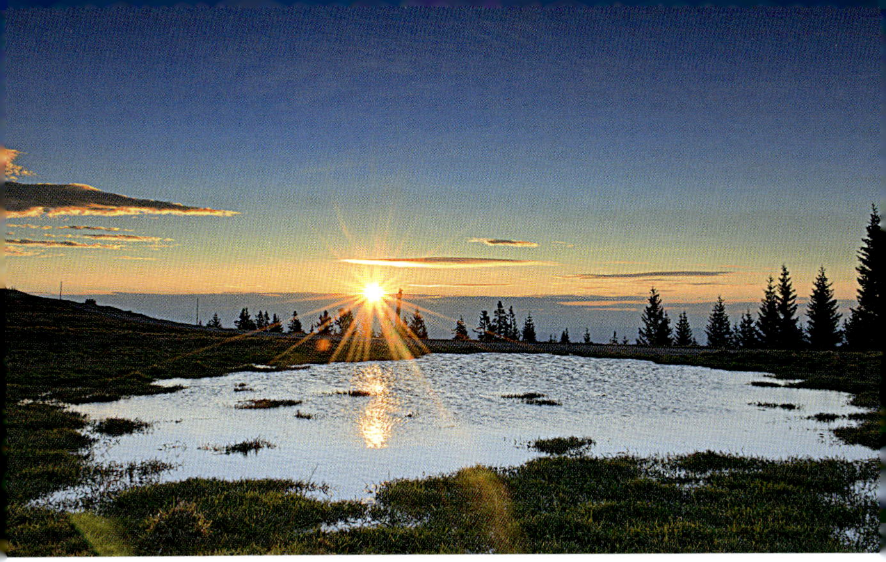

Sonnenaufgang unterhalb des Gipfels.

Wir beginnen die Tour in der Wiese gegenüber der Schranke bei der Einfahrt zur **Talstation der Schöckl-Seilbahn** ❶, 780 m. Dort lenken Wegweiser zum Weg Nr. 21, der in den Wald zieht und später auf die Asphaltstraße stößt. Am Asphalt etwa 200 Meter bergauf, dann links (Wegweiser) in den Karrenweg und über einen urigen Wurzelsteig weiter. Wir unterqueren die Seilbahn, steigen später erneut über großflächiges Wurzelgelände und kreuzen die ehemalige Schöckl-Mautstraße. Der abwechslungsreiche Weg Nr. 21 schlängelt sich danach über Gesteinsplatten bis zu einer markanten **Rechtskurve** ❷, 1180 m. Wir bleiben nach der Kurve noch etwa 150 Meter auf dem Weg, bis dieser eine flache Forststraße, 1215 m, erreicht. Hier verlassen wir – vorübergehend – die Markierungen, scheren nach links auf die Forststraße aus und blei-

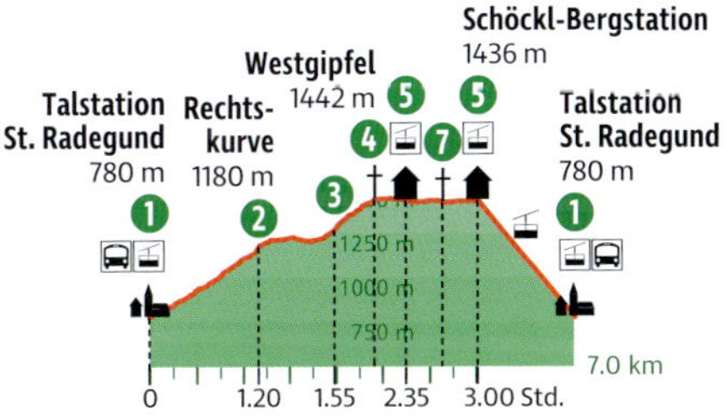

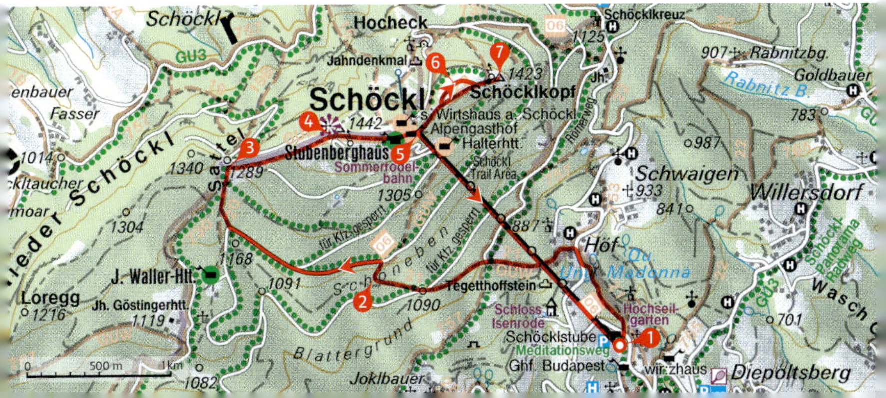

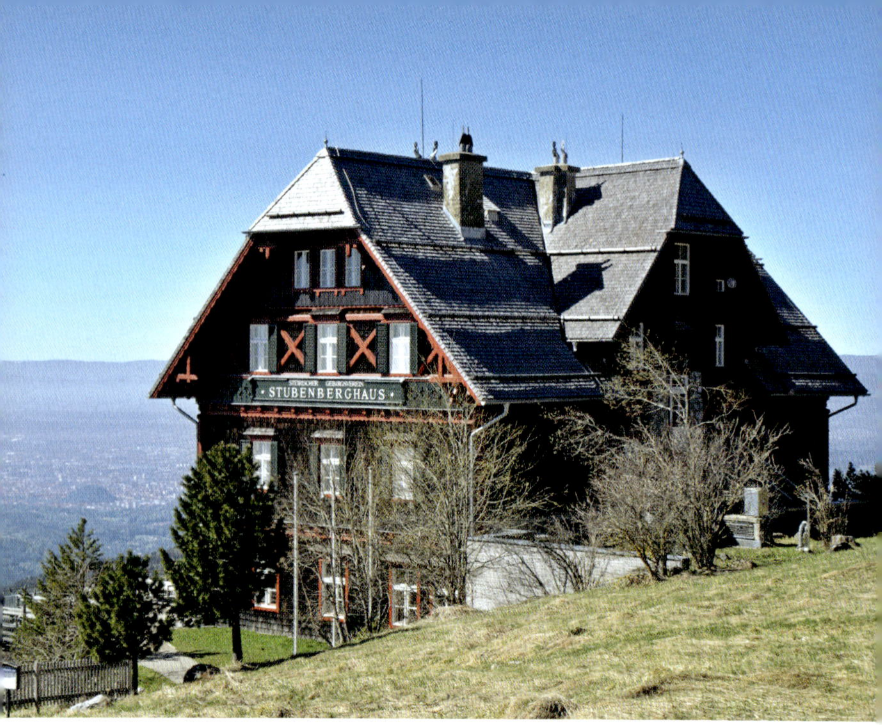

Stubenberghaus.

ben auf ihr bis zur Einmündung in die ehemalige Schöckl-Mautstraße, 1237 m. Schönes Panorama nach dem Windbruch, den das Sturmtief Paula 2008 verursacht hat!

Am Asphalt geht es ein Stück bergab bis zur nächsten Linkskurve. Genau in der Kurve zweigt rechts ein steiler Karrenweg ab, der uns in wenigen Minuten aus dem Wald zur Vereinigung mit dem links von der Johann-Waller-Hütte heraufziehenden **Weg Nr. 730** führt ❸, 1272 m. Wir steigen knapp unter dem Schneidsattel, 1289 m, nach rechts und über die almartige Schneidwiese auf beliebiger Route zum **Schöckl-Westgipfel** mit dem **Gipfelkreuz** ❹, 1442 m, auf.

Von dort überqueren wir das gesamte aussichtsreiche, schwach gekuppte Hochplateau. Zuerst gehen wir zwischen ORF-Sender (96,5 Meter Höhe) und dem denkmalgeschützten Stubenberghaus hindurch zur **Seilbahn-Bergstation** ❺, 1436 m, wo der »barrierefreie alpine Wanderweg zum Ostgipfel« (Wegweiser) anschließt. Auf dem Weg zum Ostgipfel mit der kleinen Sendeanlage kommen wir bei der schmucken **Johanneskapelle** ❻, 1435 m, dem jüngsten Schöckl-Wahrzeichen, vorbei. Der kleine offene Bau mit dem Lärchenholzdach beschützt eine vom oststeirischen Holzschnitzer Hans Pendl geschaffene Johannes-Skulptur. Wieder haben wir ein herrliches Rundum-Panorama und einen schönen Blick auf Graz!

Wir gehen noch bis zum **Schöcklkopf** ❼, 1423 m (kleiner Sender), drehen dann um und wandern am Plateau auf beliebigem Weg zurück zur **Seilbahn-Bergstation** ❺, 1436 m; von dort mit der Gondel nach **St. Radegund** ❶, 780 m.

Patschaberg, 1271 m

Jägersteig, Rablloch und Patscha-Nase

4

3.30 Std. | 7,9 km | ↗ 710 m | ↘ 300 m

Bunt gemischter Anstieg in teils anspruchsvollerem Gelände

Gleich nach dem Losgehen reizt der Jägersteig mit seiner aufregenden und teils versicherten Wegführung über felsiges Terrain, und bald schon mausert sich die schön geformte Felswand des Rablgrats (Sportklettergebiet), an deren Fuß wir später steil bergauf wandern, zum Blickfang. Hoch über der Weizklamm geht es in wildromantischer Szenerie durch den imposanten Wagenhütten-Torbogen, eine kleine Durchgangshöhle mit drei großen Öffnungen, weiter. Nach dem Abstecher zum Rablloch – eine besonders geschützte Höhle, Naturdenkmal und wahrscheinlich die bekannteste Höhle der Weizklamm – steigen wir unmarkiert über ein alpines Steiglein in eindrucksvoller Felslandschaft bis zur Felsformation der Patscha-Nase (Gamsköpfl) hinauf, die steil abfallend und aussichtsreich über der Weizklamm herrscht. Danach geht es gemütlich – und wieder gut markiert – zum Patschagipfel, 1271 m, mit großem Gipfelkreuz, schöner Gipfelwiese und Prachtblick zum Schöckl! Der einfache Abstieg führt uns an der Voglhütte (Naturdenkmal) vorbei zum Ziel der Tour, dem nahe der Hütte gelegenen Parkplatz.

Ausgangspunkt: Parkplatz Jägersteig (Weizklamm-Süd), 562 m, ca. 1 km nördlich von Naas bei Weiz direkt bei Abzweigung in das Gössental. Anfahrt über Weiz bzw. Passail über die Rechberg-Straße B 64.
ÖPNV: Verbund Linien 205 (Weiz – Heilbrunn), 206 (Weiz – Fladnitz), jeweils bis Naas, Haltestelle Felsenkeller.
Anforderungen: Trittsicherheit am teilweise versicherten, markierten Jägersteig; danach steiler Waldsteig, unmarkiert, kurz über Felsen (Orientierung problemlos!) bis zur Patscha-Nase (Gamsköpfl), ab dort markiert unschwierig zum Gipfel. Einfacher Abstieg über die Voglhütte.
Abstieg: Die Strecke zwischen dem nahe der Voglhütte gelegenen Parkplatz (Haltepunkt WZ 2818, Naas – Patscha Parkplatz) und dem Ausgangspunkt wird mit dem SAM-Taxi absolviert, wobei als Zielpunkt der Haltepunkt WZ 3348 (Weizklamm – Kreuzwirt) gebucht werden muss, denn der Ausgangspunkt kann nicht extra angegeben werden; jedoch kann die Fahrt in Absprache mit dem Taxifahrer beim unmittelbar an der Fahrstrecke gelegenen Ausgangspunkt beendet werden.
Einkehr: Keine. Die Voglhütte (Tel. +43 316 8031961) ist eine Selbstversorgerhütte.
Karte: f&b WK 131.
Tipps: 1. Der markante Steinmann am höchsten Punkt des Jägersteigs kann auch vom Nordende der Weizklamm ab Parkplatz Kreuzwirt (SAM-Taxi Haltepunkt WZ 3348, Weizklamm – Kreuzwirt) über eine Hängebrücke erreicht werden.
2. Grasselhöhle (älteste Schauhöhle Österreichs) 7 km von Naas entfernt, unweit davon Tropfsteinhöhle Katerloch.

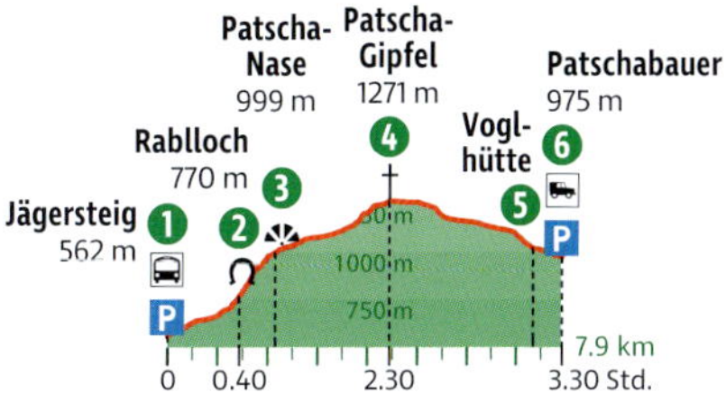

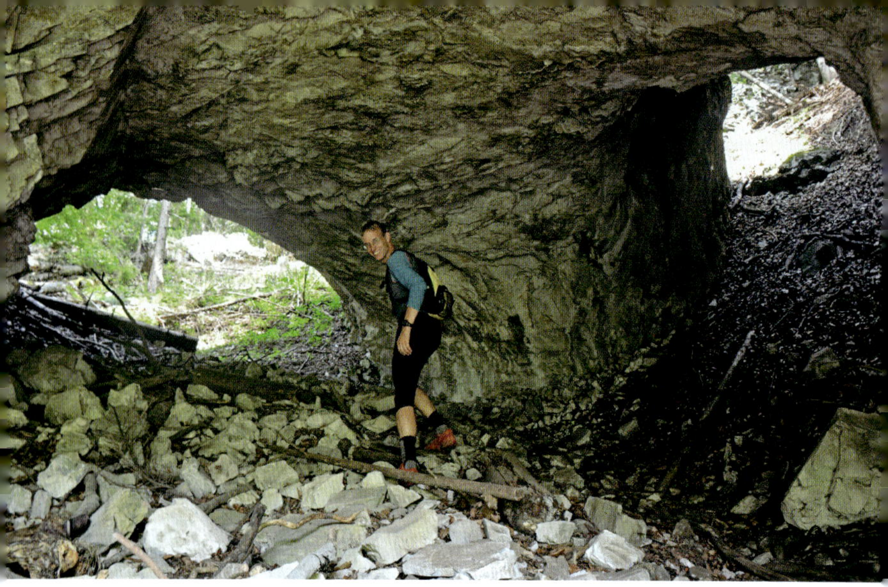

Wagenhütten-Torbogen.

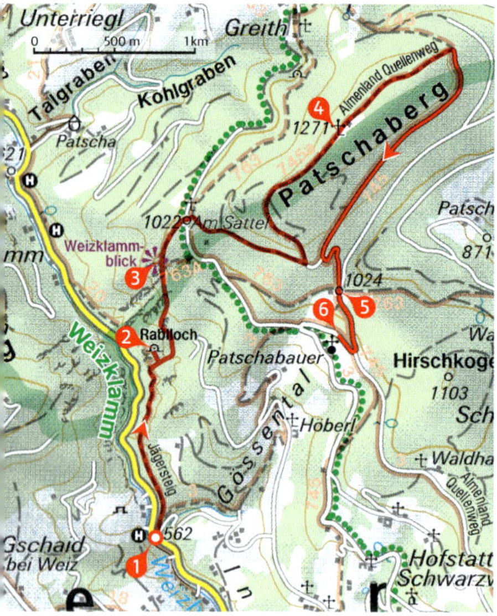

Die Wanderung beginnt beim **Parkplatz Jägersteig ❶**, 562 m, am Südende der Weizklamm. Gegenüber lotst eine große Holztafel zum »Jägersteig«, der als Weg Nr. 20 teilweise versichert oberhalb der Weizklamm durch die faszinierende Felslandschaft führt und packende Tiefblicke auf die Autostraße freigibt.

Wir gehen am höchsten Punkt, der »Herdplatte«, vorbei und haben vor uns beste Sicht zum formschönen Felsen des Rablgrats. Knapp links oberhalb des Rablgrats klebt die Patscha-Nase (auch »Gamsköpfl«) förmlich über dem Abgrund. Wegweiser leiten uns Richtung »Rablgrat – Dachl«, später durchqueren wir den **Wagenhütten-Torbogen** (eindrucksvolle kleine Durchgangshöhle mit mehreren Öffnungen!) und gelangen im Wald zu einem Sattel mit mächtigem Steinmann und Holzpfeil »Rablgrat«.

Dort auf Weg Nr. 20a rechts bergauf bis zum **Rablloch ❷**, 770 m (Höhle, Länge 195 m, Höhenunterschied 27 m; bedeutendes Schwärm- und Winterquartier für Fledermäuse). Nach dem kleinen Abstecher zur Höhle gehen wir wieder ein paar Meter auf demselben Weg zurück und steigen dann links hinauf, über ein unmarkiertes Steiglein. Bald sehen wir linker Hand eine kleine hölzerne Plattform (Standplatz für Kletterer), die wir nicht weiter beachten, sondern wir gehen bergauf, bis wir auf ein ebenes Plätzchen stoßen, das von Felswänden eingerahmt ist (zwei Gedenktafeln).

Nun problemlos kurz nach rechts und auf Waldboden steil bergauf zu einer markanten Felswand mit bodennahem Überhang, die wir rechts über harmlose Schrofen (versicherte Stelle) umgehen. Gelbgrüne Farbpunkte an Bäumen geben klar die Richtung nach oben vor. Die Steigung lässt nach, der Weg zieht nach links über eine Wiese direkt zum oberen Ausläufer des Rablgrats.

Rechts oben sehen wir die markante, felsige **Patscha-Nase** ❸, 999 m (»Weizklammblick«), die wir dem Kammverlauf folgend unschwierig erreichen. Top-Panorama! Anschließend geht es wieder markiert auf Weg Nr. 763a bergauf zum **Patschasattel** (»Am Sattel«) mit Rastplatz und Wegkreuz, 1022 m, und danach immer der Bezeichnung »Patschaberg/Gschaid« (Weg Nr. 763, 745a) folgend – mit großartigen Blicken zum Schöckl und zur Roten Wand – zum **Patschaberg** mit großem **Gipfelkreuz** ❹, 1271 m. Sehr schöne Gipfelwiese!

Abstieg: Wir wandern nur ein Stück über den Waldsteig und einen Karrenweg im Wald Richtung »Gschaid« bergab bis zu einer auffälligen Wegkreuzung mit Wegweisern. Dort gehen wir Richtung »Vogelhube/Weiz« (Weg Nr. 745) auf dem Forstweg weiter bis zur **Voglhütte** ❺, 1024 m, und danach noch ein Stück auf der Zufahrtsstraße bergab, bis nach der ersten Rechtskurve das Wanderziel beim **Parkplatz** beim **Patschabauer** ❻, 975 m, zugleich SAM-Taxi Haltepunkt WZ 2818 (Naas – Patscha Parkplatz), erreicht wird.

Bei der »Herdplatte«, im Hintergrund der Rablgrat und die Patscha-Nase.

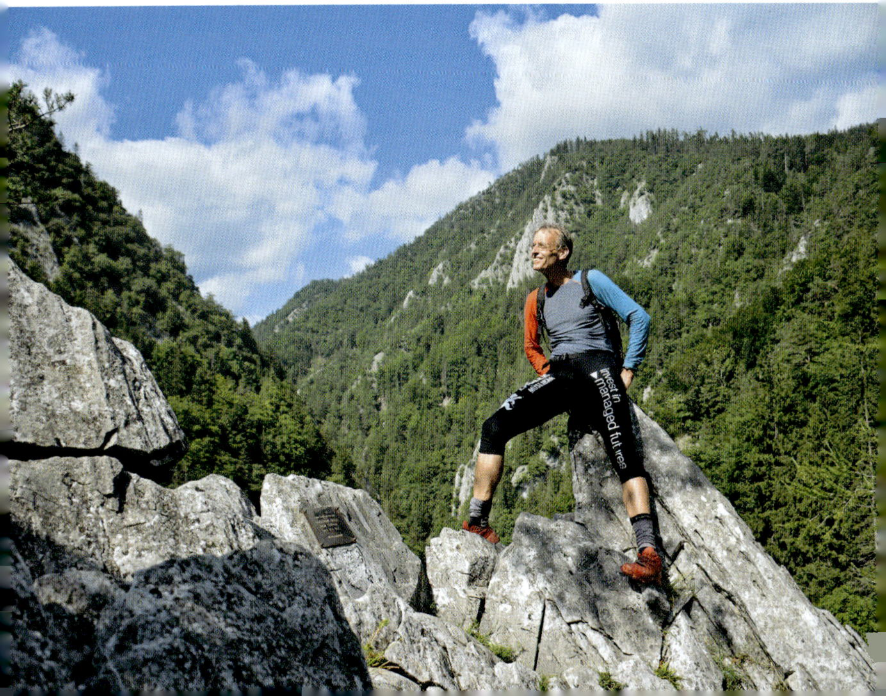

5

Durch die Bärenschützklamm

Zwischen Mixnitz und Teichalmsee

3.30 Std. | 9,3 km | ↗780 m | ↘90 m

Im Bann titanischer Wasserkraft durch die märchenhafte Klamm

Die Bärenschützklamm bei Mixnitz, die 1978 zum Naturdenkmal erklärt wurde, ist eine der bekanntesten und schönsten Felsklammen von Österreich. Links und rechts der abenteuerlichen Steiganlage strecken sich die Felswände mehrere Hundert Meter weit dem Himmel entgegen. Karstquellen, bizarre Felsgrotten, Karren und Rillen, Felsnischen und topfartige Felskolke sind Zeugen der Kräfte des Wassers, das über Jahrtausende hinweg hier gewirkt hat. Auf dem Weg entlang der tosenden Wassermassen, die als große und kleine Wasserfälle mit atemberaubender Leichtigkeit auf tiefer gelegenes Gestein stürzen und dieses kunstvoll ausschwemmen, steigen wir über zahlreiche Leitern und Brücken hautnah am steilen Fels entlang bergauf und erreichen bald nach dem Ende der Klamm das Almgasthaus Guter Hirte. Über einen gemütlichen Weg, der später idyllisch und flach neben dem Mixnitzbach verläuft, geht es schließlich zum Ziel der Wanderung beim Teichalmsee.

Kaskadenfall.

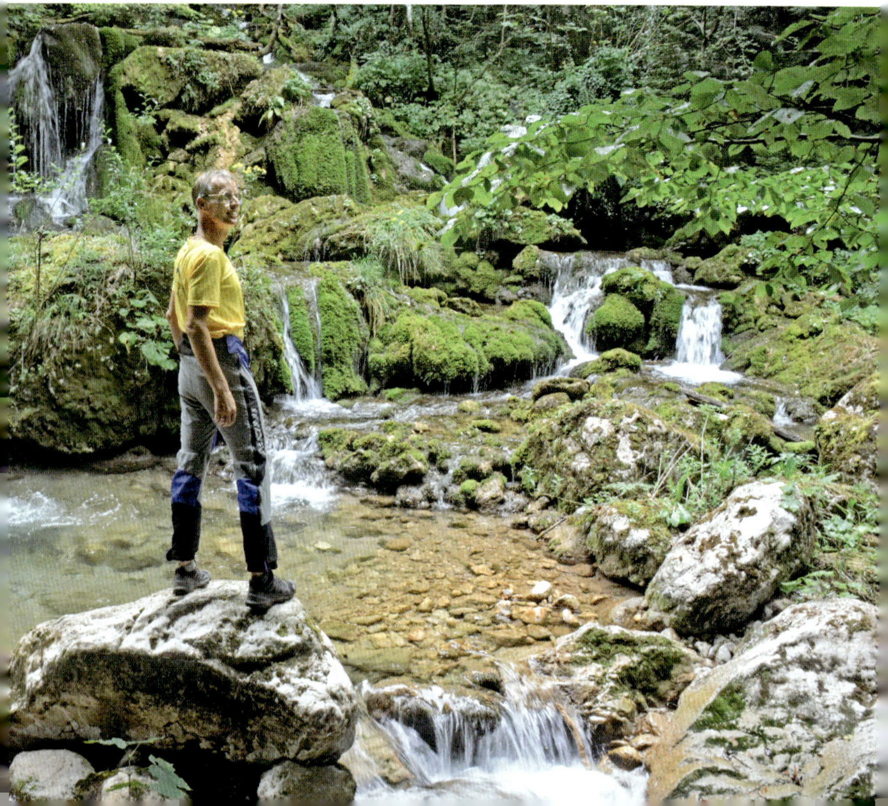

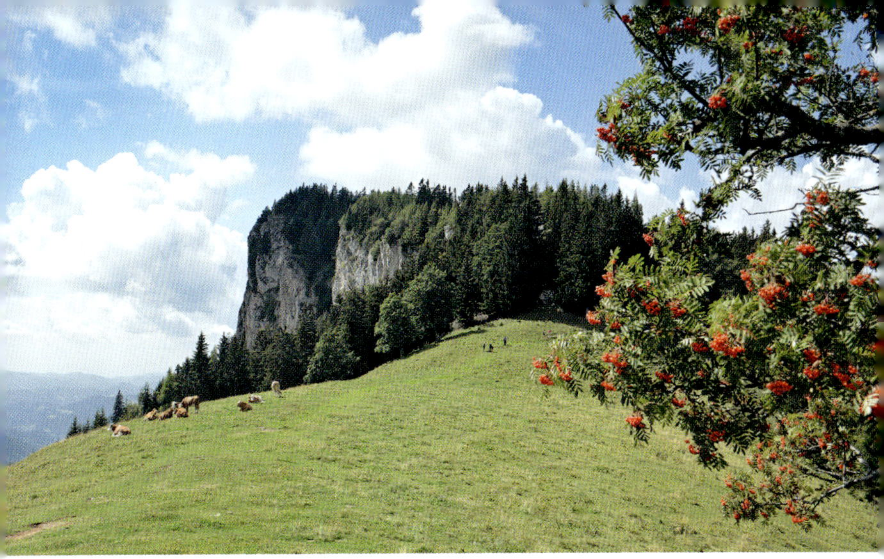

Rote Wand.

Ausgangspunkt: Mixnitz, Parkplatz Bärenschützklamm, 485 m. Anfahrt von Frohnleiten bzw. Bruck an der Mur über die Brucker Schnellstraße S 35 bis Mixnitz, ab dort gut beschildert.
ÖPNV: ÖBB, Verbund Linie 100 (Graz – Bruck an der Mur) bis Bahnhof Mixnitz, dann ca. 1,3 km zu Fuß durch den Ort (Wegweiser).
Anforderungen: Durchwegs guter Weg, zahlreiche Leitern und Brücken in der Klamm.
Abstieg: Die Strecke zwischen dem Teichalmsee (Halteplatz WZ 3424, Teichalm – Teichwirt) und dem Ausgangspunkt (Halteplatz BM 3516, Mixnitz – Bärenschützklamm) wird mit dem SAM-Taxi absolviert. Alternative: Bus (Verbund Linie 167, von Haltestelle Teichalm Teichwirt bis zum Bahnhof von Mixnitz).
Einkehr: Jausenstation Grassauer (Tel. +43 3867 8668), Almgasthaus Guter Hirte (Tel. +43 664 1636046), Almgasthof Teichwirt (www.teichwirt.at), Latschenhütte Teichalm (www.latschenhuette.at), diverse Gasthäuser um den Teichalmsee.
Karte: f&b WK 131.
Tipp: Man kann nach dem Almgasthaus Guter Hirte direkt zur Jausenstation Steirischer Jockl, 1398 m, aufsteigen und Schüsserlbrunn, 1363 m, besichtigen und danach zum Teichalmsee wandern.
Hinweise: 1. Wintersperre der Bärenschützklamm: 1.11.–31.4. – 2. Derzeit ist die Klamm nach schweren Felsstürzen gesperrt, das Betreten der Klamm ist verboten und lebensgefährlich! Wahrscheinlich wird die Klamm am 1. Mai 2023 wieder geöffnet werden.

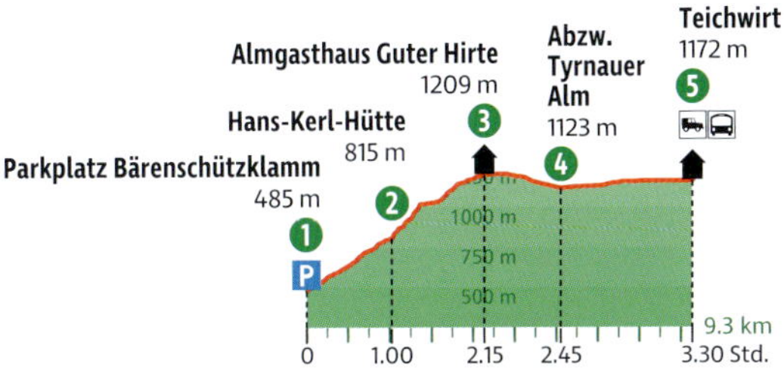

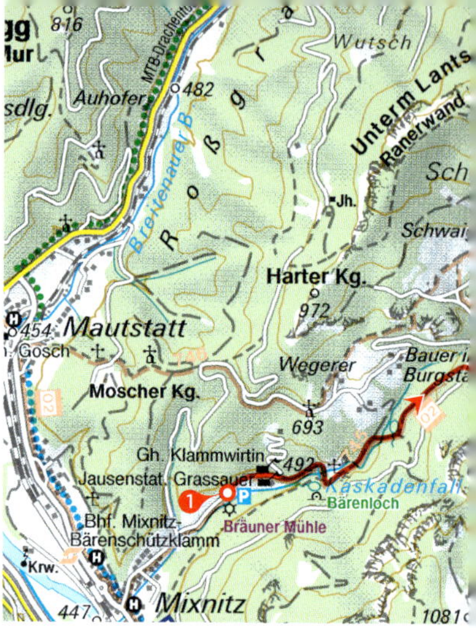

Vom großen **Parkplatz Bärenschützklamm** ❶, 485 m, am nordöstlichen Ortsrand von Mixnitz, gehen wir an der Jausenstation Grassauer vorbei und auf Weg Nr. 745/02 in den Wald. Rechts beeindrucken Felswände, später im Wald der wirbelnde Mixnitzbach, der die Vorfreude auf die Klamm mit seinem »Kaskadenfall« und einem weiteren Wasserfall steigert. Danach nimmt die Steigung für längere Zeit zu und wir passieren auf grobsteinigem Fahrweg mehrere moosüberzogene Felsblöcke.

Nach der insgesamt dritten Brücke entfernen wir uns vorübergehend vom Mixnitzbach, erreichen eine flache Forststraße und gleich danach die **Hans-Kerl-Hütte (Mauthütte)** ❷, 815 m. Toller Blick zu den Brunntal-Wänden! Auf der großen Holztafel lesen wir, dass die Steiganlage 1400 Meter lang ist, einen Höhenunterschied von 350 Metern überwindet und aus 115 Brücken und 49 Leitern mit 2900 Trittleisten besteht. Höhepunkte auf dem äußerst eindrucksvollen Weg durch die Klamm sind das von gigantischen Wasserkräften spektakulär geformte »Kanonenrohr« mit dem darin brausenden »Großen Wasserfall«, die »Sechs hohen Leitern« und das »Schwalbennest«.

Nach den letzten Leitern geht es durch ein Waldstück bis zum **Alm-**

Bärenschützklamm.

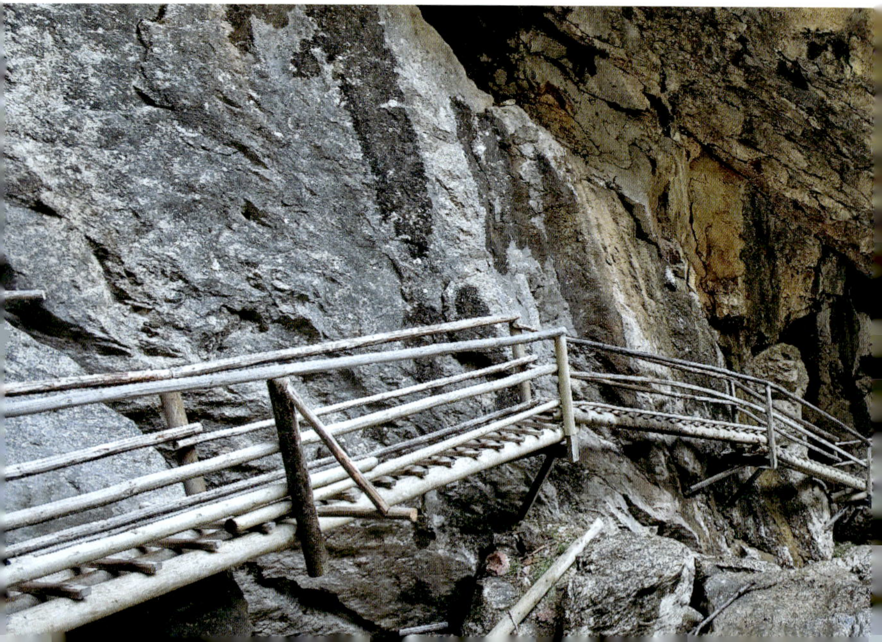

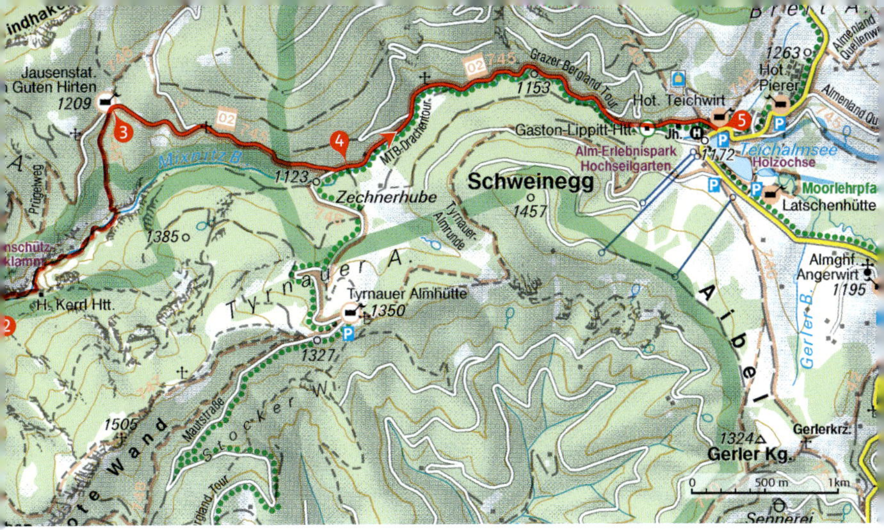

gasthaus Guter Hirte ❸, 1209 m. Von dort wandern wir auf dem breiten Weg Nr. 745 Richtung Teichalm und bemerken später die **Abzweigung** ❹ nach rechts zur **Tyrnauer Alm**, 1123 m; hier könnte man zur Tyrnauer Alm aufsteigen und von dort mit dem SAM-Taxi (Halteplatz WZ 3443, Tyrnau – Parkplatz Tyrnauer Alm) zurück nach Mixnitz fahren (sogar der zusätzliche Abstecher bis zur Roten Wand wäre ohne viel Abstieg machbar!).

Der Weg zum Teichalmsee folgt aber dem breiten Weg neben dem Mixnitzbach. Wenn wir am Asphalt vor dem See ankommen, sehen wir schon links den **Teichwirt** ❺, 1172 m, dort auch SAM-Taxi Halteplatz WZ 3424 (Teichalm – Teichwirt).

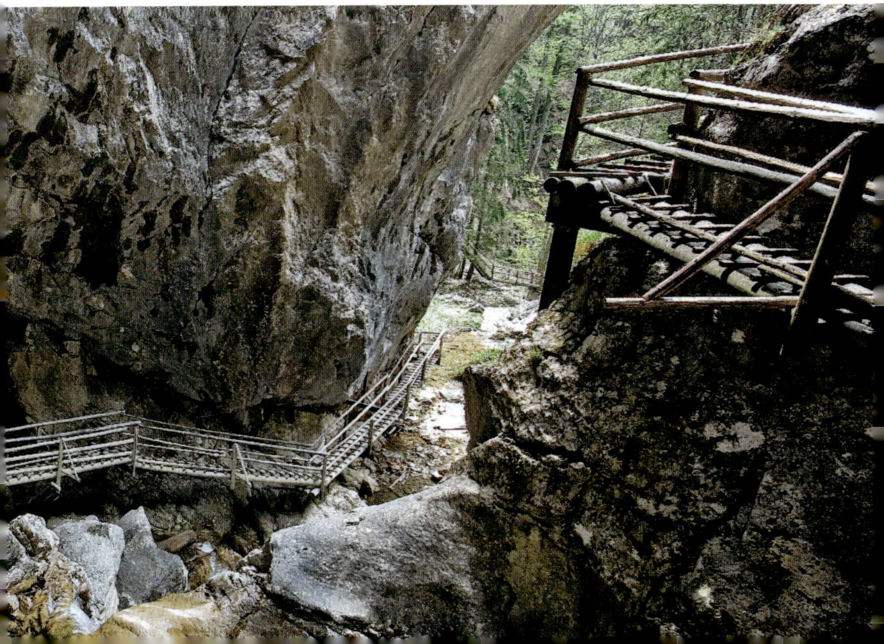

6 Drachenhöhle und Rote Wand, 1505 m

Über aufregende Steige zur Tyrnauer Alm

TOP | 4.15 Std. | 7,5 km | ↗ 1180 m | ↘ 280 m

Kolossales Höhlenportal und eine Steinbock-Kolonie

Drachenhöhle und Rote Wand sind Attraktionen im Grazer Bergland! Die knapp 4,5 Kilometer lange Höhle mit ihrem 15 Meter hohen und 20 Meter breitem Eingang liegt im Röthelstein bei Mixnitz und ist seit 1949 als Naturdenkmal ausgewiesen. Die Rote Wand mit den typischen roten Farbvariationen an ihren ungemein exponierten Felsabbrüchen ist die Heimat einer großen Steinbock-Kolonie. Es kann durchaus sein, dass wir die »Könige der Alpen« zu Gesicht bekommen, denn das Steinwild scheint keine große Fluchtdistanz vor Wanderern zu haben. Unsere Tour, die am Ortsrand von Mixnitz beginnt, verbindet beide Attraktionen auf einem teilweise unmarkierten, sehr alpin anmutenden Steig und endet gemütlich auf der Tyrnauer Alm.

Ausgangspunkt: Mixnitz, Parkplatz Drachenhöhle, 454 m, beim Heubergstüberl (Tennisplätze). Anfahrt von Frohnleiten bzw. Bruck an der Mur über die Brucker Schnellstraße S 35 bis Mixnitz, ab dort gut beschildert.
ÖPNV: ÖBB, Verbund Linie 100 (Graz – Bruck an der Mur) bis Bahnhof von Mixnitz, von dort ca. 1,2 km zu Fuß.
Anforderungen: Steiler, gut markierter Weg zur Drachenhöhle, kurz davor eine felsdurchsetzte, mit Ketten versicherte Rinne. Nach der Höhle unmarkiert bis zum Buchebensattel, abschnittsweise steiler, alpiner Pfad. Ab Buchebensattel markierter, guter Wanderweg.
Abstieg: Die Strecke zwischen dem Parkplatz auf der Tyrnauer Alm (Mautstraße, Halteplatz WZ 3443, Tyrnau – Parkplatz Tyrnauer Alm) und dem Ausgangspunkt (Halteplatz BM 3511, Mixnitz – Drachenhöhle) wird mit dem SAM-Taxi absolviert.
Einkehr: Heubergstüberl (Tel. +43 650 5066166), Almhütte auf der Tyrnauer Alm (www.almerich.at).
Karte: f&b WK 131.
Tipp: Der Buchebensattel, 1081 m, kann vom Parkplatz Drachenhöhle – ohne Drachenhöhle – auf dem durchgehend markierten, einfachen Wanderweg Nr. 747 erreicht werden, oder ab der Tyrnauer Alm (Mautstraße) auf Weg Nr. 748.

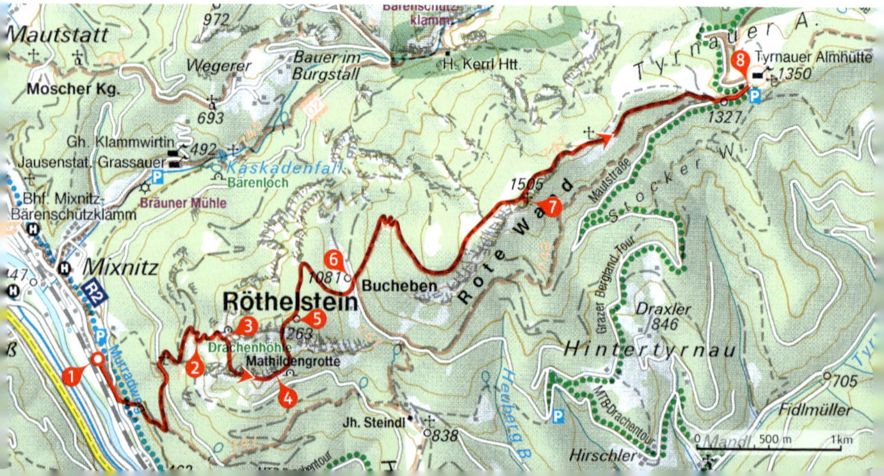

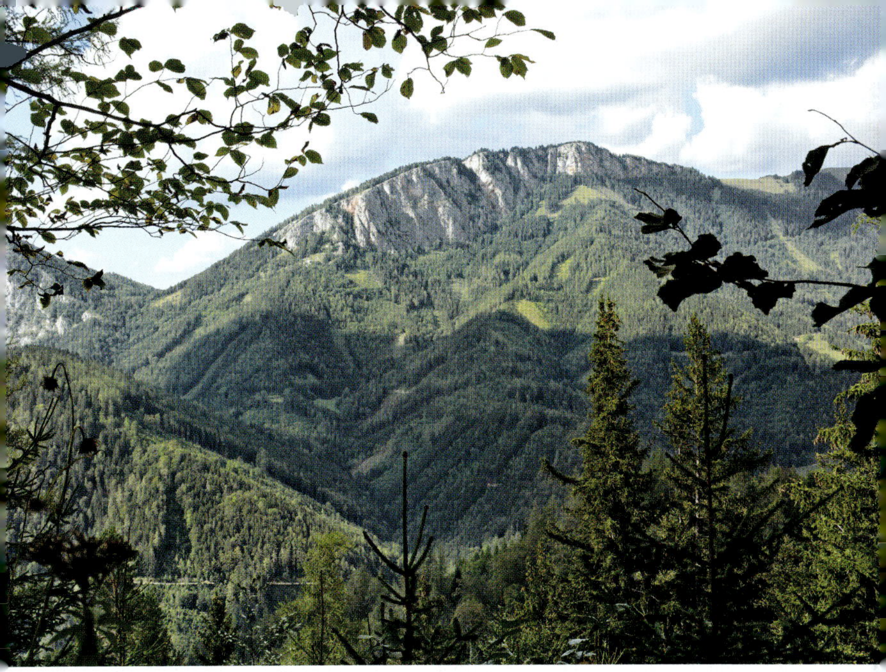

Röthelstein (links), Buchebensattel und Rote Wand; die rechts davon gelegene Tyrnauer Alm ist nicht mehr im Bild.

Wir verlassen den **Parkplatz Drachenhöhle** ❶, 454 m, beim Heubergstüberl, gehen noch ca. 130 Meter die von Mixnitz wegführende Straße entlang und zweigen dann nach links auf Weg Nr. 1 (später Weg Nr. 21) zur Drachenhöhle ab. Der gut markierte Steig (viele Wegweiser) zieht im Wald steil bergauf.
Weiter oben kommen wir kurz aus der Waldzone und haben beachtliche Blicke ins Murtal, zum gegenüberliegenden Schiffall und zum Ratengrat mit seiner messerscharfen Felskante. Wir steigen in einem weiten Rechtsbogen auf die deutlich überhängende Felswulst der Lusthüttlwand hinauf, Top-Tiefblick ins Murtal! Dort dreht der markierte Weg nach links, doch es lohnt sich, noch ca. 30 Meter auf dem geradeaus führenden Steig – am Rand der senkrechten Abbrüche – zu bleiben, denn vom grasbewachsenen Felsköpfl auf der **Lusthüttlwand** ❷, 806 m, ist das Panorama wirklich wunderbar!

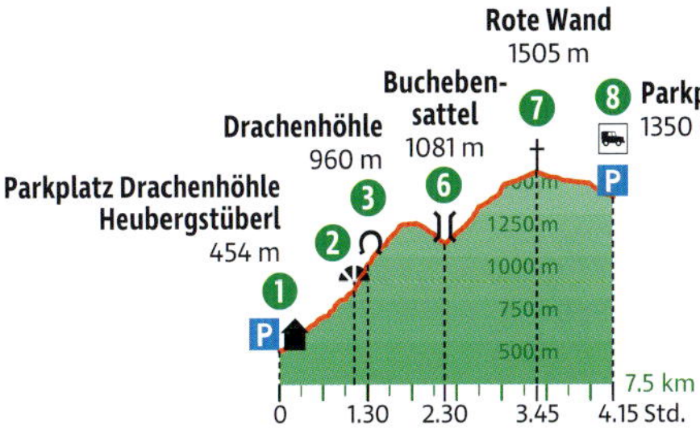

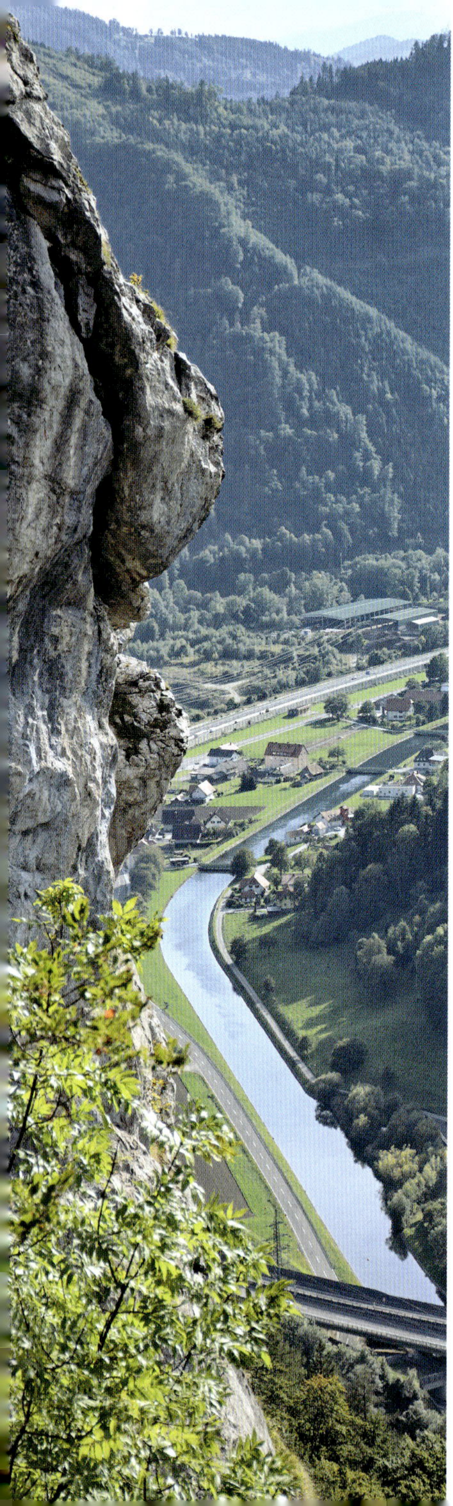

Wieder bei den Markierungen geht es direkt an die breite Felszone heran und in der Folge durch eine gut gestufte Felsrinne (durchgehend Eisenketten) bergauf. Schließlich stehen wir vor dem monumentalen Höhleneingang der **Drachenhöhle** ❸, 960 m!

Nun geht es unmarkiert weiter: Wir steigen rechts der Höhle nur ein paar Meter neben den Felsen bergauf (Steinmann); gleich danach zwei Bäume mit hellgrünen Farbpunkten. Der Steig zieht auf ein halb rechts gelegenens Felsköpfl hinauf. Halb links oben sehen wir eine mächtige Felswand mit markantem Felsloch knapp über dem Boden. Rechts am Felsloch vorbei (Pimeshofer-Gedenktafel), wieder herrliche Aussicht ins Murtal und markante Felsplatten.

Unser Steig verzweigt sich, der rechte Pfad (er verläuft knapp über den markanten Felsplatten) ist mit mehreren dicken Ästen absichtlich versperrt; erst ein paar Meter weiter oben queren wir die verwachsene Rinne länger schräg nach rechts hinauf (Steinmänner), übersteigen eine Wurzelzone, sehen vor uns Bäume mit blauen Farbzeichen und erreichen eine kleine Felsrippe, die beim weiteren Bergaufsteigen rechts von uns bleibt. Es geht über gut ausgetretene Serpentinen höher (Bäume mit blauen und grünen Farbzeichen) bis wir – halb links (!) – einen kleinen **Sattel** ❹, 1081 m, am Beginn einer großen, freien, schrägen Wiese erreichen. Dort imponierender Blick zu den Wänden des Röthelstein-Südostsporns.

Hier treffen mehrere Wege zusammen. Wir gehen auf gut sichtbarem Steig über die freie Fläche halb links

Lusthüttlwand mit Mur und der Ortschaft Röthelstein.

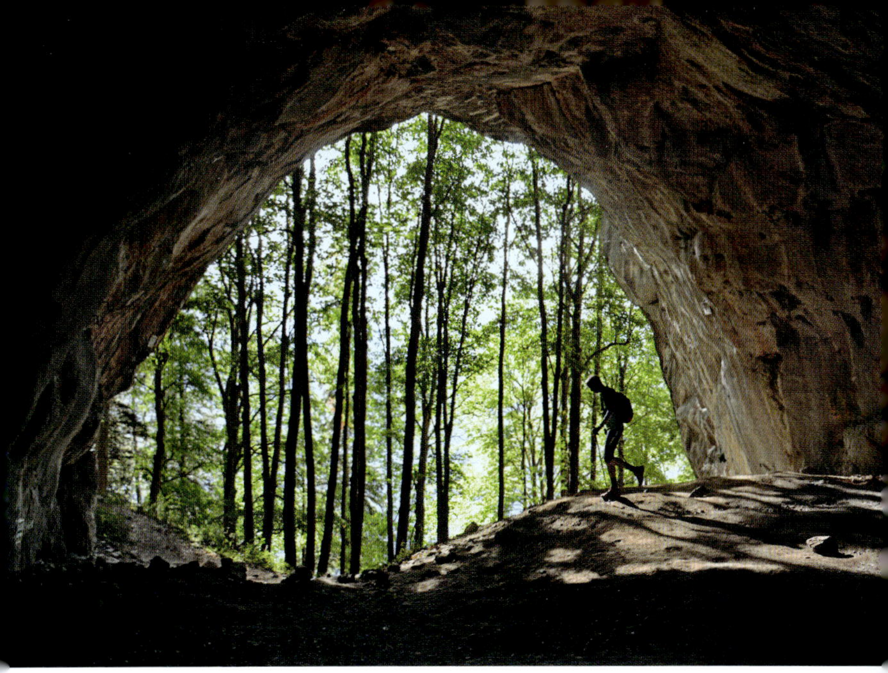

Drachenhöhle.

bergauf, durchqueren die kleine Waldzunge, kreuzen die Schuttzone in ihrem obersten Bereich, erreichen ein paar Felsen (Steinmann) und danach einen schmalen Waldsattel. Dort sehen wir Reste eines Wildgatters (Gitterzaun, mehrere Meter hohe Holzpfähle).

Aus dem Sattel steigen wir rechts auf dem kurzem Bergrücken weiter und sehen links verfallene Holzleitern (ehemaliger Wegverlauf). Wir bewegen uns rechts der Leitern auf gutem Steig zwischen harmlosen Felsen und an mehreren großen Holzpfählen vorbei steil bergauf und erreichen die nächste große **Wiese** **5**, 1192 m. Links unten Gitterzaun, vor uns Wald mit Felsrand (rechts).

Wir überqueren die Wiese Richtung Felsrand, biegen aber knapp davor – vor dem großen Steinmann – halb links über die Wiese in den Wald hinunter und gelangen durch ein immer offen stehendes Gatter auf einen breiten, flachen Weg, auf dem wir nach rechts weitergehen (Bäume mit weißen Farbzeichen). Später wird ein schwach ausgeprägtes Felsköpfl neben einem kleinen Sattel links umgangen, bald danach dreht der Weg in kurzem Abstand zweimal rechtwinkelig nach rechts und mündet wenig später auf der breiten Wiese des **Buchebensattels** **6**, 1081 m.

Dort lotst ein auffälliger Wegweiser zu »Rote Wand/Tyrnauer Alm« (Weg Nr. 747). Unten im Wald und oben oft nahe an den exponierten Südabstürzen der Roten Wand mit den typischen roten Farbvariationen erreichen wir schließlich das Gipfelkreuz der **Roten Wand** **7**, 1505 m.

Vom Gipfel geht es auf dem ausgetretenen Steig Nr. 747 nordostwärts Richtung Tyrnauer Alm, dort SAM-Taxi Halteplatz WZ 3443 (Tyrnau – Parkplatz Tyrnauer Alm) beim **Parkplatz** **8**, 1350 m, am Ende der Mautstraße, ca. 300 m vor der **Tyrnauer Alm**.

7 Schüsserlbrunn am Hochlantsch, 1363 m

Pfarrer-Franz-Kelz-Weg und Teichalmsee

4.15 Std. | 11,9 km | ↗ 800 m | ↘ 290 m

Zum Kirchlein, dem die Quelle in der Felswand den Namen gab

Die unter Denkmalschutz stehende Wallfahrtskapelle Schüsserlbrunn, zu der wir über den Pfarrer-Franz-Kelz-Weg aus dem Breitenauer Tal hinaufwandern, steht am Fuß der steil vom Hochlantsch nach Norden abbrechenden Lantschmauern. 2018 wurde die kleine Kirche im Rahmen der großen ORF-Show »9 Plätze – 9 Schätze« zum beliebtesten Ausflugsziel der Steiermark gewählt und erreichte im alle Bundesländer umfassenden Ergebnis Platz drei. Der abwechslungsreiche Aufstieg leitet hautnah an eine schroffe Felsszenerie heran. Die letzten Meter zur Pilgerstätte verlaufen durch steiles Gelände im Zickzack über einen gut angelegten Leiternsteig. Nur wenige Meter neben der Kapelle befindet sich in der senkrechten Felswand auf Bodenhöhe ein kleiner Spalt. Dort tropft Wasser in unregelmäßigen Abständen von der Decke, rinnt über eine Felsplatte und sammelt sich in mehreren kleinen, zum Teil handgemeißelten steinernen Vertiefungen. Auf diese »Schüsselchen« geht der Name Schüsserlbrunn zurück. Vom Kirchlein sind noch weitere 198 Stufen zum höchsten Punkt der Tour beim Gasthaus Steirischer Jockl zu überwinden. Dort angekommen, verblüfft nicht nur die atemberaubende Lage, sondern auch das herrliche Panorama. Über einen gemütlichen Weg, der nach nur mäßig steilem Abstieg bald idyllisch und flach neben dem Mixnitzbach verläuft, geht es zum Wanderziel beim Teichalmsee.

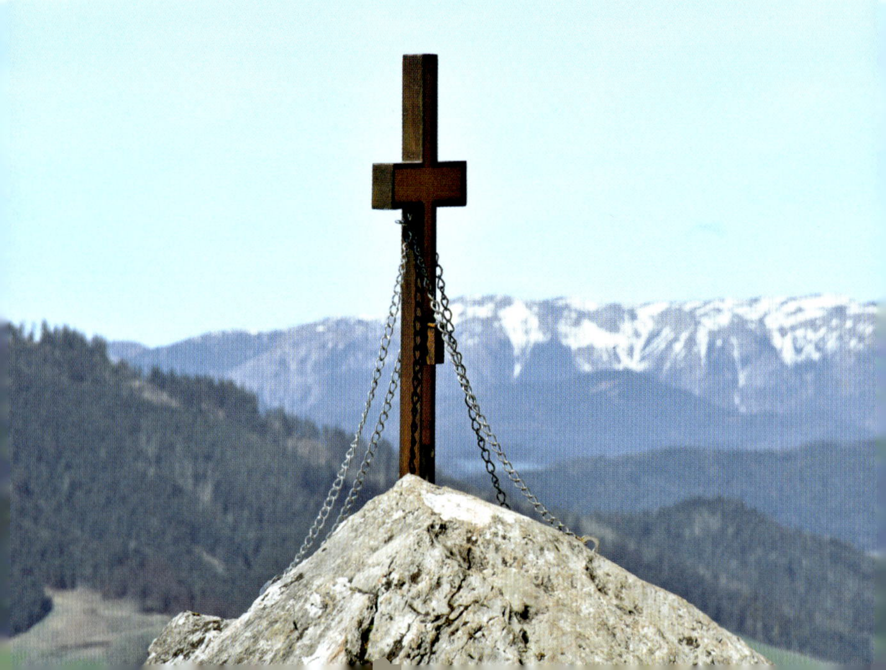

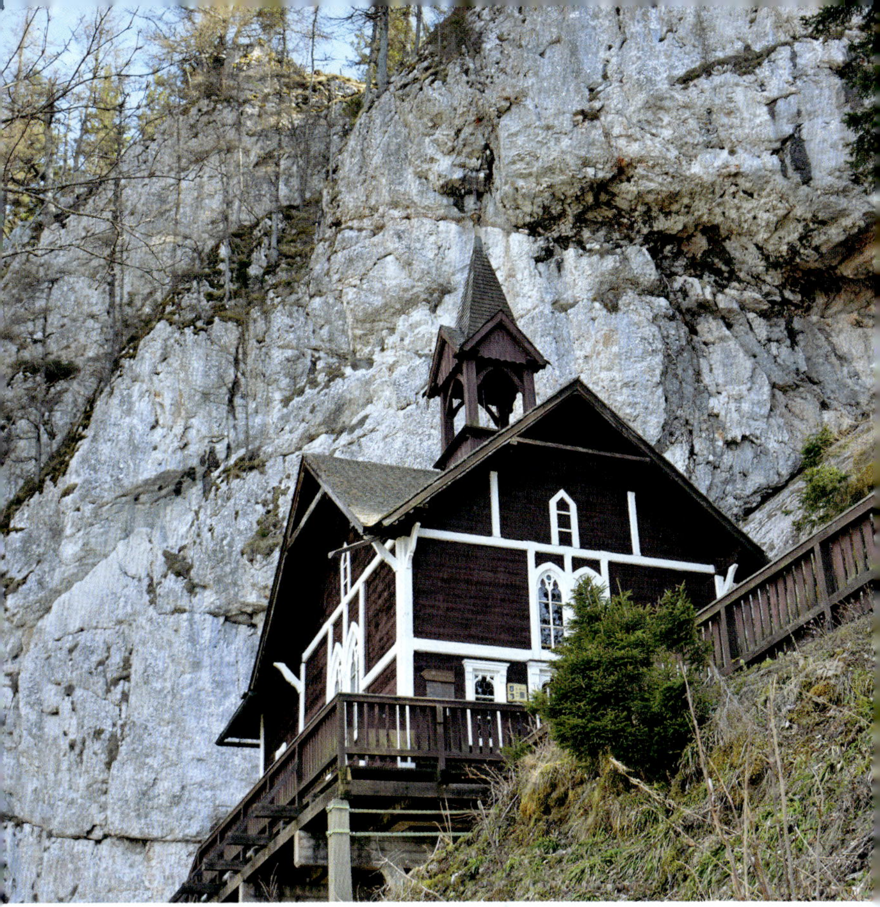

Wallfahrtskapelle Schüsserlbrunn.

Ausgangspunkt: St. Erhard in der Breitenau, Wallfahrtskirche, 658 m. Anfahrt von Frohnleiten bzw. Bruck an der Mur über die Brucker Schnellstraße S 35 bis Ausfahrt Mixnitz, auf L 104 weiter bis St. Erhard, Parkplätze ca. 300 m westlich der Wallfahrtskirche.
ÖPNV: Verbund Linie 167 (Bruck an der Mur – St. Erhard) bis St. Erhard in der Breitenau, Haltestelle Kirche.
Anforderungen: Meist einfache Wanderung; im Bereich Kirche Schüsserlbrunn steile Steiganlage über Leitern und viele Stufen.
Abstieg: Zwischen dem Teichalmsee (Halteplatz WZ 3424, Teichalm – Teichwirt) und dem Ausgangspunkt (Halteplatz BM 3611, Sankt Erhard – Postamt) fährt man mit dem SAM-Taxi. Alternative: Bus (Verbund Linie 167, von Haltestelle Teichalm Teichwirt bis St. Erhard in der Breitenau, Haltestelle St. Erhard Kirche).
Einkehr: Gasthaus Steirischer Jockl (Tel. +43 664 1526845), Almgasthof Teichwirt (www.teichwirt.at), diverse Gasthäuser beim Teichalmsee.
Karte: f&b WK 131.
Tipp: Man kann auch vom Weg zur Teichalm zur Tyrnauer Alm aufsteigen (Wegweiser), und die Tour dort beenden (SAM-Taxi Haltepunkt WZ 3443).

Kreuz am Kleinen Hochlantsch.

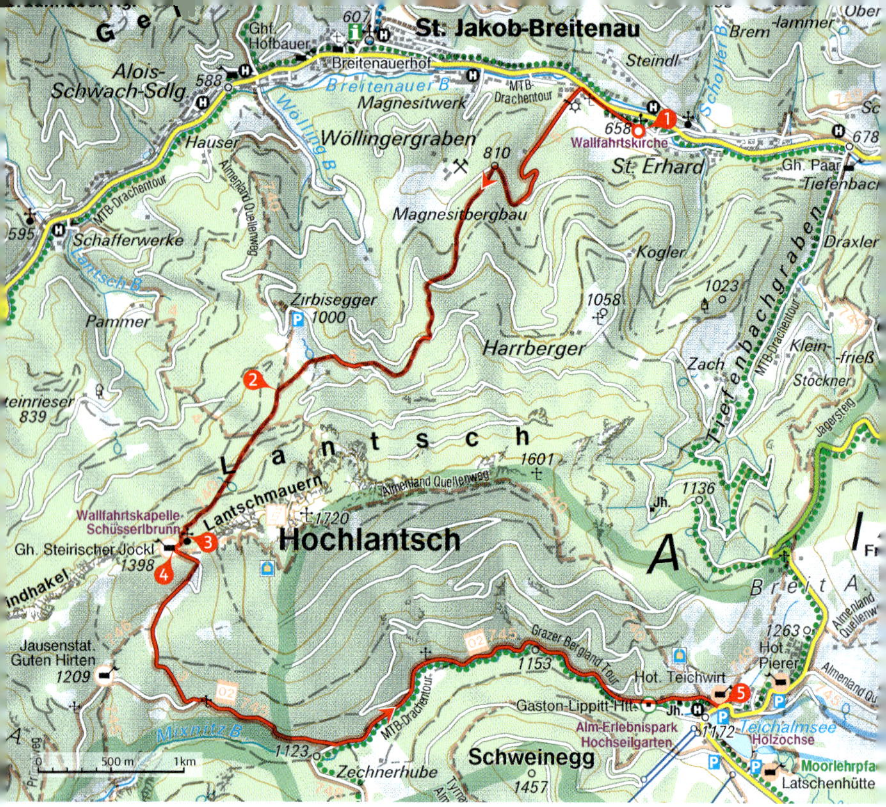

Unser Ausgangspunkt befindet sich in der am Fuße des Hochlantsch gelegenen Breitenau, die seit über tausend Jahren vom Bergbau geprägt ist. Ab dem 11. Jahrhundert schürfte man hier verschiedene Edelmetalle wie Gold und Silber. Wir marschieren bei der überregional bekannten und unter Denkmalschutz stehenden **Wallfahrtskirche** in **St. Erhard in der Breitenau** ❶, 658 m, los, gehen auf der L104 nach Nordwesten, kommen an einem Parkplatz vorbei und erreichen eine kleine Brücke neben einem Bildstock.
Dort gibt der Wegweiser nach Schüsserlbrunn (Weg Nr. 25) die weitere Marschrichtung für unseren Pfarrer-Franz-Kelz-Weg vor. Der Steig, der den Namen des in den 1970er-Jahren überaus aktiven Motors der Aktion »Rettet Schüsserlbrunn« trägt, führt anfangs über die teilweise steile Forststraße, später auf einem Wald-

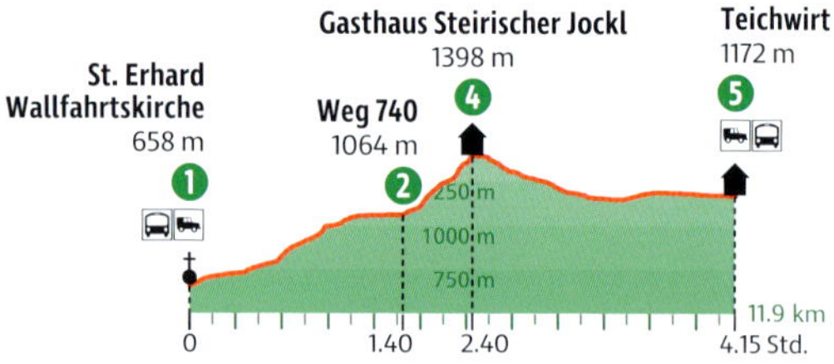

weg immer am Nordabhang des Hochlantsch entlang und gewährt gute Sicht zum gegenüberliegenden Rennfeld.
Wenn wir den oberen Rand der ausgedehnten, freien Wiesenflächen erreichen, die sanft zum gut sichtbaren ehemaligen Gasthof Zirbisegger, 1000 m, abfallen, steigen wir dort nicht rechts über diese Wiesen bergab, sondern marschieren geradeaus weiter (Markierung beachten!). Es geht am Waldrand relativ eben dahin, bis rechts der vom Zirbisegger heraufführende **Weg Nr. 740** einmündet **2**, 1064 m.
Der wunderschöne Steig zieht immer unterhalb der mächtigen Felswände des Hochlantsch bergauf, ignoriert die Abzweigung zum Franz-Scheikl-Naturfreunde-Klettersteig und tangiert kurz danach den »Kleinen Hochlantsch«, einen hübschen Felsblock mit reizendem Gipfelkreuz! Dann wird das Gelände steiler. Wir steigen über viele prickelnde Holzleitern nach oben und nähern uns **Schüsserlbrunn** **3**, 1363 m. Das pittoreske Holzkirchlein steht auf einer künstlichen Verebnung neben den Felsen; den Baugrund schenkte die »Breitenauer Forst- und Gutsverwaltung Schafferwerke« den Erbauern unter der Bedingung, die Kapelle für die Nachwelt zu erhalten.
Nach der Kapelle geht es über weitere Stufen und entlang der Felsen der **Jausenstation Steirischer Jockl** **4**, 1398 m, entgegen, hinter der der einfache, gut markierte Abstieg zum Teichalmsee (Weg Nr. 745) beginnt. Wenn wir am Asphalt vor dem See ankommen, sehen wir linker Hand schon den **Teichwirt** **5**, 1172 m, gleichzeitg SAM-Taxi Halteplatz WZ 3424 (Teichalm – Teichwirt).

Steiganlage zum Gasthaus Steirischer Jockl.

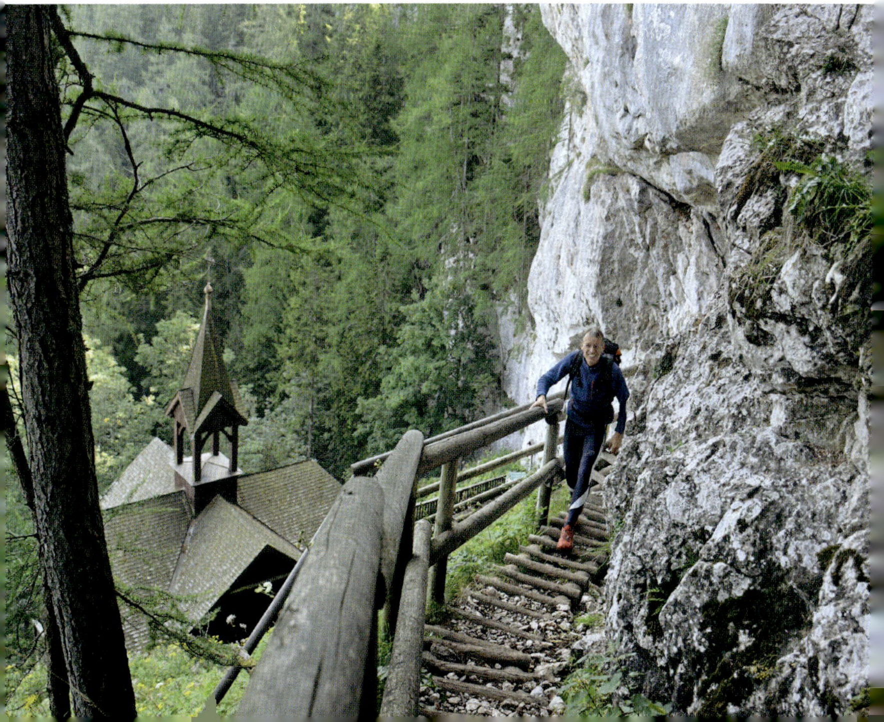

8 Teufelstein, 1498 m

Vorbei an der Waldtoni-Alm zum Schanzsattel

4.00 Std. | 11,4 km | ↗730 m | ↘340 m

Kultischer Gipfelfelsen mit anthropogen bearbeiteter Ostwand

Die Wanderung vom Ostrand der Gemeinde Fischbach auf den sagen- und brauchtumsumrankten Teufelstein führt uns zu einem der ältesten Kultplätze der Steiermark. Der gleichnamige bizarre Gipfelfelsen mit der steilen Ostwand, die vielleicht sogar Gegenstand einer vor- oder frühgeschichtlichen Gesteinsbearbeitung war, ragt aus dem flachen Wiesenplateau ca. 6 Meter heraus und weist von Süden her gesehen eine turmförmige Gestalt auf. Der Sage nach sollte Luzifer in der heiligen Christnacht einen Turm von der Erde bis zum Himmel bauen, doch er scheiterte. Unser Aufstieg in der sanften Berg- und Hügellandschaft des Jogllandes führt uns über die Waldtoni-Alm zum Felsen neben dem Gipfelkreuz und von dort über einen prägnanten Wurzelsteig bergab zum Schanzsattel.

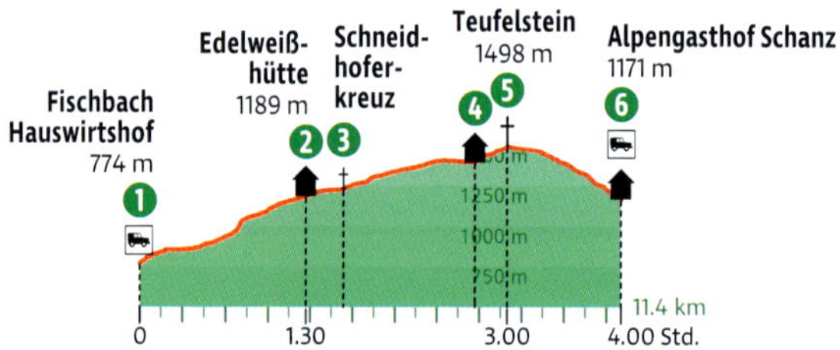

Ausgangspunkt: Fischbach, SAM-Taxi Haltepunkt WZ 4116 (Fischbach – Hödl), 774 m, im Kreuzungsbereich beim Anwesen Hauswirtshof. Zufahrt von Fischbach über die steil bergab führende Schindergrabenstraße, dann

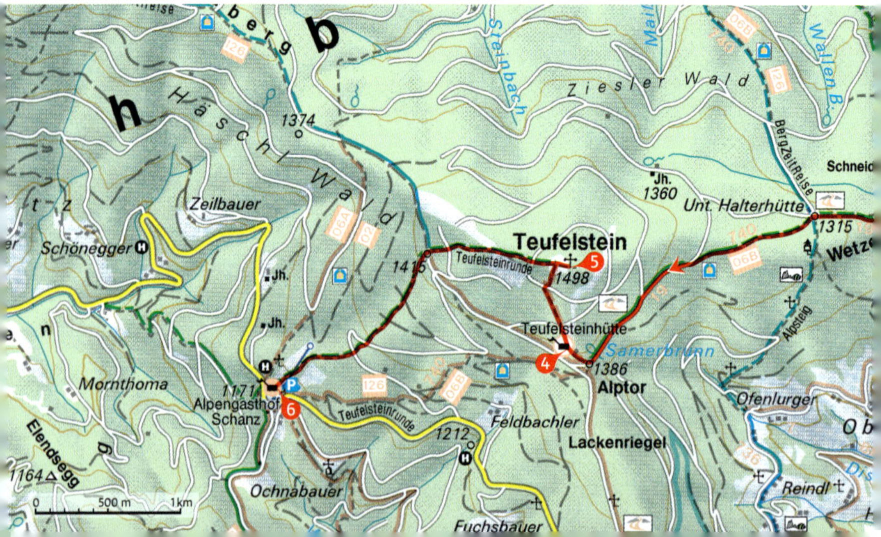

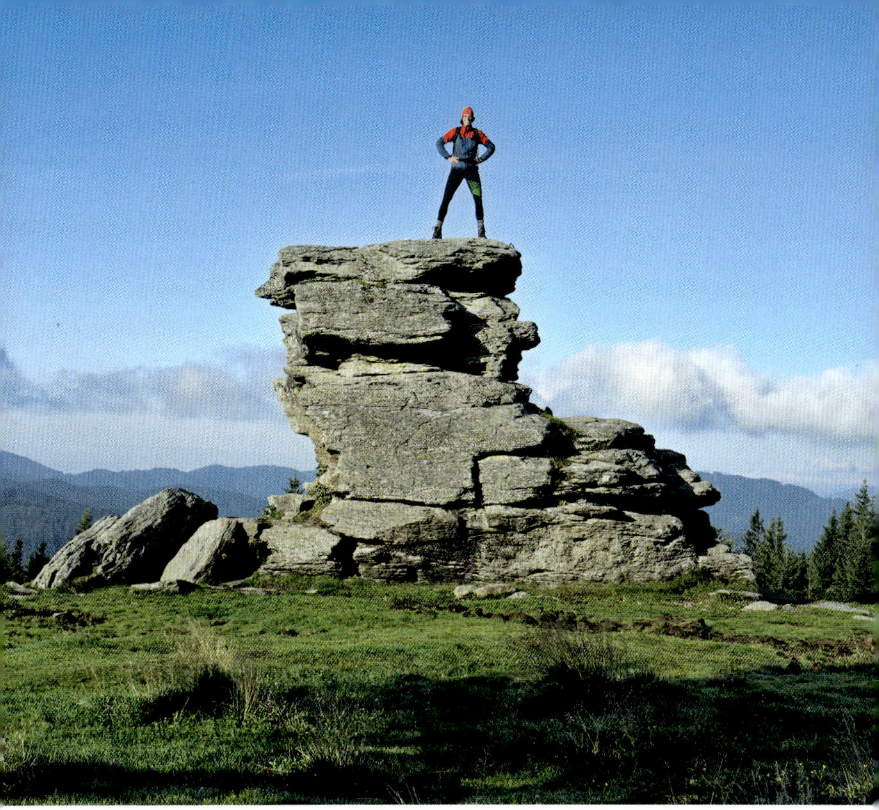

Am Gipfel des Teufelsteins.

links ab in den Stadlhofweg. Parkmöglichkeiten am Straßenrand.
ÖPNV: Verbund Linie 237, Fischbach

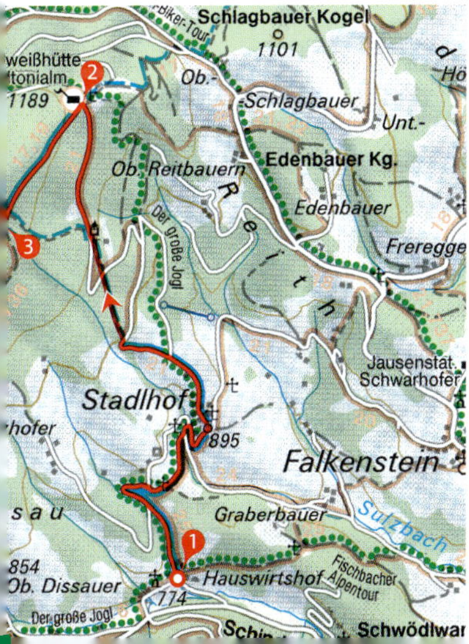

Ort, dort SAM-Taxi Haltepunkt WZ 4112 (Fischbach – Dorfplatz), mit SAM-Taxi zu Haltepunkt WZ 4116.
Anforderungen: Einfache Wanderung auf Forststraßen und über Almwege. Abstieg zum Schanzsattel, 1171 m, über einen Wurzelsteig.
Abstieg: Die Strecke zwischen Schanzsattel (Haltepunkt WZ 4118, Fischbach – Gasthof auf der Schanz) und dem Ausgangspunkt (Haltepunkt WZ 4116, Fischbach – Hödl) wird mit dem SAM-Taxi absolviert.
Einkehr: Edelweißhütte auf der Waldtoni-Alm (Tel. +43 664 8332932), Teufelsteinhütte, Alpengasthof Schanz (Tel. +43 3865 8244).
Karte: f&b WK 021.
Tipp: Noch einfacher ist der Abstieg über das Alptor zum Zeller Kreuz, 1232 m, dort SAM-Taxi Haltepunkt WZ 4127 (Fischbach – Zellerkreuz).

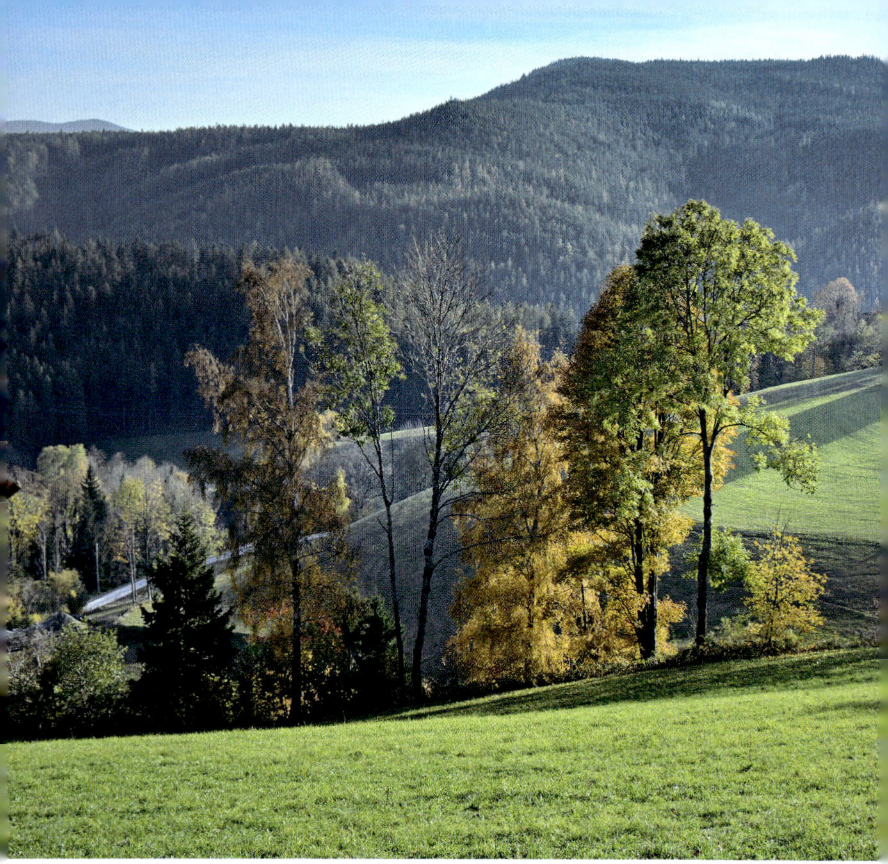

Almlandschaft nach dem Stadlhof.

Wir beginnen die Tour beim Weiler **Hauswirtshof ❶**, 774 m, und gehen auf der schmalen Asphaltstraße bergauf Richtung »Stadlhof« (Weg Nr. 25), bis wir diesen Weiler, 895 m, erreichen. Dort zweigen wir nach links Richtung »Schneidhoferkreuz« ab, gehen am Anwesen der Familie Wetzelhütter (vulgo Stadlhofer) vorbei und auf Weg Nr. 21 weiter, bis uns der kleine Wegweiser »Schneidhoferkreuz« auf einer Birke erneut nach links schickt.

Wir queren eine schöne Almwiese und erreichen den Wald. Markierungen führen direkt zum Schneidhoferkreuz, doch wir wollen davor zur Edelweißhütte auf der Waldtoni-Alm. Daher verlassen wir die direkte Aufstiegsroute weiter oben an ihrem Schnittpunkt mit einer nach rechts (!) bergauf führenden Forststraße und gelangen über diese Straße auf die große, freie Wiesenfläche der Waldtoni-Alm mit der **Edelweißhütte ❷**, 1189 m.

Wegweiser lotsen uns jetzt auf Weg Nr. 21 (Forstweg) zum **Schneidhoferkreuz ❸**, 1231 m, und von dort weiter Richtung Teufelstein. Auf dem netten Weg haben wir zwischendurch überraschend gute Ausblicke zu Stuhleck, Schneeberg und Rax und stoßen bald auf die urige **Untere Halterhütte**, 1315 m. Am rechten Rand einer herrlichen Wiese geht

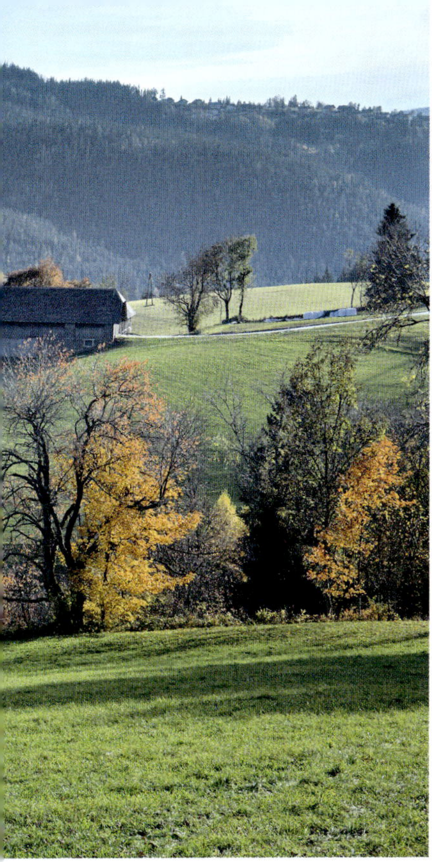

es weiter, und nach einem Wegstück mit schöner Aussicht über Fischbach hinweg nach Süden zweigen wir beim Alptor, 1386 m, rechts Richtung Teufelstein ab. Kurz danach kommen wir an der kleinen **Teufelsteinhütte ❹**, 1398 m, vorbei, die am Rand einer großen Wiese steht, und erreichen nach kurzem Waldsteig den Gipfel des **Teufelsteins ❺**, 1498 m, mit dem mystischen Felsen und Gipfelkreuz. Tipp: Das schönste Panorama hat man nach dem kleinen Waldstück hinter dem Gipfelkreuz!

Um zu unserem Wanderziel »Auf der Schanz« zu gelangen, gehen wir vom Gipfel ein paar Meter auf demselben Weg zurück und halten uns beim Wegweiser rechts. Nach einer flachen, weiten Wiese stoßen wir auf einen echten Wurzelsteig und erreichen schließlich den **Alpengasthof Schanz ❻**, 1171 m, und den SAM-Taxi Haltepunkt WZ 4118 (Fischbach – Gasthof auf der Schanz).

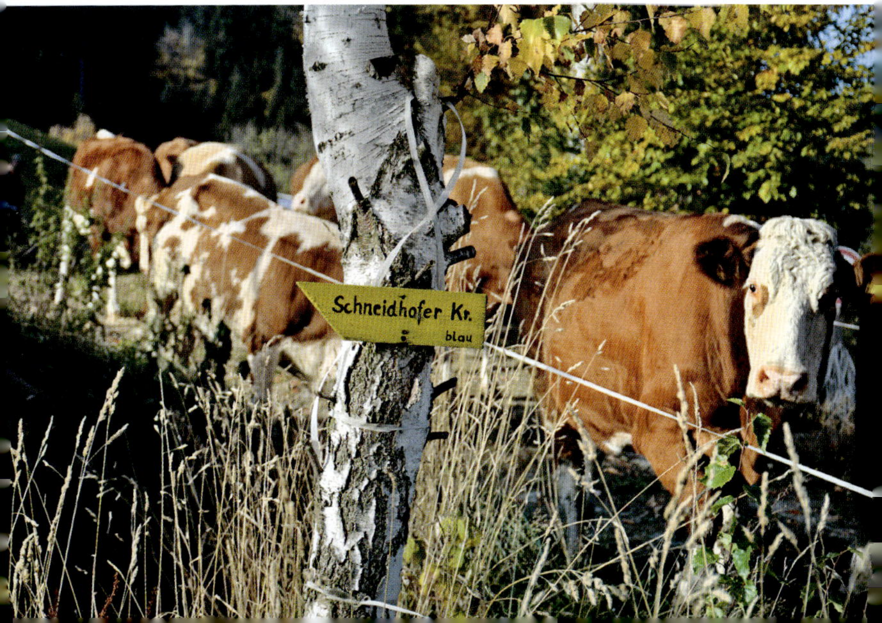

9

Stuhleck, 1782 m, Pretul und Amundsenhöhe

Zwischen Alois-Günther-Haus und Roseggerhaus

5.00 Std. | 14,0 km | ↗1000 m | ↘280 m

Lässige Höhenwanderung nach längerem Aufstieg und ein Hochmoor

Die Fischbacher Alpen erreichen beim formschönen Gipfelkreuz am Stuhleck ihren höchsten Punkt. Der auch rodungsbedingt waldfreie breite Rücken zwischen dem Stuhleck im Osten und der Pretulalpe mit Pretul und Amundsenhöhe im Westen fungiert als lang gezogene Aussichtsplattform und beeindruckt sowohl mit den Ausblicken in die Oststeiermark als auch zum Alpenraum mit Veitsch, Ötscher, Schneealpe, Rax, Schneeberg und so weiter. Unsere Tour führt uns von Rettenegg zuerst auf das Stuhleck, den höchsten Gipfel im Bezirk Weiz, gleichzeitig einer der östlichsten Gipfel der Alpen, der noch über die Waldgrenze hinausragt. Danach gehen wir über den langen Rasenrücken immer nach Westen, durchqueren das Schwarzriegelmoos und gelangen zur Peter-Bergner-Warte auf der Pretul. Den Abschluss der Höhenwanderung bildet die Amundsenhöhe, von der wir zum Roseggerhaus absteigen, um von dort mit dem Fahrzeug (Taxi) ins Tal zu fahren. Wenn wir noch Zeit haben, schauen wir uns in Rettenegg den größten Stempel der Welt an, denn das Kunstwerk bei der westlichen Ortseinfahrt hat es sogar in das Guinness-Buch der Rekorde geschafft!

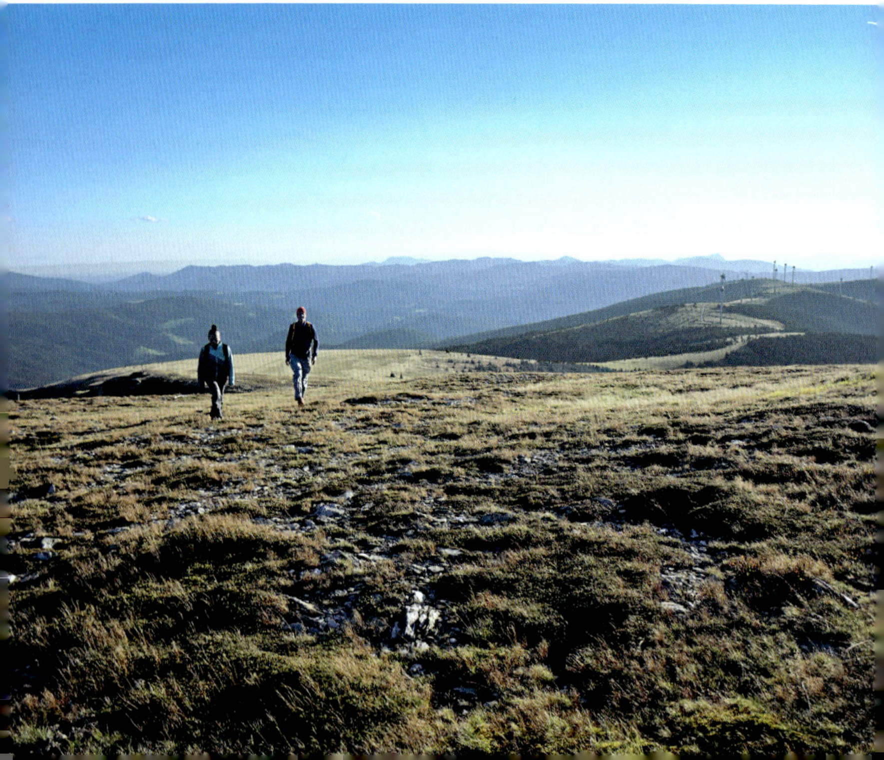

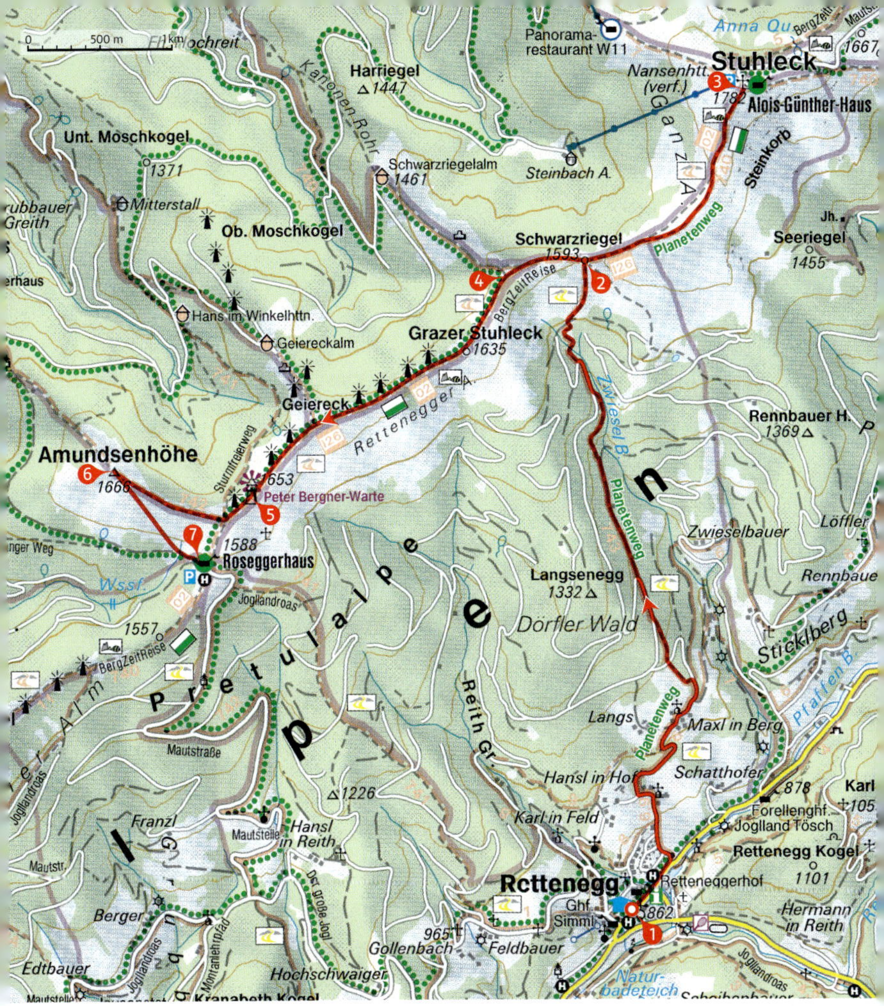

Ausgangspunkt: Gemeindeamt Rettenegg, 862 m. Anfahrt direkt von Mürzzuschlag über die Pfaffensattelstraße L 117 bzw. von Birkfeld über die Feistritzsattelstraße L 409, Parkmöglichkeiten im Ortszentrum.

ÖPNV: Verbund Linie 230 (Weiz – Ratten), bis Rettenegg, Haltestelle Rettenegg Ort.

Anforderungen: Mäßig steiler Aufstieg bis zur Hochfläche, danach einfache Höhenwanderung.

Abstieg: Die Strecke zwischen Roseggerhaus (Haltepunkt WZ 4336 (Alm – Pretul Rosegger Schutzhaus) und dem Ausgangspunkt (Haltepunkt WZ 4408 (Rettenegg [Stmk] – GH Simml) wird mit dem SAM-Taxi absolviert.

Einkehr: Alois-Günther-Haus (Tel. +43 3853 300), Roseggerhaus (www.roseggerhaus.com).

Karte: f&b WK 021.

Tipp: Mautstraßen bis zum Alois-Günther-Haus, 1782 m, bzw. Roseggerhaus, 1588 m; Wanderungen mit Start ab diesen hoch gelegenen Ausgangspunkten.

Am Stuhleck, mit Blick zur Peter-Bergner-Warte.

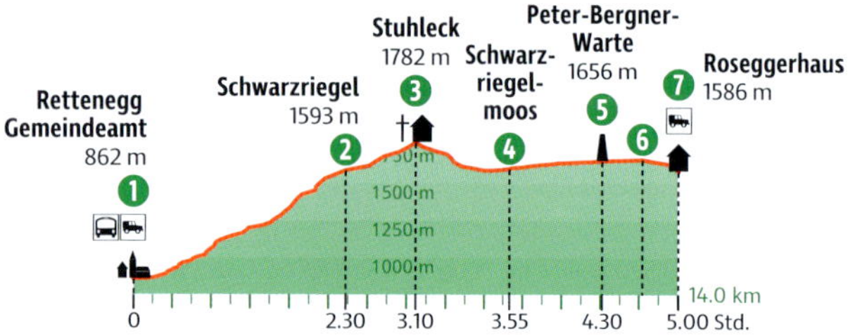

Wir beginnen die Tour beim **Gemeindeamt** in **Rettenegg** ❶, 862 m, gehen auf der Straße ein Stück nach Nordosten, biegen dann in den Sticklbergweg ab und folgen dem Weg Nr. 743 (»Planetenweg«) bis zum Wegweiser beim **Schwarzriegel** ❷, 1593 m. Dort halten wir uns rechts (Weg Nr. 740) und gelangen

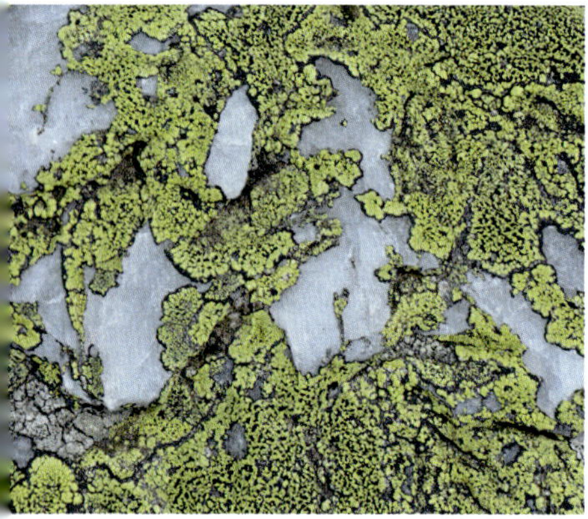

Flechtenmosaik.

über den breiten Bergrücken zum Gipfel des **Stuhleck** ❸, 1782 m. Das **Alois-Günther-Haus** steht nur wenige Meter neben dem schönen silbernen Gipfelkreuz. Herrliche Aussicht!
Steigt man im oberen Teil, ohne Markierung, am äußerst rechten Rand des Bergrückens auf (der Zaun bleibt dann links), kann man das »wildere Gesicht« des Stuhleck sehen, denn ein paar Felsen ragen fotogen über die Kammlinie hinaus. Vom Stuhleck ist der weitere Verlauf der Tour – immer südwestwärts über den breiten Höhenrücken – klar ersichtlich. Noch weit entfernt sehen wir auf der baumlosen linken Anhöhe (Pretulalpe) die Peter-Bergner-Warte als kleinen schwarzen Punkt und rechts davon die breite Kuppe der Amundsenhöhe.
Wir steigen am Planetenweg wieder zum Sattel beim **Schwarzriegel** ❷ hinab und nähern uns danach dem **»Naturerlebnis Schwarzriegelmoor«** ❹, 1604 m. Das vergessene Kleinod mit seiner einzigartigen Fauna und Flora wurde von den Österreichischen Bundesforsten sorgsam renaturiert und gilt als das östlichste Hochmoor der Alpen. Der gut markierte Weg zum Roseggerhaus führt uns in weiterer Folge auf die Pretulalpe mit der aus Stein gebauten **Peter-Bergner-Warte** ❺, 1656 m.
Wir nehmen schließlich noch die **Amundsenhöhe** ❻, 1666 m, mit, wo ein interessanter Holzwegweiser steht, dessen mehr als 25 Pfeile die Richtung zu verschiedenen steirischen und niederösterreichischen Gipfeln anzeigen, und steigen von dort zum nahen **Roseggerhaus** ❼, 1586 m, gleichzeitig SAM-Taxi Haltepunkt WZ 4336 (Alm – Pretul Rosegger Schutzhaus) ab.

Stuhleck-Gipfelkreuz mit Rax-Massiv im Hintergrund.

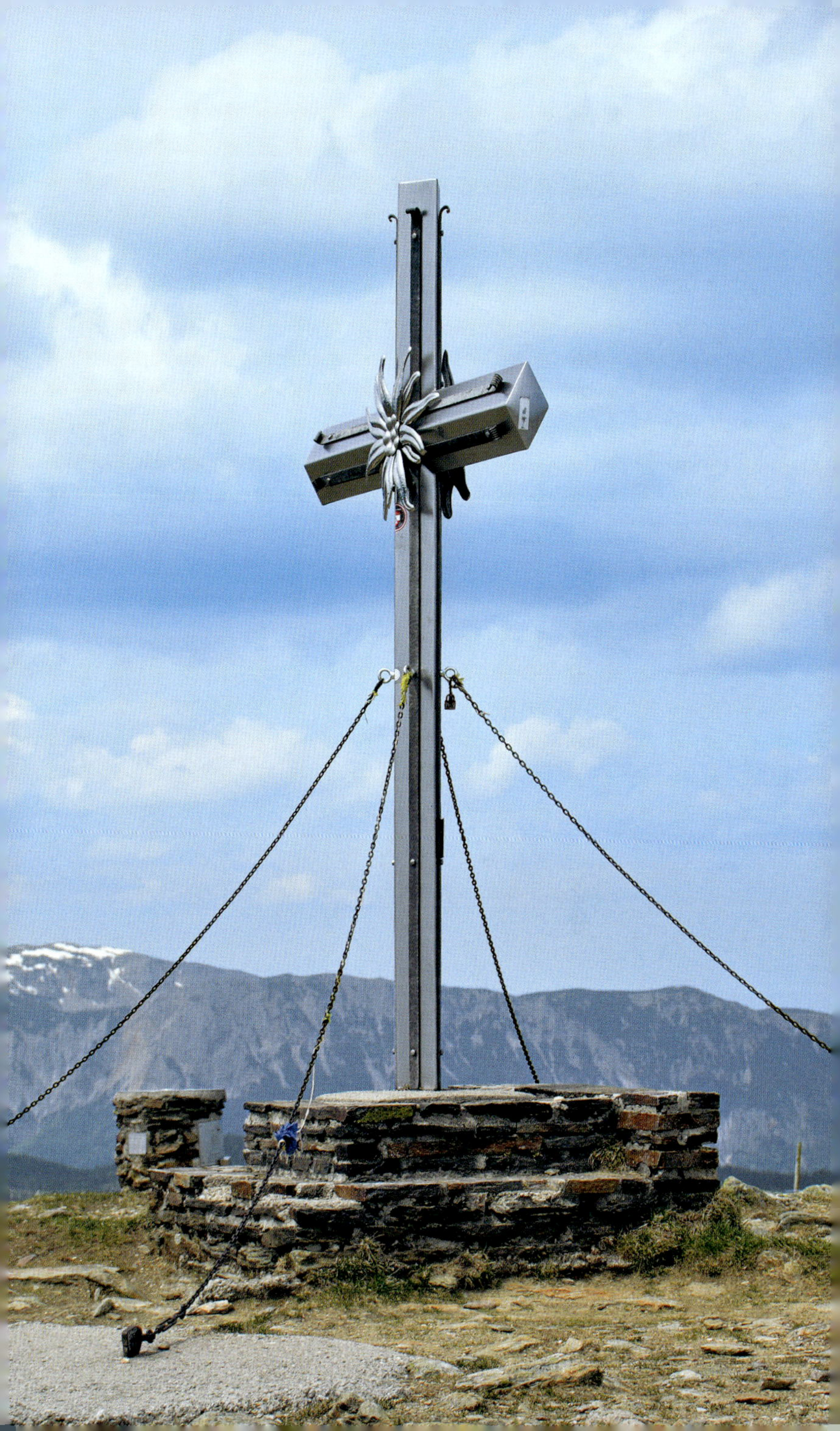

10 Kulm, 975 m
Bergkapelle Mariabrunn und Kögerlkreuz

3.45 Std. | 11,2 km | ↗640 m | ↘140 m

»Inselberg« im Apfelland

Der Kulm bietet mit seinen nicht einmal 1000 Metern Höhe einen großartigen Überblick über das oststeirische Hügelland und wird deshalb gerne auch »Steirischer Rigi« genannt. Das Schweizer Gegenstück, die Rigi beim Vierwaldstättersee, ist 800 Meter höher und ob ihrer wundervollen Aussichtspunkte auf unzählige Seen und Berge der Region berühmt. »Kulm« steht allgemein für den Gipfel eines Berges. Auch die Schweizer Rigi gipfelt im »Rigi Kulm«. Als slawisches Lehnwort, das vom nordischen Wort »Holm« stammt, kommen ihm auch die Bedeutungen »Felsklippe« und »Inselberg« zu. Wir beginnen unseren Aufstieg auf den weit über den Stubenbergsee hinausragenden »Inselberg« in Pischelsdorf am Kulm. Die abwechslungsreiche Route führt über kontrastreiche Streckenabschnitte auf die Anhöhe des Kulmgipfels, wo die sanfte, almartige Szenerie, die weiße Steinfigur der Stehenden Maria mit Kind, der barocke Kalvarienberg, der Tiefblick zum Stubenbergsee und das weite Panorama beeindrucken. Nach dem Gipfelerlebnis wandern wir zum Kögerlkreuz, wo wir einen schönen Blick zur denkmalgeschützten Burg Neuhaus haben, deren Wurzeln bis ins 14. Jahrhundert zurückreichen, und beenden die Tour beim Schnitzelwirt.

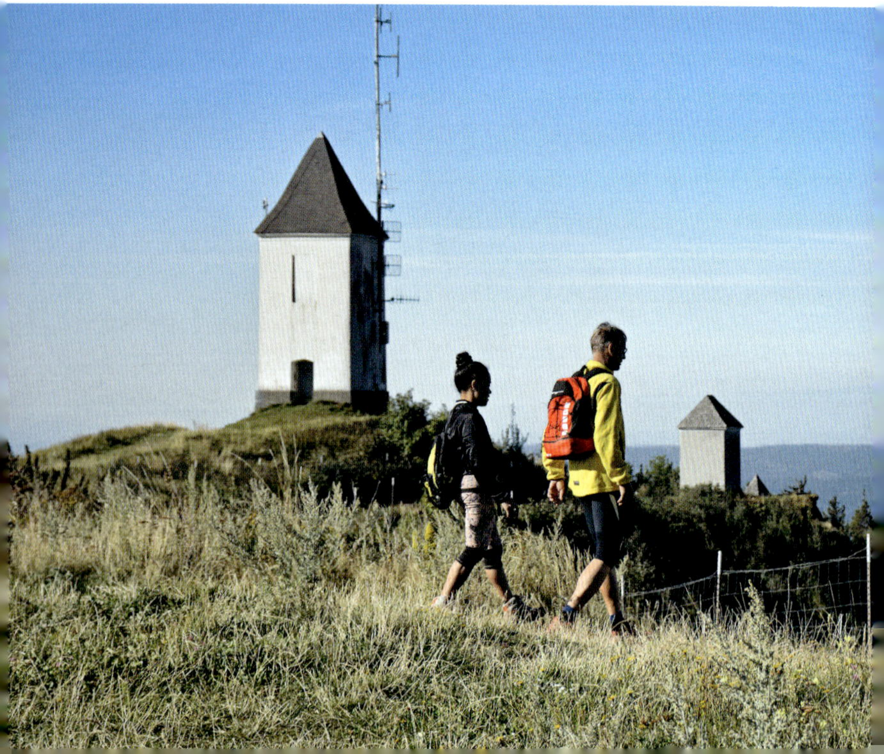

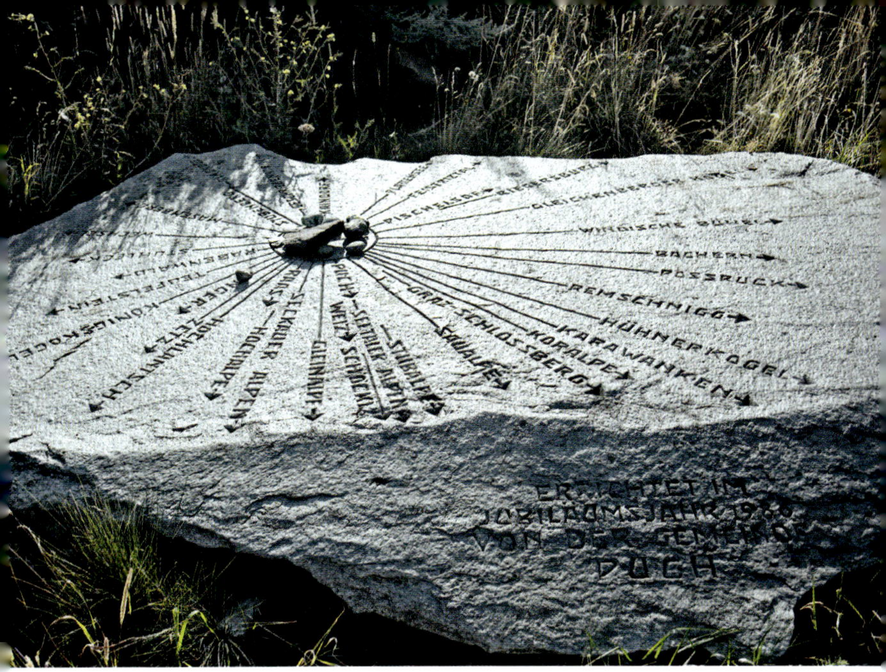

Foto oben: Panoramaplatte am Kulm-Gipfel.
Unten: Kulm-Gipfel.

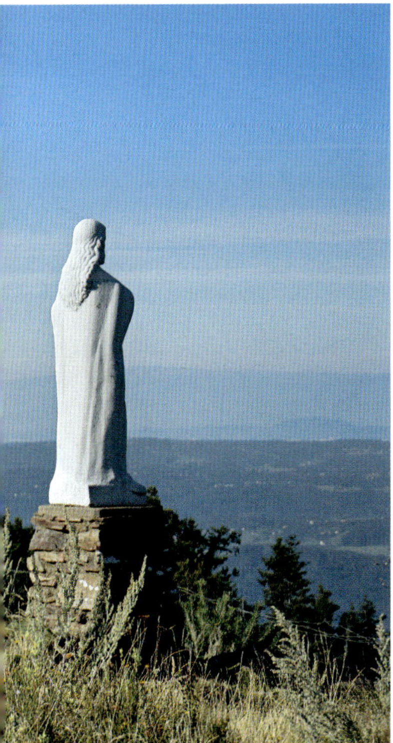

Ausgangspunkt: Pischelsdorf am Kulm, Parkplatz beim RömerBad, 378 m. Anfahrt über Gleisdorf bzw. Hartberg auf Wechsel-Straße B 54 bis Pischelsdorf am Kulm, dort ins Zentrum zum RömerBad.

ÖPNV: Verbund Linie 334 (Pischelsdorf – Reichendorf) bis Pischelsdorf, Haltestelle Pischelsdorf Schulen.

Anforderungen: Einfache Wanderung über schmale Asphaltstraßen, Wald- und Wiesenwege und durch Weingärten. Steilere Abschnitte im Gipfelbereich.

Abstieg: Vom Schnitzelwirt (Haltepunkt WZ 2214, Höfing – Schnitzelwirt) nach Pischelsdorf (Haltepunkt WZ 2215, Pischelsdorf RömerBad) mit SAM-Taxi.

Einkehr: Gasthof Wachmann (www.gasthof-wachmann.at), Schnitzelwirt am Kulm (www.schnitzelwirt.at).

Karte: f&b WK 131.

Tipp: Der Kulm kann auch vom Stubenbergsee aus bestiegen werden (SAM-Taxi Halteplatz HF 6923, Stubenberg am See – Nordufer Neu).

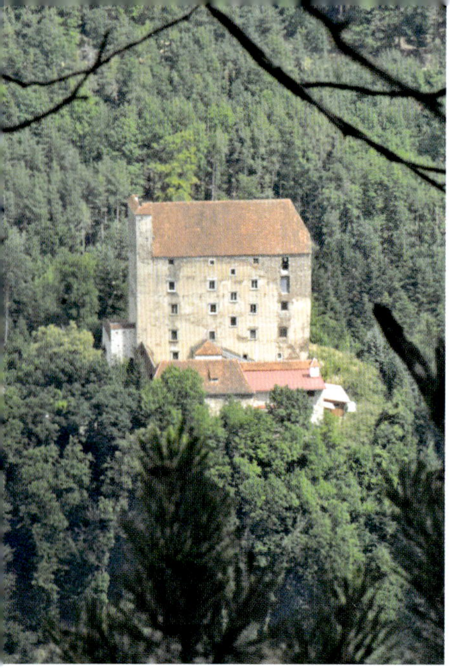

Burg Neuhaus.

Wir starten beim **Parkplatz** vor dem **RömerBad** ❶, 378 m, biegen gleich nach der Brücke über den Römerbach links in den Römerbachweg ein und orientieren uns während der gesamten Tour an den gelben Tafeln »Kulm«. Es geht vorbei an der Sportanlage Kulmland und dann links auf die Gemeindestraße Richtung Romatschachen. Wenn die Asphaltstraße nach rechts kurvt, biegen wir links ab (Schild), um dort sofort rechts im Wald aufzusteigen. Der Waldweg führt uns auf einen freien Höhenrücken; dort herrlicher Blick zum Kulm.

Dann wandern wir leicht fallend geradeaus zum **Wooly-Lamahof** ❷, 401 m, biegen dort rechts auf die Straße ein, gehen bei einer Elektrofirma vorbei und marschieren weiter bis zum Gasthaus Wachmann (Hinweisschilder). Knapp später zweigen wir rechts auf den Romabergweg ab und steigen über einen bergauf führenden Pfad durch idyllische Weingärten nach Hollerberg.

Nach der Buschenschank Schlacher biegen wir links auf einen Forstweg ab (toller Blick zur Riegersburg!) und wandern immer geradeaus durch den Wald, bis wir wieder auf Asphalt treffen und **Siegersdorf** erreichen (Schild »Kulm« Nr. 771, später Nr. 15).

Es geht am Wüstengarten vorbei zur Straßenkreuzung mit wunderschönem Bildstock, dort biegen wir links ab. »Kulm«-Tafeln dirigieren uns später im rechten Winkel erneut nach links. Kurz darauf, beim **Haus Nr. 62**, ❸, 576 m, wenden wir uns nach rechts in den Wald (Achtung: Wegweiser schlecht sichtbar!).

Nun auf einem Steig (rot-weiß-rote Markierung Nr. 15) durch den Wald, später auf einem Pfad über eine steilere, aussichtsreiche Wiese, dann wieder in den Wald. Die Holztafel »Wanderweg Coronastieg« lenkt uns in steiles Gelände, und bald sehen wir den Stubenbergsee. Schließlich erreichen wir nach einem engen Drehkreuz das baumfreie **Kulm-Gipfelplateau** ❹, 975 m, mit weißer Marienstatue, Kreuzweg, großer stei-

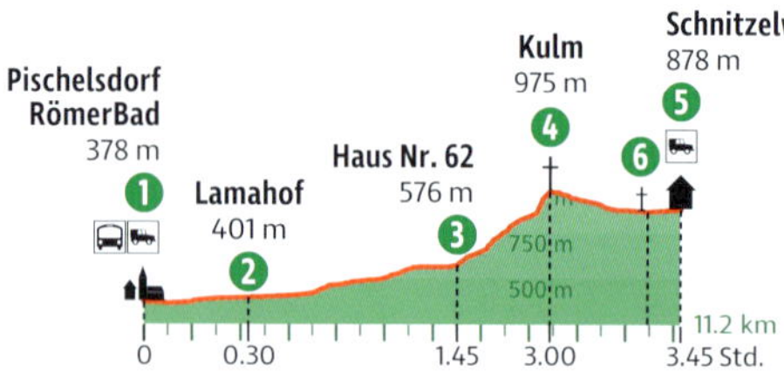

nerner Panoramaplatte und imposanter Fernsicht!

Für den Abstieg wählen wir den »Kulm Rundweg Süd« zur barocken Bergkapelle **Mariabrunn**, von dort geht es auf der Straße (Weg Nr. 771) bergab zum **Schnitzelwirt** 5, 878 m. Es empfiehlt sich, vom Wirt auf Weg Nr. 31 nicht weit und fast eben zum Kulmkögerl mit **Kögerlkreuz** 6, 866 m, zu spazieren. Der Blick durch die Bäume zur Burg Neuhaus ist wunderschön! Auf demselben Weg zurück zum **Schnitzelwirt** 5, gleichzeitg SAM-Taxi Haltepunkt WZ 2214 (Höfing – Schnitzelwirt).

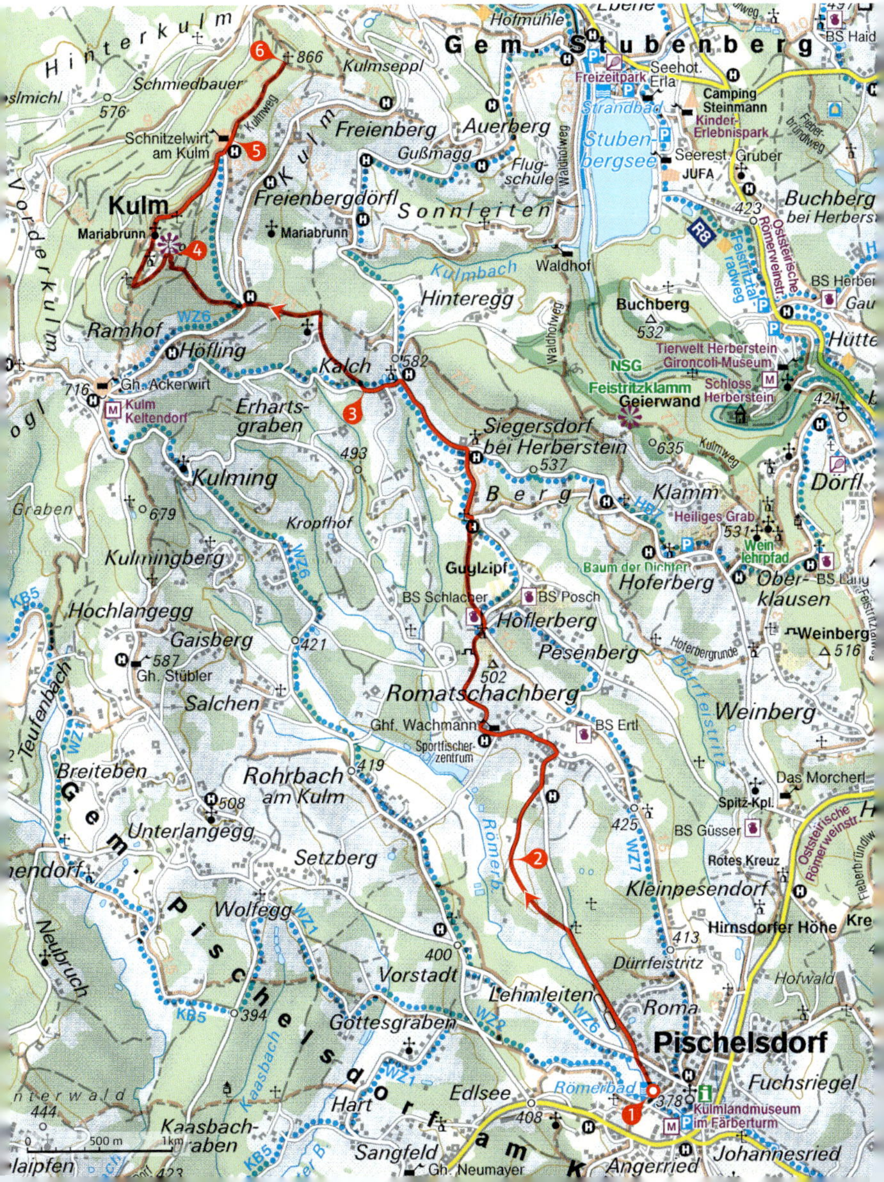

11 Bergsteigen im Apfelland

Am Buchkogel-Höhenweg zu einem Wetterkreuz

3.30 Std. | 9,9 km | ↗740 m | ↘150 m

Blickfang Stubenbergsee. Und eine attraktive Variante!

Unsere Tour liegt im größten Obstgarten Österreichs und beginnt im Zentrum von Stubenberg am See. Von dort geht es über sanfte, offene Kulturlandschaften mit malerischen Wiesen und Gehöften und schöner Aussicht zum Buchkogel-Höhenweg und danach noch bis zum höchsten Punkt beim Leitenbauer-Wetterkreuz. Die Aussicht zum Stubenbergsee, zum Kulm und über das oststeirische Hügelland hinweg ist großartig und bleibt bestimmt in guter Erinnerung. Besucht man als Vorspiel zur Haupttour noch die Geierwand, kommt man sogar auf 1000 Höhenmeter, und das in der Oststeiermark! Diese Variante ab St. Johann bei Herberstein besticht durch den Geierwandweg: Vorbei am »Heiligen Grab«, einer aus drei Kapellen bestehenden Pilgerstätte, in deren Mitte die Grab-Christi-Kapelle aus dem Jahr 1660 steht, geht es zu den großen Felsklötzen beim steil abfallenden »Kranzl«, wo wir aus der Vogelperspektive in den Hof von Schloss Herberstein und auf den Stubenbergsee blicken. Nach kurzem Transfer mit dem SAM-Taxi setzen wir die Haupttour – völlig konträr zur Variante – von Stubenberg aus fort.

Ausgangspunkt: Pfarrkirche in Stubenberg am See, 449 m. Anfahrt von Gleisdorf bzw. Hartberg über Wechsel Straße B 54 und L 403 ins Zentrum von Stubenberg, Parkmöglichkeiten.
ÖPNV: Verbund Linie 337 (Hartberg – Anger) bis Stubenberg am See, Haltestelle Ortsmitte.
Anforderungen: Einfache, jedoch längere Wanderung über Waldwege, Wiesen und schmale Asphaltstraßen.
Abstieg: Die Strecke zwischen dem höchsten Punkt der Rabenwalderstraße (Halteplatz HF 5997, Rabenwald – Sender – Höfler) und dem Ausgangspunkt wird mit dem SAM-Taxi absolviert (Haltepunkt HF 6929, Stubenberg am See).
Einkehr: Buschenschank Holzer (Tel. +43 3176 8565), Gasthof Lex (www.gasthof-lex.at), diverse Gasthäuser in Stubenberg und St. Johann.
Variante: Geierwand und Leitenbauer-Wetterkreuz ab St. Johann bei Herberstein, 363 m: Anfahrt von Gleisdorf bzw. Hartberg über Wechselstraße B 54 und L 403 ins Zentrum von St. Johann; Parkmöglichkeiten. Gehzeit 1.30 Std., Aufstieg 300 Hm, Abstieg 80 Hm; detaillierte Beschreibung siehe Seite 66.
Karte: f&b WK 131.
Tipp: Hügelland aus dem Heißluftballon von oben sehen, Österreichs größtes Ballonfahrtunternehmen in Stubenberg am See, Flaggl Ballooning, www.apfelwirt.at.

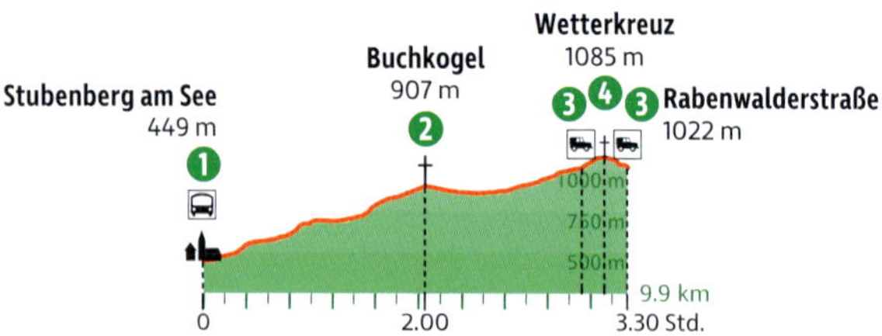

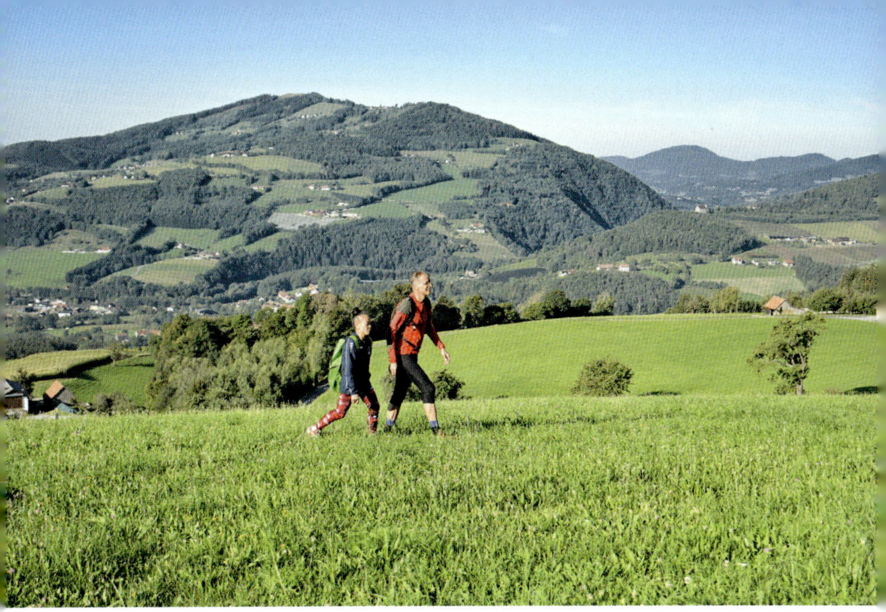

Ständiger Begleiter im Hintergrund: Kulm.

Unser Aufstieg beginnt am Hauptplatz von **Stubenberg am See** ❶, 449 m. Wir gehen links an der Pfarrkirche vorbei zum Schulweg, biegen rechts in den Sauriegelweg ab und folgen dem »Zeilrundweg Nr. 9«. Die Markierung lotst uns vor der Buschenschank Hofertoni nach rechts (Hoferweg). In der scharfen Linkskehre geht es geradeaus in den Wald, später über sanft geneigte, aussichstreiche Wiesen idyllisch am Waldrand entlang. Die Gegend mit Stubenbergsee, Kulm, Schöckl und Burg Neuhaus imponiert!
Nach dem Stelzergustlhof gehen wir am asphaltierten Mittelzeilweg nach links, trennen uns dann von Weg Nr. 9, der links abzweigt, und biegen nach der Ortstafel »Stubenberg Zeil« bei einem Marterl rechts Richtung Bauernhof Stelzer-Lex ab. Vor dem Bauernhof lotst uns ein Holzpfeil zum »Buchkogelkreuz«; nach einer längeren Waldpassage erreichen wir genanntes Gipfelkreuz am **Buchkogel** ❷, 907 m (Weg Nr. 25). Danach gehen wir kurz bergab zur Wegkreuzung beim Gehöft Gaber, wo wir im Wald bleibend (!) zur Jochbauerhöhe, 875 m, aufsteigen. Dort rechts (!) und sofort links in den Wald zum Buchkogel-Höhenweg (Weg Nr. 33). Der Waldweg endet auf dem höchsten Punkt der asphaltierten **Rabenwalderstraße** ❸, 1022 m.
Wir überqueren die Straße, bleiben noch ein paar Meter auf dem Forstweg und biegen dann nach links in den schönen »Kräuterpfad der Sinne« ab. Im Hochwald, aus dem wir einen tollen Panoramablick über den Naturpark Pöllauer Tal zum Masenberg und auf die Wallfahrtskirche Maria Pöllauberg haben, geht es kurz bergauf, bis wir schließlich auf der nahe gelegenen Leitenbauerhöhe beim **Wetterkreuz** ❹, 1085 m, mit nettem Rastplatz, ankommen und der Aufstieg endet.
Auf demselben Weg wandern wir zurück zur **Rabenwalderstraße** ❸, dort gleichzeitig SAM-Taxi Halteplatz HF 5997 (Rabenwald – Sender – Höf-

ler). Das Taxi bringt uns entweder zurück nach Stubenberg oder nach St. Johann, wenn wir von dort aus vorab die Variantentour zur Geierwand gemacht haben.

Variante: Geierwand

Der Aufstieg beginnt in **St. Johann bei Herberstein** bei der Brücke über die Feistritz, 363 m, neben dem Gasthaus Bachwirt Prettenhofer. Wir wandern über den Hoferberg Weg zur Volksschule und biegen auf den Weg zum **»Heiligen Grab«** ab, das wir nach einer Waldpassage auf einer Anhöhe, 531 m, erreichen. Die Pilgerstätte ist gleichzeitig Endstation des Kreuzweges und Namensgeber für die gesamte Kalvarienberganlage mit den drei Kapellen und der Kreuzigungsgruppe.

Sodann wandern wir geradeaus weiter zum **»Kranzl«**, 550 m, einem magischen Platz auf einem Felsvorsprung, dem die mächtigen Felsblöcke gekonnt alpines Format verleihen. Dort begeistert auch der famose Tiefblick auf das genau unter uns liegende Schloss Herberstein, das gerne als das »romantischste Schloss der Steiermark« bezeichnet wird.

Wir gehen etwas rechts vom Herweg zurück, biegen bei der Abzweigung rechts Richtung Geierwand (Weg Nr. 771) ab und erreichen nach der breiten Wiese eine Asphaltstraße (Klammweg). Dort halten wir uns rechts. Gute Markierungen führen uns auf schönem Waldsteig am Rand eines Rotwildgeheges entlang und kurz steil hinauf zum Gipfel der **Geierwand**, 640 m, die abschreckend steil zur Feistritz abbricht (Schutzzaun). Großartiger Blick zum Stubenbergsee!

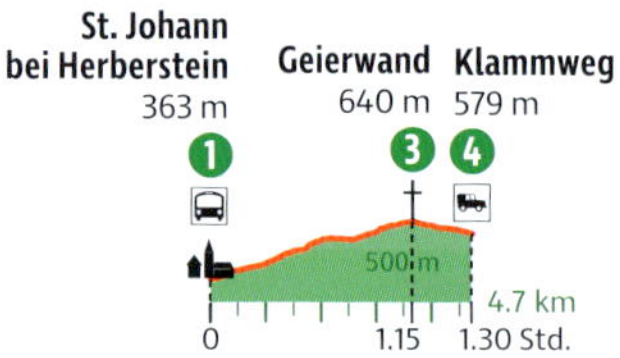

Schloss Herberstein.

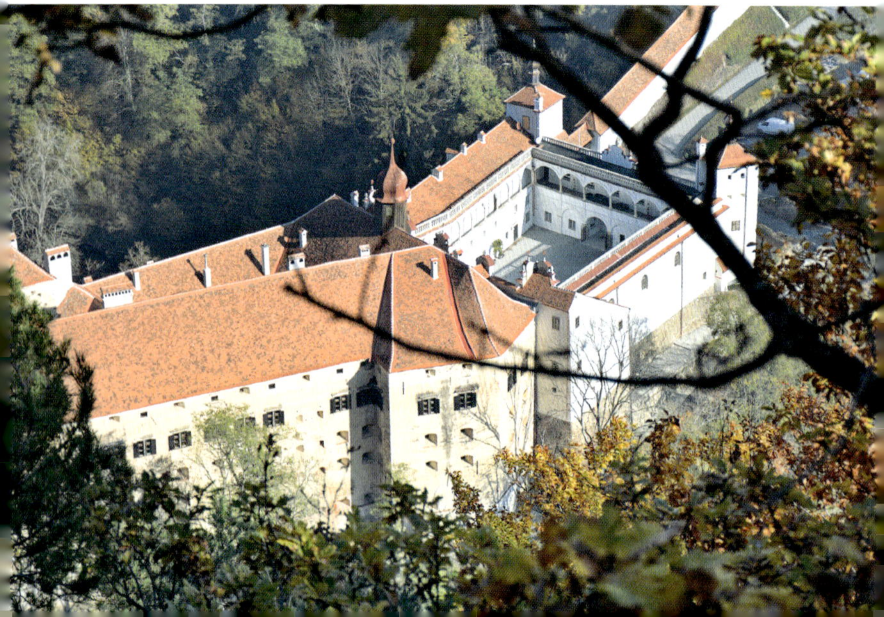

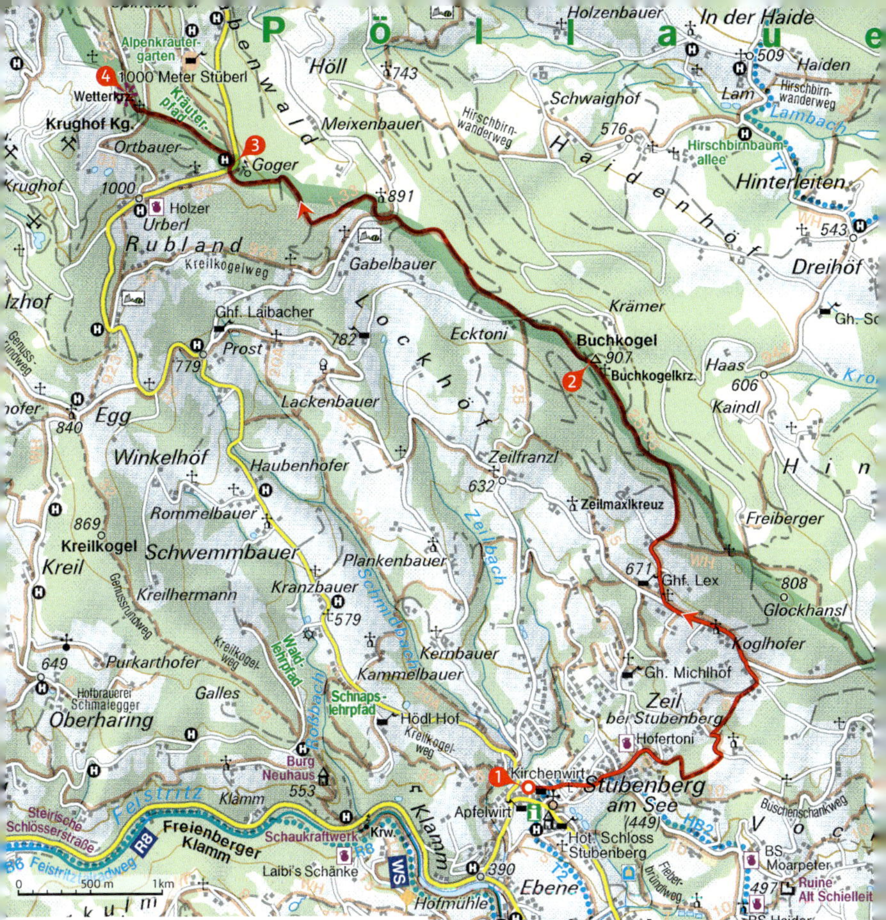

Wir überqueren den Gipfel und zweigen gleich danach links auf einen anderen Steig ab (nicht weiter zum Stubenbergsee gehen!). Als ideale Orientierung dient das Rotwildgehege, an dem wir bis zum Anwesen Windhaber (Infotafel über Rotwild) entlangwandern. In der Folge geht es auf schmaler Asphaltstraße immer geradeaus bis zum Haus Klammweg 33, dort **SAM-Taxi Haltepunkt HF 7043** (Siegersdorf bei Herberstein – Klamm), 579 m.
Wir verlegen mit dem SAM-Taxi zum Hauptplatz von Stubenberg am See (Haltepunkt HF 6929) und setzen dort die Haupttour fort.

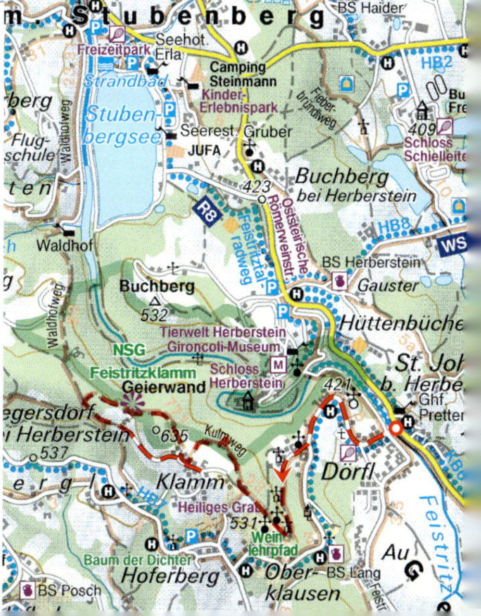

12 »Weinweg der Sinne« um den Stradner Kogel

Panoramaweg, Waltrafelsen und Vulkanlandwarte

3.15 Std. | 11,6 km | ↗ 250 m | ↘ 250 m

Verträumte Weingärten und eine mystische Felswand

Der Stradner Kogel ist mit 609 Metern die höchste Erhebung im Bezirk Südoststeiermark. An seinem Fuß steht die mächtige Vulkanland-Aussichtswarte, die mit einem überaus weitreichenden Panorama verblüfft! Unsere Wanderung kombiniert die Schönheiten der südoststeirischen Weinlandschaft mit dem einzigartigen alpinen Flair, das man bei den Waltrafelsen spürt. Die spektakuläre Felsszenerie liegt in einem mystischen Waldstück am Rande des Hochplateaus des Stradner Kogels, wo eine bis zu 30 Meter hohe, edel strukturierte, senkrechte Basaltwand zahlreiche wild durcheinander gewürfelte, moosüberzogene Gesteinsbrocken überragt. Der gesamte Rundweg, bei dem wir Teile des »Weinwegs der Sinne« mit Abschnitten des »Waltrafelsen-Wegs« verbinden, ist mit liebevoll gestalteten Wegweisern aus steirischen Weinflaschen sehr gut gekennzeichnet; die Wegführung besticht durch das harmonische Miteinander von ruhigem Wald, pittoresken Weingärten, aussichtsreichen Höhenrücken, romantischen Steinstufen und temperamentvoller Felslandschaft. Dass unsere Wanderung außergewöhnliche Eindrücke garantiert, beweist auch der Umstand, dass der »Weinweg der Sinne« im Jahr 2016 bei der beliebten ORF-Sendung »9 Plätze – 9 Schätze« den dritten Gesamtrang belegte!

Blick von Sankt Anna am Aigen zur Schemmingkapelle.

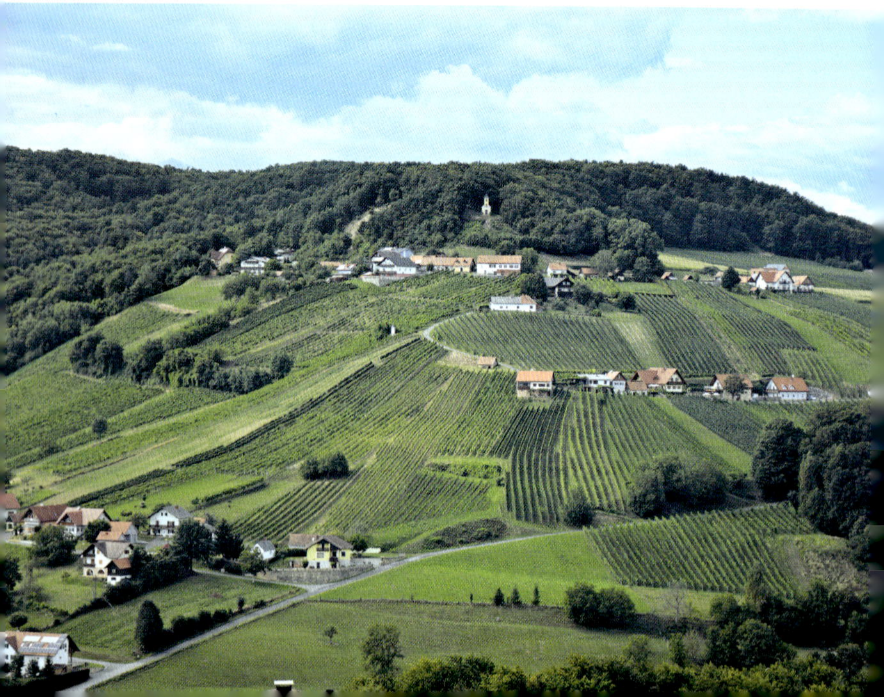

Ausgangspunkt: Parkplatz bei der Vulkanland-Aussichtswarte Frutten-Gießelsdorf, 479 m, ca. 1 km nordwestlich von Frutten-Gießelsdorf in Gießelsdorf Berg. Anfahrt von St. Anna am Aigen bzw. Bad Gleichenberg über die L 256 (Fruttenerstraße), Glaserweg und Grenzlandhofweg.
ÖPNV: Verbund Linie 409 (Fehring – Bad Radkersburg) bis Gießelsdorf, Haltestelle Teschlkreuz, von dort ca. 700 m zu Fuß zum Grenzlandhof Ulrich (Haustaxi).
Anforderungen: Einfache Rundwanderung über schmale Asphaltstraßen, Wald- und Wiesenwege und durch Weingärten; kurzes Steilstück nach den Waltrafelsen.
Einkehr: Raststation Aussichtswarte Frutten-Gießelsdorf (Tel. +43 664 8645 833), Weingut Pfeifer (www.pfeifer-weingut.at), Gourmetheuriger Edelbauer (www.edelbauer-gourmetheuriger.at), Buschenschank Schober.
Karte: f&b WK 412.
Tipp: Panoramablick vom Marktplatz in Sankt Anna am Aigen!

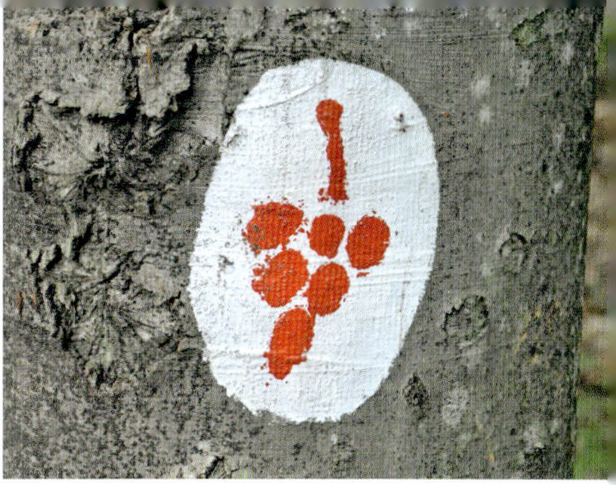

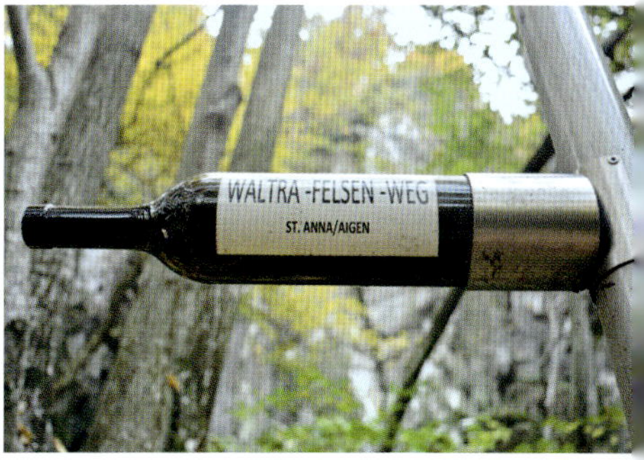

Wegweiser sind liebevoll gestaltet.

Der Parkplatz bei der 41 Meter hohen **Vulkanland-Aussichtswarte ❶**, 479 m, ist gleichzeitig der Beginn für unsere Rundwanderung. Der gesamte Wegverlauf ist sehr gut markiert, denn Weinflaschen auf Edelstahlsäulen, Steinen und Wänden sowie die formschöne Markierung (rote Trauben auf weißem Punkt) sorgen für beste Orientierung.
Wir gehen auf der Zufahrtsstraße ein Stück bergab und dann links (»Frutten, Gießelsdorf Weg Nr. 786a«) am Grenzlandhofweg weiter. Vor dem Grenzlandhof Ulrich biegen wir halb links in den Wald (Höllischgraben) ab. Nach einer Waldpassage stoßen wir beim Aussichtspunkt/Rastplatz Riede Forst & Oberstein auf den asphaltierten Ungerweg und haben dort eine herrliche Aussicht über die Landesgrenze nach Slowenien hinweg und in die Weststeiermark.

Dann steigen wir auf dem Ungerweg bleibend halb links aufwärts (wir ignorieren die Wegweiser bergab zum Bendlweg!) bis zur **Hochstradner Straße ❷**, 468 m, die wir überqueren, um die Tour im Eisenbergweg fortzusetzen. Nach einer ausgeprägten Rechtskurve zweigt der »Weinweg der Sinne« rechts in den Laserweg ab und führt uns bergab zum Wald. Wir durchqueren das Waldstück am Alten Schulweg mit der jahrhundertealten Steinstiege aus Basaltstein, stoßen danach auf den asphaltierten Pleschweg und erreichen den Aussichtspunkt **Riede Schemming (Kellerstöckl)**, **❸**, 445 m. Dort führen 152 Steinstufen zur Schemmingkapelle (Marienheiligtum), 469 m, hinauf.
Beim Aussichtspunkt verlassen wir den Pleschweg Richtung »St. Anna« (Wegweiser) und gehen ein Stück

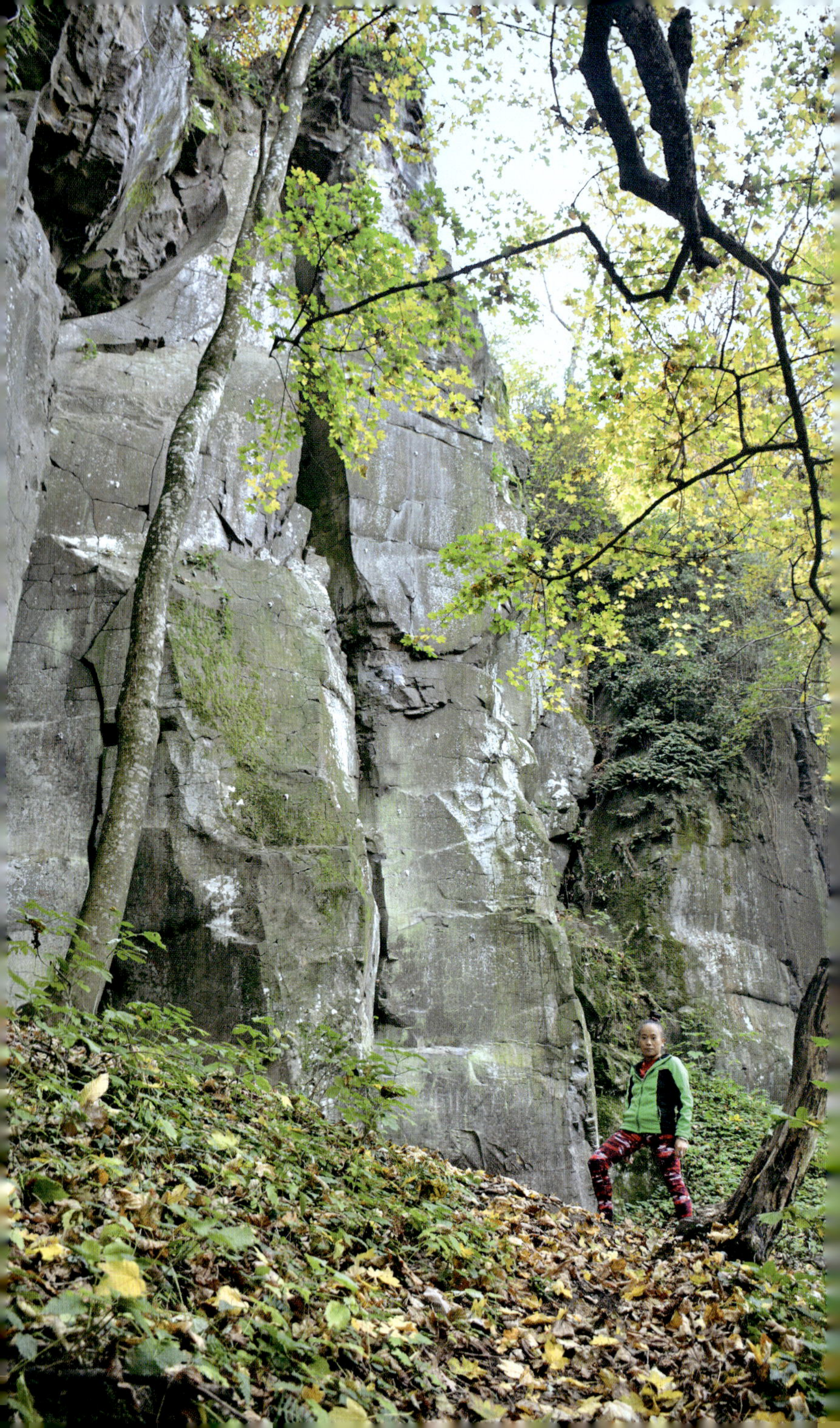

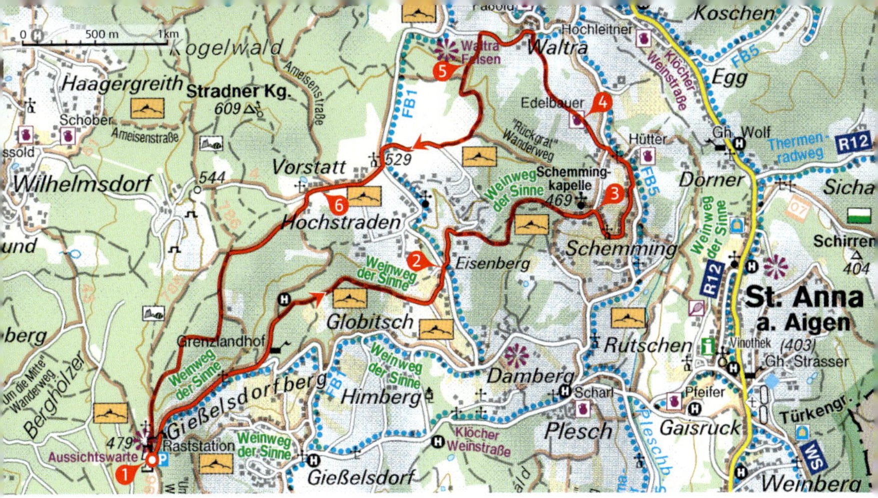

recht steil bergab bis zum Weingut Pfeifer. Hinter uns schillert hoch oben die gelbe Schemmingkapelle, und vor uns posiert St. Anna am Aigen in der Weinlandschaft! Der romantische Wegabschnitt liefert nun idyllische Rastplätze, den kleinen Seidlkeller und die nette Ziegenbock-Figur beim Weinbau Pock.

Dann zweigen wir links zum **Gourmetheurigen Edelbauer** ❹, 430 m, ab und erreichen die kleine Ortschaft Waltra, wo wir links am Felsenweg weitergehen. Weinflaschen lotsen uns bald danach links in den Wald hinauf zu den **Waltrafelsen** ❺, 478 m. Die senkrechte, 30 Meter hohe, ungemein alpin wirkende Basaltwand und die unzähligen von Efeu und Moosen überzogenen, wild durcheinander liegenden Gesteinsbrocken versetzen in Staunen, der Platz gleicht einem märchenhaften Wald im Hochgebirge! Dann wandern wir steil bergauf »zurück zum Weinweg« (empfehlenswerter kurzer Abstecher nach rechts zum »Aussichtspunkt Felsenrast« mit Panoramablick zur Riegersburg und nach Kapfenstein).

Am weitläufigen Basaltplateau von Hochstraden stoßen wir auf den asphaltierten Stoanackerweg. Nun wandern wir nicht links am Weinweg weiter, sondern gehen rechts (!), halten uns bei der nächsten Kreuzung links, danach wieder rechts (Wegweiser »Wilhelmsdorf«) und kommen so am Vorstattweg an der **Buschenschank Schober** ❻, 529 m, vorbei. Wir bleiben am Weg Nr. 786 und sehen die grüne Hinweistafel »Zur Aussichtswarte«.

Der Abstieg zur **Warte** ❶ durch den Waldgürtel des Stradner Kogels ist durch Wegweiser klar vorgegeben.

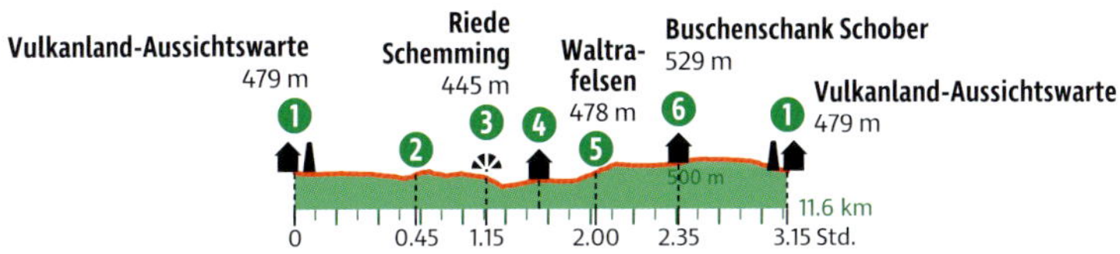

Am Fuß des Waltrafelsens.

13 Klöcher Traminerweg

Von Klöch auf Hochwarth und Seindl

3.00 Std. | 10,8 km | ↗330 m | ↘330 m

Liebreiz sanft geformter Hügel und romantische Weinhänge

Die Klöcher Traminerweine mit dem reintönigen und reichen Edelrosenbukett zählen zu den ausdrucksvollsten Weinen Europas und sind Namensgeber für den Klöcher Traminerweg, der ganz verträumt durch die Weingärten, Wiesen und Wälder auf dem vulkanischen Basaltboden der Marktgemeinde Klöch, die gerne als Perle des südoststeirischen Weinlandes bezeichnet wird, verläuft. Der eigentliche Traminerweg besteht aus zwei Etappen, der Hochwarth-Runde und der Seindl-Runde. Wir verkürzen die Seindl-Runde um das unmittelbar westlich des Klöcher Marktplatzes gelegene Waldstück mit den größeren Höhenunterschieden und können bei unserer »abgekürzten Variante« die übrigen Schönheiten, die der Seindl-Teil bietet, voll genießen! Die gesamte Tour ist mit gelben und grauen Tafeln und dem Symbol der roten Rose sowie Bodenmarkierungen vorzüglich markiert und besticht durch die Wegführung und die Ausblicke in die traumhafte, südländisch anmutende Landschaft. Die unvergesslichen Wegabschnitte durch die pittoresken Weinhänge und die Blicke von den herrlichen Aussichtsplätzen geben dieser Wanderung eine ganz besondere Note!

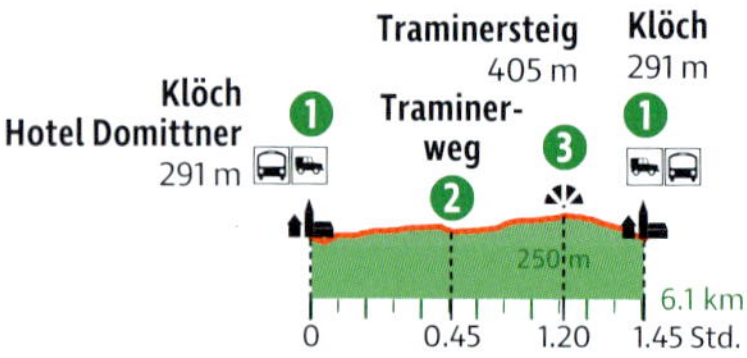

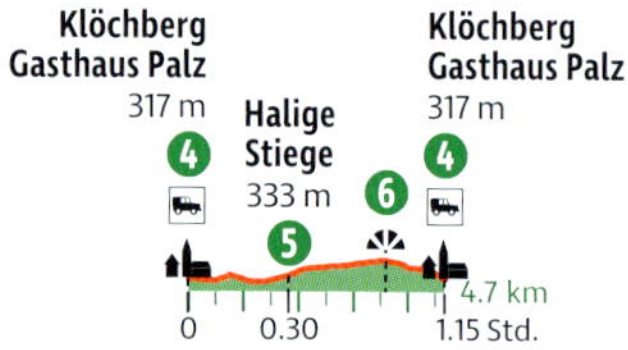

Ausgangspunkt: Parkplatz beim Hotel Domittner im Zentrum von Klöch, 291 m, unweit von Hauptplatz und Kirche. Anfahrt über Sankt Anna am Aigen bzw. Mureck.
ÖPNV: Verbund Linie 577 (Tieschen – Bad Radkersburg) bis Klöch, Haltestelle Ortsmitte.
Anforderungen: Einfache Wanderung über schmale Asphaltstraßen, Waldpfade und durch Weingärten. Asphaltstraße beim Abstieg zum GH Palz kurz steil.
Einkehr: Buschenschanken Frühwirth (www.fruehwirth.at) und Giessauf-Nell (www.giessauf-nell.at), Gasthof Palz (Dirnböckweg, Klöchberg 45; Tel. +43 3475 2311, www.gasthof-palz.at).
Variante: Verbindung der beiden Runden zu Fuß (deutlich mehr Höhenmeter im Auf- und Abstieg): Vom Hotel Domittner den Markierungen folgend in den Pfarrwald, dann aber nicht direkt steil hinauf auf den Seindl, sondern links, wo der gut markierte Weg bald stark nach rechts dreht und über den Muschkagraben und den asphaltierten Friedlweg in die Straße mündet, die bergab zum Gasthof Palz führt. Um später wieder zurück zum Hotel Domittner zu gelangen, zweigt man 50 m nach der Aussichtsplattform neben dem Sender am Seindl 6, 405 m, links (!) ab und folgt den Markierungen über die Anhöhe und den steilen Waldsteig bergab zum Kirchplatz.
Karte: f&b WK 412.
Tipp: Naturdenkmal Basaltspalte in Tieschen (ca. 6 km von Klöchberg).

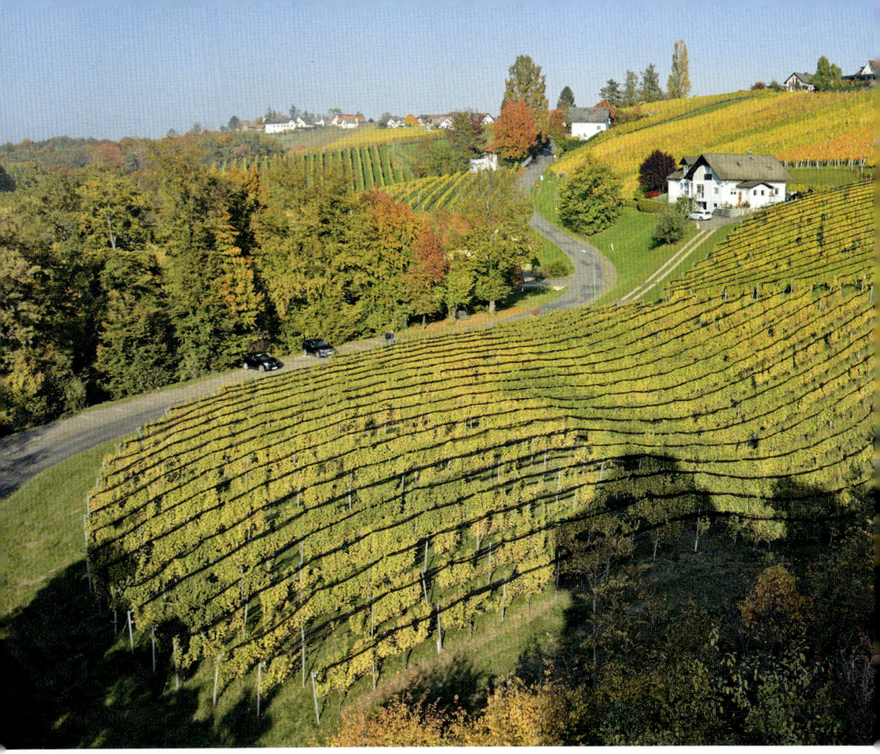

Blick vom Aussichtsturm der Burgruine Klöch.

Wir beginnen den ersten Teil unserer Wanderung im Zentrum von **Klöch** beim Parkplatz neben dem **Hotel Domittner** ❶, 291 m, mit der **Hochwarth-Runde** gegen den Uhrzeigersinn. Die Hinweistafeln »Traminerweg« zeigen uns immer gut den Weg. Vom Parkplatz geht es ein Stück auf Asphalt bergab, und gleich nach dem Marktplatz biegen wir links in den Ost-Weg ein.

Über urige Steinstufen erreichen wir den unvergleichlichen Wiesenweg durch die Weingärten am Südhang des Klöcher Ölbergs und sehen die Spitze des 35 Meter hohen Aussichts-

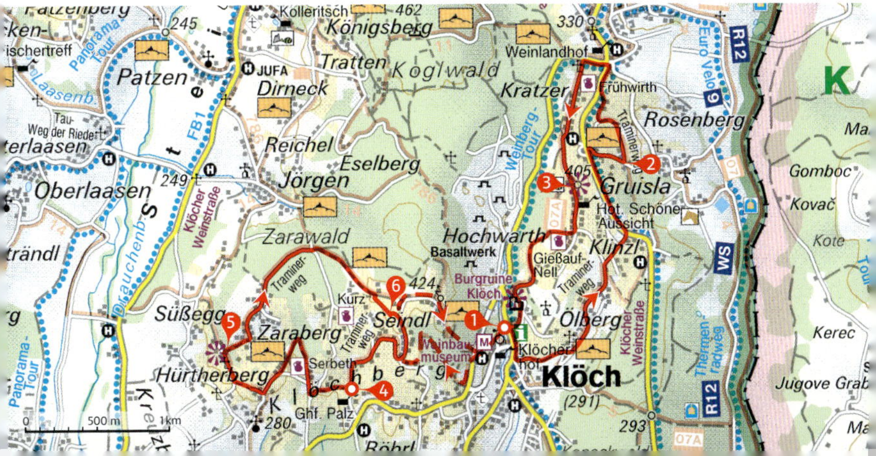

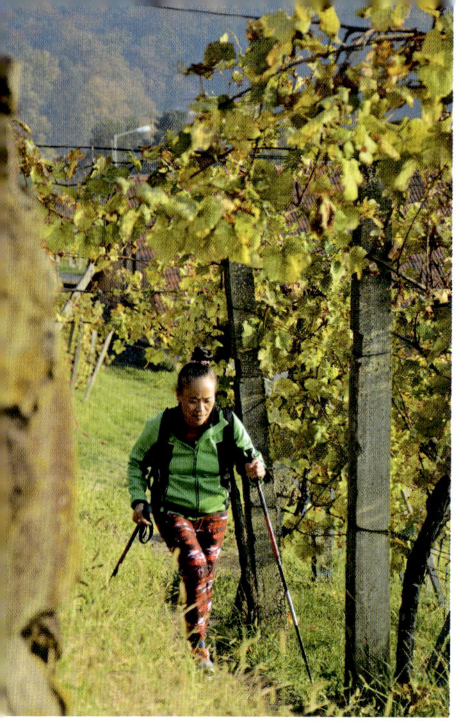

Der Traminerweg führt durch viele Weingärten.

turmes der Burgruine Koch über die Weinreben hinausragen.

Wir wandern an der Alten Weinpresse und am Alten Kellerstöckl vorbei und kommen zum Ölberg-Klinze-Weg. Beim Wegweiser (Klinzl) steigen wir nicht (!) rechts hinunter in den Wald zum Klinzlbach ab (wir verzichten auf diese steile Waldpassage), sondern bleiben am Asphalt bis zur Einmündung in die L 204. Dort halten wir uns links und zweigen nach ca. 700 Metern rechts zum Weingut Gschaar ab.

Knapp vor dem Weingut mit der mächtigen Weinflasche aus Holz und dem schönen Klapotetz (eine Vogelscheuche) treffen wir wieder auf den markierten **Traminerweg ❷**, 326 m, und biegen links in die Weingärten ab (Hinweistafel, Holzbank). Der nun folgende Wegabschnitt durch die Weinreben ist phänomenal! Wieder am Asphalt angekommen halten wir uns rechts und bleiben in der Folge ohne Ausnahme am perfekt markierten Traminerweg bis zum Tourstart.

Auf dem Weg dorthin beeindrucken Klapotetz und Aussichtsplattform in Deutsch Haseldorf, der Stufenabschnitt am **Traminersteig ❸**, 405 m, die großartige Aussichtsplattform am Hochwarth, der Blick zum eindrucksvollen Basaltsteinbruch, der zwischen den Weinreben bergab führende Pemmerlweg, die denkmalgeschütze Burgruine Klöch (erste urkundliche Erwähnung im Jahr 1365) mit großer Aussichtsplattform und zu guter Letzt noch der Romantikweg hinunter zum Ausgangspunkt beim **Hotel Domittner ❶**.

Hier könnten wir nun die Seindl-Runde im Wald fortsetzen. Um Höhenmeter und Waldabschnitte zu sparen, verlegen wir aber vom Hotel

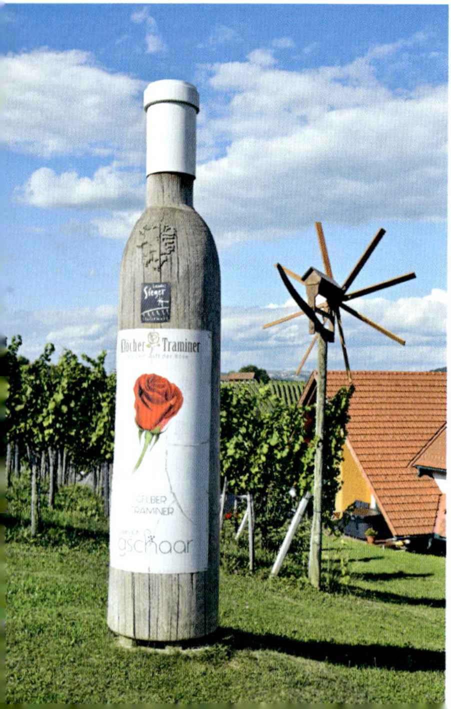

Beim Weingut Gschaar.

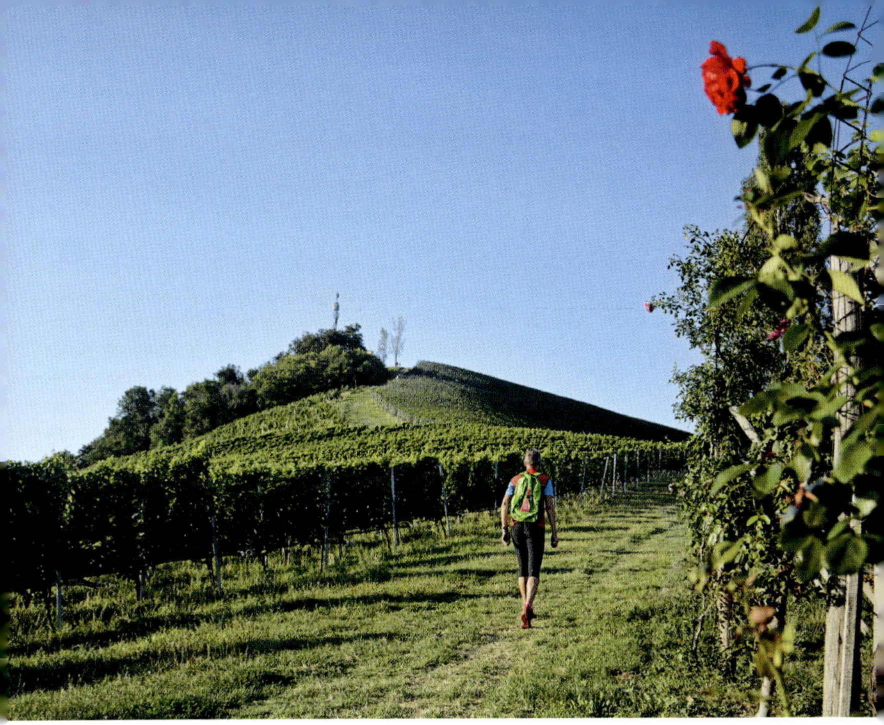

Weingarten (Ried) am Klöcher Ölberg.

Domittner 1,5 km in den nahen Ortsteil **Klöchberg** zum großen Parkplatz beim **Gasthof Palz**. Dabei verlassen wir Klöch über die Alte Landesstraße (Vinothek & Weinbaumuseum am rechten Straßenrand), biegen links auf die L 259 (Klöchberg) ab und verlassen diese nach rechts bei der Einmündung des Dirnböckwegs. Diese kurze Asphaltstrecke sollte mit einem Fahrzeug zurückgelegt werden!

Beim **Gasthof Palz** ❹, 317 m, steigen wir direkt in die traumhafte **Seindl-Runde** ein, sehen gleich neben dem Gasthaus den Wegweiser »Traminerweg« und gehen – im Uhrzeigersinn – durch die Weingärten bergab Richtung Zaraberg los. Auch hier garantieren Schilder mit der Aufschrift »Traminerweg« und weiße Fußspuren am Boden die perfekte Orientierung, und auch diese zweite Runde entzückt mit einigen Besonderheiten: Galsterbachbrücke, Petern-Steinbruch, ein liebliches Steiglein durch die Rebstöcke zur Aussichtsplattform Klöchberg, die urigen Steinstufen der **Haligen Stiege** ❺, 333 m, hinauf zum Zaraberg, ein ruhiges Waldstück, und noch ein malerischer Streckenverlauf durch die so viel Ruhe vermittelnden Weinstöcke hinauf zur hoch gelegenen **Aussichtsplattform** neben dem Sender am **Seindl** ❻, 405 m.

50 Meter später verabschieden wir uns auf der schmalen Asphaltstraße endgültig vom markierten Traminerweg, marschieren in der von Rebstöcken geprägten Landschaft rechts bergab, ignorieren in der scharfen Rechtskurve einen Hinweis zum Traminerweg und gelangen schließlich auf der Straße zurück zum **Gasthaus Palz** ❹.

14 Demmerkogel, 671 m

Theresienkapelle und Schmetterlingswiese

2.30 Std. | 7,7 km | ↗ 470 m | ↘ 190 m

Top of Sausal mit Panoramasteg und ein großer Klapotetz

Sanft hügelige Landschaft, Weinberge und herrliche Weingärten, südländisches Flair und eine weitreichende Fernsicht – wer das erleben will, findet im Naturpark Südsteirisches Weinland perfekte Wanderrouten! Unsere Tour führt uns aus dem Sulmtal von Maierhof bei Gleinstätten zur schmucken Theresienkapelle und weiter auf den Demmerkogel, den höchsten Berg im Sausal. Das packende Panorama erfährt im Gemeindegebiet von St. Andrä-Höch mit einem 17 Meter hohen Klapotetz – im südsteirischen Weinland verbreitete Vogelscheuche, die aus einem Windrad mit Welle und Schlägeln besteht – eine aufregende Unterbrechung. Nach dem kurzen Abstieg über die wunderschöne Schmetterlingswiese fahren wir mit dem Taxi zurück ins Sulmtal.

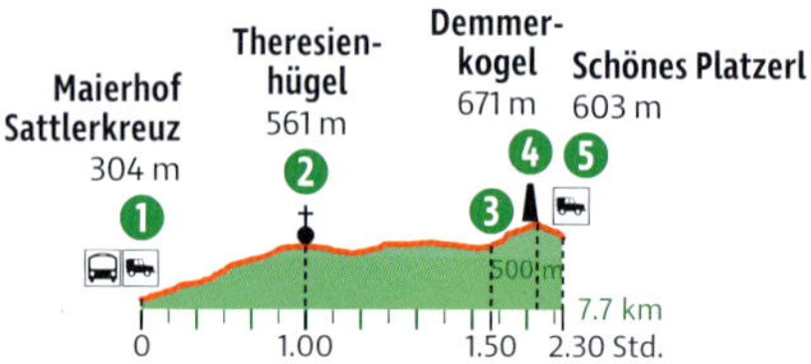

Ausgangspunkt: Maierhof bei Gleinstätten, Bushaltestelle Sattlerkreuz bei Kreuzung Plöderlbergstraße/Rettenbergstraße, 304 m. Anfahrt von Heimschuh bzw. Gleinstätten über die Sulmtal Straße B 74, Ausfahrt bei Kfz Maritschnegg, Parken am Straßenrand.
ÖPNV: Verbund Linie 644 (Gleinstätten – Gleinstätten) bis Maierhof bei Gleinstätten, Haltestelle Sattlerkreuz; bzw. ca. 550 m östlich davon: Verbund Linie 606 (Leibnitz – Wies), 650 (Graz – Gleinstätten) jeweils bis Maierhof bei Gleinstätten, Haltestelle GH Sackl.
Anforderungen: Einfache Wanderung auf schmalen Asphaltstraßen, kurzen Wald- und Wiesenwegen.
Abstieg: Die Strecke zwischen dem Anwesen Schönes Platzerl, gleichzeitig regioMOBIL-Taxi Haltepunkt 20-047 (Höch – Schmetterlingswiese) und dem Ausgangspunkt in Maierhof (Haltepunkt 07-031, Mayerhof – Sattlerkreuz) wird mit dem regioMOBIL-Taxi absolviert. Alternative: Sulmtaler & Sausaler Gästetaxi (Tel. +43 3452 75570 oder +43 664 88657826).
Einkehr: Weingut Buschenschank Gerngross (www.weingut-gerngross.at), Weingut Kaarriegel (Tel. +43 650 8628693), Gasthaus Sausaler Hof (www.sausalerhof.at), alle unweit der Route.
Karte: f&b WK 411.
Tipp: Wenn man die Aufstiege auf den Demmerkogel und nach Kitzeck (Tour 15) mit dem regioMOBIL-Taxi kombiniert, erhält man »Steirische Toskana« in komprimierter Form! Das Taxi bringt uns vom Haltepunkt 20-047 (Höch – Schmetterlingswiese) zum Haltepunkt 13–031 (Fresing – Forstjörgl), von dort wandern wir in wenigen Minuten zur Buschenschank Lorenz-Pronegg, dem Start von Tour 15. Vom Kitzeck fährt das regioMOBIL-Taxi zurück zum Ausgangspunkt in Maierhof.

Wir brechen bei der Bushaltestelle Sattlerkreuz in **Maierhof bei Gleinstätten** ❶, 304 m, auf und wandern über die Plöderlbergstraße bergauf. Dabei kommen wir an der über 130 Jahre alten Kapelle zur Heiligen Maria von Osterwitz am Plöderlberg vorbei und erreichen weiter oben den Panoramasteg Sausal. Atemberaubender Weitblick Richtung Koralpe! Dann links und sofort rechts hinauf über den Theresienkapellenweg zum **Theresienhügel** ❷, 561 m, wo die Theresienkapelle (Messkapelle Maria vom Guten Rat) in einer Traumlage posiert.

Wir gehen auf gleichem Weg zurück zur Hauptstraße und biegen rechts bergab in die Senke. Dort entscheiden wir uns für den Kresel Weg und steigen – mit märchenhaftem Blick zur Theresienkapelle – zu einer Kreuzung hinauf, bei der wir uns zuerst links halten, um wenig später den rechten Straßenverlauf einzuschlagen.

Nach dem Waldstück gelangen wir wieder auf die Sausaler Weinstraße, gehen auf ihr rechts weiter und folgen dem Straßenverlauf bis zu den Parkplätzen am Fuß des 16 Meter hohen **»Größten Klapotetz der Welt«**. Wir erreichen die hölzerne Attraktion auf nettem Steig durch die Weinreben am **Kalkriegel** ❸, 561 m. Vom Klapotetz geht es nach rechts zum Höchweg und immer gut markiert am Sausaler Rundwanderweg K2 (»Jägersteig«) zum Gipfel des **Demmerkogels** ❹, 671 m.

Sodann bringt uns ein kurzer Abstieg vom höchsten Berg im Sausaler Hügelland westwärts auf einem Wiesenpfad über die schön gelegene, aussichtsreiche Schmetterlingswiese (Lebensraum zahlreicher Schmetterlingsarten) zum nahe gelegenen Anwesen **Schönes Platzerl** ❺, 603 m. Von dort können wir mit dem regioMOBIL-Taxi zurückfahren.

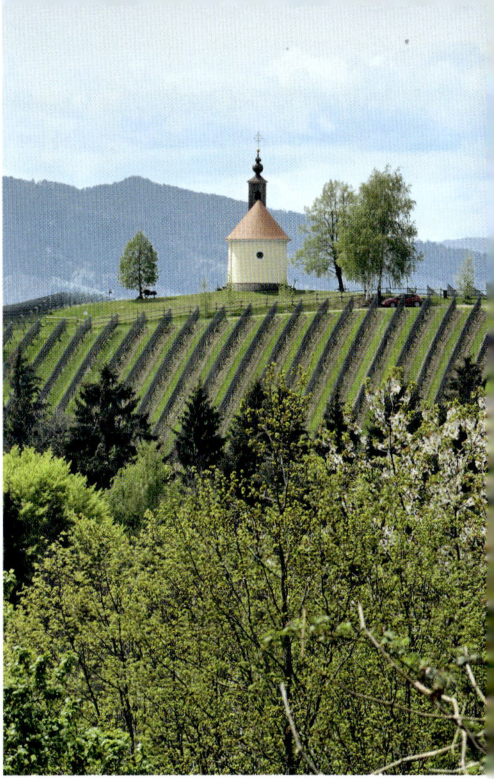

Theresienkapelle.

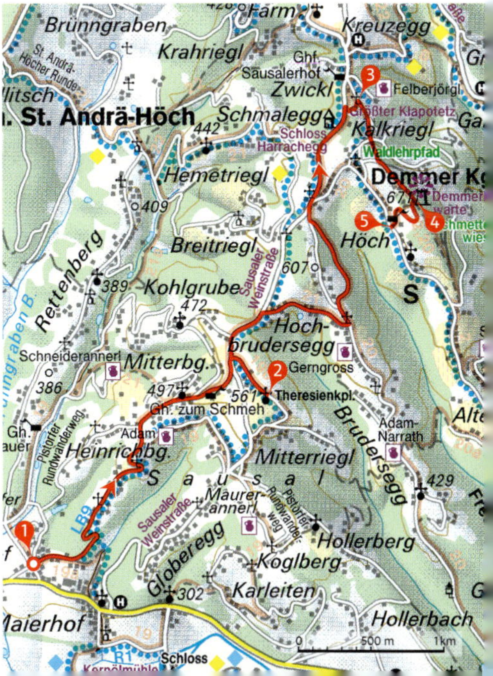

15 Kitzeck – über die »Steile Ranke«

Römerstraße, Buschenschänken und Weingärten

1.45 Std. | 4,9 km | ↗ 250 m | ↘ 90 m

Höchstgelegene Weinwanderung der »Steirischen Toskana«

Kitzeck ist untrennbar mit dem Superlativ »höchstgelegener Weinbauort Österreichs« verbunden. Ein wunderschöner Steig führt uns über einen sonnendurchfluteten Südhang mit Weinstöcken, wo der Kitzeck-Sausal-Riesling zuhause ist, zum Weingut Malli. Dort wartet eine besondere Attraktion, denn es geht durch den steilsten Weingarten der Steiermark bergauf! Doch keine Angst, diese Passage kann auch umgangen werden. Aussicht und romantische Landschaftsimpressionen sind auf der gesamten Strecke, die am höchsten Punkt bei der denkmalgeschützten Pfarrkirche »Schmerzhafte Maria« in Kitzeck endet, einfach großartig!

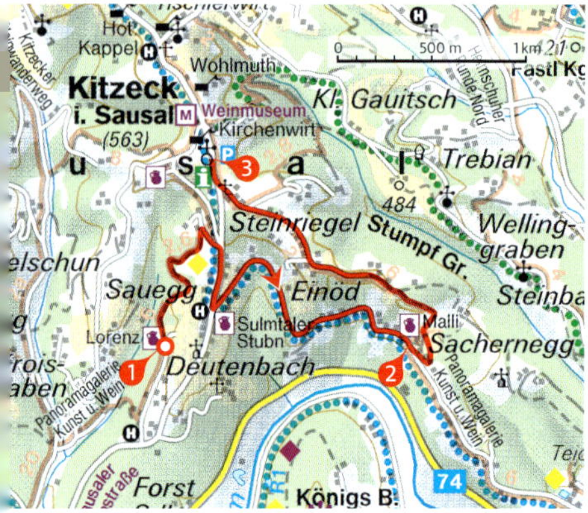

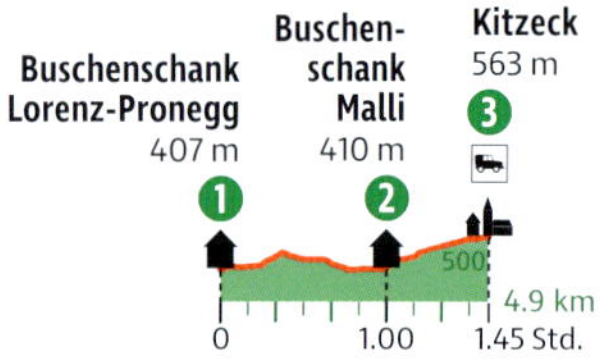

Ausgangspunkt: Buschenschank Lorenz-Pronegg, 407 m (Kitzeck, Einöd 8). Anfahrt von Fresing an der Sulmtalstraße B 74 (zwischen Maierhof und Heimschuh) über Einöd-Straße und Deutenbachweg, Parkplatz vorhanden.
ÖPNV: Verbund Linie 650 (Graz – Gleinstätten), Haltestelle Fresing Dr. Seggl, von dort ca. 1,8 km zu Fuß.
Anforderungen: Einfache Wanderung auf schmalen Asphaltstraßen, kurzen Waldsteigen, Wiesenwegen und durch Weingärten.
Abstieg: Die Strecke zwischen der Pfarrkirche von Kitzeck (Haltepunkt 13-021, Steinriegel – Kirchplatz/Postamt) und dem Ausgangspunkt wird mit dem regioMOBIL-Taxi absolviert (Haltepunkt 13 – 031, Fresing – Forstjörgl, von dort 500 m zu Fuß am Deutenbachweg). Alternative: Sulmtaler & Sausaler Gästetaxi (Tel. +43 3452 75570 oder +43 664 88657826).
Einkehr: Buschenschank Lorenz-Pronegg (www.michilorenz.at), Buschenschank Malli (www.weingut-malli.at).
Karte: f&b WK 411.
Tipp: Große Tagestour in Kombination mit dem Demmerkogel (Tour 14), Details siehe dort unter »Tipps«.

Wir wandern vom Parkplatz bei der **Buschenschank Lorenz-Pronegg** ❶, 407 m, links bergab in ein Waldstück (Wegweiser, Weg Nr. 2) und nach einem Bächlein steil bergauf zu einem Gatter. Es folgen zwei feine Wegstücke, denn wir durchqueren zwei steil abfallende, reizvolle Weingärten an ihrem untersten Rand. Immer auf Weg Nr. 2 erreichen wir später – nach einer wei-

ten Rechtsschleife – die steil nach Kitzeck hinaufführende Asphaltstraße, auf der wir bergab marschieren.
Knapp danach zweigen wir links in die Römerstraße ein und wandern auf dieser – aussichtsreich – bis zur **Buschenschank Malli** ❷, 410 m. Dort lotst ein Schild nach links zur »Steilen Ranke – das Härteste, was unser Weingut zu bieten hat«. Wir gehen auf zauberhaftem Weg durch den Weingarten zu dieser aufregenden, 110 Meter langen Passage mit 49 Grad Steigung, wo ein gespanntes Seil das Höhersteigen erleichtert (der Steilanstieg kann rechts auf dem Wirtschaftsweg in einer Linksschleife umgangen werden).
Nach der spektakulären Passage wandern wir am Hangrücken nach links – mit Tiefblick ins Sulmtal – in ein kurzes Waldstück und gelangen so zum Weingut Wicht. Nun herrliche Aussicht nach Norden!
In der Folge bleiben wir immer am markierten Wanderweg (schmale Asphaltstraße), bis völlig überraschend die Pfarrkirche »Schmerzhafte Maria« von **Kitzeck** vor uns auftaucht. Was für ein Anblick! Der Kirchturm mit seinem zur Gänze in Kupfer erneuerten vielgliedrigen Helm und dem hochragenden vergoldeten Turmkreuz präsentiert sich in der hügeligen Landschaft wie die Osterkerze des Sausals.
Herrliche Landschaftsimpressionen begeistern beim Schlussanstieg zum **Parkplatz** neben der **Kirche** ❸, 563 m, dort gleichzeitig regioMOBIL-Taxi Haltepunkt 13-021 (Steinriegel – Kirchplatz/Postamt).
Von dort geht es mit dem regioMOBIL-Taxi nach Fresing zum Haltepunkt 13 – 031 (Fresing – Forstjörgl) und danach etwa 500 Meter zu Fuß am Deutenbachweg zum Ausgangspunkt.

Die »Steile Ranke« kann umgangen werden.

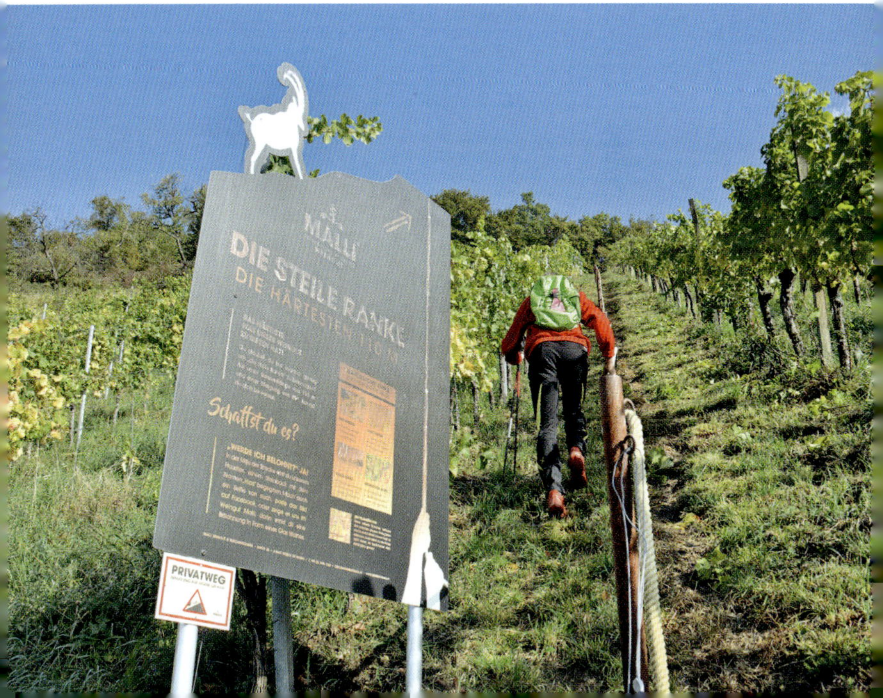

16 Durch die Heiligengeistklamm

Von der Spitzmühle auf den Osterberg

2.15 Std. | 5,0 km | ↗ 520 m | ↘ 110 m

Malerische Klamm und Kurzbesuch in Slowenien

Die Heiligengeistklamm in Leutschach an der Weinstraße wurde in der ORF-Sendung »9 Plätze – 9 Schätze« 2015 zum schönsten Platz der Steiermark auserkoren. Das Besondere am Weg durch die Klamm ist, dass der kleine Heiligengeistbach sehr oft brückenlos – also ganz natürlich – überquert werden muss. Mehrere kleinere Wasserfälle versüßen den melodischen Aufstieg, bei dem auch steilere Passagen zu überwinden sind. Beim Hotel Zangl vlg. Waucher stoßen wir auf die Asphaltstraße, überqueren 400 Meter danach die Staatsgrenze und erreichen bald darauf – in Slowenien – die Kirche zum Heiligen Geist am Osterberg (Sveti Duh na Ostrem vrhu). Nach dem kurzen Weg zurück zum Hotel Zangl fahren wir mit dem Fahrzeug (WEINmobil-Taxi) zum Tourstart.

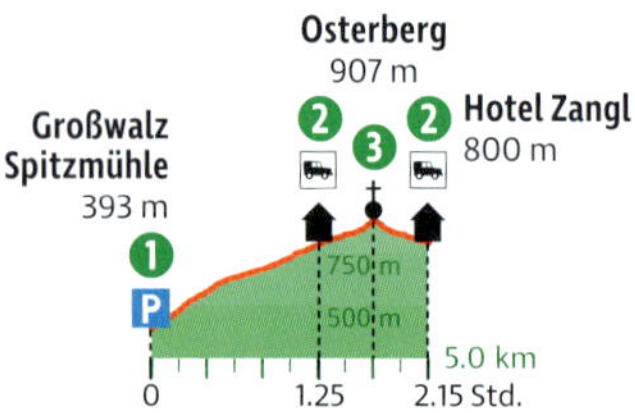

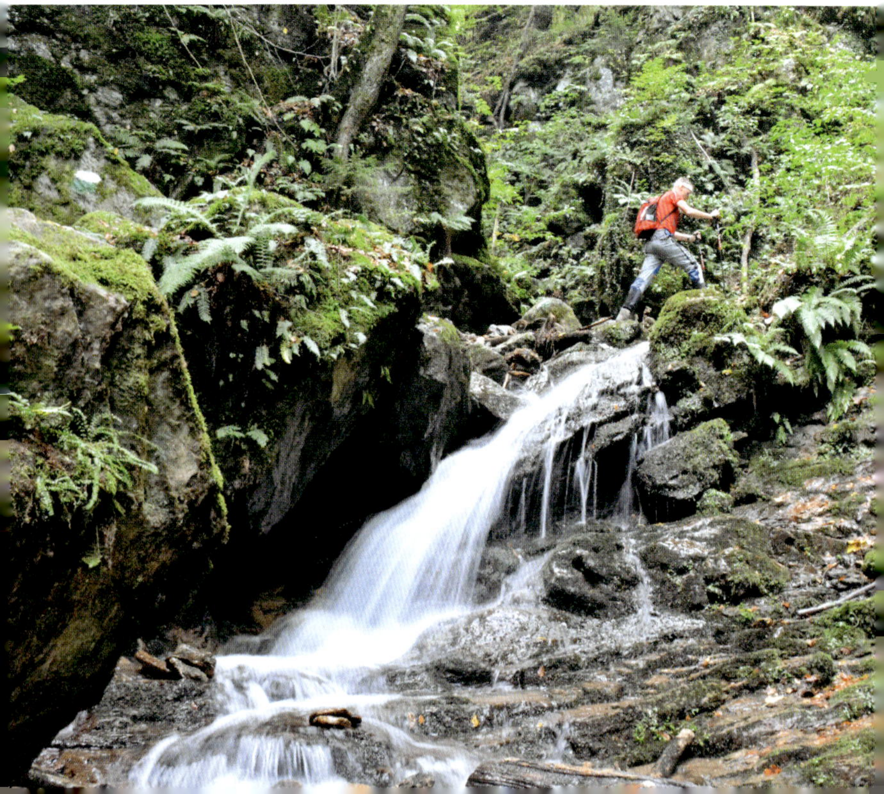

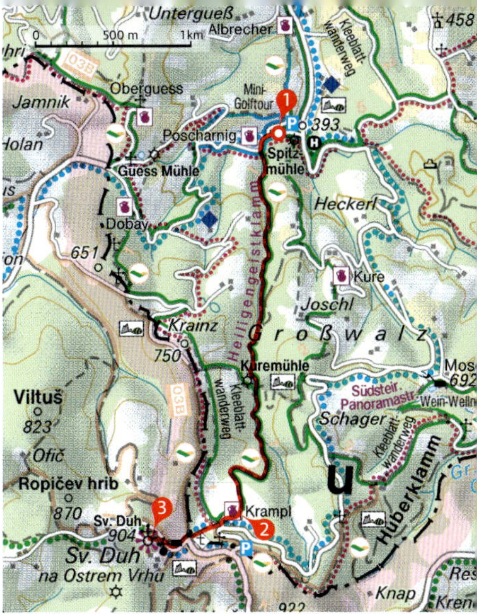

Ausgangspunkt: Parkplatz Heiligengeistklamm, 393 m. Anfahrt von Arnfels bzw. Gamlitz über die Südsteirische Grenzstraße B 69 bis Leutschach an der Weinstraße, von dort noch 3,5 km nach Süden bis zur Spitzmühle in Schloßberg, Großwalz 21.
ÖPNV: Verbund Linie 780 (Ehrenhausen – Arnfels) bis Leutschach, Haltestelle Leutschach Schule, Verbund Linie 653 (Leutschach – Schloßberg), Haltestelle Schloßberg Spitzmühle.
Anforderungen: Der steinige, oft durch den Bach führende Steig der Heiligengeistklamm ist an manchen Stellen steiler und schmal.
Abstieg: Die Strecke zwischen dem Hotel Zangl vlg. Waucher (Haltepunkt 17-160, Großwalz Waucher) und dem Ausgangspunkt (Haltepunkt 17-146, Großwalz Spitzmühle) wird mit dem WEINmobil-Taxi absolviert.
Einkehr: Hotel Zangl vlg. Waucher (Tel. +43 3454 70093).
Karte: f&b WK 411.

Tipp: Beim Grenzübergang gibt es die Möglichkeit, einen Abstecher zum südlichsten Punkt der Steiermark zu machen.

Beim **Parkplatz** bei der **Spitzmühle** ❶, 393 m, weist uns der Wegweiser »Heiligengeistklamm« den Zugang zur Klamm. Ohne langes Vorspiel geht es schnell zum Heiligengeistbach, der uns nun für längere Zeit begleitet. Schon bald stoßen wir in dem engen V-Tal auf eine imposante Felszone und überschreiten einen netten Wasserfall, der elegant zwischen den moosbewachsenen Steinen hindurchfließt. Später überqueren wir eine mit Seilen versicherte abschüssige Stelle.

Immer wieder steigen wir über das Bachbett und wandern auf dem abwechslungsreichen Pfad, aus dem kleinere und größere Felsstücke herausragen, höher. Im kühl-feuchten Kleinklima der Klamm finden Farne und Moose optimale Lebensbedingungen, besonders auffallend sind die großen Trichter des Straußenfarns.

Dann macht rechter Hand der größte Wasserfall der Klamm auf sich aufmerksam. Bei einer Kreuzung gehen wir rechts und erreichen später das Ende der Klamm. Eine weitläufige Almwiese empfängt uns; bald danach endet unser Aufstieg beim **Hotel Zangl vlg. Waucher** ❷, 800 m, gleichzeitig WEINmobil-Taxi Haltepunkt 17-160 (Großwalz Waucher).

Wir folgen der Straße bergauf zum Grenzübergang, halten uns dort rechts, wandern am kleinen Friedhof vorbei und erreichen die Wallfahrtskirche am **Osterberg (Sveti Duh na Ostrem vrhu)** ❸, 907 m.

Danach auf gleichem Weg zurück zum Wanderziel beim **Hotel Zangl vlg. Waucher** ❷, wo wir in das Taxi einsteigen können.

Am Beginn der Heiligengeistklamm.

17 Kreuzbergwarte – kurz, aber fein

Eine herrliche Runde in Eichberg-Trautenburg

2.15 Std. | 7,5 km | ↗ 250 m | ↘ 250 m

Kontraste an der Weinstraße und ein moderner Klapotetz

Die 30 Meter hohe, aussichtsreiche Kreuzbergwarte (117 Stufen) wurde 1994 erbaut und ist mit einer Seehöhe von 633 Metern der höchste Punkt der zauberhaften Ortschaft Eichberg-Trautenburg in der Gemeinde Leutschach an der Weinstraße. In diesem Teil der Südsteirischen Weinstraße spürt man sofort, dass der Wein nicht nur zum Trinken da ist, sondern auch traumhafte Wanderungen durch die Hänge mit herrlichen Ausblicken in die Täler erlaubt. Der »Wanderbare Kreuzberg« hat sowohl vinologisch als auch landschaftlich unheimlich viel zu bieten! Unser Rundweg liegt etwas abseits der stark frequentierten Touristenrouten und begeistert nicht nur mit der prächtigen Aussicht von der Warte, sondern auch mit seinen vielen Weinstöcken, die wie mit dem Lineal gezogen aus den steilen Hängen herauswachsen.

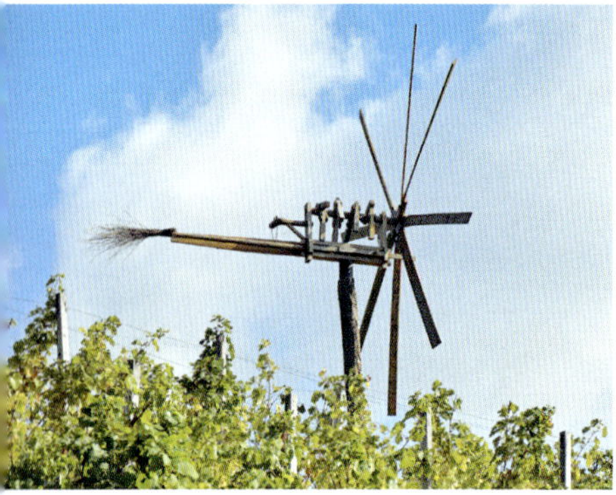

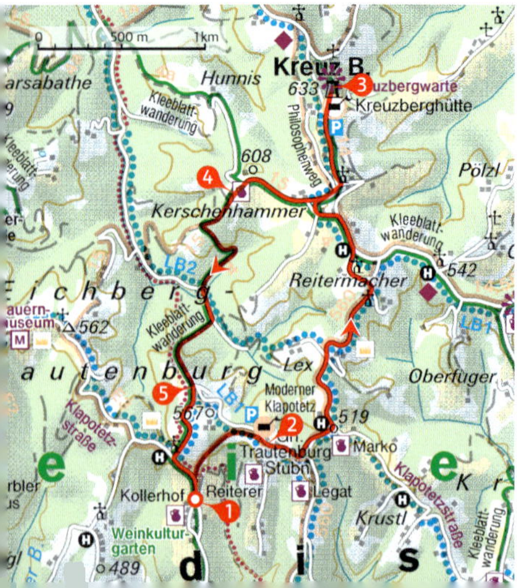

Ausgangspunkt: Weingut Kollerhof in Eichberg-Trautenburg (Eichberg-Trautenburg 39), 490 m, ca. 3 km nordwestlich von Leutschach an der Weinstraße. Anfahrt ab Leutschach via Hopfenstraße und Jauschniggweg, Parkmöglichkeiten in der Nähe des Kollerhofs.
ÖPNV: Mit dem WEINmobil-Taxi (Tel. +43 3454 94127) aus verschiedenen Richtungen direkt zum Weingut Kollerhof (Haltepunkt W248).
Anforderungen: Rundwanderung über Asphalt und durch Weingärten, nach dem Weingut Klug kurz steiles Waldstück (Auf- und Abstieg).
Einkehr: Buschenschank Kollerhof (www.kollerhof.com), Gasthaus Trautenburg Stub'n, Buschenschank Rothschädl (www.rothschaedl.com), Kreuzberghütte, Buschenschank Klug (www.weingut-klug.at).
Karte: f&b WK 411.
Tipp: Exklusive kulinarische Leckerbissen und Weine mit einzigartigem Charakter.

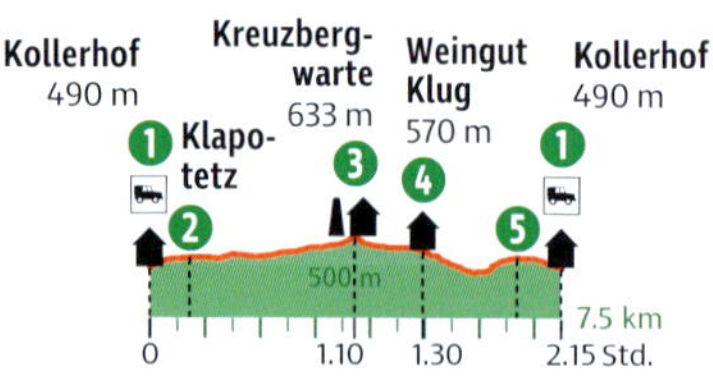

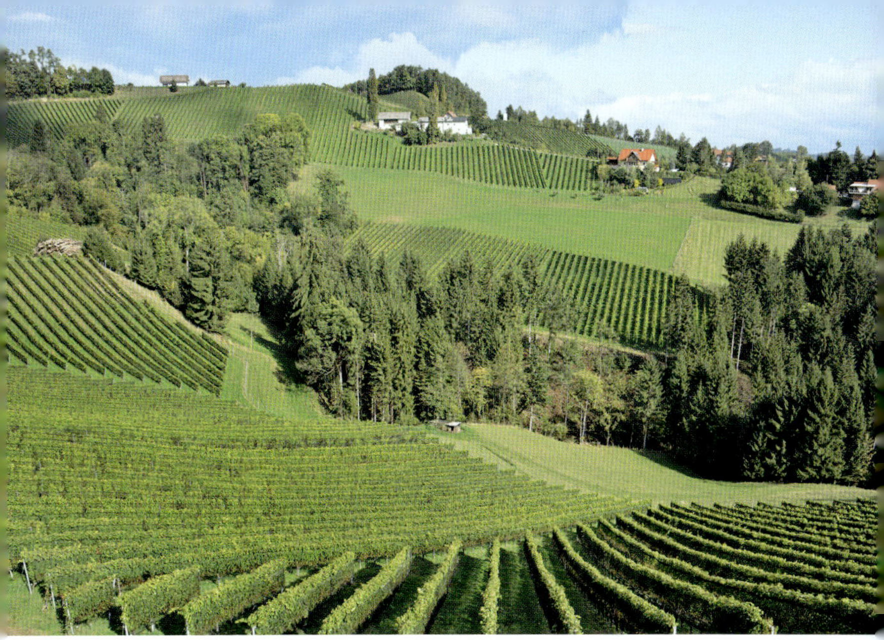

Foto oben: Blick vom Kollerhof zum Modernen Klapotetz in der Ferne.
Links: Bei der Buschenschank Rothschädl.

Der Rundweg beginnt beim **Weingut Kollerhof** in **Eichberg-Trautenburg** ❶, 490 m. Zuerst geht es am Jauschniggweg ein paar Meter nach Norden, dann zweigt rechts (Wegweiser) der Wiesenpfad durch den nördlichen Teil des Weinkulturgarten (Wegweiser »Lange Variante«) zum »Modernen Klapotetz« ab.

Der Aufstieg auf den Kollersimmerlkogel, auf dem das moderne Windrad steht, führt durch die Weinreben; der Platz beim **Klapotetz** ❷, 540 m, am höchsten Punkt der Weinberge um den Kollerhof bietet begnadete Aussicht auf die idyllische Hügellandschaft und ihre steilen Hänge!

Dann steigen wir zur Asphaltstraße ab, folgen ihr ein Stück nach rechts und halten uns gleich danach links, um am asphaltierten, markierten Höhenweg zum **Weingut Rothschädl** zu wandern. Von dort wahlweise einfach dem Straßenverlauf folgend – oder schöner direkt beim Haus nach dem Klapotetz rechts in der Wiese durch die Weinreben (Hinweistafel beim Haus »kurze Variante«) – hinauf zur **Kreuzbergwarte** ❸, 633 m, neben dem Gipfelkreuz des Kreuzbergs, das laut Gedenktafel »dem Andenken Erzherzog Johanns gewidmet« ist. Tolles Panorama!

Wir gehen auf gleichem Weg zurück zum **Weingut Rothschädl**, danach rechts haltend hinunter zum **Weingut Klug** ❹, 570 m, und danach links in den Wald. Der gut markierte Steig führt uns zuerst in den Kleingraben hinab, dann wieder bergauf und mündet in die **Kurve** einer **Asphaltstraße** ❺, 540 m. Auf dieser halten wir uns rechts und wandern am Rande des malerischen Rieds Kreuzhammer bergab; hier hat die Natur ihren Malkasten genial eingesetzt. Vor der 1000-jährigen Linde (Bildstock) zweigen wir links ab und erreichen in Kürze den Ausgangspunkt beim **Kollerhof** ❶.

18 Moschkogel, 1916 m

Von der Weinebene zur Grillitschhütte

2.30 Std. | 8,1 km | ↗ 330 m | ↘ 330 m

Sanfte Almen, tolle Felsformen und immer über der Baumgrenze

Die 1667 m hohe Weinebene verbindet die Steiermark und Kärnten. Wir nützen diesen hoch gelegenen Ausgangspunkt für die Tour über die Brandhöhe und den Moschkogel zur Grillitschhütte, die alles bietet, was man sich von einer schönen Almwanderung erhofft. Besonders eindrucksvoll ist der panoramareiche Streckenabschnitt zwischen Brandhöhe und Moschkogel. Immer am Kamm entlang erklimmen wir den Gipfel des Moschkogels mit kleinen Felsen und Gipfelkreuz. Später kommen wir zur Grillitschhütte, die unterhalb eines Almsees liegt und sich mit ihrer runden Bauweise zwischen den sanften Flanken von Moschkogel, Sprungkogel und Hühnerstütze effektvoll in Szene setzt. Der Rückweg zur Weinebene verläuft danach entlang des Nord-Süd-Weitwanderweges und ohne viel Abstieg.

Ausgangspunkt: Parkplatz auf der Weinebene, 1667 m. Anfahrt von Deutschlandsberg über die Weinebenenstraße L 619 bis zur Passhöhe.
ÖPNV: Keine.
Anforderungen: Einfache Almwanderung, Wegabschnitt von Brandhöhe bis Moschkogel unmarkiert, aber problemlose Orientierung.
Einkehr: Restaurant Weinofenblick (Tel. +43 664 3629708) direkt beim Ausgangspunkt, Grillitschhütte (Tel. +43 676 6415830).
Karte: f&b WK 411.
Tipp: Im Sommer fährt ein Wanderbus von Wolfsberg bis zum Koralpenparkplatz, 1627 m, sodass man sich nach einem (langen) Aufstieg (von Wolfsberg) zum hoch gelegenen Koralpenhaus, 1966 m, abholen lassen kann.

Foto unten: Moschkogel (rechts) und Koralmspeik (Mitte).
Oben rechts: Moschkogel – auch bei etwas Schnee ein schönes Ziel.

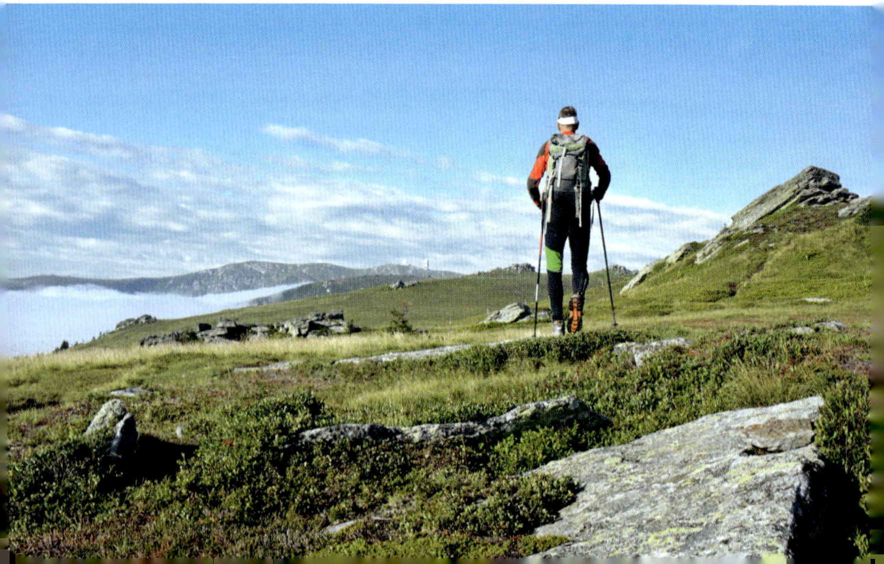

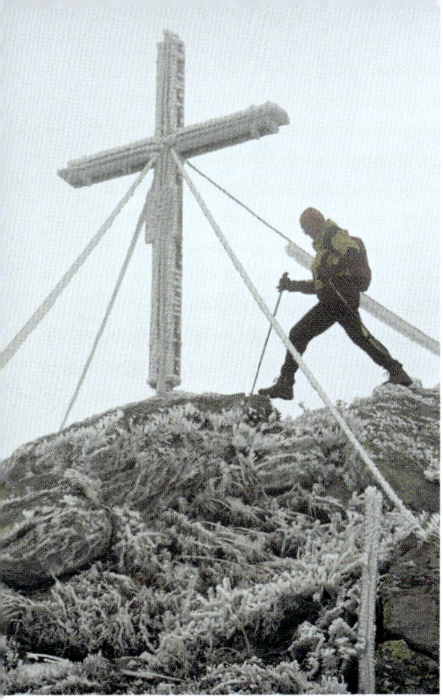

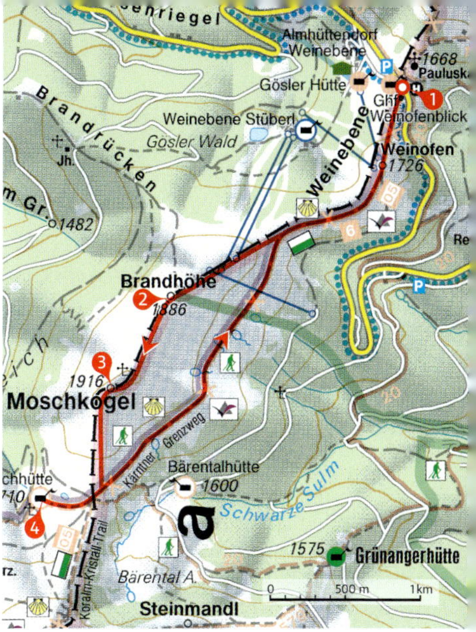

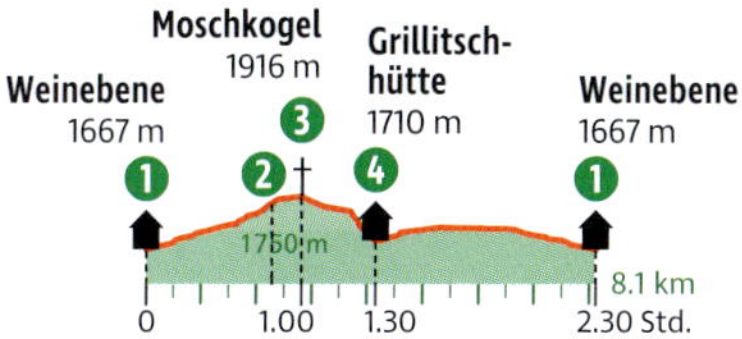

Wir starten beim hoch gelegenen **Parkplatz** auf der **Weinebene** ❶, 1667 m, und folgen dem Wegweiser zur Grillitschhütte. Der bergauf führende Fahrweg verläuft auf der ersten Anhöhe zwischen dem Gneisquarzit-Felsen des Weinofens, 1726 m, und der Handalm-Windpark-Aussichtsplattform und danach sanft bergab zu einer Wiese, auf die wir halb rechts abbiegen. Nach der Wiese stoßen wir auf eine Kreuzung von Fahrwegen, bei der wir neuerlich halb rechts, unmarkiert, zur Bergstation des Schneelochliftes hinaufsteigen. Unweit davon kulminiert die **Brandhöhe** ❷, 1886 m, wo der fast ebene Streckenabschnitt zum Moschkogel beginnt.

Es geht auf sanften Almböden an der Grenze zu Kärnten aussichtsreich dahin; einzelne frei stehende steinerne Öfen (Begriff für Felsformen), die aus mehr oder weniger dicken Stapeln von Gneisplatten bestehen, stellen reizvolle Motive dar; sie sind typisch für das Landschaftsbild der Koralpe. Im Westen schauen wir weit über das Lavanttal nach Kärnten und im Osten über das weststeirische Hügelland in die Steiermark.

Auch am **Moschkogel** ❸, 1916 m, sind es die Felsformationen, die seine Attraktivität noch steigern, und das Gipfelkreuz vervollständigt den alpinen Eindruck. Dann geht es – am Weidezaun entlang und mit Blick in den Steilhang der Hühnerstütze – zum Grillitschgatter, 1748 m, hinunter. Von dort (Wegweiser) sind es nur mehr wenige Minuten zur formschönen **Grillitschhütte** ❹, 1710 m, die ob ihrer unkonventionellen Rundbauweise besticht.

Der Weg zurück führt uns wieder zum Grillitschgatter hinauf und danach immer am Nord-Süd-Weitwanderweg (Weg Nr. 505 bzw. Weg Nr. 20) zurück zur **Weinebene** ❶.

19 Peterer Riegel, 1967 m

Vom Hansbauer mit viel Panorama zu einem Almsee

TOP | 4.30 Std. | 13,6 km | ↗ 760 m | ↘ 290 m

Märchenhafte Almen und ein Gebirgszug mit sanften Formen

Die Tour führt uns vom hoch gelegenen Gehöft Hansbauer bei Hirschegg über die lang gezogene Hirschegger Alm auf den Peterer Riegel, den höchsten Gipfel im Bezirk Voitsberg. Auf dem wunderschönen Weg dorthin bewegen wir uns über weite Strecken in äußert sympathischem Almgebiet mit traumhaften Ausblicken ins Lavanttal und in die Lippizanerheimat und tangieren beim Peterer Sattel den nordöstlichen Spitz der Kärntner Landesgrenze. Das herrliche sanfte Landschaftsbild, aus dem mehrere optisch ungemein attraktive Öfen – auffallend geformte Felsbrocken auf Wiesen und Almen – hervorstechen, bietet eine friedvolle Kulisse für die wonnesame Wanderung, die in der attraktiven kleinen Felszone am Gipfel des Peterer Riegels ihren höchsten Punkt erreicht. Von dort zeigt sich das Gebiet noch einmal als »die perfekte Alm«. Am Ende der Tour gehen wir auf schönem Steig zu den beiden Windrädern, wo der künstlich angelegte Almsee mit der Farbe seines Wassers einen gelungenen Beitrag zu einem schönen Fotomotiv liefert. Ab dem Speichersee übernimmt das Taxi den Abstieg.

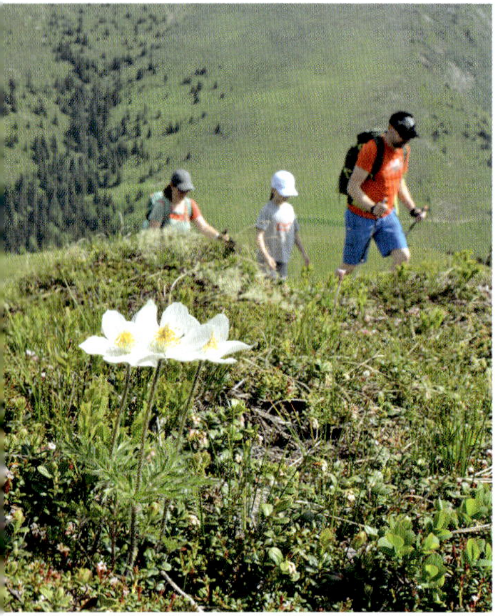

Oberhalb des Peterer Sattels.

Ausgangspunkt: Gehöft Hansbauer, 1243 m, bei Hirschegg; bzw. Gasthaus Moasterhaus ca. 2 km südöstlich vom Hirschegger Sattel (Salzstiegl). Anfahrt zum Gasthaus Moasterhaus von Graz auf A2 bis Ausfahrt Modriach, dann weiter auf Hirscheggerstraße L343; von Judenburg über die Feistritzerstraße L542; jeweils Parkplätze vorhanden.
ÖPNV: Verbund Linie 722 (Köflach – Hirschegg) bis Hirschegg, Haltestelle Dorfplatz, ab dort ca. 4 km auf der Straße zum Gehöft Hansbauer.
Anforderungen: Einfache Almwanderung.
Abstieg: Vom Speichersee, 1710 m, Abfahrt mit Taxi (Gasthaus Moasterhaus, hauseigenes Taxi, Tel. +43 3141 2160).
Einkehr: Gasthaus Moasterhaus (www.salzstiegl.at), Bernsteinhütte (Tel. +43 676 6851267).
Karten: f&b WK 132, 212.
Tipp: Es besteht die Möglichkeit, sich mit dem Taxi vom Moasterhaus in den Bereich Packsattel führen zu lassen und nach dortigem Tourstart über Knödelhütte, 1407 m, und Lahnofen, 1523 m, zur Bernsteinhütte, 1559 m, zu stoßen.

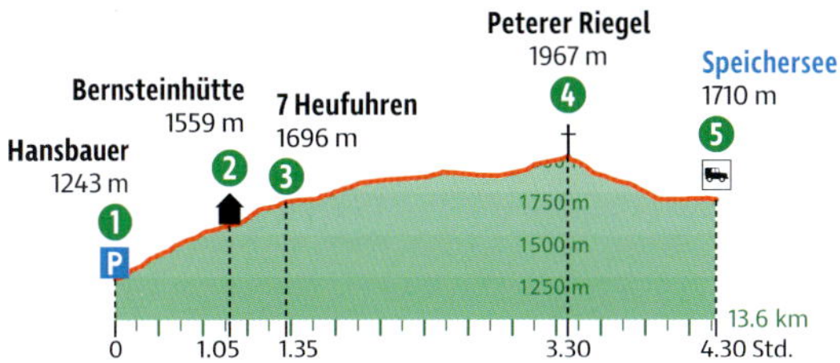

Bei dieser großartigen Tour über die weiten Almböden ermöglicht das Taxi-Kombiticket, das die Betreiber des Gasthauses Moasterhaus anbieten, einen schönen Gipfelsieg mit knieschonendem Abstieg: Mit der ersten Taxi-Fahrt vom Gasthaus zum Gehöft Hansbauer ersparen wir uns den weniger aufregenden Anstieg ab Hirschegg, und die zweite Fahrt vom Speichersee zum Gasthaus reduziert unseren Abstieg, sodass wir auch ein schönes Gipfelerlebnis am Peterer Riegel genießen können.

Vom **Gehöft Hansbauer** ❶, 1243 m, marschieren wir auf gut markiertem Weg Nr. 41 zuerst noch ein kurzes Stück auf der Forststraße, danach durch schöne Waldabschnitte, bis zu einer großen Lichtung, wo kleine Felsformationen (»Öfen«) unsere Aufmerksamkeit erregen. Gleich danach taucht rechts die **Bernsteinhütte** ❷, 1559 m, auf. Wir wandern nun auf Weg Nr. 45 stets bergauf, ignorieren die Abzweigung zur Görlitzer Hütte und nähern uns den **»7 Heufuhren«** ❸, 1696 m; diese

Gipfelfelsen der Sankt Leonharder Alm, 1933 m.

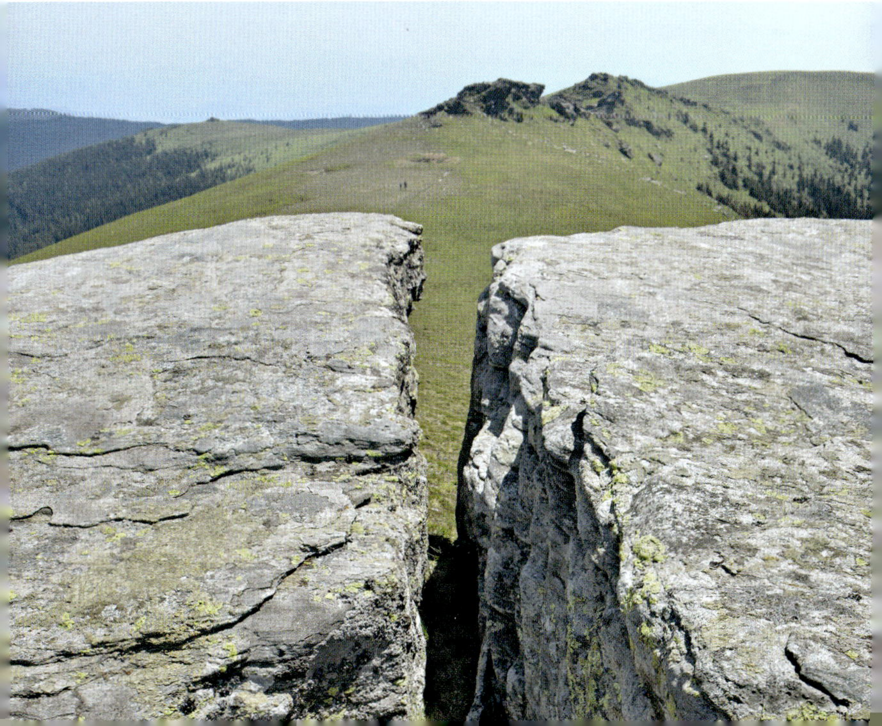

eigenwillig auf der sanften Almlandschaft liegenden Felsöfen aus Gneis-Glimmerschiefer, die mit Flechten, Wacholder und kleinen Fichten bewachsen sind, geben der Gegend eine ganz besondere Note.

Auf der Hirschegger Alm (Wegweiser) zweigen wir nicht (!) nach rechts zur Saureishütte ab, sondern wandern immer noch geradeaus am Nord-Süd-Weitwanderweg (Nr. 505, Kärntner Grenzweg) weiter über die hohen,

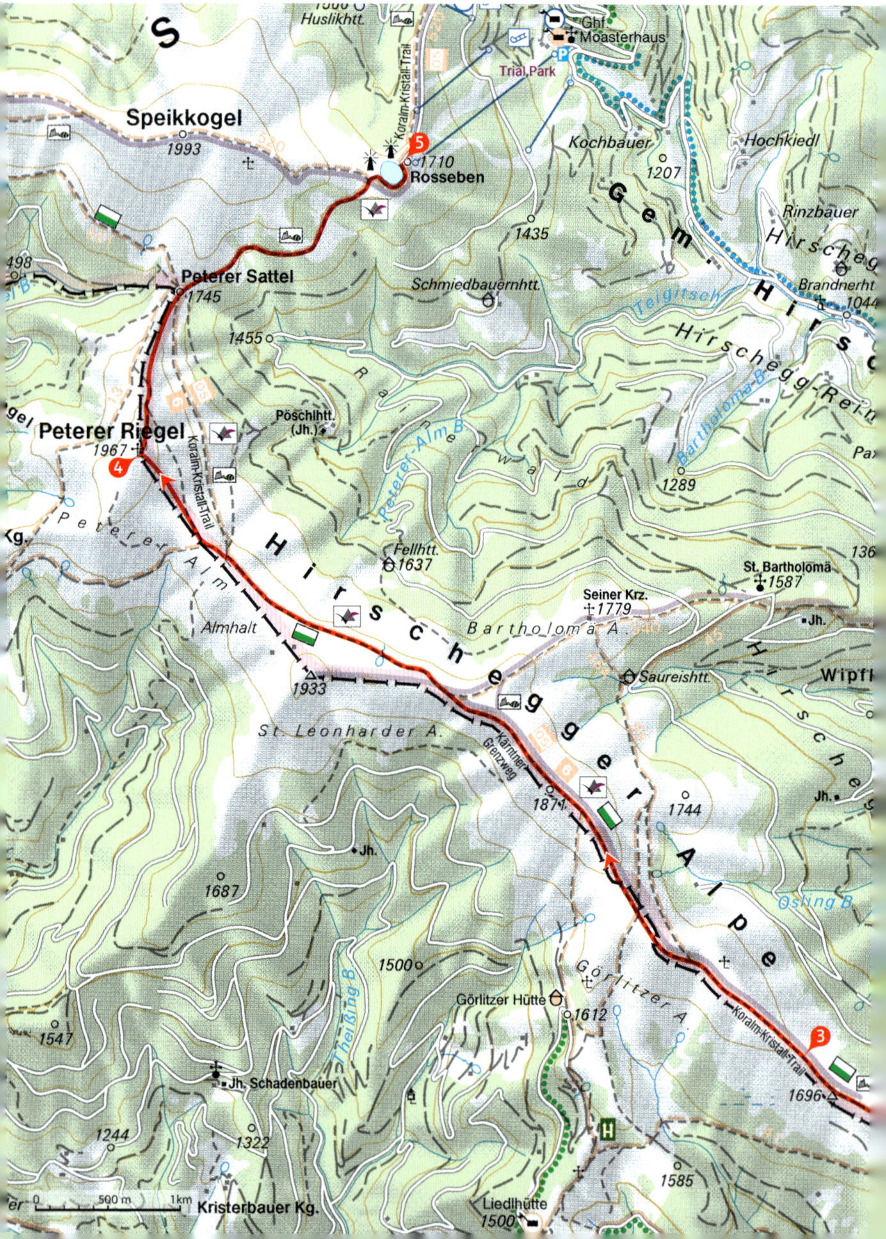

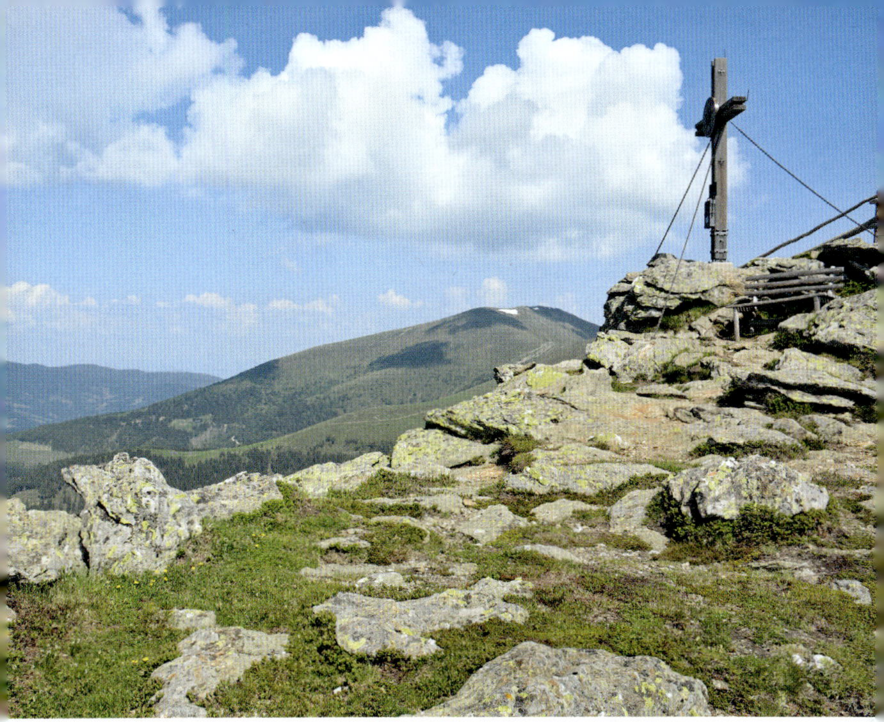

Peterer Riegel.

aussichtsreichen Almen und durch Meere von Preiselbeer- und Schwarzbeersträucher (das sind Heidelbeeren). Links bestechen die Felsöfen, die am Gipfel der **St. Leonharder Alm**, 1933 m, liegen, und wir erreichen im breit gezogenen Sattel oberhalb der Peterer Alm mehrere Wegweiser.

Hier verlassen wir den zum »Salzstiegel« (Salzstiegelhaus) flach weiterführenden Weg Nr. 505 und marschieren halb links bergwärts. Der scheinbar unendlich lange Weidezaun an der Grenze zwischen der Steiermark und Kärnten bleibt immer in unserer Nähe. So gelangen wir auf gutem, wenngleich unmarkiertem Steig kurz steil zum Gipfelkreuz des **Peterer Riegels** ❹, 1967 m. Umgeben von den silbrig schimmernden Steinplatten, die von hellgrünen Flechten überzogen sind, haben wir hier eine faszinierende Rundumsicht!

Danach geht es weniger steil in den breiten **Peterer Sattel**, 1745 m, hinunter, in dem wir wieder auf den Weg Nr. 505 treffen und ihm durch schönen lichten Nadelwald, an mehreren kleinen Bächlein vorbei, bis zum hübschen **Speichersee** ❺, 1710 m, folgen, wo wir vom Moasterhaus-Taxi abgeholt werden.

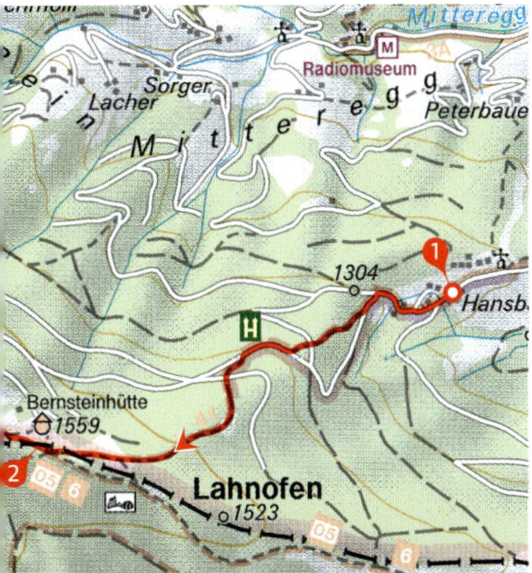

20 Terenbachkogel, 1734 m

Rundwanderung beim Oskar-Schauer-Haus

3.00 Std. | 9,1 km | ↗320 m | ↘320 m

Christusstatue, Almen und ein Gipfelkreuz am kleinen Felskamm

Die Rundwanderung, die wir beim Oskar-Schauer-Haus (Sattelhaus) beginnen, führt uns zuerst zur strahlend weißen, weithin sichtbaren Christusstatue, die dem brasilianischen Cristo Redentor (Christus, der Erlöser), der auf dem Gipfel des Corcovado hoch über Rio de Janeiro thront, sehr ähnlich ist. Die Statue wurde im August 2009 von der Agrargemeinschaft »Terenbachalm und Liebreich Welle« mit Unterstützung einiger Sponsoren errichtet und eingeweiht. Seitdem wird jedes Jahr am vorletzten Sonntag im August unter den weit ausgebreiteten Armen der Statue eine Bergmesse gefeiert. Von der Christusstatue wandern wir am breiten, lang gezogenen Höhenrücken der Terenbachalm in malerischer Almenlandschaft zum Gipfelkreuz des Terenbachkogels, dessen kleine, aber dennoch ausdrucksstarken Felsschrofen Hochgebirgscharakter im Kleinformat signalisieren. Vorbei an der Zeißmannhütte und an der Terenbachhütte geht es dann gemütlich zurück zum Ausgangspunkt.

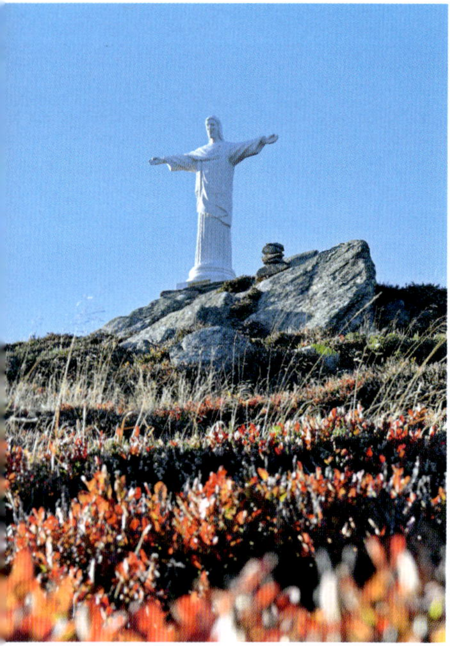

Christusstatue.

Ausgangspunkt: Parkplatz beim Oskar-Schauer-Haus/Sattelhaus, 1409 m. Anfahrt von Judenburg bzw. Köflach über die Gaberlstraße B77, in Krenhof Abzweigung Richtung Graden bei Köflach, danach links ab, Hinweistafeln.
ÖPNV: Keine.
Anforderungen: Einfache Almrundwanderung über Almsteige und Fahrwege.
Einkehr: Oskar-Schauer-Haus/Sattelhaus (www.oskar-schauer-haus-sattelhaus.naturfreunde.at).
Karte: f&b WK 132.

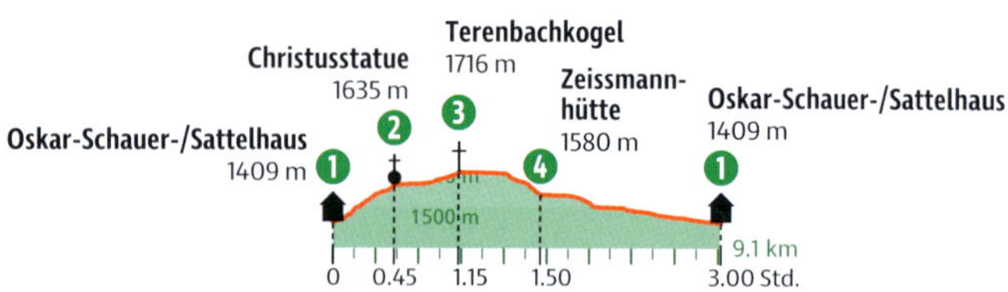

Wir parken direkt beim **Oskar-Schauer-Haus** ❶, 1409 m, und gehen von dort neben dem Haus auf der Forststraße bergauf. Schon bald lenkt uns ein Wegweiser nach links zur »Christusstatue« (Weg Nr. 547). Auf schönem Steig durch Wald kommen wir schließlich zu einer Forststraße und sehen die weiße, mehrere Meter hohe Statue vor uns. Sie wurde optisch perfekt auf einer Ansammlung kleiner Felsen errichtet.

Ein schmaler Steig führt durch Schwarz- und Preiselbeerfelder sowie Wacholder an der **Christusstatue** ❷, 1635 m, vorbei und erreicht danach den baumfreien Höhenrücken der Terenbachalm, über den wir nach rechts (Norden) weitermarschieren. Vor uns sehen wir einen breiten Sattel, hinter dem das Gelände sanft zu den schwach ausgeprägten Gipfelfelsen am Terenbachkogel ansteigt. Im Hintergrund stehen Rossbachkogel und Gleinalmspeik Spalier.

Wir wandern auf einem weichen Teppich aus Gemsheide mit vereinzelt eingelagertem Schiefergestein gemütlich über die ausgedehnte Almfläche dahin, erreichen den Vorgipfel, 1691 m, des **Terenbachkogels** mit großem Steinmann und erfreuen uns wenig später an den kleinen, formschönen mit hellgrünen Flechten überzogenen Gipfelschrofen, die der sonst durchgehend sanften Landschaft einen reizvollen Kontrast verleihen.

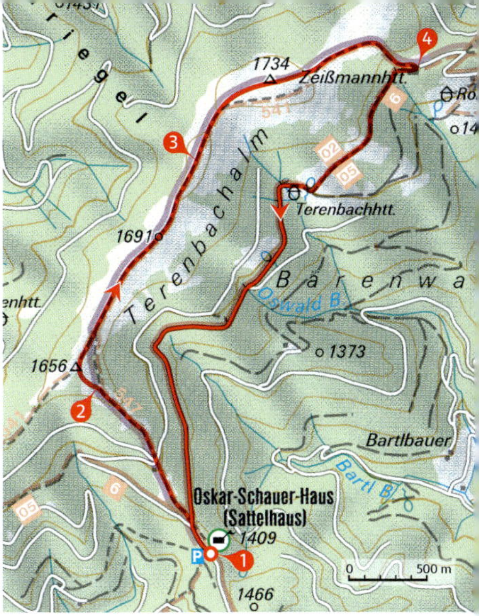

Vom schönen **Gipfelkreuz** ❸, 1716 m, das aus Holz und Kupfer angefertigt wurde, geht es auf dem Weg Nr. 541 weiter über den etwas höheren Nordostgipfel, 1734 m, und danach bergab zur **Zeißmannhütte** ❹, 1580 m. Von dort marschieren wir auf dem Weg Nr. 505 zur urigen Terenbachhütte und weiter auf dem Forstweg zurück zum Start beim gastlichen **Oskar-Schauer-Haus** ❶.

Gipfelfelsen am Terenbachkogel.

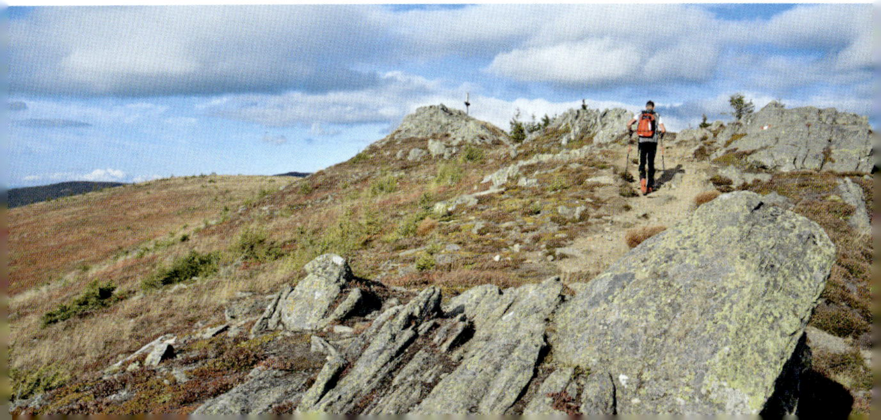

21 Steinplan, 1670 m

Von Knittelfeld zum Steinplan-Schutzhaus

4.15 Std. | 10,0 km | ↗1060 m | ↘180 m

Langer Aufstieg mit famosen Panoramablicken!

Der Steinplan bildet den westlichen Abschluss der sanften Gleinalpe. Er ist nur 1670 m hoch, aber der Weg zum Gipfel begeistert, denn viele Wegabschnitte verlaufen am Waldrand und ermöglichen aus diesem Grund eine schöne Aussicht. Zudem überschreiten wir mehrere ausgedehnte Alm- und Wiesenflächen, die uns ebenfalls ein weites, edles Bergpanorama schenken. Am Gipfel werden wir vom Steinplan-Schutzhaus empfangen. Unweit davon steht das Gipfelkreuz; und eine riesige Hochfläche fungiert als natürliche Plattform, um die Aussicht zu bewundern: Das Panorama am Knittelfelder Hausberg umfasst Stubalpe, Koralpe, Karawanken, Zirbitzkogel, Hochalmspitze, Seckauer und Eisenerzer Alpen, Schöckl, Wildoner Berg und noch viel mehr! Beim Abstieg haben wir nur mehr etwa 170 Höhenmeter zu überwinden und können uns auf 1500 Meter Höhe vom Taxi abholen lassen.

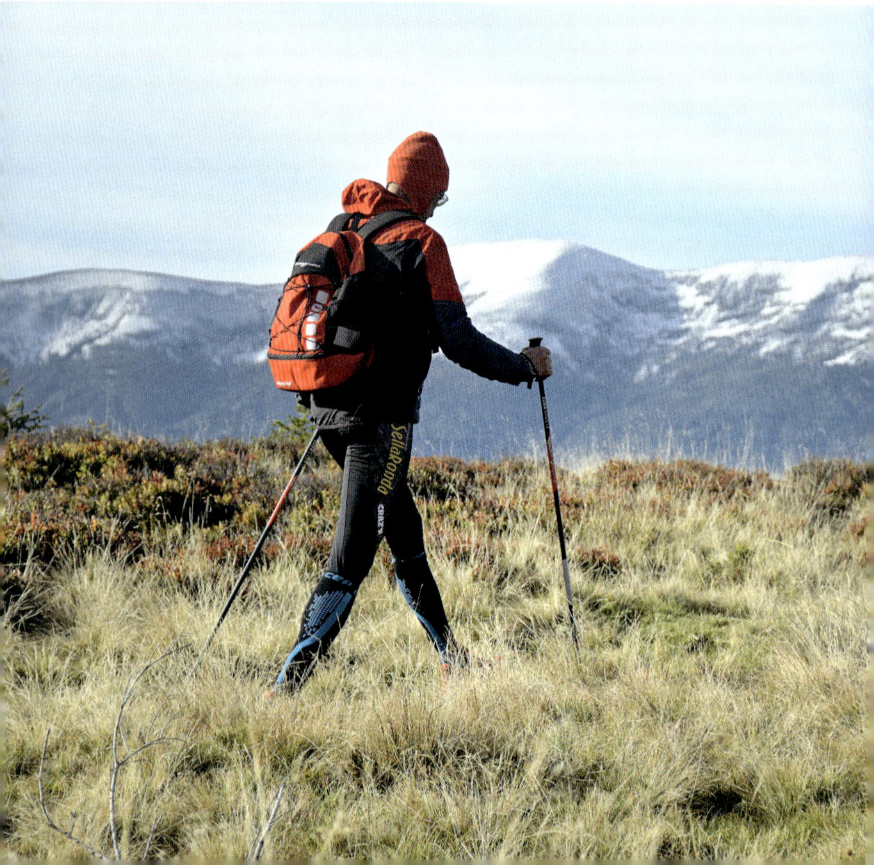

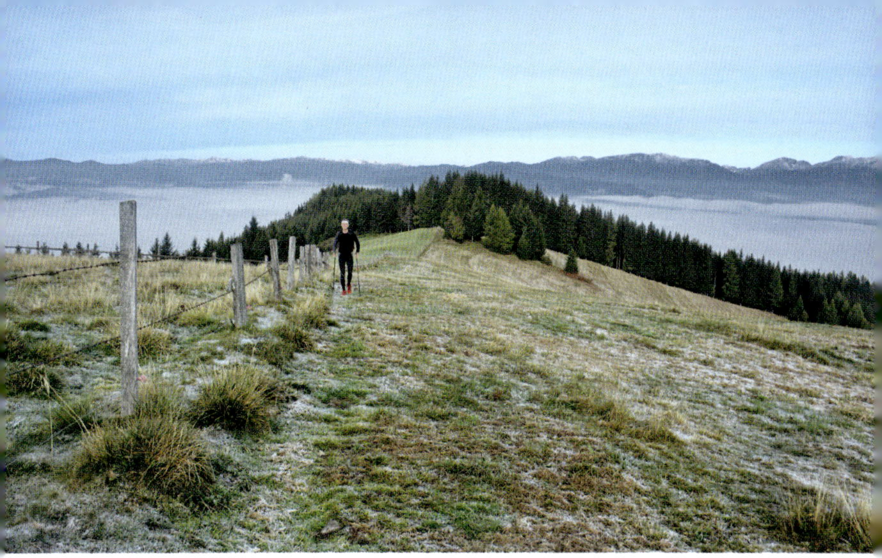

Foto oben: Steinplan – ein herrlicher Aussichtsberg.
Unten: Am Steinplan-Gipfel.

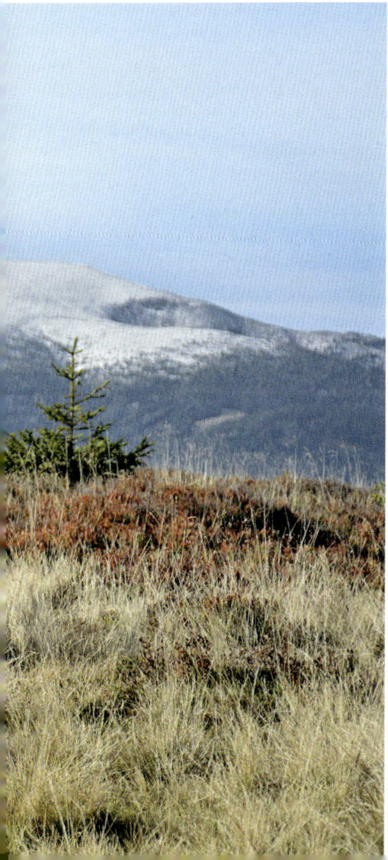

Ausgangspunkt: Parkplatz beim Gasthaus Hoffelner, 626 m, in Knittelfeld-Landschach. Anfahrt von Bruck an der Mur bzw. Judenburg auf der Murtal-Schnellstraße S 36 bis Knittelfeld, von dort auf Stubalpenstraße L 504 bis zur Hausnummer 102.
ÖPNV: Verbund Linie 847 (Knittelfeld – Kleinlobming) bis Knittelfeld, Haltestelle Apfelberg Hangweg, ÖBB-Bahnhof Knittelfeld.
Anforderungen: Langer, aber technisch sehr einfacher Aufstieg durch viele unterschiedliche Waldabschnitte und über ausgedehnte Wiesenflächen.
Abstieg: Von der Schranke, 1500 m, auf Zufahrtsstraße (Forststraße) zum Steinplan-Haus Abfahrt mit Knittelfelder Taxi (Taxi Steiner, Tel. +43 3512 71718; Taxi Karl, Tel. +43 3512 44400; Taxi Jäger, Tel. +43 3512 44833; Anna's Taxi, Tel. +43 3512 20600).
Einkehr: Am Ausgangspunkt Gasthaus Hoffelner (Tel. +43 3512 82402), Steinplan Schutzhaus (Tel. +43 3512 72210).
Karte: f&b WK 212.
Tipp: Der Steinplan kann auch vom hoch gelegenen Bauernhof Oberkamper, 1210 m, Kleinlobming, bestiegen werden.

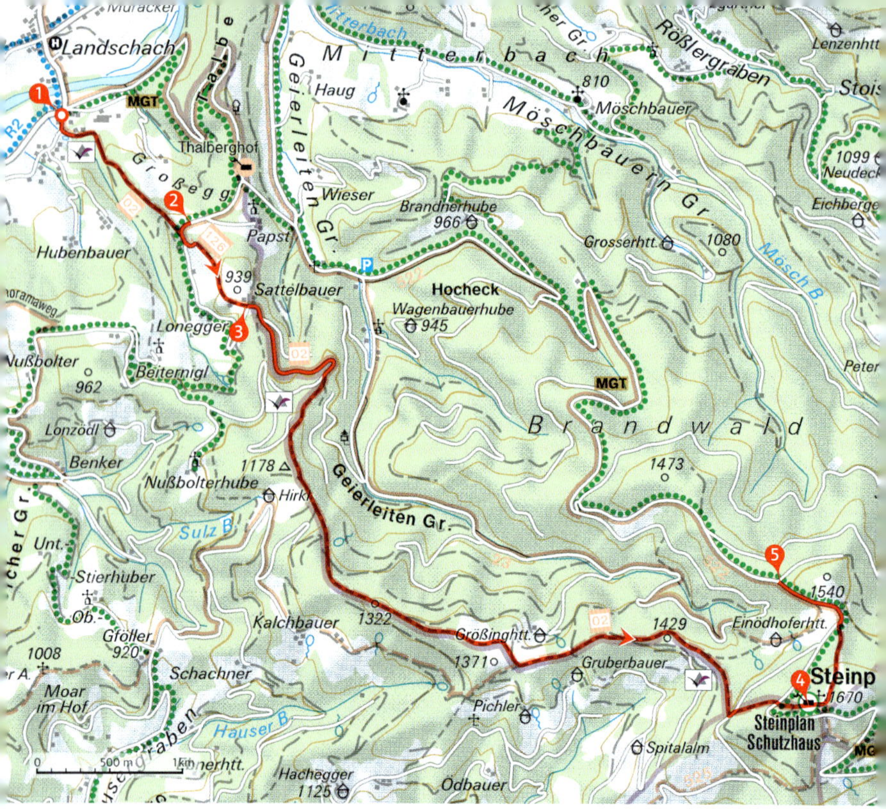

Start zum Aufstieg auf den Knittelfelder Hausberg ist der Parkplatz beim **Gasthof Hofellner ❶**, 626 m. Wir gehen nur ein paar Meter auf der Stubalpenstraße nach Süden und zweigen dann links ab (Wegweiser »Naturfreundehaus Steinplan«). Anfangs ident mit dem Apfelberger Panoramaweg, geht es auf Weg Nr. 02 über die Forststraße bergauf. Bevor wir rechts am Grundstück der auffällig dekorierten Bio-Imkerei vorbeigehen, lohnt der kurze Abstecher von ein paar Metern auf der Forststraße nach links zur Wiese, um bei der **Panoramatafel ❷**, 821 m, den Blick zu den Seckauer Alpen mitzunehmen.

Wieder am Aufstiegsweg verlassen wir bald nach der Bio-Imkerei den Wald und erreichen nach einem lang gezogenen Linksbogen über eine weite, aussichtsreiche Wiese die Gehöftgruppe **Sattelbauer ❸**, 915 m. Von dort geht es auf Fahrweg im lichten Wald bis zum »'s 12er Platzl« (blaues Schild auf Baum), danach entlang der Via Alpina aufwärts. Immer wieder haben wir freie Blicke ins Murtal und zu den angrenzenden Bergen!

Grasüberzogene Forststraßen und Pfade in optisch ganz unterschiedlichen Waldabschnitten wechseln sich ab, und ein Wegstück fällt durch seinen steinigen – trotzdem eleganten – Belag auf. Der Weg auf dem sanften Waldboden tangiert einen opulenten Felsblock und quert zwei weite Wiesenflächen, die ein schönes Panorama vor der Gipfelkuppe des Steinplan mit der kleinen Sendeanlage bieten.

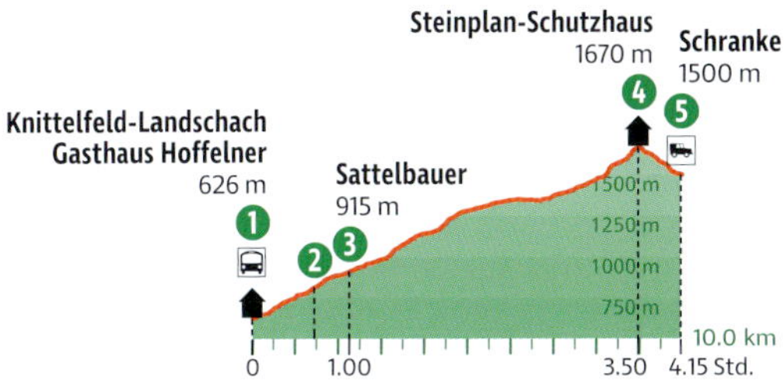

Dann nehmen wir rechts das Papst-Pirschtling-Überstiegl wahr, von dort führt Weg Nr. 22 nach Großlobming. Für uns hat nur der Wegweiser »Naturfreundehaus Steinplan« Bedeutung, und so wandern wir geradeaus eben weiter. Noch immer reicht die Aussicht auf unserer linken Seite weit über die Seckauer Alpen mit Seckauer Zinken, Hochreichart und Geierhaupt hinaus.

Kurz vor dem Gipfel durchqueren wir noch ein schönes Waldstück mit vielen Heidelbeersträuchern, dann öffnet sich das Gelände, und wir sehen bereits aus kurzer Distanz das gemütliche **Steinplan-Schutzhaus**. Neben der **Hütte** 4, 1670 m, steht das Gipfelkreuz; östlich davon schließt sich eine ausgedehnte freie Hochfläche an, die mit ihrer fotogenen Felsgruppe neugierig macht. Herrliches Bergpanorama!

Den Abstieg dirigiert der Wegweiser beim Gipfelkreuz: »Über Forststraße nach Knittelfeld-Gobernitz«. Gemeint ist Weg Nr. 522, über den wir in leichtem Linksbogen in den Wald eintauchen und auf die Zufahrtsstraße (Forststraße) zum Steinplan-Schutzhaus treffen, auf der wir nur mehr bis zur **Schranke** 5, 1500 m, gehen müssen, wo wir in das Taxi einsteigen.

Opulenter Felsblock am Weg.

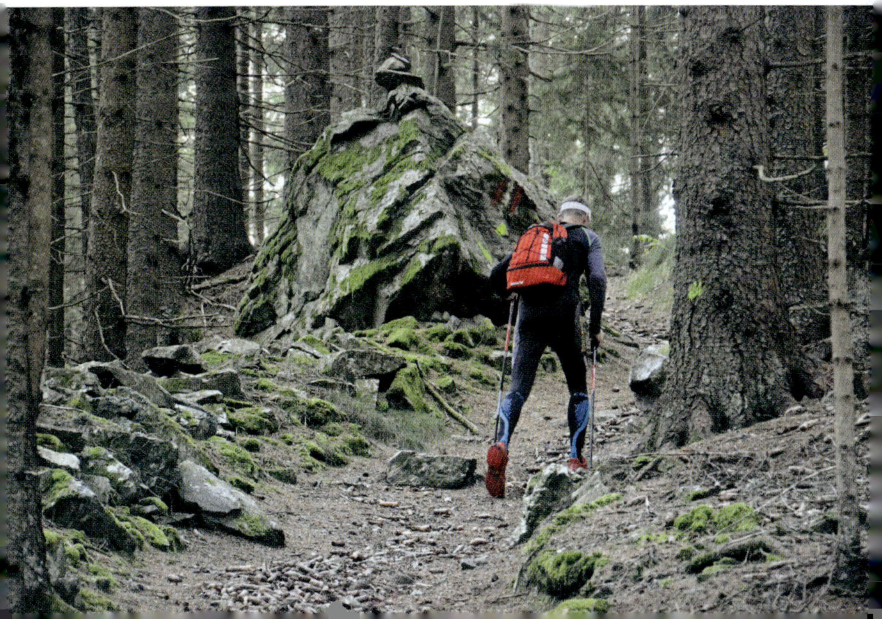

22 Rosenkogel, 1918 m

Über den Sommerriedelweg zum Sommertörl

3.45 Std. | 8,0 km | ↗ 940 m | ↘ 280 m

Südseitiger Anstieg mit Besuch der Maria-Loretto-Kapelle

Die Seckauer Tauern sind der östlichste Teil der Niederen Tauern, und dort steigen wir von St. Oswald-Möderbrugg immer südseitig über den Sommerriedel zum Rosenkogel hinauf. Unter einem Riedel versteht man einen schmalen, lang gestreckten, flachen Geländerücken zwischen zwei Tälern; das Deutsche Wörterbuch der Brüder Grimm sieht die Bedeutung von »Bergrücken, Erhöhung im Terrain« vor. Schon die ersten Gehminuten durch die weiten, harmonischen Wiesenflächen und der Rückblick auf die zweischiffige spätgotische Pfarrkirche von St. Oswald-Möderbrugg, die um 1470 erbaut wurde, beglücken! Dann geht es vorübergehend recht steil bergauf; auf dem Weg mit bald viel Aussicht dominiert das Massiv der Seetaler Alpen das Panorama, und der Zirbitzkogel sticht hervor. Einem Riedel entsprechend ist unser Aufstieg lang gezogen; er führt auch über weniger steiles und mitunter sogar lieblich grasiges Terrain. Schließlich wird alles von der Rundumsicht am Gipfel des Rosenkogels übertroffen, denn die Berglandschaft, die wir sehen können, ist umwerfend! Vom großen Gipfelkreuz steigen wir in wenigen Minuten zur Kapelle Maria Loretto hinunter, die im Jahr 1935 am Ort einer im Ersten Weltkrieg durch Blitzschlag niedergebrannten Kapelle errichtet wurde, und wandern danach auf einem schönen Almweg zum hoch gelegenen Ziel beim Sommertörl.

Pfarrkirche von St. Oswald-Möderbrugg.

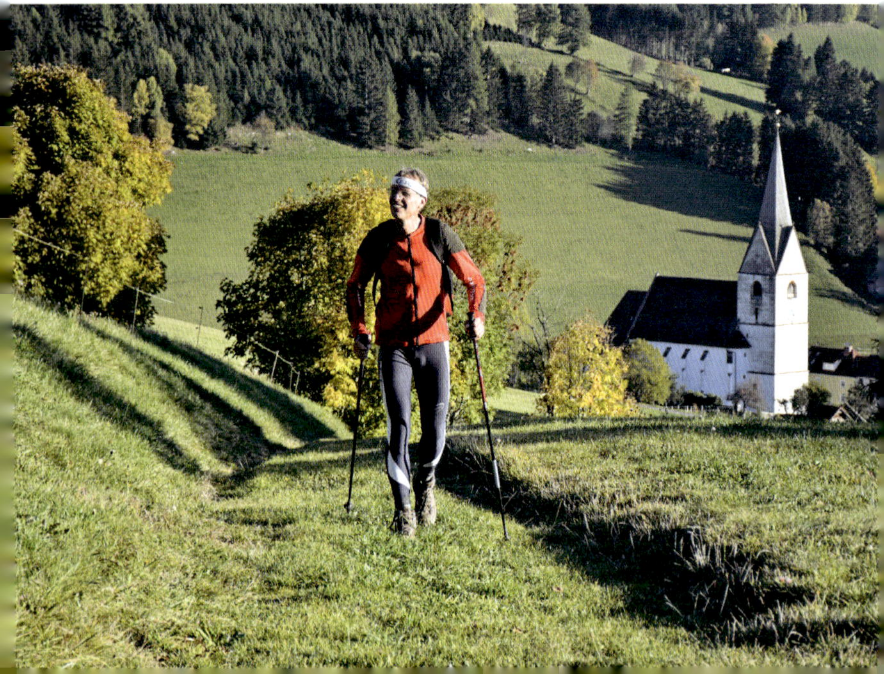

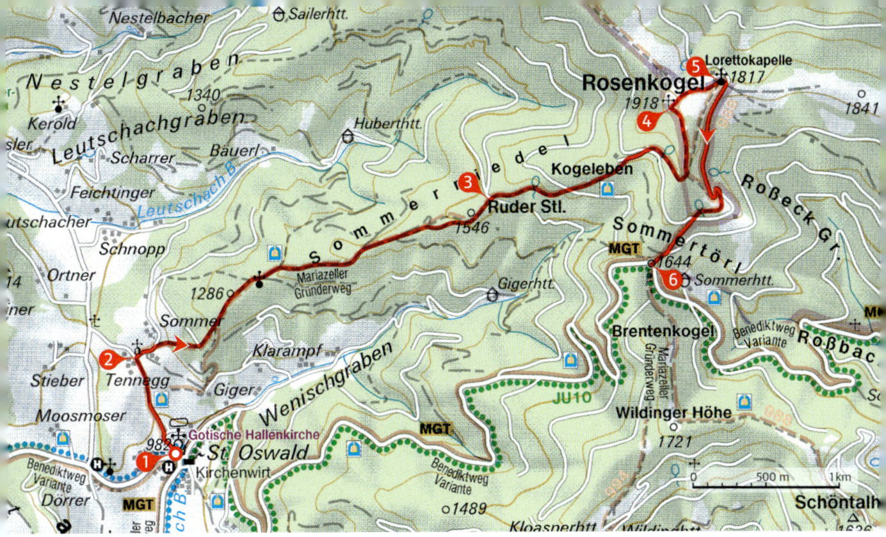

Ausgangspunkt: Parkplatz zwischen Feuerwehrhaus und Gasthaus Holzmann (Kirchenwirt) im Ortszentrum von St. Oswald-Möderbrugg, 982 m. Anfahrt von Judenburg bzw. Trieben auf der Triebener Straße B 114, dort Abzweigung nach St. Oswald-Möderbrugg, danach noch ca. 2 km.
ÖPNV: Verbund Linie 871 (Judenburg – Trieben) bis St. Oswald-Möderbrugg, Haltestelle St. Oswald bei Oberzeiring, Ort.
Anforderungen: Im unteren Abschnitt steiler Waldabschnitt, danach mäßig steile Forststraßen und gut strukturierte Steige. Abstieg zur Kapelle Maria Loretto kurz steil, danach sanfter Forstweg zum Sommertörl.
Abstieg: Taxifahrt vom Sommertörl, 1644 m, zum Ausgangspunkt (Taxi Neissl, Oberzeiring, Tel. +43 676 4414 334 oder +43 3571 2327).
Einkehr: Keine während der Tour; beim Ausgangspunkt Gasthaus Holzmann (Kirchenwirt; www.gasthof-holzmann.at).
Karte: f&b WK 212.
Tipp: Der Rosenkogel kann auch direkt vom Sommertörl auf zwei verschiedenen Wegen bestiegen werden.

Beim **Gasthaus Holzmann (Kirchenwirt)** ❶, 982 m, versorgt uns der Wegweiser »Rosenkogel über Sommerriedlweg 3 h« mit der notwendigen Information, und wir steigen auf dem markierten Weg Nr. 1 auf schmalem Asphaltband zwischen ausgedehnten Wiesen bergauf. Wo der Asphalt endet, gehen wir im seichten Graben geradeaus weiter zum **Tenegger-Hof** ❷, 1047 m, und zweigen knapp danach rechts ab.

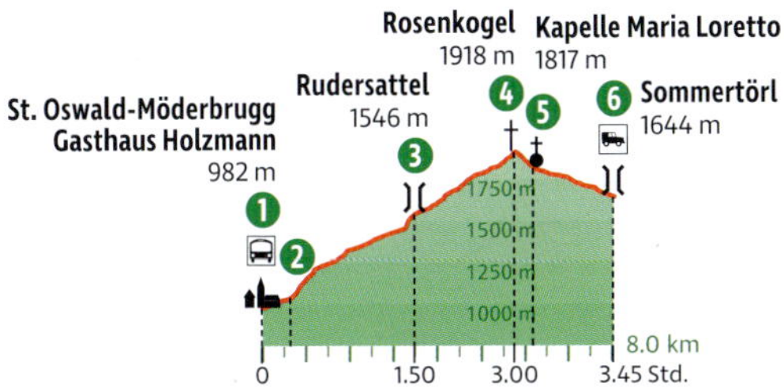

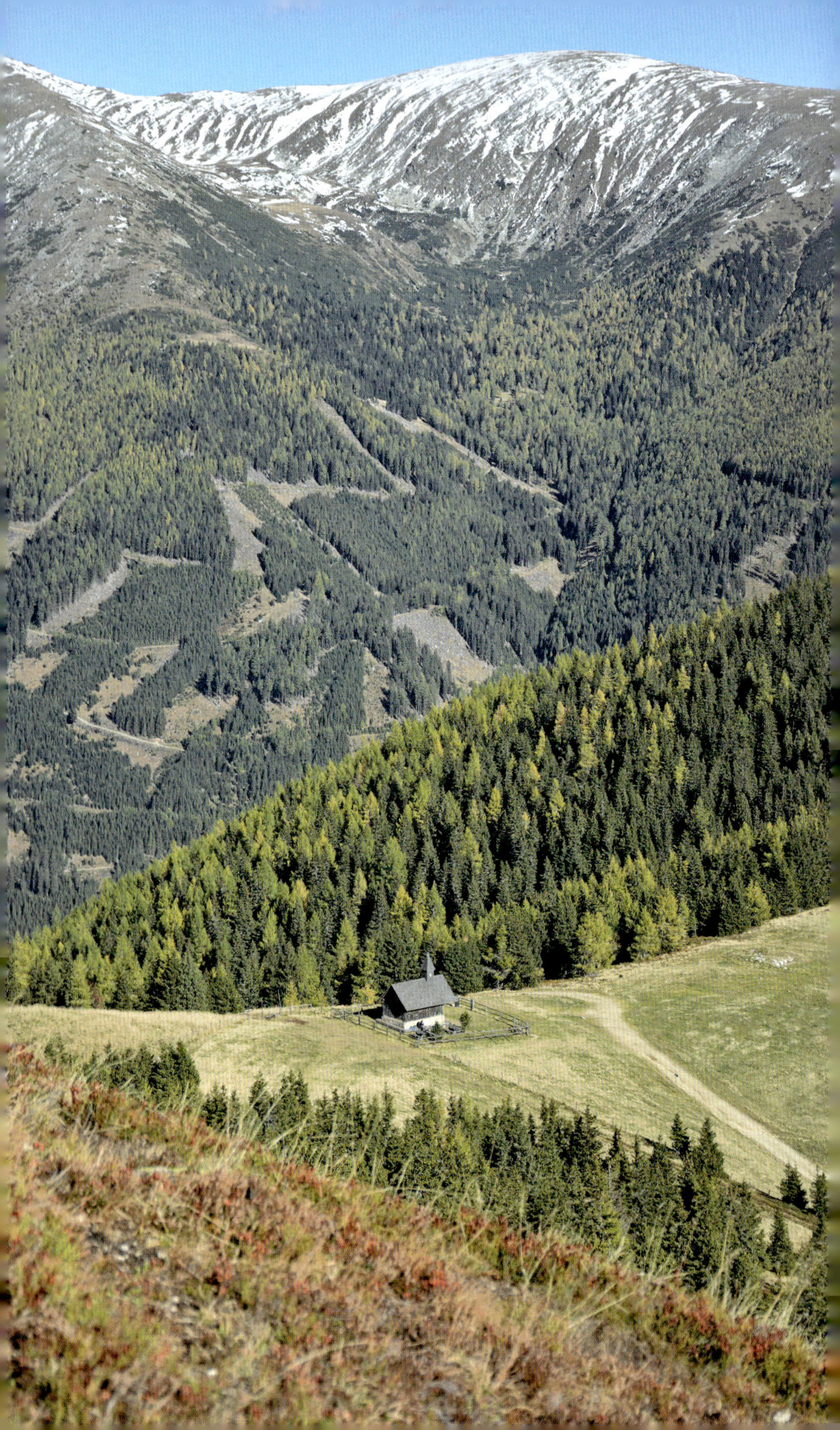

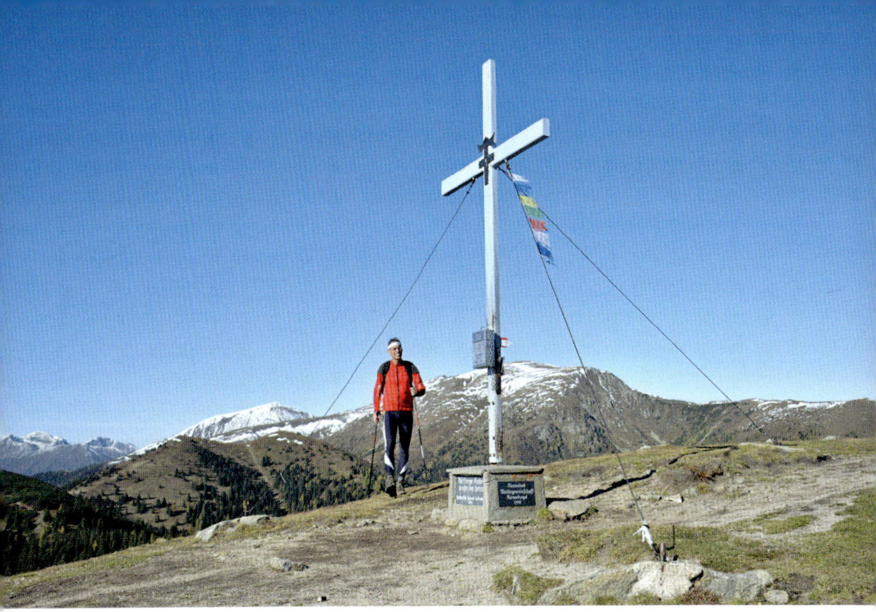

Rosenkogel-Gipfelkreuz.

Es geht nun auf kurzem grasbewachsenem Forststraßenstück – links herrliche Sicht über die weiten Wiesen – bergauf, dann rechts in den schmalen Steig, der steil bergauf führt und von mehreren Kreuzwegstationen begleitet wird. Bei Kreuzwegstation 15 steht eine kleine Kapelle, 1290 m, danach nimmt die Steigung vorübergehend ab. Der Pfad, der uns zwischendurch bei den sanften, grasigen Abschnitten besonders wohltut, gibt uns bald viel Aussicht. Der Zirbitzkogel sowie die Bergregion um die Windräder des Windparks Oberzeiring fallen besonders ins Auge.

Beim **Rudersattel ❸**, 1546 m, folgen wir dem schön geschnitzten Holzpfeil »Rosenkogel« auf die Forststraße; ein paar Hundert Meter danach sprudelt eine kleine Quelle – mit Trinkbecher – links am Wegrand. Der Weg zieht gut angelegt an einem hölzernen Drehkreuz vorbei und mündet in den rechts vom Sommertörl heraufziehenden Weg Nr. 988a. Nun links weiter (Wegweiser) bis zum baumfreien Gipfel mit schönem **Gipfelkreuz ❹**, 1918 m, und prächtiger Aussicht. Die für diese Region typische Hochgebirgslandschaft zeichnet sich durch steile und mächtige, aber oft kaum von Felswänden durchsetzte Berggestalten aus.

Der Abstieg bringt uns über den sanften Bergrücken zur gut sichtbaren **Kapelle Maria Loretto ❺**, 1817 m, die mit der Berggestalt des Pletzen, 2345 m, im Hintergrund ein besonders schönes Motiv abgibt. Von der Kapelle geht es gut markiert und sehr einfach – vorbei an einer Holztränke mit erfrischendem Quellwasser – auf Weg Nr. 988 hinunter zum hoch gelegenen **Sommertörl ❻**, 1644 m, welches das Pölstal und das Seckauer Becken als befahrbarer Alpenpass verbindet.

Zurück ins Tal geht es mit dem Taxi.

Blick vom Rosenkogel zur Kapelle Maria Loretto.

23 Hoher Zinken, 2222 m

Pittoreske Tanzstattkapelle und ein See

3.15 Std. | 8,5 km | ↗ 640 m | ↘ 250 m

Panoramatour im Lachtal mit Almanstieg und zwei Gipfelkreuzen

Die Berge um das Lachtal bei Oberwölz sind gekennzeichnet durch lang gezogene, sanft ansteigende Hänge und Bergrücken, dünnlagige braungraue Wölzer Glimmerschiefer, Zwergstrauchheiden und saftige Almen, auf denen das Almvieh weidet. Im Frühsommer begeistert das Meer der blühenden Alpenblumen! Unsere Tour beginnt bereits oberhalb der Baumgrenze und führt uns zuerst gemütlich über den Südosthang der Zinkenschlucht zur kleinen hölzernen Tanzstattkapelle hinauf, die im religiösen und Brauchtumsleben der Umgebung eine spezielle Bedeutung einnimmt und ein äußert beliebtes Fotomotiv ist. Die Kapelle ist der Heiligen Anna, der Mutter der Gottesmutter Maria, geweiht. Dann geht es am fotogenen Speichersee, der der Landschaft eine ganz besondere Note gibt, vorbei und über einen sanften Wiesenhang zum Gipfelkreuz des Kleinen Zinken. Der kleine Bruder des Hohen Zinken putzt sich mit ein paar Felsen am Haupt recht nett alpin heraus. Von dort steigen wir bei noch besserer Aussicht immer der Kammlinie folgend hinauf zum Hohen Zinken. Vom panoramareichen Gipfelplateau aus ist der einfache Abstieg zum Tourende bei der Bergstation der 6er-Sesselbahn klar vorgegeben.

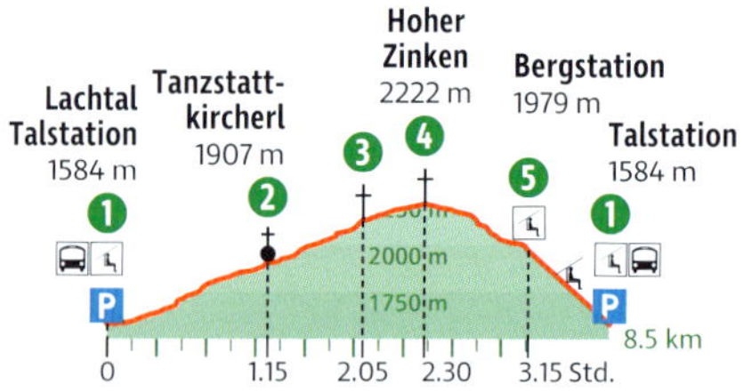

Lachtal-Speichersee.

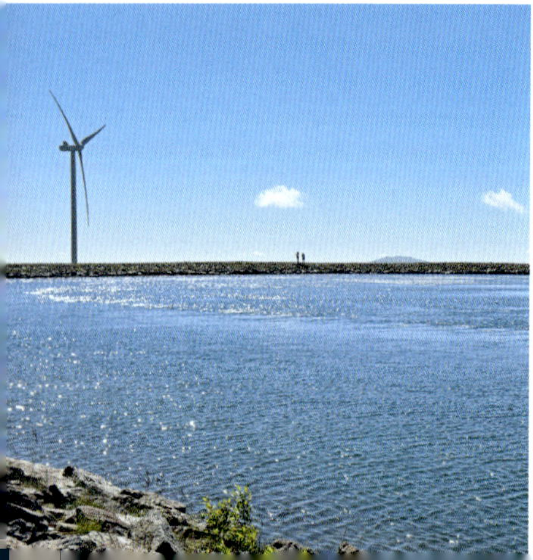

Ausgangspunkt: Parkplatz bei der Talstation der Lachtal-Sesselbahn, 1584 m, (www.lachtal.at, Tel. +43 3587 2030). Anfahrt von Judenburg bzw. Trieben über die Triebener Straße B 114, dort Richtung Oberzeiring/Lachtal abbiegen.
ÖPNV: Verbund Linie 891 (Oberwölz – Scheifling) bis Lachtal, Haltestelle Sesselbahn-Talstation.
Anforderungen: Einfache Wanderung im Almgebiet.
Abstieg: Abfahrt ab Sessellift-Bergstation, 1979 m.
Einkehr: Lachtalhaus (www.lachtalhaus.eu), Alpengasthof Tanzstatt (Tel. +43 664 3964596).
Karte: f&b WK 203.

Wir beginnen die Tour beim Parkplatz der **Sessellift-Talstation** ❶, 1584 m, gehen auf der Straße (Weg Nr. 958) bis zur ersten Rechtskehre hinauf und biegen dort links ab. Vorbei am Alpengasthof Tanzstatt und

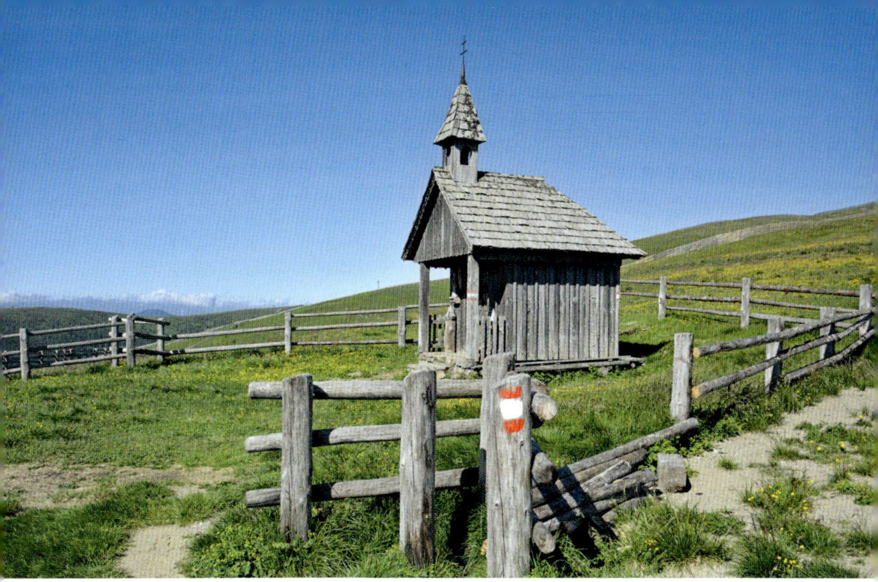

Tanzstattkapelle.

am Sissipark (Apartments) erreichen wir einen Almweg, der uns zur **Tanzstattkapelle ❷**, 1907 m, führt.

Von dort wandern wir auf Weg Nr. 958 Richtung »Zinken, Schießeck« und sollten auch den Umweg am Ufer des **Speichersees**, 1950 m, machen, denn das Blau des Wassers ergibt mit dem Grün der nahen sanften Hänge und den entfernt aufragenden Bergspitzen ein kontrastreiches Bild! Der gutmütige Boden erlaubt, dass wir auch direkt über den Bergrücken zum etwas rechts der markierten Route liegenden **Kleinen Zinken ❸**, 2135 m, aufsteigen können; dort entzücken die kleine Felszenerie und ein nettes Gipfelkreuz.

Vom Kleinen Zinken steigen wir nach links in den Sattel hinab und gelangen, immer dem Panoramaweg folgend, zum **Hohen Zinken ❹**, 2222 m, mit stattlichem Gipfelkreuz. Die hoch gelegenen Almflächen sind von schwach ausgeprägten Gesteinsrippen und etwas Blockgestein durchzogen und vermitteln dadurch ein bisschen Rauheit, was der an-

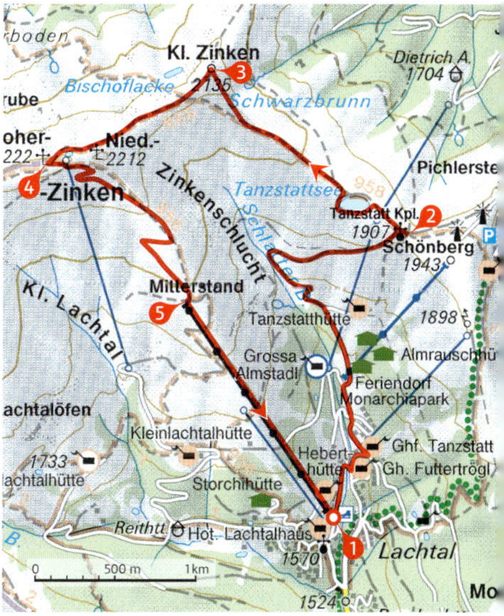

sonsten gutmütigen Landschaft zusätzlichen Reiz verleiht.

Vom Hohen Zinken führt der Abstieg auf breitem Weg zur gut sichtbaren **Sessellift-Bergstation ❺**, 1979 m; mit dem Sessellift geht es zurück ins **Tal ❶**.

24 Schießeck, 2275 m

Rossalm, »Schratt-Ofen« und 4 (!) Gipfelkreuze

TOP | 4.30 Std. | 12,9 km | ↗ 810 m | ↘ 420 m

Sanfte, lang gezogene Tour an der Lachtal-Westbegrenzung
Diese aussichtsreiche Wanderung in den südlichen Wölzer Tauern führt uns vom Lachtal, der Heimat von Super-G-Weltmeisterin Nicole Schmidhofer, auf das Schießeck, den höchsten Gipfel der Region. Er überragt den östlich davon gelegenen Großen Zinken noch um 53 Meter. Wir steigen zuerst durch Lärchen, Fichten und Almrauschstauden auf die Rossalm und danach auf dem nur leicht ansteigenden Bergrücken, der das Große Lachtal im Westen mit seiner schönen Form begrenzt, zum Schießeck. Die auffälligen dunklen Felsblöcke um den Knappenstein (»Schrätt-Ofen«) überraschen als einzige nennenswerte Felsstruktur auf dem sonst so sanften, freien Almrücken, der von zartem Gras und Zwergstraucheiden bewachsen ist. Für die Herkunft des Wortes »Ofen« gibt es unterschiedliche Erklärungen. So meint man etwa, dass sich der Name von steingemauerten (Back-)Öfen ableitet, die in Bauernhöfen wegen der Feuersgefahr getrennt von den anderen Gebäuden aufgestellt waren, oder dass solche Felsen im Almgebiet wind- und regensichere Stellen zur Entzündung von Lagerfeuern boten. Trotz der vielen »Steilwände« kann das kleine Gipfelkreuz am Knappenstein auch leicht erklettert werden. Viel imposanter ist dann das stolze Gipfelkreuz am Schießeck! Der einfache Abstieg führt uns in die Grillerlucke, von dort am Bergrücken zum Großen Zinken und schließlich über einen breiten Weg zur gut sichtbaren Sessellift-Bergstation.

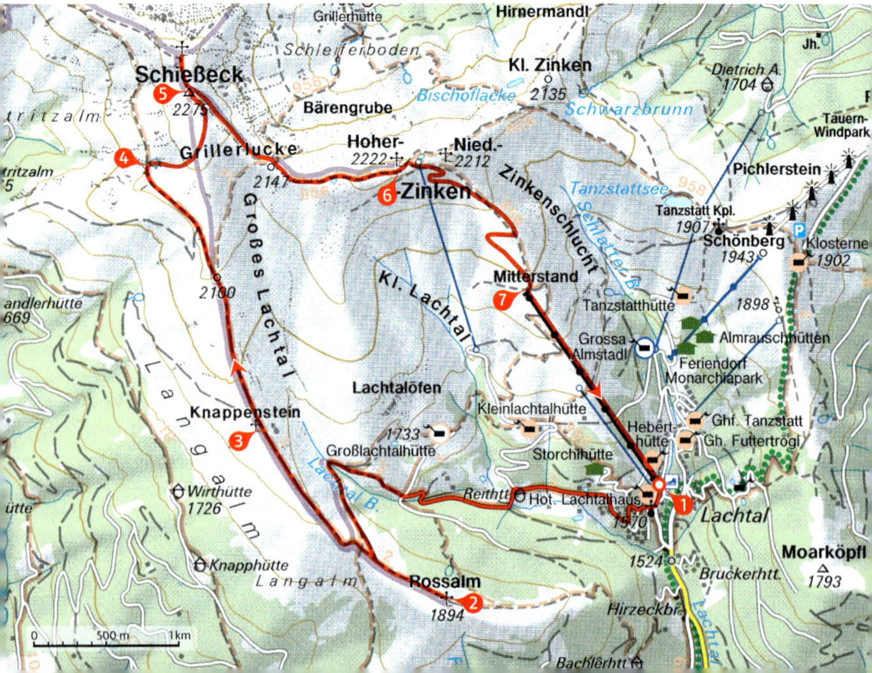

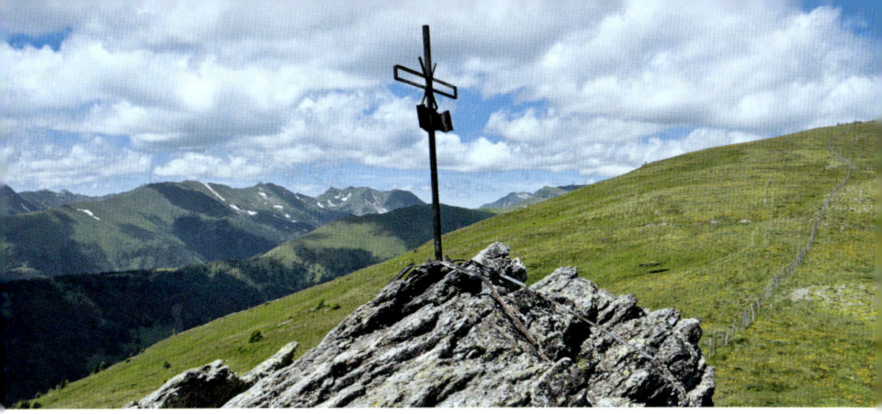

Knappenstein (Schratt-Ofen).

Ausgangspunkt: Parkplatz bei der Talstation der Lachtal-6er-Sesselbahn, 1584 m (www.lachtal.at, Tel. +43 3587 2030). Anfahrt von Judenburg bzw. Trieben über die Triebener Straße B 114, dort Richtung Oberzeiring/Lachtal abbiegen.
ÖPNV: Verbund Linie 891 (Oberwölz – Scheifling) bis Lachtal, Haltestelle Sesselbahn Talstation.
Anforderungen: Einfache, aber recht lange Wanderung im Almgebiet; Schlussanstieg auf Schießeck kurz unmarkiert, Orientierung problemlos.
Abstieg: Abfahrt ab Sessellift Bergstation, 1979 m.
Einkehr: Lachtalhaus (www.lachtalhaus.eu), Alpengasthof Tanzstatt (Tel. +43 664 3964596).
Karte: f&b WK 203.
Tipp: Man kann bei der Wegteilung, 2100 m, nach dem Knappenstein direkt über die Grillerlucke – ohne Schießeck – zum Hohen Zinken aufsteigen.

Schießeck.

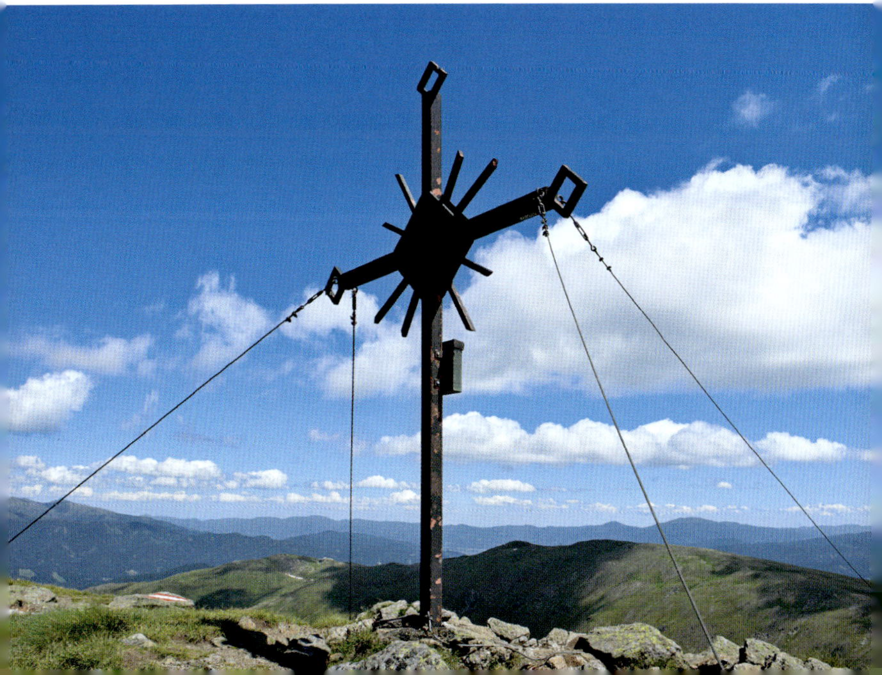

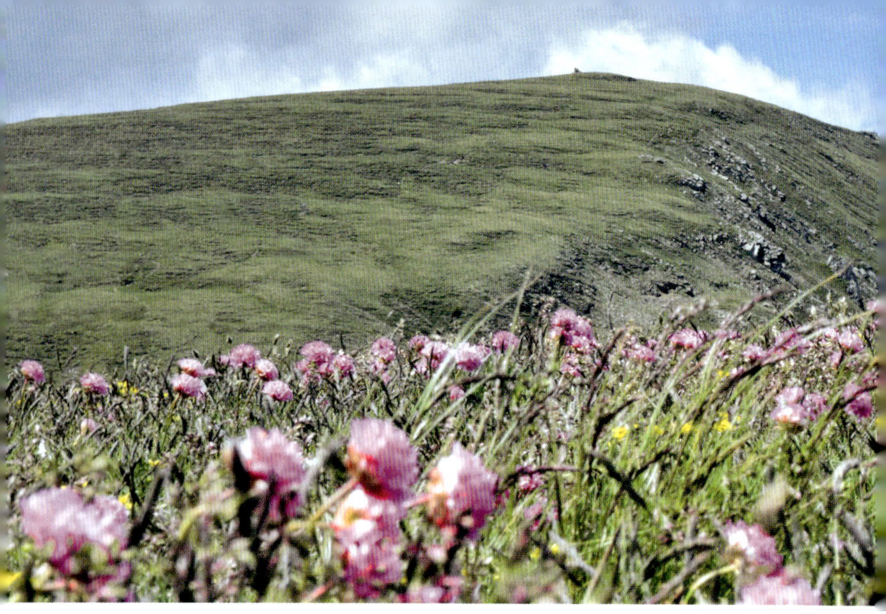

Blumenpracht vor dem Schießeck (Doppelgipfel).

Unsere Tour beginnt beim **Parkplatz** der **Sesselbahn-Talstation ①**, 1584 m. Wir gehen ein paar Meter auf der Straße hinunter, biegen dann rechts ab und folgen dem Hinweis zur Großlachtalhütte. Beim Wegweiser »Lachtal Abzwg. Rossalpe«, 1585 m, marschieren wir Richtung Kleinlachtalhütte weiter. Nach der Reithütte überqueren wir den Lachtalbach und folgen rechts dem bald steiler werdenden Fahrweg.

Nach einer Rechtskehre und noch deutlich vor der Großlachtalhütte, 1733 m, sehen wir auf der linken Straßenseite einen Zaundurchlass (Markierung). Dort beginnt ein wunderschöner, aussichtsreicher Wiesensteig, der uns weiter oben zu einer Holzbrücke über den Lachtalbach führt (zu dieser Brücke gelangt man auch, wenn man bis zur Großlachtalhütte auf der Forststraße bleibt und sich danach links hält). Wir überqueren das Bachbett, steigen in südwestlicher Richtung in lichter werdendem Gelände zur **Rossalm** auf (Wegweiser »Sattel Rossalpe, 1869 m«) und erreichen bald das große **Gipfelkreuz ②**, 1894 m.

Nach dieser netten Ouvertüre marschieren wir die wenigen Meter zurück zum letzten Wegweiser und dann immer am breiten, langen Höhenrücken am linken Rand des Großen Lachtals bergauf. Die auffällige

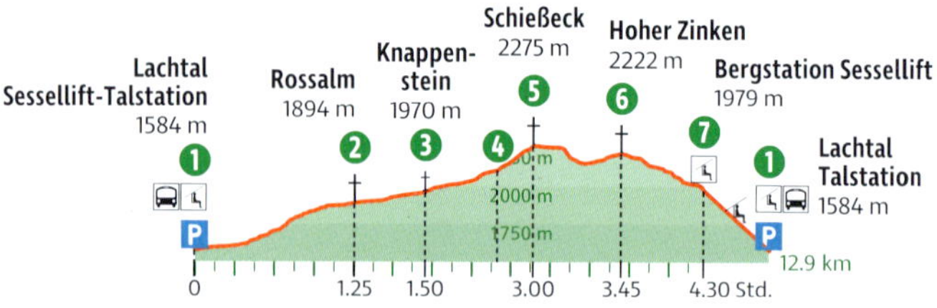

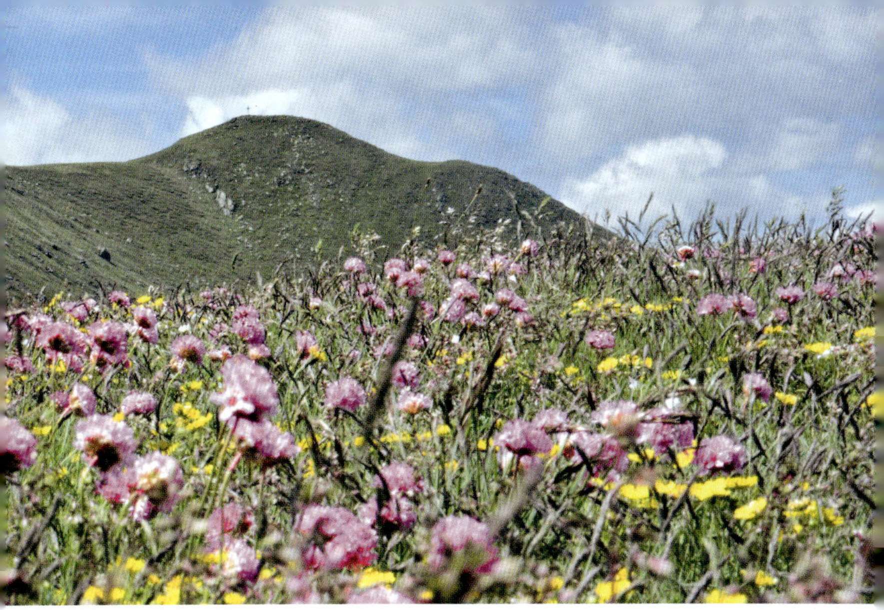

Felsformation des **Knappensteins ❸**, 1970 m (Kreuz mit Inschrift »Schratt-Ofen«), lädt zum Kraxeln ein. Bald nach den Felsen, auf 2100 m Höhe, teilt sich der Weg. Wir halten uns dort nicht halb rechts zur Grillerlucke (natürlich kann man das Schießeck auch über den markierten Weg über die Grillerlucke besteigen!), sondern gehen halb links weiter Richtung Plättentaljoch. Der flache Wirtschaftsweg leitet uns zu einer **Privathütte mit Teich ❹**, 2111 m.
Unmittelbar vor der Hütte beginnt unser Gipfelanstieg in einer weglosen Schleife über die grasige Südflanke: Wir biegen vom Wirtschaftsweg rechts in den Hang ab, halten uns immer auf der linken Seite des Stacheldrahtzauns, stoßen so direkt auf den von der Grillerlucke heraufziehenden Weg Nr. 956 und erreichen auf diesem das **Schießeck ❺**, 2275 m. Das schöne **Gipfelkreuz** steht am fast gleich hohen nördlich gelegenen Kulminationspunkt.
Unser Abstieg bringt uns über den markierten Pfad in die **Grillerlucke**, 2147 m, und von dort leicht ansteigend auf den **Hohen Zinken ❻**, 2222 m. Sehr schöner Rückblick zum Schießeck! Vom Hohen Zinken führt der weitere Abstieg auf breitem Weg zur gut sichtbaren **Sessellift-Bergstation ❼**, 1979 m; mit dem Sessellift geht es zurück ins **Tal ❶**.

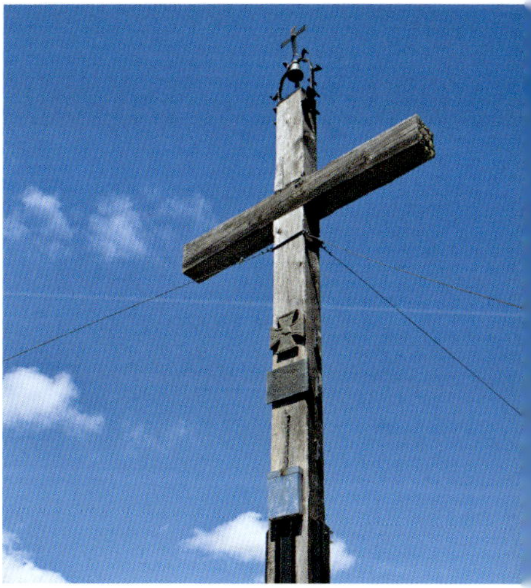

Hoher Zinken.

25 Großer Scheibelsee und Hauseck, 1982 m

Rundtour bei den Seen der Edelrautehütte

2.00 Std. | 4,6 km | ↗350 m | ↘350 m

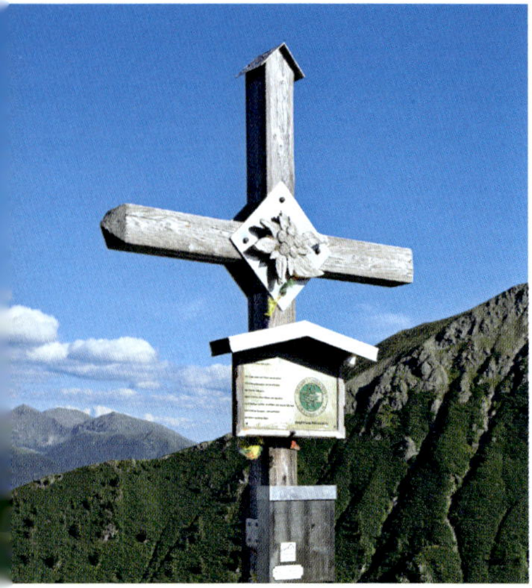

Hauseck.

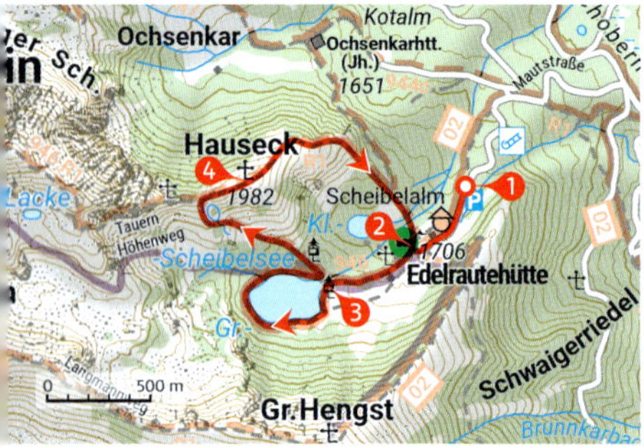

Gesäuse-Panorama inbegriffen! *Wir erreichen die auf einem Moränenhügel am Ufer des Kleinen Scheibelsees gelegene Edelrautehütte bei Hohentauern zu Fuß vom nahe gelegenen Parkplatz am Ende der fünf Kilometer langen Mautstraße über die unter Denkmalschutz stehende Scheibelalm, 1685 m. Im Nahbereich der Edelrautehütte, die 1926 erbaut wurde und von uralten Zirbenbeständen umgeben ist, befindet sich der der gut mit Forellen und Saiblingen besetzte Große Scheibelsee, den wir an seinem etwa ein Kilometer langen Ufer auf originell angelegten Stegen umrunden. Der Weg ist flankiert von prächtigen alten, wetterfesten Zirben. Danach steigen wir über eine kurze Steilstufe auf das Hauseck. Längst ist klar, dass der steil aufragende Kessel, der vom Kleinen und Großen Bösenstein sowie vom Großen Hengst gebildet wird, ein Naturjuwel dieser Gegend ist! Die Tiefblicke auf die beiden farbintensiven Scheibelseen sowie die Fernblicke zur gegenüberliegenden Admonter Reichensteingruppe und ins Gesäuse verleihen der Hauseck-Überschreitung schließlich das i-Tüpfelchen.*

Ausgangspunkt: Parkplatz am Ende der 5 km langen Edelrautestraße, 1656 m (Maut). Anfahrt von Judenburg bzw. Trieben über die Triebener Straße B 114, in Hohentauern abbiegen, danach noch ca. 7 km bis zur Mautstraße.
ÖPNV: Verbund Linie 871 (Judenburg – Trieben) bis Hohentauern, Haltestelle Hohentauern Ort; von dort bis zum Beginn der Mautstraße 1,7 km.
Anforderungen: Einfache Wanderung bis zum Großen Scheibelsee, Hauseck: steiler Auf- und Abstieg.
Einkehr: Edelrautehütte (www.edelrautehuette.com), Almwirtschaft Scheibelalm.
Karte: f&b WK 203 oder WK 0062.
Tipp: Verlängerung der Tour um Aufstieg ab Parkplatz Mautstelle, 1245 m; Abfahrt vom Ende der Edelrautestraße, 1656 m, mit Taxi (Taxi Kandler, Hohentauern, Tel. +43 664 3122333).

Los geht's beim Parkplatz am Ende der **Mautstraße** ❶, 1656 m, von wo wir über einen angenehmen Steig oder die parallel dazu verlaufende Zufahrtsstraße an der Scheibelalm, 1685 m, vorbei rasch zur **Edelrautehütte** ❷, 1706 m, gelangen. Von dort marschieren wir auf nettem Waldsteig (Weg Nr. 946) und über einige Stufen im bildhübschen Waldstück zum **Großen Scheibelsee** ❸, 1740 m, den wir in der Folge über liebevoll gestaltete Stege und Brücken umrunden. Es ist schwer zu sagen, von welcher Stelle aus sich der See von seiner schönsten Seite zeigt, denn alle Perspektiven sind großartig!
Nach dem Seerundgang steigen wir teilweise recht steil auf dem markierten Weg Richtung Großer Bösenstein, 2448 m, auf. Im Frühsommer blüht auf den Hängen Almrausch. Großer Bösenstein, Scheibelsee und die zu ihm wild abfallenden Flanken des Großen Hengst wirken wie Magnete in diesem natürlichen Felskessel und schenken Top-Motive! Besonders krass ist der vom Großen Hengst zum tief gelegenen Almboden hinabziehende Kammverlauf, der sich als messerscharfe Linie präsentiert und dem Nacken eines stolzen Pferdes gleicht. Ob der Große Hengst daher seinen Namen hat? Unsere gut strukturierte Steilstufe endet abrupt auf einer Anhöhe mit gewaltiger Aussicht. Links geht es zum Großen Bösenstein, wir halten uns aber rechts und wandern fast eben zum **Hauseck** ❹, 1982 m, das von einem prächtigen Kreuz geschmückt wird. Beeindruckender Blick zu den Gesäusebergen!
Der Abstieg führt auf der Nordostseite über einen steilen Rasenkamm in den Talboden hinab. Edelrautehütte, Scheibelalm und beide Scheibelseen schieben sich wunderschön in unser Blickfeld. Unsere Runde schließt sich nach einem kurzen Waldstück bei der Edelrautehütte. Von dort marschieren wir entweder auf der Zufahrtsstraße oder auf dem parallel dazu verlaufenden Steig zurück zum **Parkplatz** ❶.

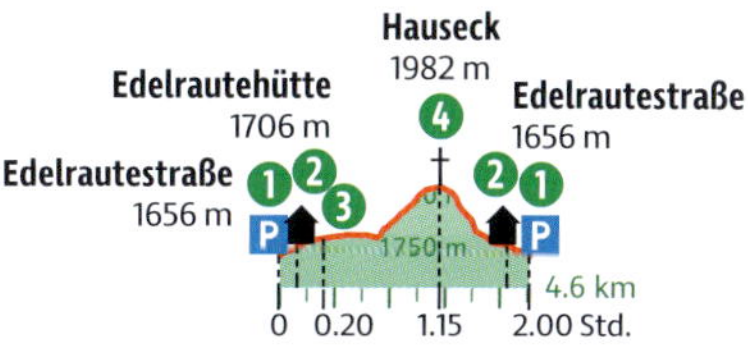

Blick vom Hauseck zum Kleinen Scheibelsee.

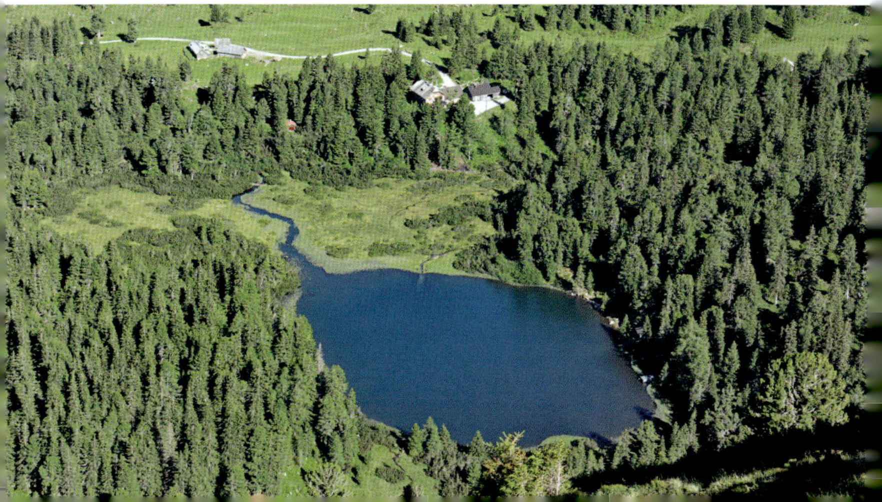

26 Mahdfeld-Runde und Sölkpass, 1788 m

Winkleralm und Kaltenbachalm

2.45 Std. | 6,2 km | ↗ 560 m | ↘ 260 m

Alm-Rundweg mit feiner Bergkulisse und ein Alpenpass als Zugabe

Das Mahdfeld ist ein traumhaft gelegenes Hochkar knapp über der Baumgrenze im Naturpark Sölktäler. Die ausgedehnten, formschönen Bergflanken, an denen wir entlangwandern, beeindrucken genauso wie die Lage der entzückenden Mahdfeldhütte, die auf dem wohl schönsten Platz in der Umgebung errichtet wurde. Kammkarlspitz, Schafdach, Hochstubofen und Hornfeldspitze nordöstlich des Sölkpasses sowie Nageleck, Deneck und Mittereck südwestlich davon reizen als auffällige Erscheinungen und sind die optischen Delikatessen, die diese charmante Wanderung garnieren! Die Fortsetzung der Tour von der Winkleralmkehre über den Römerweg zum Sölkpass ist die logische Folge, um all die natürlichen Schönheiten auch noch aus einem anderen Blickwinkel wirken lassen zu können. Vorbei an der hübsch gelegenen Kaltenbachalm geht es hinauf zum höchsten Alpenpass der Steiermark, einem Naturjuwel, das sich durch Ursprünglichkeit und Vielfalt hervorhebt.

Ausgangspunkt: Parkplatz bei Erzherzog-Johann-Hütte, 1490 m, im Sölktal nördlich des Sölkpasses. Anfahrt von Gröbming bzw. Murau über die Sölkpassstraße L704 bis Winkleralmkehre.
ÖPNV: Verbund Linie 945 (Schöder – Gröbming) in Kombination mit Tälerbus Sölktäler während der Sommerferien (Tel. Naturpark Sölktäler: +43 677 64412492).
Anforderungen: Durchwegs leichte Tour; kurze Steigung nach der Winkleralm, sonst angenehmer Almweg.
Abstieg: Da der Bus vom Sölkpass, 1788 m, vormittags nur um 8.18 Uhr zur Haltestelle bei der Erzherzog-Johann-Hütte fährt (nur Mo–Fr), muss man rechtzeitig am Parkplatz auf der Passhöhe sein, um mit dem Bus zum Tourstart zu gelangen. Für mehr Flexibilität empfiehlt es sich, ein Fahrrad am Sölkpass abzustellen oder Autostopp zwischen Sölkpass und Erzherzog-Johann-Hütte zu machen (in den Sommermonaten relativ einfach, da die Sölkpassstraße eine sehr beliebte Touristenstraße ist). Alternativ: Mahdfeld-Runde ohne Sölkpass oder Bustransfer ab Sölkpass um 18.18 Uhr.
Einkehr: Erzherzog-Johann-Hütte (www.erzherzog-johann-huette.eu), Winkleralm (Tel. +43 664 88454020), Kaltenbachalm (Tel. +43 664 3224665).
Karte: f&b WK 203.

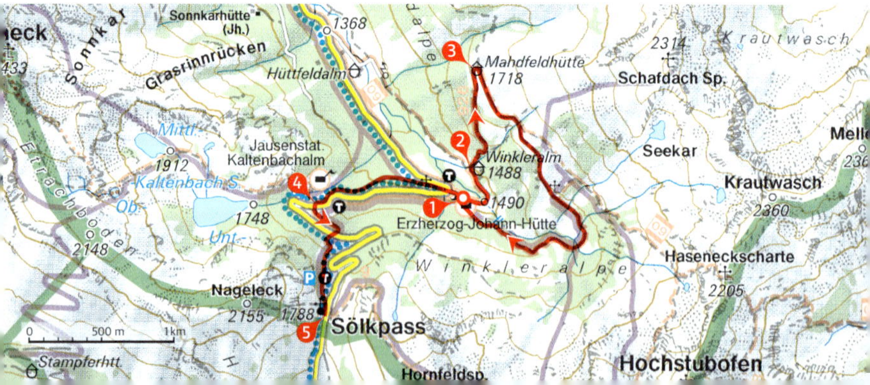

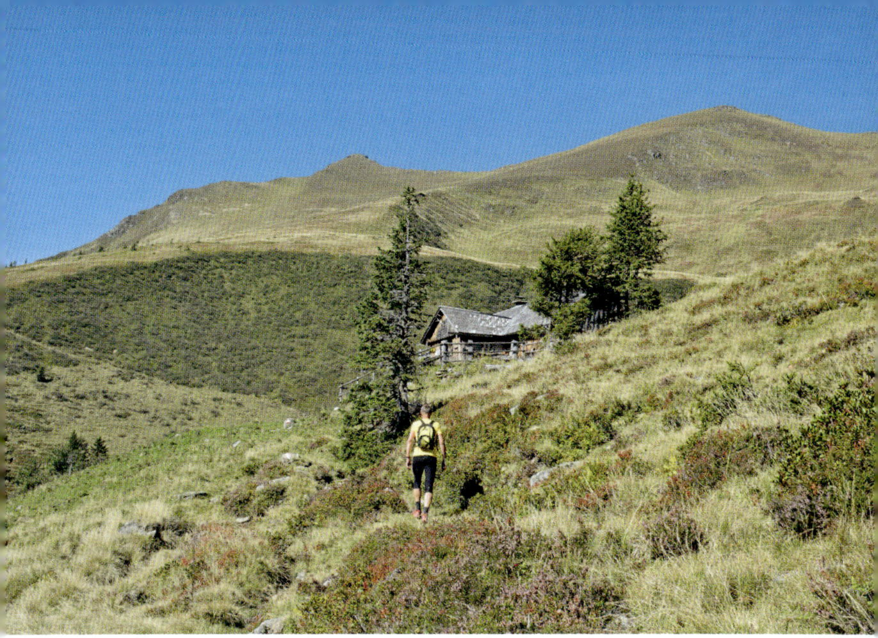

Mahdfeldhütte.

Wir gehen vom **Parkplatz** bei der **Erzherzog-Johann-Hütte** ❶, 1490 m, auf ebener Forststraße nach links zur entzückenden **Winkleralmhütte** ❷, 1488 m. Nach dem Hüttenzaun zieht der gut sichtbare Steig Nr. 926/09 (Wegweiser) über die Wiese bergauf in ein kleines Waldstück (kurz steil) und weiter zur Mahdfeldalm. Auf der gegenüberliegenden Talseite können wir die herrlich platzierten Hütten auf der Kaltenbachalm vor mächtigen Bergflanken erkennen. Auch die kühn angelegten obersten Kehren der Sölkpass-Panoramastraße versetzen in Staunen!
Wir wandern direkt auf die hölzerne **Mahdfeldhütte** ❸, 1718 m, zu; die märchenhafte Symbiose aus Hütte, einzelnen Tannenbäumen und steilen, grasigen, formschönen Bergflanken entzückt! Bei der unbewirtschafteten Hütte folgen wir dem Wegweiser zur Haseneckscharte und wandern auf dem flachen Almzufahrtsweg oberhalb der Baumgrenze weiter. Für einige Zeit bewegen wir uns auf einem natürlichen Balkon hoch über dem Sölktal. Vor uns dominiert der Hochstubofen, aber auch die anderen Berge im Sichtfeld, allen voran das Deneck, 2433 m, sind echte Hingucker!
Bald zweigt links der Steig zum Hochstubofen ab, doch wir bleiben auf dem breiten Almweg und stei-

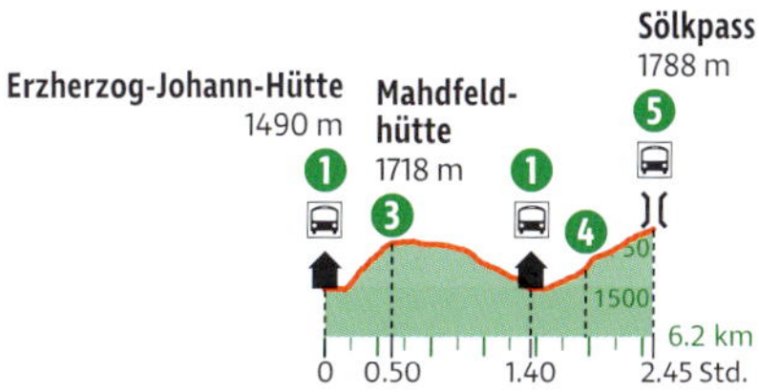

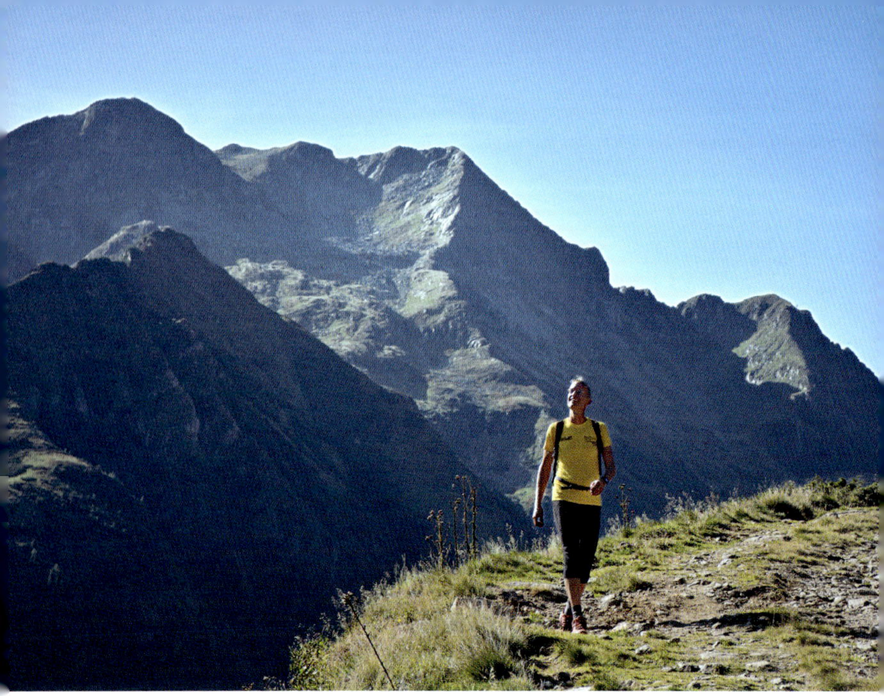

Mahdfeld – was für ein Panorama!

gen, von mehreren kleinen Wasserfällen begleitet, in einer großen, landschaftlich erstklassigen Rechtsschleife bergab und gelangen so wieder zur **Erzherzog-Johann-Hütte ❶**.
Dann geht es ein paar Meter auf der auch Erzherzog-Johann-Straße genannten Asphaltstraße bergab, links in den Wald auf den Römerweg (Hinweistafel) und auf diesem über sanften Grasbelag bergauf. Der Römerweg wurde während des Ersten Weltkrieges von russischen Kriegsgefangenen errichtet und dient heute als geologischer Lehrpfad (Eiszeitlehrpfad). Wir kreuzen weiter oben erneut die Autostraße (lohnender Abstecher zur Kaltenbachalm!) und biegen links auf den faszinierenden **Hochalmwiesenweg ❹**, 1587 m, ab. Jetzt begeistert die Aussicht zur Bergkulisse um das Mahdfeld, und die breiten Bergflanken verstärken die Freude an der vollkommenen Schönheit der Natur.
Bei der Römerwegkehre, 1725 m, trifft moderne Straßenbautechnik auf alten Saumweg. Im Frühjahr brilliert hier ein Mosaik aus Almrausch, Gemsheideteppichen und Flechten. Wir haben einen tollen Blick hinunter zur Kaltenbachalm und in den Bergkessel, in dem die Kaltenbachseen (nicht sichtbar) liegen, die den großen Wasserfall speisen.
Die letzten Meter hinauf zum **Sölkpass ❺**, 1788 m, dem höchsten Pass der Steiermark, der seit dem Mittelalter als Übergang genutzt wird, sind spitze! Die kleine Kapelle auf der Passhöhe, die 1978 aus Anlass der Beendigung der Asphaltierungsarbeiten errichtet wurde, liegt zwischen dem schroff ansteigenden Nageleck, 2155 m (links), und der Hornfeldspitze, 2277 m (rechts), und bildet den würdigen Schlusspunkt der Tour.

Über die Schönwetterhütte zum Gumpenkar

Besuch von Gumpenalm und Blockfeldspitz

3.45 Std. | 7,0 km | ↗900 m | ↘340 m

Idyllische Almhütten, steile Karwände und ein verträumter Karsee
Ziel unserer Wanderung ist das Gumpenkar im Naturpark Sölktäler. Wir marschieren weit oberhalb von Großsölk los, kommen an mehreren reizvollen, teils auch bewirtschafteten Almhütten vorbei und erreichen dann das hochalpin gelegene Kar. Das Naturjuwel zeichnet sich durch seine Weite, die alpinen Almen, große Pflanzenvielfalt und einen herrlichen Karsee aus. Die Dominanz des sich aus dem Kar pyramidenförmig emporhebenden Gumpenecks, des höchsten und markantesten Berges im nordwestlichen Teil der Wölzer Tauern, ist allgegenwärtig! Ein geologischer Wanderweg mit 24 Stationen umrundet das Kar; er veranschaulicht die Entstehung der Gebirgslandschaft der Sölktäler und des Ennstals, weist auf zahlreiche charakteristische Geländeformen und geologische Besonderheiten hin und zeigt, dass geologische Prozesse nach wie vor ablaufen und sichtbar sind. Unser Steig führt aus dem Kar auf den vom Gumpeneck, 2226 m, herabziehenden grasigen Nordwestgrat und erreicht diesen nicht einmal 250 Meter unter dem Gipfel. Von dort wandern wir unter Einbeziehung des unauffälligen Blockfeldspitz zur Schleinhütte hinunter, wo wir von den Pächtern der Schönwetterhütte, sofern es deren Zeit erlaubt, abgeholt und zum Ausgangspunkt zurückgebracht werden.

Gumpensee.

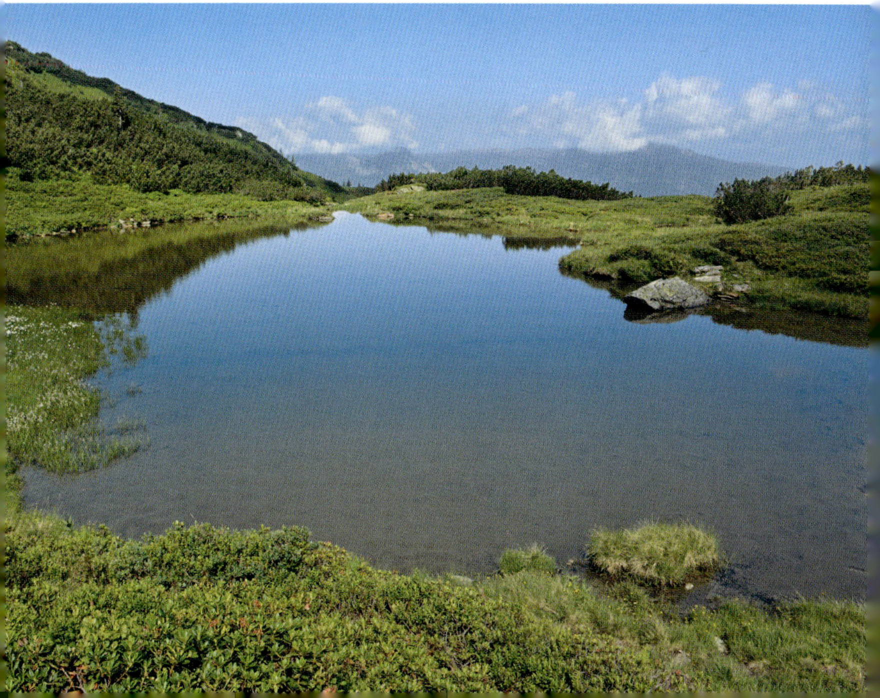

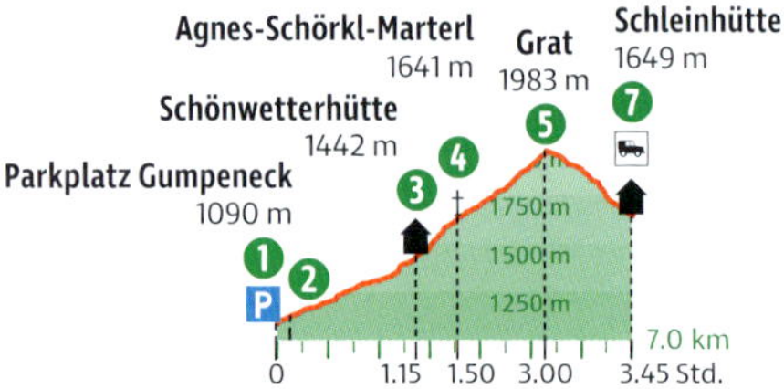

Ausgangspunkt: Parkplatz Gumpeneck, 1090 m. Anfahrt von Gröbming bzw. Murau über die Sölkpassstraße L704 bis 300 m nördlich von Schloss Großsölk in Großsölk, dort große Hinweistafel zum Parkplatz, danach noch ca. 2,7 km steil bergauf.
ÖPNV: Verbund Linie 945 (St. Nikolai – Gröbming) bis Großsölk, Haltestelle Kriegerdenkmal, von dort 300 m bis zur Hinweistafel zum Parkplatz Gumpeneck, weiter wie oben.
Anforderungen: Einfache Wanderung, überwiegend Almsteige.
Abstieg: Abfahrt mit Taxi ab Schleinhütte, 1649 m, wenn es die Zeit der Pächter der Schönwetterhütte erlaubt (Terminvereinbarung vor Beginn der Tour nötig, Tel. +43 3684 31038); keine Auffahrtsmöglichkeit mit privaten Fahrzeugen.
Einkehr: Adambauerhütte (Tel. +43 664 73818885), Schönwetterhütte (Tel. +43 664 4644060, www.schoenwetterhuette.at), Wachlinger Hütte (Tel. +43 676 5243109), Schleinhütte (Tel. +43 664 3240089).
Karte: f&b WK 203.
Tipp: Übernachtung in der entzückenden Schönwetterhütte.

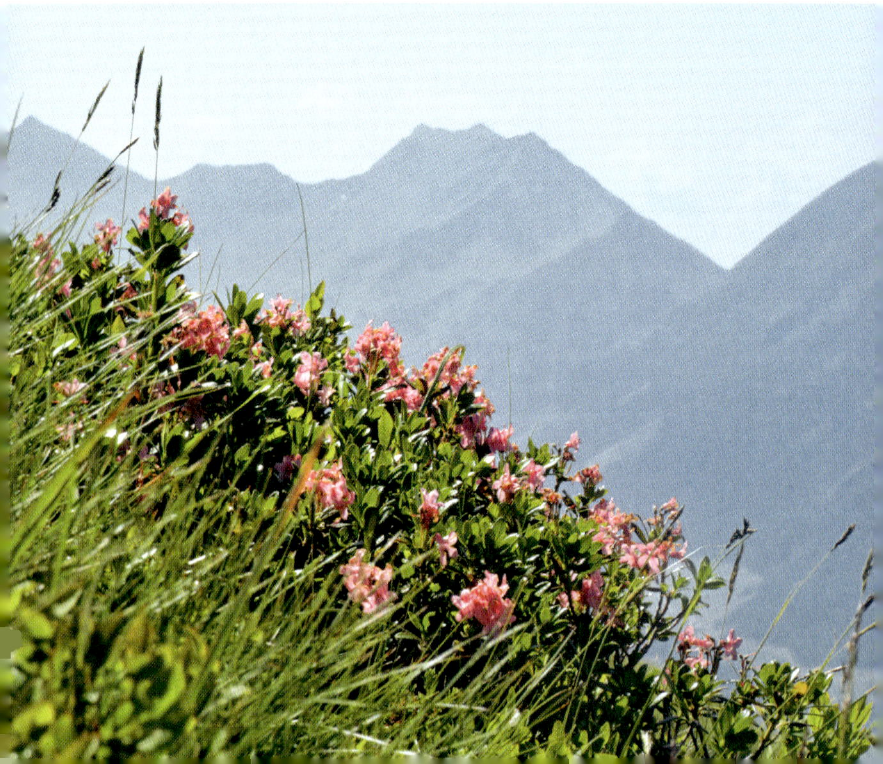

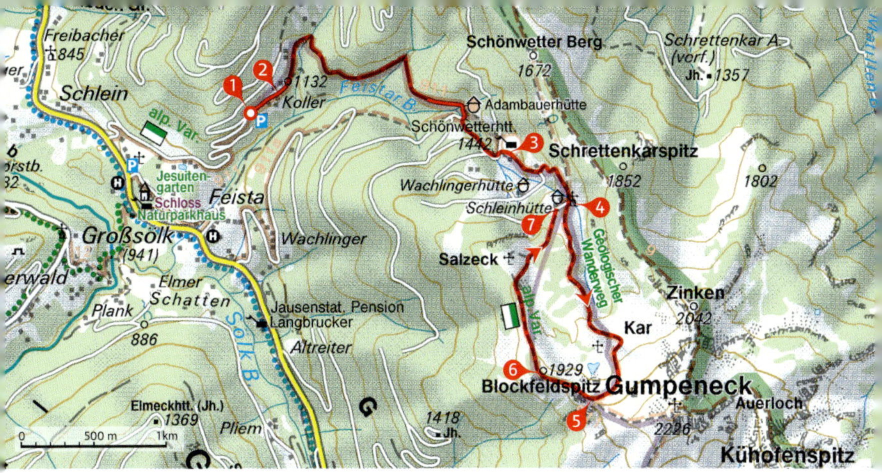

Vom gut gekennzeichneten **Parkplatz Gumpeneck ❶**, 1090 m, gehen wir zum **Gehöft Koller ❷**, 1132 m, und dort am unteren flacheren Weg, der bald in einen Wanderweg (Weg Nr. 911) übergeht, weiter. Zuerst wandern wir noch durch Wald, dann verlassen wir diesen und erreichen über einen netten Wiesensteig die Adambauerhütte, 1420 m, und kurz danach die **Schönwetterhütte ❸**, 1442 m. Beide Hütten haben sehr viel Charme, und auch der Weg durch das saftige Berggras entzückt. Halb rechts sehen wir die reizende Wachlinger Hütte, 1470 m (Abstecher empfehlenswert!), und nähern uns über eine gut strukturierte Steilstufe im zarten Gras der Schleinhütte, die wir schon von weit unterhalb gesehen haben.

Ein paar Meter vor der Schleinhütte, beim steinernen **Agnes-Schörkl-Marterl ❹**, 1641 m, lotst uns der Wegweiser »Gumpeneck« (Weg. Nr. 911) über den kurzen, steilen Grashang hinauf. Wir gehen nicht nach rechts zu den Baumgruppen, sondern peilen den weiten Karboden an. Auf dem direkten Weg dorthin haben wir den dreieckigen Gipfel des Gumpenecks genau im Visier. Das heutige Kar geht auf einen eiszeitlichen Gletscher zurück. Durch die jahrhundertealte Almwirtschaft wurde der Wald zurückgehalten, wenngleich er von den Rändern her immer weiter vordringt (noch vor einigen Jahrzehnten war das Gumpenkar komplett waldfrei).

Vorbei am **Erzherzog-Johann-Almkreuz** – der Erzherzog hielt sich wiederholt auf der Gumpenalm und am Gumpeneck auf – und dem idyllischen Gumpenkarsee, 1866 m, führt der Weg über Gras- und Latschenstufen bis auf den vom Gumpeneck herabziehenden **Grat ❺**, 1983 m, wo das herrliche Panorama weit über die Sölker Tauern genossen werden kann.

Vom Grat geht es bergab zum **Blockfeldspitz ❻**, 1929 m (Gamperlstein, Tafel), dann, weiterhin entgegen der Nummerierung der Schautafeln des geologischen Wanderweges, zur **Schleinhütte ❼**, 1649 m. Dort können wir uns von den Pächtern der Schönwetterhütte abholen und zurückbringen lassen.

Am Gumpeneck-Nordwestrücken angekommen eröffnet sich eine prachtvolle Aussicht zu den höchsten Gipfeln im Naturpark Sölktäler.

28 Heldenkreuz, 1630 m

Top-Erlebnisse bei der Mödlinger Hütte

2.00 Std. | 5,5 km | ↗ 270 m | ↘ 270 m

Zu den »leuchtenden Denkmalen kühnen Wagemuts«

Die Mödlinger Hütte auf der Treffner Alm im Nationalpark Gesäuse steht auf einem faszinierenden Platz, und vom hoch gelegenen Parkplatz am Ende der Gaishorn-Mautstraße ist die Hütte über eine kurze Steilstufe rasch und einfach zu erreichen. Wer von der Hütte zum nahen Heldenkreuz oder zum Spielkogel wandert, trifft eine optimale Wahl, um das gewaltige Bergpanorama im Nah- und Fernbereich in geballter Form erleben zu können. Besonders imposant: die mächtigen Südwände der Reichensteingruppe und die vom Großen Ödstein beherrschte Felsbastion der Gesäuse-Berge! Schon im Jahr 1935 hat Otto Ampferer in seinem geologischen Führer für die Gesäuseberge festgehalten: »Als leuchtende Denkmale kühnen Wagemuts ragen die bleichen Zinnen in Stolz und Trotz empor und lassen sich von der Morgen- und Abendsonne mit Gold und Rosen überirdisch krönen.«

Ausgangspunkt: Parkplatz am Ende der 5 km langen Gaishorn-Mautstraße, 1370 m. Anfahrt von Leoben bzw. Liezen auf Pyhrn-Autobahn A 9 bis Gaishorn am See, dann ca. 1,5 km zur Mautstelle.

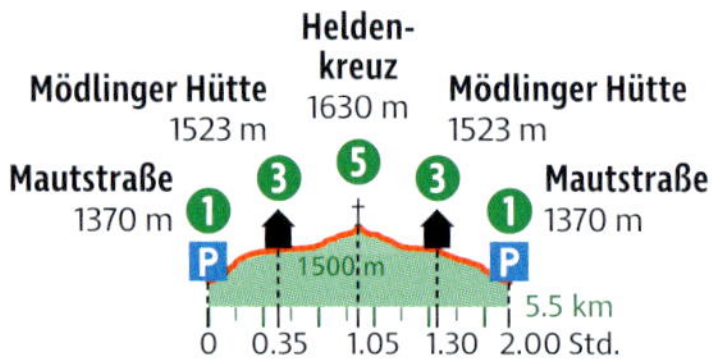

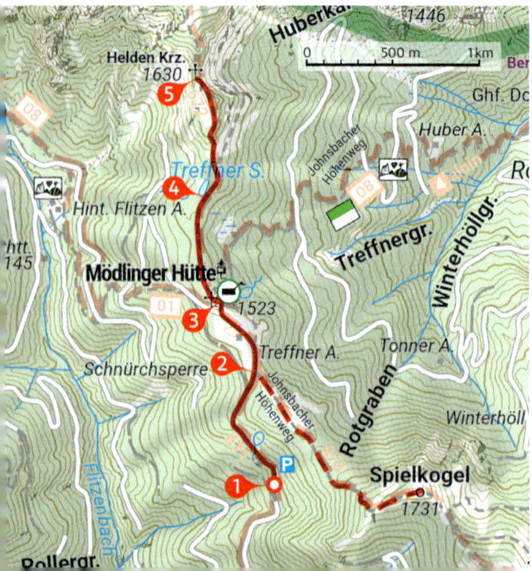

ÖPNV: Keine.

Anforderungen: Kurzes, steiles Forststraßenstück ab/bis Parkplatz, danach einfache Höhenwanderung zum Heldenkreuz bzw. kurzer steilerer Anstieg auf den Spielkogel (Variante).

Einkehr: Mödlinger Hütte (www.moedlingerhuette.at).

Variante: Spielkogel, 1731 m; genaue Beschreibung rechts.

Karte: f&b WK 0062.

Tipp: 2-Tages-Tour mit Übernachtung auf der Mödlinger Hütte vom Gasthof Ödsteinblick, 860 m, in Johnsbach auf Weg Nr. 675 über Wolfsbacher Niederalm, Niederberg, 1686 m, Anhartskogel, 1764 m, Spielkogel, 1731 m, Mödlinger Hütte, 1523 m, Oberst-Klinke-Hütte, 1486 m; mit Gesäuse-Taxi zurück (siehe auch Tour 24). Tag 1: Aufstieg: 1040 Hm, Abstieg 400 Hm; Tag 2: Aufstieg 370 Hm, Abstieg 400 Hm.

Vom Parkplatz am Ende der **Gaishorn-Mautstraße ❶**, 1370 m, müssen wir nur der steilen Straße folgen (Weg Nr. 671). Schon bei Erreichen der fantastischen Hochfläche begeistert die Szenerie! Rechts zweigt **Weg Nr. 673 ❷** zum Spielkogel ab,

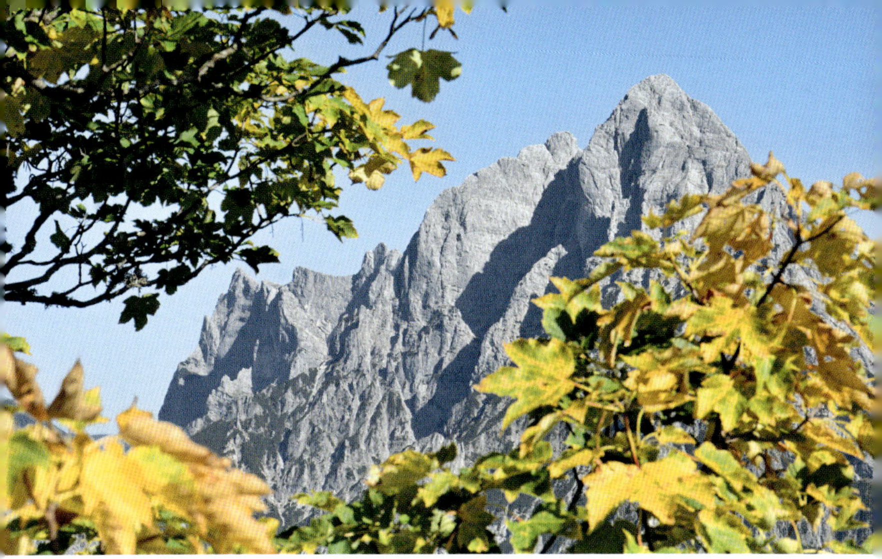

Gesäuseberge mit Planspitze (links) und Großem Ödstein (rechts).

1503 m (Variante). Um zum Heldenkreuz zu gelangen, bleiben wir auf der flachen Almstraße und steuern die **Mödlinger Hütte** an. Unterwegs rückt die Hütte so genial in unser Blickfeld, dass sie unmittelbar vor dem dahinter steil aufragenden Admonter Reichenstein zu sehen ist – ein Top-Motiv!

Wir gehen links an der **Hütte ❸**, 1523 m, vorbei, kommen auf flachem Almweg (Weg Nr. 672) zum kleinen **Treffner See ❹**, 1533 m, und steigen durch den Latschengürtel (Vorsicht Karstspalten!) und an einer auffälligen Felsstruktur vorbei auf ein weiteres wunderschönes Hochplateau, an dessen nördlichem Ende das **Heldenkreuz ❹**, 1630 m, steht. Das Kreuz wurde zu Ehren der im Krieg gefallenen Mitglieder der Sektion Mödling des ÖAV errichtet. Der Platz beim Kreuz ist wunderbar! Wir stehen unmittelbar neben dem mächtigen Admonter Reichenstein und schauen zur gegenüberliegenden Hochtorgruppe, wo wir edelste Gesäuse-Felsen mit berühmter Alpingeschichte erkennen können. Ganz dominant der Große Ödstein mit seiner berüchtigten Nordwestkante, die von keinem Geringeren als dem Südtiroler Ausnahmekletterer Angelo Dibona und dessen Seilgefährten im Jahr 1910 zum ersten Mal erklettert wurde.

Nach ausgiebigem »Felsen-Schauen« gehen wir auf demselben Weg zurück zur **Mödlinger Hütte ❸** und wie beim Aufstieg zum **Parkplatz ❶**.

Variante Spielkogel: Von der **Abzweigung ❷** leitet ein Wegweiser nach rechts zum Spielkogel (Weg Nr. 673). Wir befinden uns nun am Johnsbacher Höhenweg. Zuerst geht es über einen aussichtsreichen Wiesenpfad mäßig steil bergauf, dann folgt ein kurzes steiles Waldstück, das in einen fast baumfreien Höhenrücken überleitet, über den wir – an ein paar Felsen vorbei – den nahe gelegenen **Gipfel**, 1731 m, mit kleinem Gipfelkreuz erreichen. Dort erwartet uns eine herrliche, kontrastreiche Rundumsicht inklusive Hochtorgruppe mit dem markanten Großen Ödstein. Abstieg bis ❷ wie Aufstieg.

29 Von Admont auf den Hahnstein, 1697 m

Scheiblegger Hochalm und Jägersteig

TOP | 4.45 Std. | 8,7 km | ↗ 1180 m | ↘ 340 m

Ein attraktiver Felsgipfel auf dem Weg zur Oberst-Klinke-Hütte

Es ist schon ein toller Anblick, wenn man in Admont am Beginn der Oberhofallee steht und über die weite Wiese hinweg zum zackigen Gipfel des Hahnsteins hinaufschaut! Sein Name bezieht sich auf eine Sage, nach der ein gottloser Mann, der mit dem Teufel im Bunde stand, mit zwei Freunden und seinem großmächtigen Hahn auf den Berg stieg und beim allerersten Glockengeläute der Admonter Stiftskirche zu Stein erstarrte. Unsere Wanderung bringt uns durch die schöne Oberhofallee zu einer Steilstufe im Wald, ab deren Ende wir uns den weiten Almflächen der Scheiblegger Hochalm nähern. Kurz davor queren wir zur würdevollen Gipfelregion des Hahnsteins. Dort empfängt uns eine magische kleine Welt, in der schlanke Felszinnen, »Big Wall«-Erscheinungen und der kühne Tiefblick auf Admont auf engstem Raum vereint sind. Nach dem alpinen Höhepunkt vollenden wir die Überschreitung der romantischen Scheiblegger Hochalm und steigen über den teilweise ausgesetzten, aber gut versicherten Jägersteig (Stellen I+) steil hinunter in das wilde Roßkar. Von dort ist es nicht mehr weit zum Tourziel bei der Oberst-Klinke-Hütte.

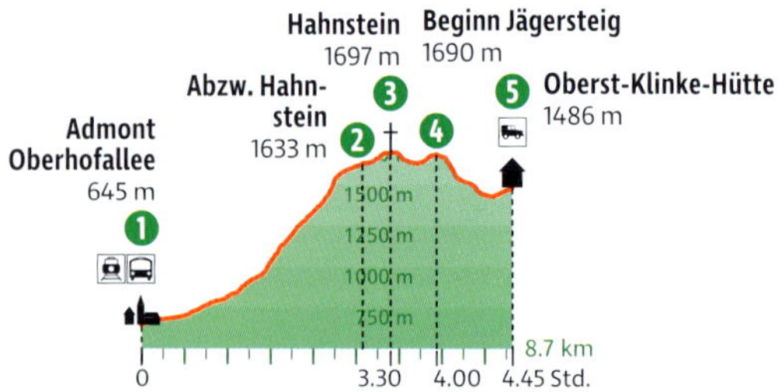

Ausgangspunkt: Kreuzung Kornbauernweg/Oberhofallee in Admont, 645 m. Anfahrt vom Bahnhof über Bahnhofstraße, Paradiesstraße und Kornbauernweg (Distanz ca. 950 m), Parkmöglichkeiten am Straßenrand.
ÖPNV: ÖBB Admont Bahnhof, zahlreiche Verbund Linien halten in Admont beim Stiftsparkplatz.
Anforderungen: Fast der gesamte Waldabschnitt ist durchgehend steil; sanftes Almgelände im Bereich der Scheiblegger Hochalm, Hahnstein-Gipfel mit kurzer versicherter Passage unmittelbar vor dem Gipfelkreuz. Abstieg über den Jägersteig sehr steil, schmal, teilweise versichert (Schwierigkeit I+ nach UIAA-Skala), nur für Geübte!
Abstieg: Die Strecke zwischen der Oberst-Klinke-Hütte (Mautstraße) und Admont wird mit dem Taxi absolviert (Gesäuse-Sammeltaxi vlg. Gseispur, Tel. +43 3613 2100099; Alternative: Taxi Wagner, Admont, Tel. +43 3613 2406).
Einkehr: Oberst-Klinke-Hütte (Tel. +43 3613 2601).
Karte: f&b WK 0062.
Tipp: Besuch von Stift Admont.

Nordostseite des Hahnsteins.

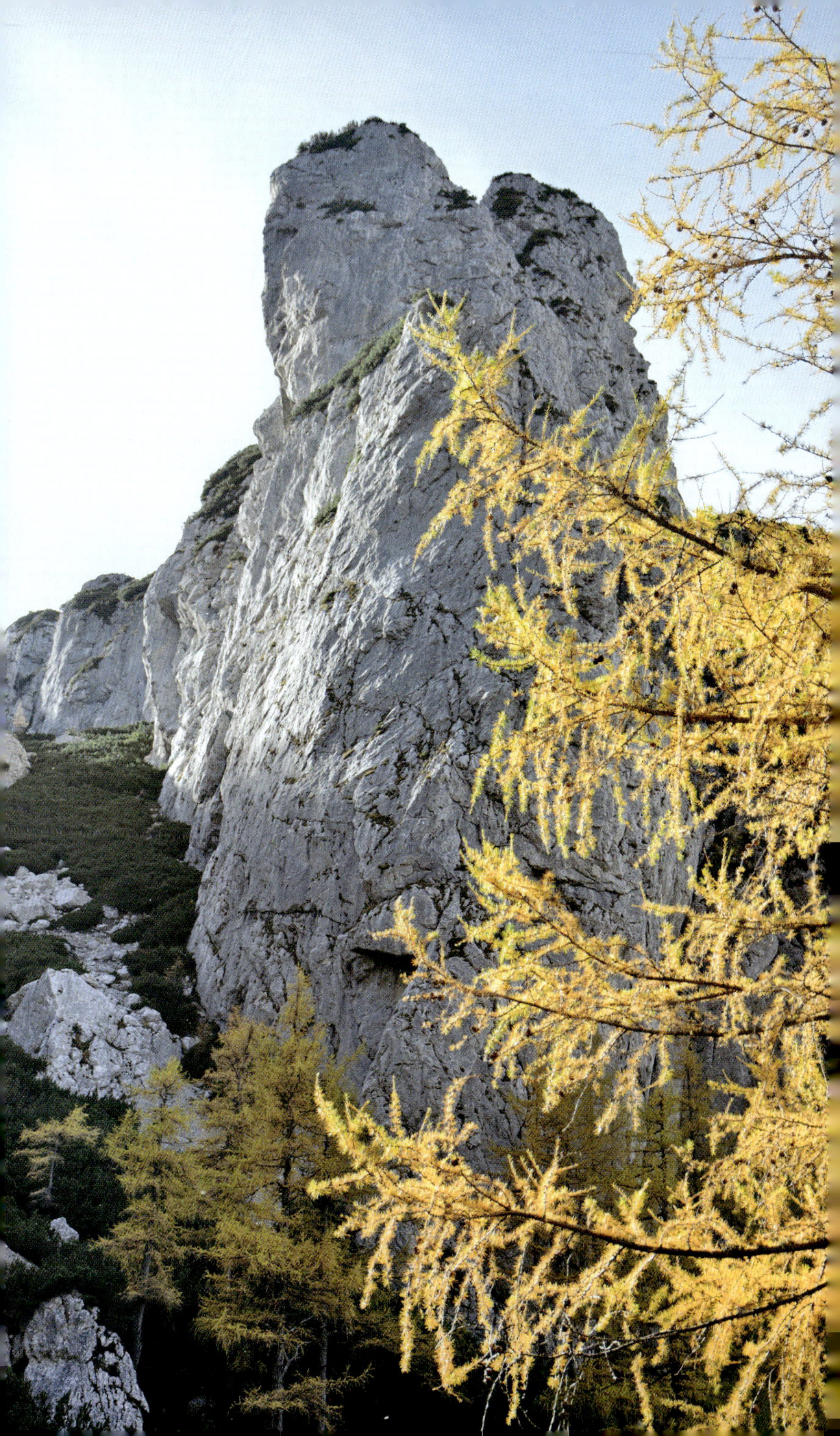

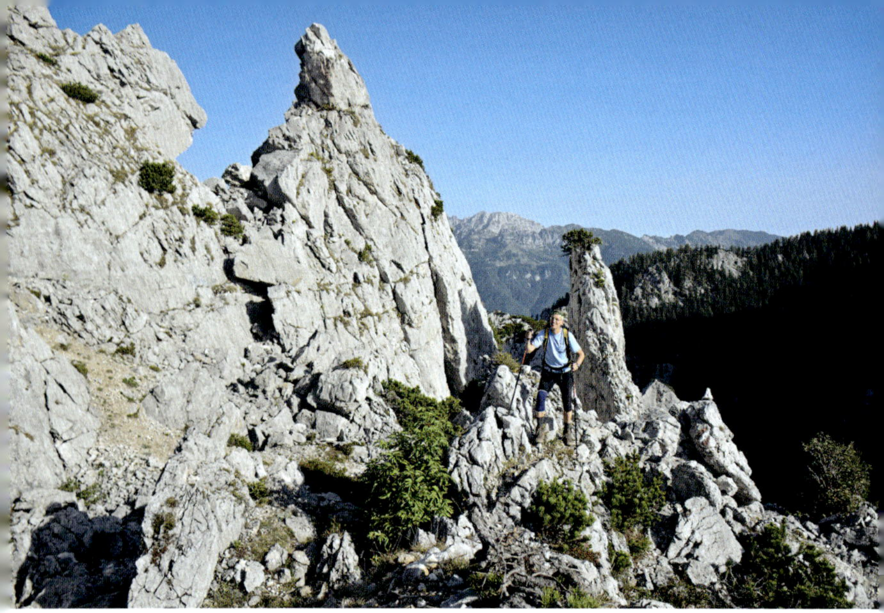

Hahnstein-Gipfelbereich.

Knapp südlich des Bahnhofes von **Admont** beginnt die **Oberhofallee ❶**, 645 m, von der aus wir den Hahnstein über den Kematengraben besteigen. Gleich zu Beginn der Allee lotst ein Wegweiser zur Scheiblegger Hochalm (Weg Nr. 01a). Wir genießen den Marsch durch die Allee mit eindrucksvoller Sicht zum Felsmassiv des Hahnsteins. Auch nördlich von uns will das Bergpanorama unsere Aufmerksamkeit!

Weiter hinten im Kematengraben zweigen wir rechts auf den Weg Nr. 601 ab und gelangen auf einem grasdurchzogenen Fahrweg in den Wald. Der Weg führt über kleine Holzbrücken zum Beginn einer Steilstufe. Vorbei an moosüberzogenen Felsen und begleitet vom munteren Sprudeln eines Baches, der sich zwischendurch sogar als kleiner Wasserfall zeigt, geht es nun länger steil im Wald bergauf. Kurz auf Forstweg, präsentiert sich der Hahnstein als breite Felsformation, später – am Ende der Serpentinen bei Erreichen der Baumgrenze – ist der Blick auf seine kompakte Nordostseite die Attraktion!

Nach dem **»Steinernen Wirt«** (Brunnen) folgen wir dem Bächlein bis fast zur Scheiblegger Hochalm (Hütte), zweigen jedoch knapp davor rechts zum Hahnstein ab **(Wegweiser) ❷**, 1633 m, ab und wandern jetzt direkt auf den zackigen Gipfelgrat zu. Wenn wir im obersten Abschnitt einen schmalen Kamm überqueren, zeigt der **Hahnstein** plötzlich seine unerwartet mächtige, senkrechte Ostwand – ein großartiger Anblick! Die letzten Meter zum Gipfel verlaufen durch eine beeindruckende wild zerrissene Felslandschaft. Trittstifte und ein Geländer auf den letzten Metern erleichtern schließlich das Hinaufklettern bis direkt zum kühn angebrachten **Gipfelkreuz ❸**, 1697 m. Fantastisches Panorama und famose Tiefblicke nach Admont und zum Aufstiegsweg!

Vom Gipfel steigen wir auf derselben Route zurück bis zur **Abzweigung ❷**, wo wir rechts über die weiten

Almböden der unbewirtschafteten Scheiblegger Hochalm, 1660 m, aufsteigen, bis uns ein Wegweiser zum **»Jägersteig«** (I+) dirigiert **4**, 1690 m, den wir für den Abstieg zur Hütte nehmen. Achtung: Nicht knapp davor rechts in den Alplsteig abzweigen! Der Jägersteig ist zu Beginn relativ flach, wird aber bald sehr steil. Wir steigen in der Latschenzone vorsichtig über Bänder, Rinnen, Felsstufen (Stellen I+) und seilversicherte Passagen (A) gut markiert hinab in das Roßkar, das von der Riffel, 2106 m, herabzieht. Dabei sind wir von einer wilden Felsszenerie umgeben und haben herausragende Sicht zum formschönen Admonter Kalbling, 2196 m, sowie in die tief unter uns liegende Kaiserau. Deutlich ist auch die Mautstraße, die zur Oberst-Klinke-Hütte führt, zu erkennen.

Nach der Steilstufe stoßen wir auf ein ausgetrocknetes Bachbett, das überquert wird (gut auf Markierung auf der gegenüberliegenden Seite achten!). Wenig später stehen wir auf der Mautstraße bei der Roßkarkehre, 1420 m, von wo es in wenigen Minuten hinauf zum Ziel bei der **Oberst-Klinke-Hütte** **5**, 1486 m, die unter den imposanten Südwänden des Admonter Kalbling liegt, geht.

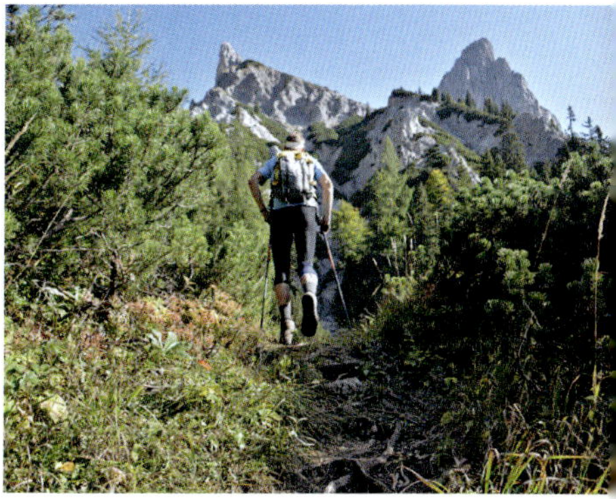

Admonter Kalbling und Riffel im Visier.

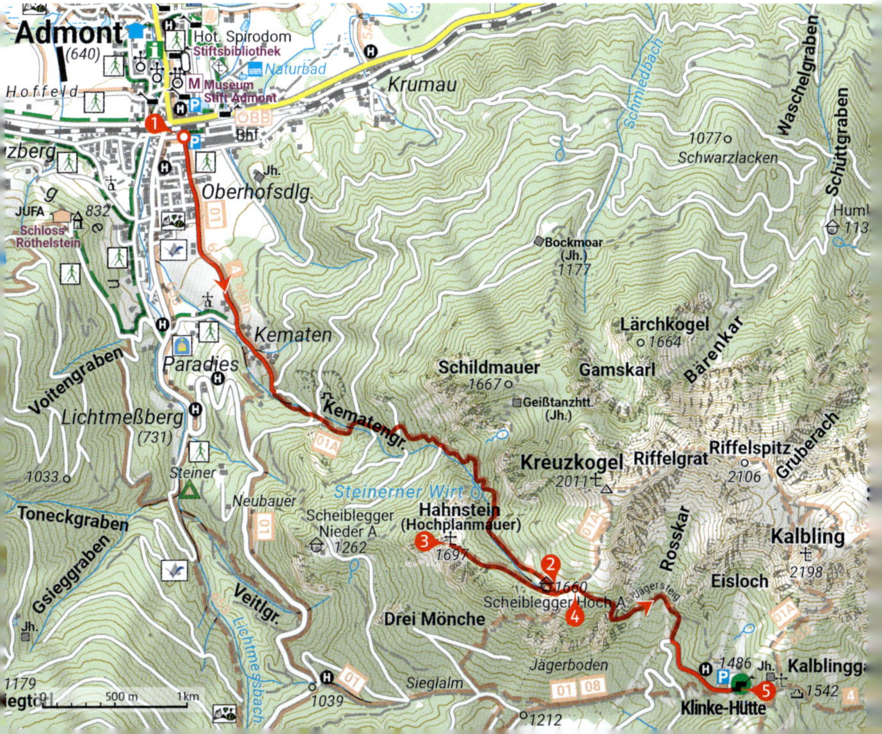

30 Mödlinger Hütte, 1523 m – Oberst-Klinke-Hütte

Treffner Alm, Flitzenbach und Kalblinggatterl

4.45 Std. | 9,7 km | ↗ 1140 m | ↘ 410 m

Südwand-Show edler Gesäuse-Felsen im Breitformat

Das Gesäuse ist bekannt für seine mächtigen Kalkgipfel, die steil aufragenden Felswände und die bizarren Karstformen. Johnsbach im Gesäuse, das schon 1958 als erstes Naturschutzgebiet der Steiermark unter Schutz gestellt wurde, ist Ausgangspunkt für die schöne Wanderung, die uns zuerst zur Mödlinger Hütte und dann zur Oberst-Klinke-Hütte bringt. Der aussichtsreiche Weg beginnt beim Gasthof zum Donner, der bereits 1152 zum ersten Mal urkundlich erwähnt wurde und dessen traditionelle Gemütlichkeit sich bis heute bewahrt hat. Unterwegs können wir schön erkennen, wie das Johnsbachtal die stolze Reichensteingruppe von der mächtigen Hochtorgruppe trennt. Beide Gebirgsgruppen bilden mit ihren spektakulären Felswänden, die zu den höchsten der Steiermark zählen, die eindrucksvolle Kulisse für unsere Tour. In der Wildnis nördlich des Flitzenbaches zeigt sich die Felsmauer um Admonter Reichenstein und Sparafeld noch einmal im Superbreitbildformat, bevor beim Wanderziel auf der Oberst-Klinke-Hütte, die im Zweiten Weltkrieg als Ausbildungsstützpunkt für Gebirgsjäger errichtet wurde, der Admonter Kalbling die dominierende Rolle übernimmt und uns stolz sein steil aufragendes Felshorn präsentiert.

Nahe der Mödlinger Hütte mit Bick zum Großen Ödstein.

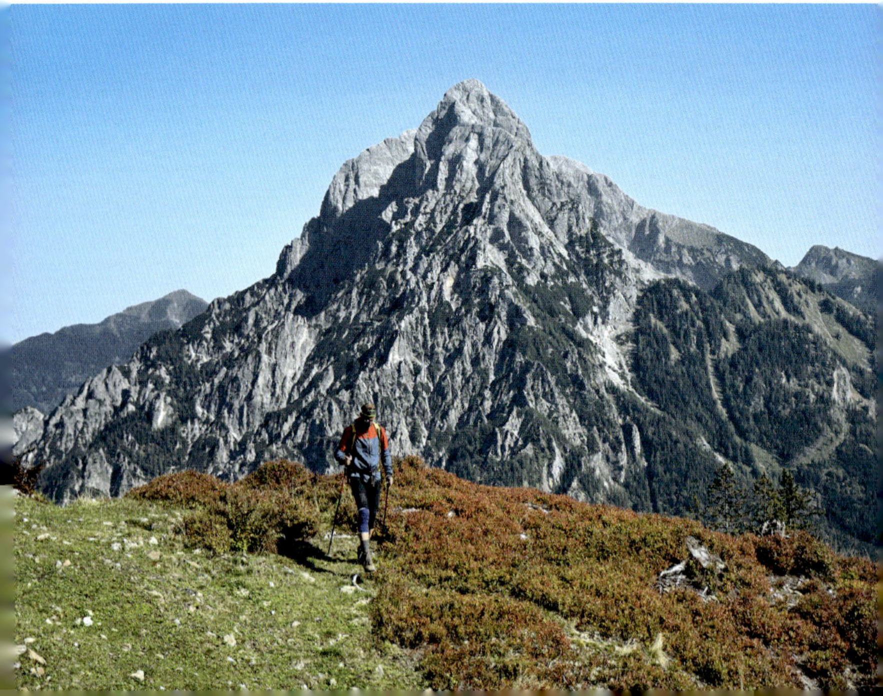

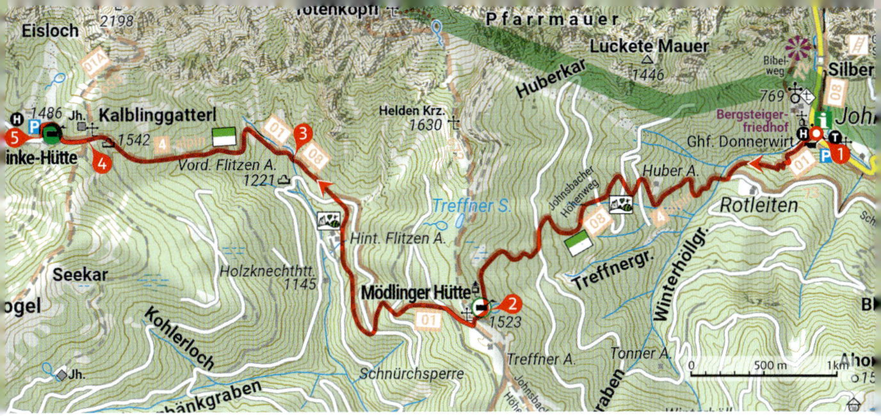

Ausgangspunkt: Gasthof zum Donner, 753 m. Anfahrt von Admont bzw. Hieflau auf der Gesäusestraße B 146, Abzweigung nach Johnsbach; Parkmöglichkeiten vorhanden.
ÖPNV: ÖBB R58, Johnsbach Bahnhof.
Anforderungen: Einfache, aber lange Wanderung, mit durchgehender Abstiegspassage unmittelbar nach der Mödlinger Hütte.
Abstieg: Die Strecke zwischen der Oberst-Klinke-Hütte (Mautstraße) und Johnsbach wird mit dem Taxi absolviert (Gesäuse-Sammeltaxi vlg. Gseispur, Tel. +43 3613 2100099).
Einkehr: Gasthof zum Donner (www.donnerwirt.at), Mödlinger Hütte (www.moedlingerhuette.at), Oberst-Klinke-Hütte (Tel. +43 613 2601).
Karte: f&b WK 0062.
Tipp: Bergsteigerfriedhof in Johnsbach, in der Nähe des Ausgangspunktes: Dieser ist so angelegt, dass man über den Kirchengrat in einer Linie zum Großen Ödstein aufblickt. Bei den Grabmalen stehend wird bewusst, dass der Reiz des Gesäuses genauso besonders ist wie die Gefahren, die mit den Aktivitäten in den gegenüberliegenden Bergen verbunden sind.

Der Weg zur Mödlinger Hütte ist einfach und gut gekennzeichnet und beginnt beim **Gasthof zum Donner** 1, 753 m. Zuerst wandern wir auf einem schönen Wanderweg (Weg Nr. 601/608) entlang des Baches, zum Schluss auf der Forststraße. Wir haben genug Zeit, um die Aussicht ins Johnsbachtal zu genießen. Schließlich gelangen wir über den Kammrücken zur **Mödlinger Hütte** 2 1523 m. Die Hütte liegt großartig am langen Rücken der Treffner Alm. Einen besonders schönen Bilderbuchblick hat man, wenn man vom Südrand der Treffner Alm in einer direkten Linie über die Hütte hinweg zum mächtigen Felsmassiv des Admonter Reichensteins, 2251 m, schaut!

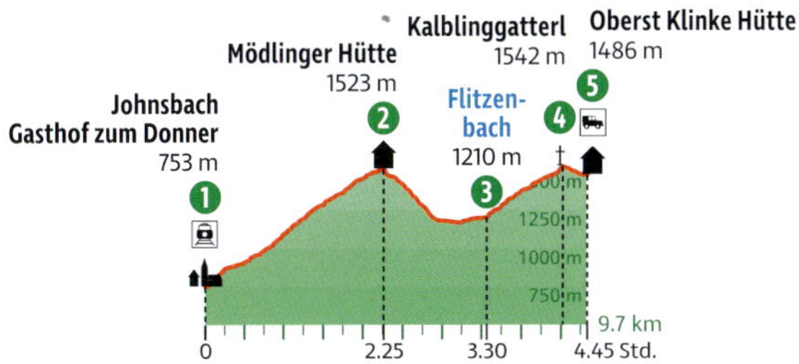

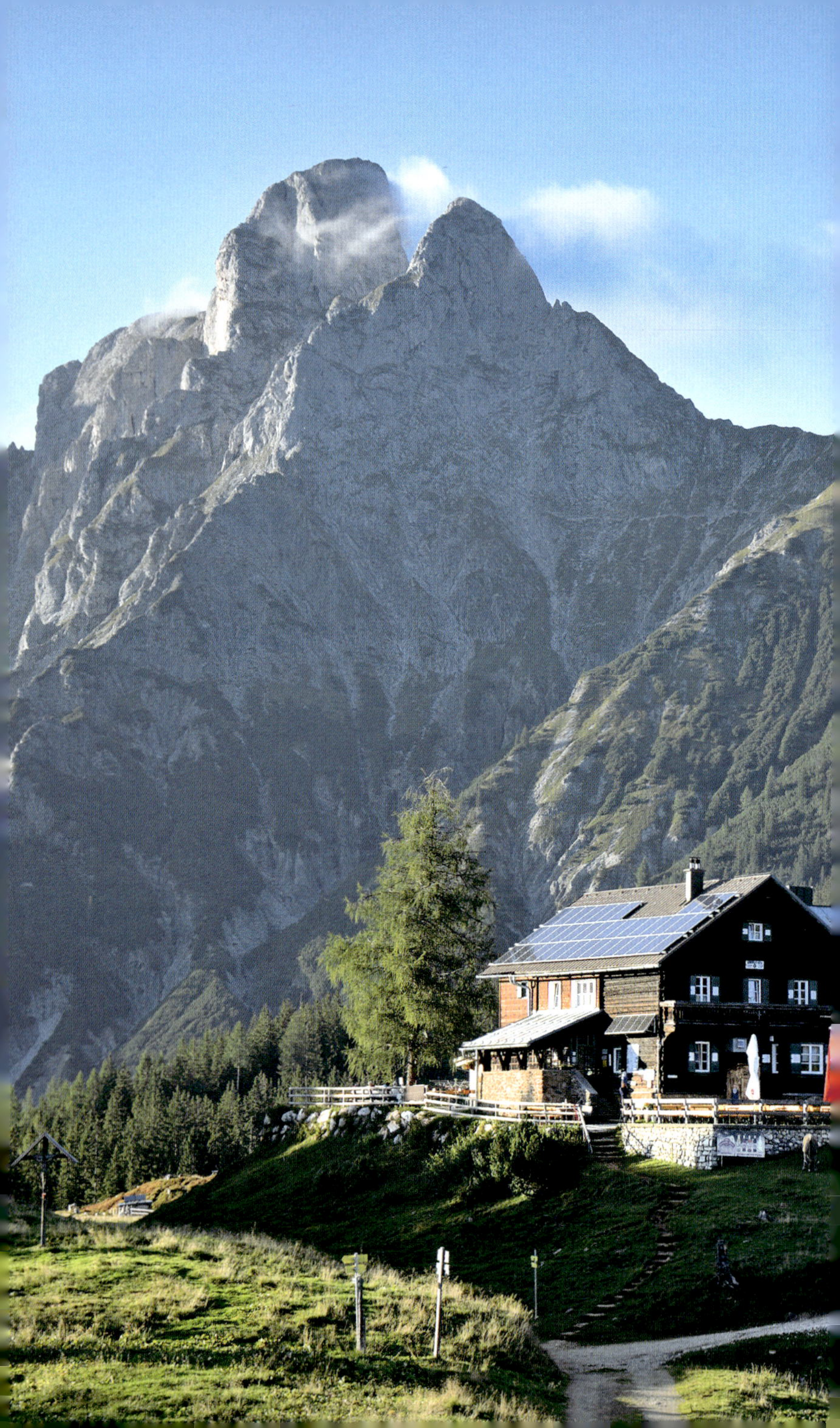

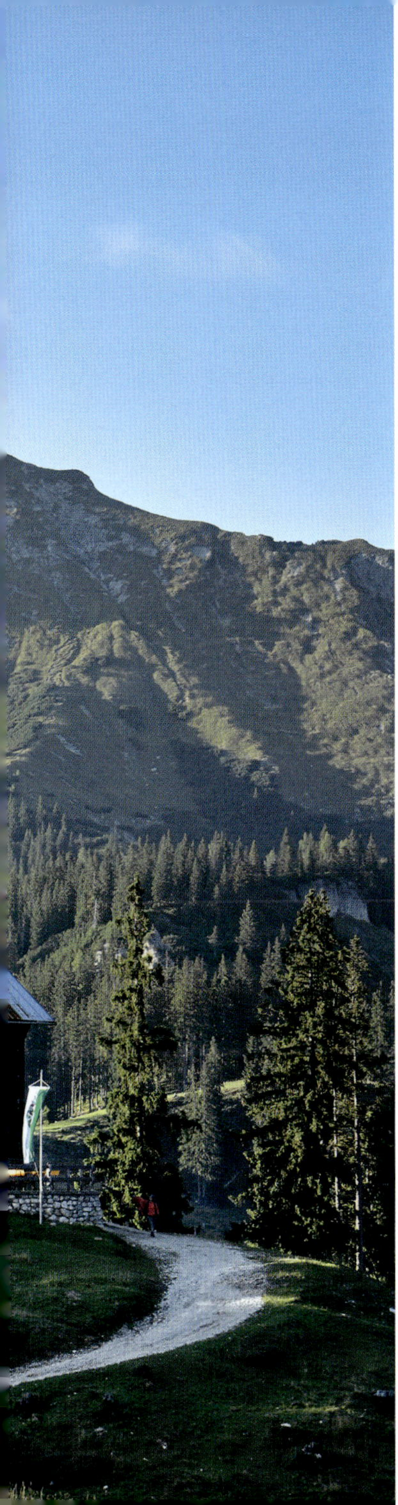

Von der Hütte geht es weiter nach Westen, dabei geben Wegweiser die Richtung zur »Klinke-Hütte über Flitzengraben« vor (Weg Nr. 601/608). Der Steig führt nun für längere Zeit bis zum Flitzenbach bergab, und die mächtigen Felswände der Reichensteingruppe entziehen sich langsam unserem Blick. Weiter unten im Tal verliert der Pfad an Neigung, und wir müssen Bachquerungen auf teils etwas abgerutschten Wegspuren meistern.

Bald nach der Hinteren Flitzenalm (Holzhütte, schöne Wiese) queren wir den **Flitzenbach** ❸, 1210 m, achten auf die Markierungen auf der gegenüberliegenden Seite und steigen über die Vordere Flitzenalm und eine Forststraße kontinuierlich bergauf zum **Kalblinggatterl** ❹, 1542 m.

Ab dem Flitzenbach haben wir für einige Zeit besonders schöne und ungehinderte Blicke zum mächtigen Felsmassiv, das sich vom Admonter Reichenstein (rechts) über die Wildscharte, 1903 m, und das Sparafeld, 2247 m, bis zum Admonter Kalbling, 2198 m (links), erstreckt. Furchteinflößende Abgründe trennen das Sparafeld mit wilder Schroffheit vom formschönen Reichenstein, der sich mit seiner gewaltigen Südwand in voller Pracht zeigt. Er galt lange Zeit als unbezwingbar und wurde schließlich am 23. Juli 1873 von der Flitzenalm aus durch seine schroffe Südseite zum ersten Mal bestiegen; die kühne Dreierseilschaft fand beim Abstieg nach Südosten jene Route, die heute als Normalweg gilt.

Vom **Kalblinggatterl** ist es auf gutem Weg nicht mehr weit bis zur u-förmig angelegten **Oberst-Klinke-Hütte** ❺, 1486 m.

Mödlinger Hütte und Admonter Reichenstein.

31 Tauplitzalm

Über »Die Riesen« zum Seenhochplateau

TOP

5.00 Std. | 13,7 km | ↗980 m | ↘260 m

Grimming-Blicke, prachtvolle Wiesen und ein Steilanstieg

Die Tauplitzalm ist das höchstgelegene Seenhochplateau in Mitteleuropa. Nach dem flachen Auftakt im Ort Tauplitz besuchen wir den sagenumwobenen Sagtümpel (eine Riesenkarstquelle) und steigen steil durch »Die Riesen« auf die Rieshöhe bergauf. Das ist das schöne Vorspiel zu einem Hauptprogramm, vor dessen Beginn wir uns durch das aktive Höhersteigen die Zeit nehmen, die Spannung restlos aufzubauen. Die unzähligen Blicke zum kolossalen Grimming und die Felswände von Mitterberg und Rosskogel, die unseren Steig im oberen Abschnitt links und rechts flankieren, lenken aber positiv ab! Umso intensiver sind dann unsere Gefühle, wenn wir nach der Rieshöhe vollends in die atemberaubende Seenlandschaft eintauchen und die Show beginnt: Schwarzensee, Steirersee, Tauplitzsee, Großsee und Märchensee folgen, und jeder beeindruckt auf seine eigene Art und Weise! Die senkrechten Felswände des Sturzhahn, dem einstigen Kletterberg von Heinrich Harrer, liefern eine hochalpine Dekoration und vermitteln das Gefühl, dass die Natur hier bewusst mit Perfektion geformt wurde! Von der Bergstation des Tauplitz Sesselliftes geht es dann bequem zurück zum Tourstart.

Schwarzensee.

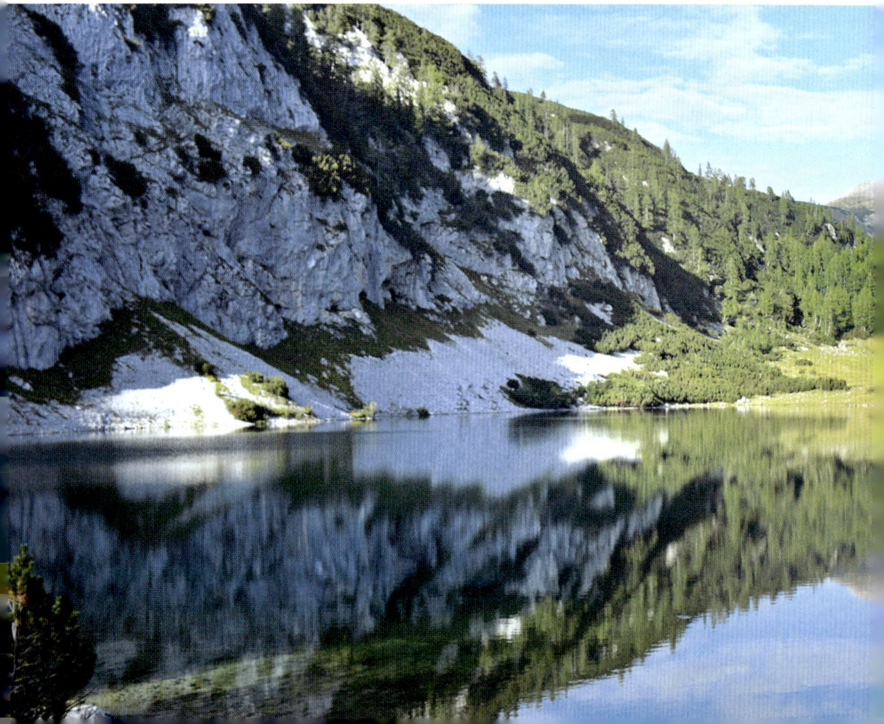

Ausgangspunkt: Parkplatz bei der Talstation der Tauplitz-Bergbahn, 925 m (www.dietauplitz.com, Tel. +43 3688 2252). Anfahrt von Liezen bzw. Bad Mitterndorf auf der Salzkammergutstraße B 145 bis zur Abzweigung nach Tauplitz.
ÖPNV: Verbund Linie 950 (Stainach – Bad Aussee) bis Tauplitz, Haltestelle Talstation Berglift.
Anforderungen: Unschwierige, aber lange Wanderung, zuerst auf schmaler Asphaltstraße, danach steiler Bergweg auf die Rieshöhe, am Hochplateau wechseln schmale Steige mit breiten Wegen.
Abstieg: Ab Bergstation, 1645 m, mit Sessellift.
Einkehr: Almwirtschaft Grazerhütte (www.grazerhuette.at), Trawenghütte (Tel. +43 664 6323668), Almrauschhütte (+43 664 1603502), Tauplitzhaus der Naturfreude Linz (www.tauplitzhaus.at) und weitere im Bereich der Seilbahn-Bergstation.
Karte: f&b WK 0082.

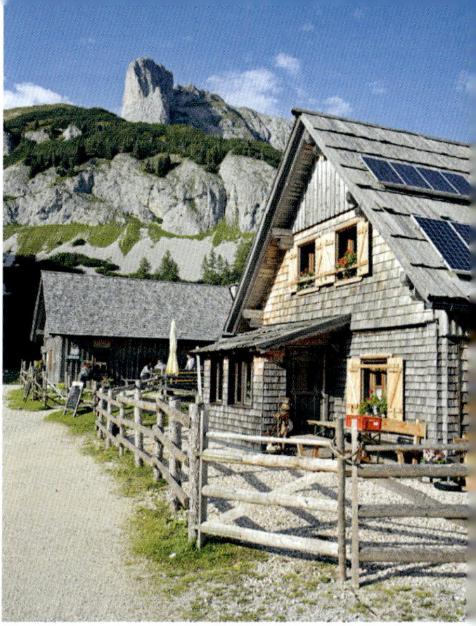

Steirerseehütten und Sturzhahn.

Tipp: Vom Parkplatz »Mystisches Wasser« kurzer Abstieg zum netten Tauplitz-Wasserfall.

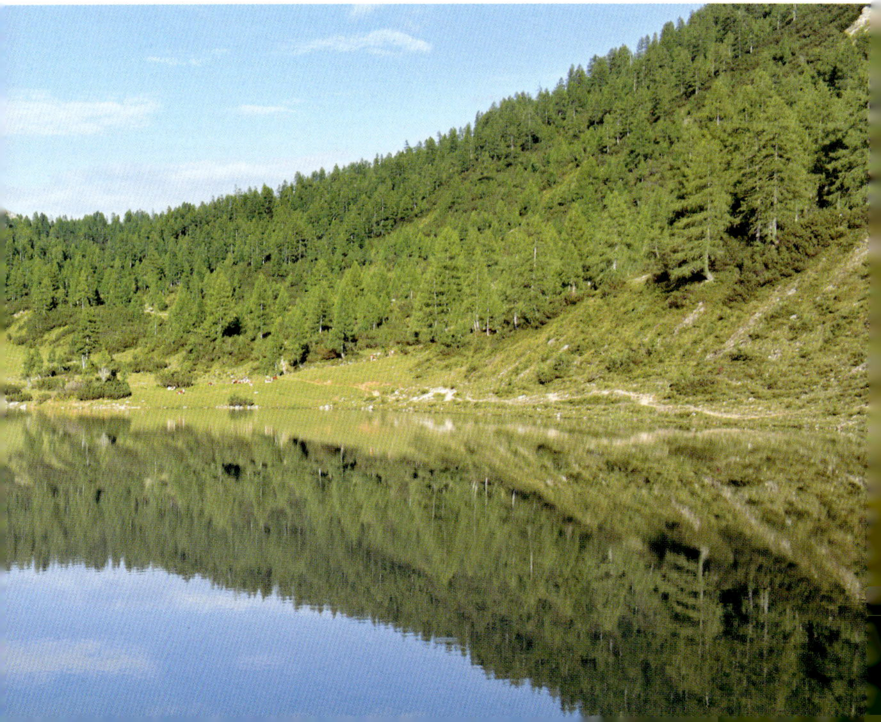

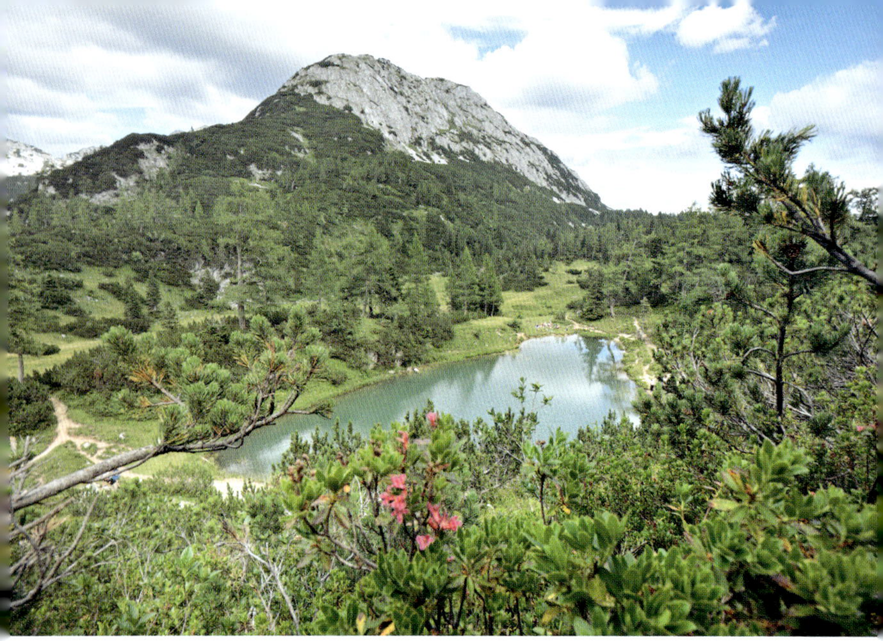

Märchensee.

Wir starten bei einem der **Parkplätze** ❶, 925 m, um die **Tauplitz-Seilbahn**, gehen ca. 200 m auf der Umfahrungsstraße bergab, biegen bei den zahlreichen Hinweisschildern links in den Granitzweg ein und marschieren Richtung Wasserfall. Das schmale Asphaltband führt uns am Ortsschild »Tauplitz Ende« vorbei durch herrliche ausgedehnte Wiesen. Wir haben imposante Blicke zur Nordostseite des Grimming!

Nach ca. 2,5 km erreichen wir den Parkplatz »Mystisches Wasser« (große Übersichtstafel), folgen den Wegweisern zur **»Riesenkarstquelle Sagtümpel«** ❷, 981 m, und bleiben dann immer auf dem gut markierten Weg Nr. 216 (Richtung Leistalm). Nach mehrmaligem Kreuzen der Forststraße und vorbei an der Gasteigerhütte, 1260 m, steigen wir im Almgebiet »Die Riesen« steil bis auf die **Rieshöhe** ❸, 1604 m, hinauf.

Nach der Rieshöhe geht es noch ein Stück Richtung Leistalm, bald danach zweigen wir aber scharf links auf Weg Nr. 218 Richtung Steirersee ab (nicht zur Leistalm weiter!). Unser Weg führt uns am Südufer des Schwarzensees (machmal auch »Schwarzsee« genannt) entlang auf

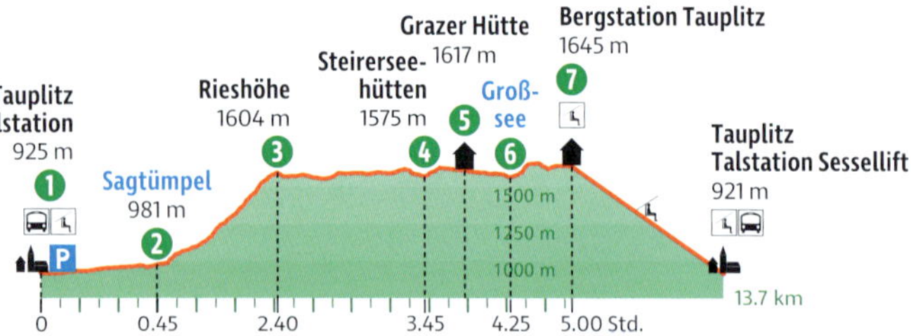

eine kleine Anhöhe mit Wegweisern bei einem Holzgatter, wo wir unmittelbar danach halb rechts bergauf in den Wald abbiegen (nicht links bergab zum Seeuferweg) und schon bald den Steirersee links unten erblicken können. Die Sicht auf den See wird mit fortschreitendem Wegverlauf auf der mit Latschen bewachsenen Steirerseeleiten immer besser und der farbintensive See als Motiv immer beeindruckender!

Nach den **Steirerseehütten** ❹, 1575 m, die in Kombination mit dem Sturzhahn, 2028 m, ein schönes Fotomotiv darstellen, bleiben wir nur kurz auf dem Fahrweg und biegen beim Wegweiser »Linzer Tauplitzhaus, Weg Nr. 218« rechts auf einen Steig ab, der uns zum Werner Bankerl, 1610 m, bringt. Top-Blick über den Steirersee! Nun eben weiter, bis wir nach ca. 200 Metern wieder auf den von den Steirerseehütten heraufziehenden Fahrweg gelangen. Vorbei an der **Grazer Hütte** ❺, 1617 m, in der Heinrich Harrer von 1933 bis 1936 seine Ferien als Wirt verbrachte, erreichen wir den kleinen Tauplitzsee.

Danach wandern wir der »6-Seen-Wanderung« folgend rechts hinunter bis zum **Großsee** ❻, 1570 m, und machen beim Ufer noch den kurzen Abstecher nach rechts zum Märchensee (Wegweiser). Nach vielen herrlichen Motiven begeben wir uns wieder zum Großsee, um dort rechts bergauf zu steigen. Der Wanderweg führt uns zur **Bergstation** des **Tauplitz-Sesselliftes** ❼, 1645 m, mit dem es zurück ins Tal geht.

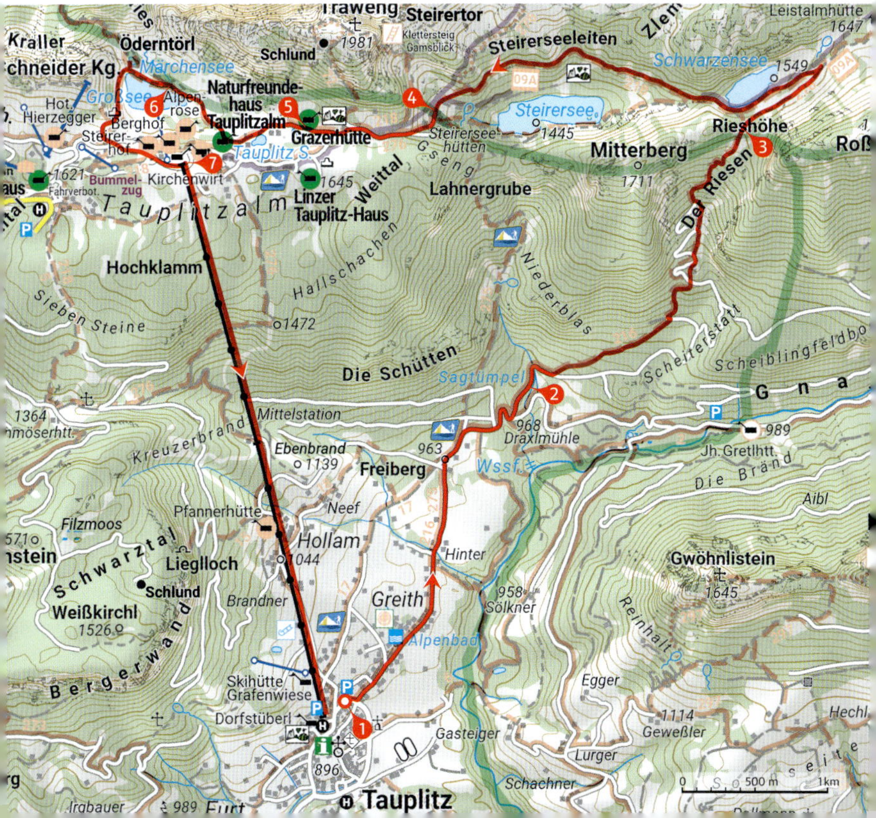

32 Loserfenster, 1710 m
Von Altaussee über Loserhütte und Augstsee

4.00 Std. | 8,3 km | ↗1060 m | ↘200 m

Nordwand-Durchbruch in Vollkommenheit

Das Gebiet um den markanten Bergstock des 1838 m hohen Loser ist nicht nur wunderschön, sondern auch geschichtsträchtig: Sisi, Kaiserin Elisabeth von Österreich-Ungarn, hat es mit Begeisterung erwandert und dem Loser 1886 ihr »Loserlied« gewidmet. In der zweiten Strophe heißt es: »Was eure Herzen möchten, vertraut's dem Loser an; in lauschig stillen Nächten verrät dem Mond er's dann.« Die wundervolle Kombination aus Felsenfenster, Seenlandschaft und verblüffendem Bergpanorama garantiert einen unvergesslichen Ausflug in dieses faszinierende hochalpine Gebiet. Ausgehend von Altaussee erreichen wir über den Kilerweg die Loseralm und steigen vorbei am Augstsee hinauf zum großen Loser-Felsenfenster. Der Augstsee, der malerisch in ein Kar zwischen dem Hochanger und dem Atterkogel eingebettet ist und der sogar als Kulisse für den Mystery-Abenteuerfilm »Der letzte Tempelritter« mit Nicolas Cage gewählt wurde, lädt zusätzlich zur Umrundung ein. Die lang andauernde Vorfreude auf den Blick durch das mächtige Felsenfenster, das zugleich eines der bekanntesten Naturphänomene im Salzkammergut darstellt, wird erst unmittelbar beim Erreichen der durchbrochenen Felswand beendet, weil sich das spektakuläre Naturwunder davor nicht zeigt.

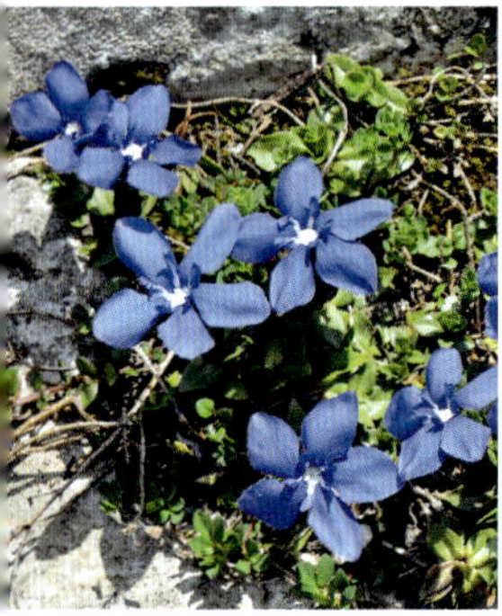

Ausgangspunkt: Volkshaus in Altaussee, Fischerndorf 179. Anfahrt von Liezen bzw. Bad Goisern auf der Salzkammergutstraße B 145 bis zur Abzweigung nach Altaussee, gebührenpflichtige Parkplätze vorhanden.
ÖPNV: Verbund Linie 955 (Bad Aussee – Bad Goisern) vom Bahnhof in Bad Aussee nach Altaussee, Haltestelle Kurhaus.
Anforderungen: Bis zum Augstsee einfache Wanderung, danach alpiner Steig, der knapp vor dem Loser-Felsenfenster kurz über gut versicherte Schrofen führt. Abstieg auf mäßig steilem Wiesenhang (Skipiste) bis zur Loseralm.
Abstieg: Von der Loseralm (Mautstraße), 1577 m, Abfahrt mit Taxi (Loser Ruf-Sammel-Taxi: Taxi Gasperl, Tel. +43 664 2000902, bzw. Taxi Zwetti, Tel. +43 676 3622605; Loser Wander- & Flieger Taxi, Tel. +43 676 87813206). Alternative: Loser-Panoramabahn ab Bergstation Loseralm (Eröffnung geplant für 8. 12. 2023, www.loser.at, Tel. +43 3622 71315), ab Talstation ca. 3 km zu Fuß zum Volkshaus.
Einkehr: Loserhütte (Tel. +43 3622 71202), Loser-Alm Bergrestaurant (www.loseralm.at).
Karte: f&b WK 0082.
Tipp: Sehr kurzer Aufstieg zum Loserfenster ab Parkplatz am Ende der mautpflichtigen Loser-Panoramastraße (Loseralm).

Blick durch das Loserfenster.

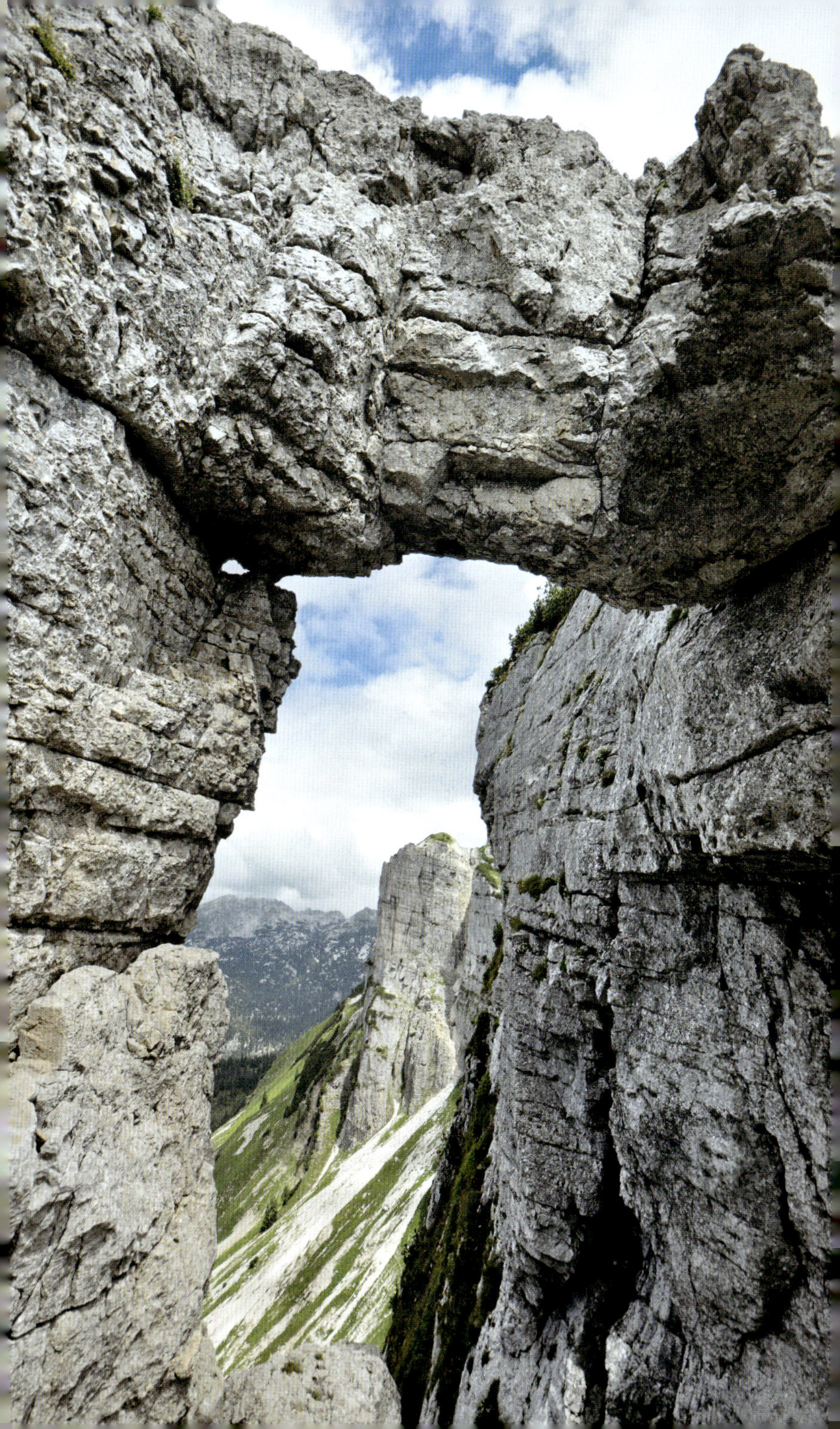

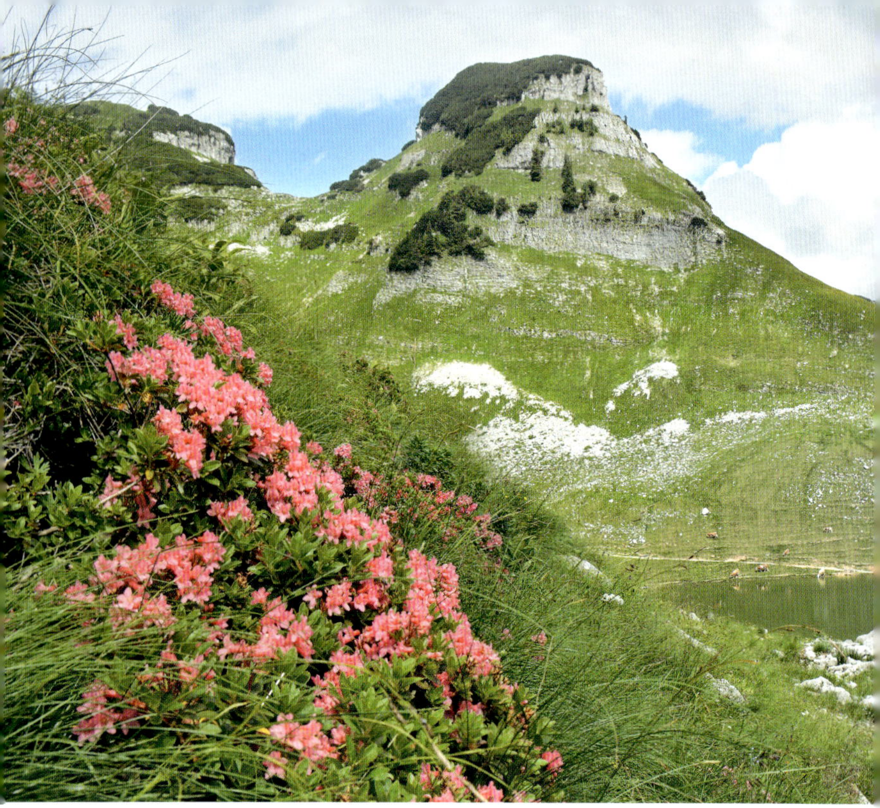

Augstsee und Atterkogel.

Wir starten beim **Volkshaus** in **Altaussee** ❶, 719 m, gehen ca. 450 Meter auf der Fischerndorf-Straße nach Osten (Markierungen) und biegen dann links in die Altengasse ab, die wenig später in den Kilerweg überleitet. Nun immer am Kilerweg (Weg Nr. 254) steigen wir in weiten Serpentinen Richtung Loserhütte/Loser bis zur **Loser-Panoramastraße** ❷, 1412 m, auf. Dort halten wir uns rechts, gehen ein paar Meter am Asphalt und zweigen bei nächster Gelegenheit halb links ab, um über die mäßig steile Skipiste unterhalb der mächtigen Felswände des Loser, 1838 m, die **Loserhütte** ❸, 1504 m, zu erreichen. Wunderschöner Blick zum Altausseer See und zum vergletscherten Dachstein-Massiv!

Von der Hütte geht es über die nun steilere Skipiste zur **Loseralm** ❹, 1577 m, hinauf und auf einem Fahrweg in einer Linksschleife zum Augstsee. Links oben sehen wir eine Liftstation; rechts daneben, noch versteckt, befindet sich das Loser-Felsenfenster. Wir kommen zum **Wegweiser »Loser Fenster«** ❺ (Weg Nr. 256), 1643 m, gehen rechts am **Augstsee** vorbei und steigen über den gut gestuften, von Karrenfeldern durchzogenen Felsabschnitt steil bergauf. Die verkarsteten Felsen inmitten grüner Wiesen geben der Landschaft einen besonderen Reiz. Im Frühsommer begeistert hier blühender Almrausch.

Im obersten Steigabschnitt erleichtern Haltegriffe an Felsen den Auf-

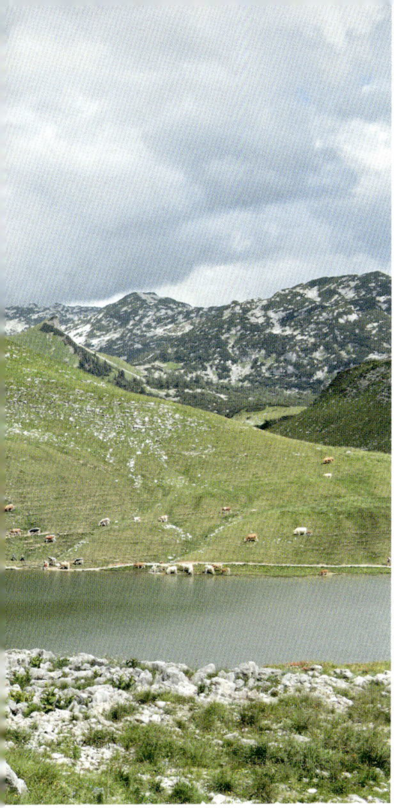

stieg, dann stehen wir plötzlich vor dem gewaltigen **Loserfenster** ❻, 1710 m, das einen wundervollen Rahmen für ein faszinierendes Panorama bildet!
Von hier queren wir zunächst leicht bergab zur nahen Liftstation, dann steigen wir über die steile, aber gut zu gehende Skipiste – Weg über die »Schafkirche« – zur **Loseralm** ❹, 1577 m, ab. Umwerfende Aussicht nach links zum Atterkogel, 1827 m, zum gegenüberliegenden Trisselkogel, 1754 m, mit der markanten Trisselwand sowie zum Augstsee.

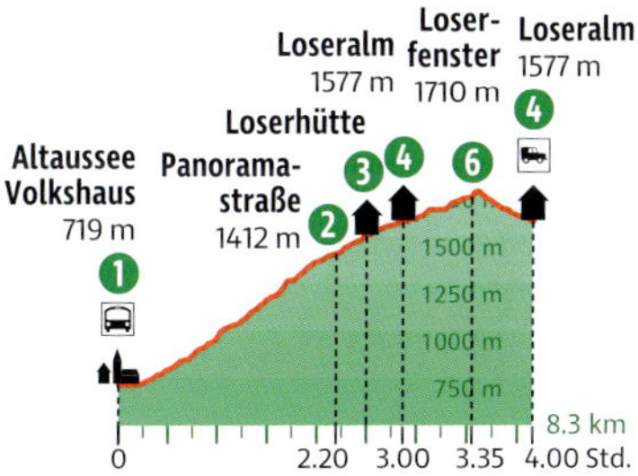

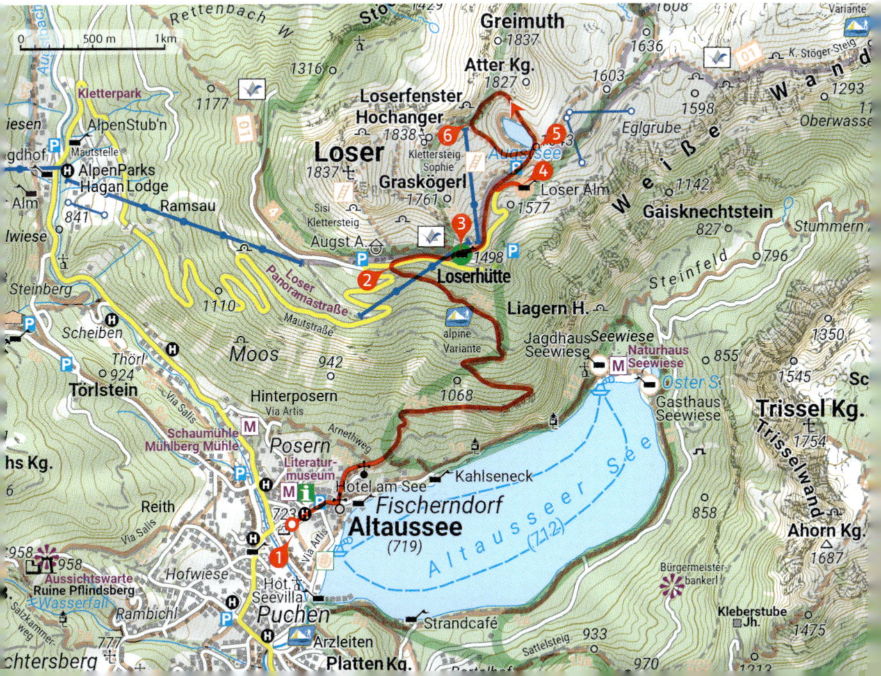

33 Riesgasse und Notgasse

Durch die Öfenschlucht zum Steinerhaus

5.00 Std. | 14,2 km | ↗1040 m | ↘70 m

Schluchtartige Naturdenkmäler und ein uralter Schmuggler-Pfad

Das Naturdenkmal »Obere und untere Notgasse und Riesgasse« ist eine höhlenartige, trockene, bis zu 30 Meter tiefe und an manchen Stellen nur 2 Meter breite Schlucht mit teilweise überhängenden Kolknischen und einem Felsritzbild-Gebiet von internationaler Bedeutung. An manchen Wänden befinden sich Felszeichnungen, deren Ursprünge vereinzelt bis ins Mittelalter datieren. Unser Weg dorthin beginnt bei Gröbming und beeindruckt gleich mehrfach: Zuerst sind es die ausgedehnten Wiesen, über die hinweg wir zu den wilden Felsen der Kammspitze blicken, dann marschieren wir in der spektakulären Öfenschlucht hautnah zwischen Steilwänden bergauf und gelangen schließlich in die Riesgasse; der schmale Steig gibt uns einen Vorgeschmack auf die Notgasse. Letztere ist in der letzten Eiszeit durch einen Sturzbach der Schmelzwässer des Dachstein-Gletschers entstanden. Schon 1902 empfahl der Bergführer Josef Steiner in seinen »Ennstaler Wanderungen«, den canyonartigen Durchbruch zu besuchen, in der »der Wanderer in der kaum einige Meter breiten, etwa eine halbe Stunde langen Felsschlucht mit hohen Felsmauern, Zeichnungen und Namen von hunderten von Jahren herfindet« und ergänzte, dass diese »schauerliche Felsschlucht« bereits in Zeiten der Römer als Saumweg und später den Schmugglern als Steig gedient habe. Über die Brünnerhütte erreichen wir unser Tourende beim Berggasthof Steinerhaus, 1828 m, danach geht es mit einem Fahrzeug (Taxi) über die 12 km lange Stoderzinken-Alpenstraße zurück zum Start.

Kehren in der Öfenschlucht.

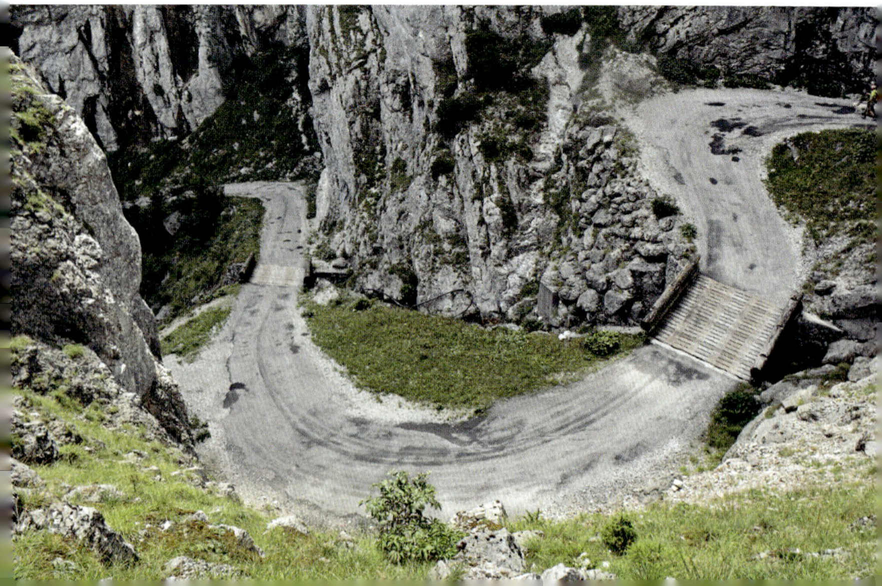

Ausgangspunkt: Jausenstation Stodermaut in Mautdörfl, 863 m. Anfahrt von Liezen bzw. Schladming über die Ennstalstraße B 320 bis Gröbming, dort 3 km Richtung Stoderzinken-Alpenstraße bis Mautdörfl, Parkmöglichkeiten am Straßenrand.
ÖPNV: Verbund Linie 948 (Gröbming – Weyern), Haltestelle Winkl Mautstelle unweit der Jausenstation Stodermaut.
Anforderungen: Steiler Aufstieg auf Asphalt durch die Öfenschlucht; danach bis zur Brandalm zum Großteil auf Forststraße; Pfad durch Riesgasse und Notgasse wildromantisch, aber steinig, uneben und schmal.
Abstieg: Die Strecke zwischen dem Berggasthof Steinerhaus (mautpflichtige Stoderzinken-Alpenstraße) und dem Ausgangspunkt wird mit dem Taxi absolviert (Taxi Seebacher, Michaelerberg – Pruggern, Tel. +43 664 4228988; Taxi Stocker: Michaelerberg – Pruggern, Tel. +43 664 9635232; Ruftaxi Stoderzinken: Tel. +43 3685 22131-22, Anmeldung am Vortag).
Einkehr: Jausenstation Stodermaut, Brünnerhütte (Tel. +43 3686 2646), Jausenstation Stoderhütte, Berggasthof Steinerhaus (www.steinerhaus.at).
Karte: f&b WK 201 oder WK 0281.
Tipps: 1. Ab Brünnerhütte auf Weg Nr. 675 direkt auf den Stoderzinken, 2048 m, von dort auf Weg Nr. 676 zum Berggasthof Steinerhaus.
2. Alternative ohne Notgasse: Weg Nr. 618 (Öfenschlucht – Rotwandschlagweg – Brünnerhütte).
3. Die Touren können verkürzt werden, wenn man vom Parkplatz bei der Kneippanlage in der Lend startet.

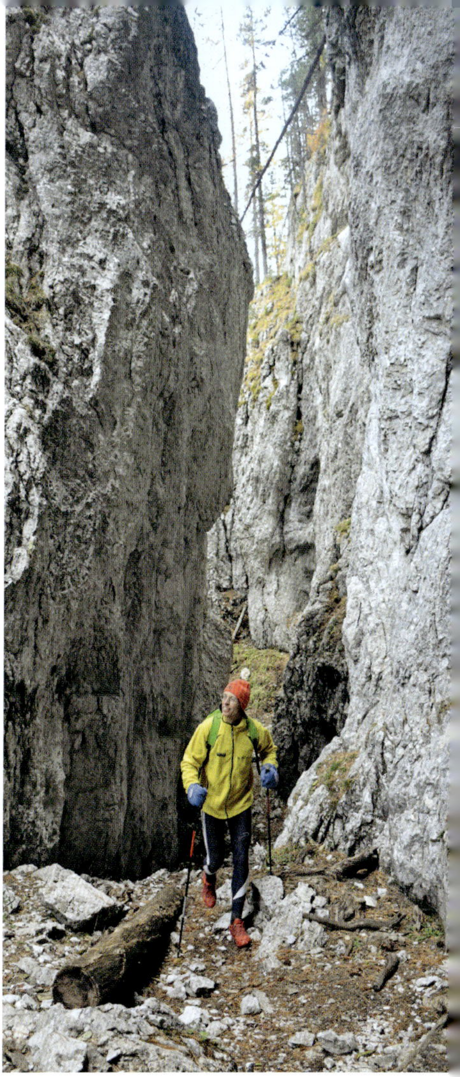

Obere Notgasse.

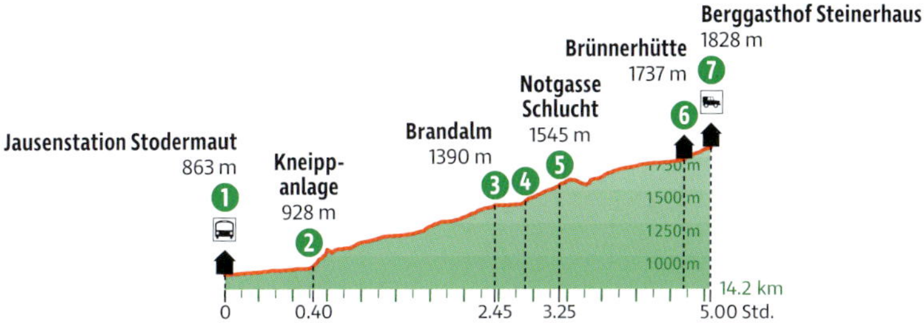

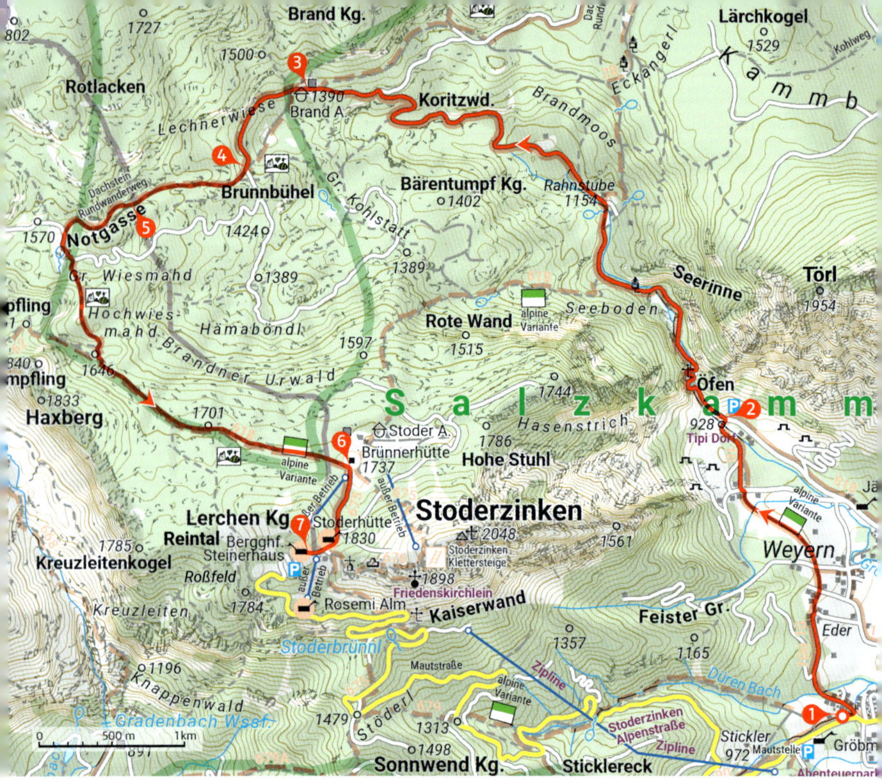

Von der **Jausenstation Stodermaut** ❶, 863 m, geht es nur ein paar Meter Richtung Gröbming, denn wir biegen gleich links ab und wandern immer entlang des gut markierten steirischen Landesrundwanderweges in den Ortsteil Weyern und zum Schotterwerk. Die Zufahrtsstraße zum Werk wird überquert, der Wanderweg findet auf der anderen Straßenseite im Waldstück seine Fortsetzung (Achtung Markierung!) und läuft anfangs parallel zum Schotterwerk weiter. Über den schönen Waldweg erreichen wir die **Kneippanlage** in der **Lend** ❷, 928 m.

Dort beginnt der steile Asphaltweg durch die gewaltige **Öfenschlucht** (Weg Nr. 618 Richtung Stoderzinken), der sich in der Folge in mehreren kühnen Serpentinen und über fünf rustikale Holzbrücken durch die enge Felsspalte mit den überhängenden Felswänden zwängt. Dann nimmt die Steigung ab, und der nun schottrige Fahrweg kurvt durch den flachen Seeboden und vorbei an einer weiteren Felswand bergauf.

Wir biegen beim ersten Gatter nicht (!) links auf Weg Nr. 618 zur Brünnerhütte ab, sondern bleiben noch bis zur markanten Kreuzung bei einer Hütte (Rahnstube, 1154 m) auf dem Fahrweg. Dort links, weiter am Fahrweg, bis zu einer markanten Rechtskurve mit Wegweisern, wo wir links abzweigen und nach ca. 500 Metern die idyllisch gelegene **Brandalm** ❸, 1390 m, erreichen. Schöner Blick zum Stoderzinken-Gipfel!

Wir bleiben dem flachen Fahrweg noch ein Stück treu. Ein Holzpfeil bei einer unübersehbaren **Infotafel** ❹, 1420 m, lotst uns schließlich nach rechts in den Wald. Der urige Pfad schlängelt sich durch die »Riesgasse«, einen schmalen, moosbewachsenen Graben mit kleineren und größeren Felsformationen, Felslöchern und Farnen über zwei kleine Holzbrücken leicht bergauf.

Am Ende der Riesgasse, wenn der schmale Steig erstmals auf eine größere Ebene trifft, ist Vorsicht geboten: Wir biegen hier nicht rechts ab, auch wenn der Steig dorthin besser ausgetreten wirkt als der geradeaus verlaufende Weg, denn rechts geht es auf den Hirzberg, 2051 m. Wir müssen geradeaus (!) weiterwandern und stoßen nach 10 Metern auf den nächsten Holzpfeil mit der Aufschrift »Notgasse«, die wir dann auch sehr rasch erreichen. Die **Notgasse** ❺, 1445 m, ist eine spektakuläre schmale Schlucht, nicht allzu viel Licht kann durch die hohen, senkrechten Felswände in dieses auch historisch interessante Naturphänomen fallen. Am Ende ist ein Schluchtbuch angebracht.

Nach der Schlucht dreht der Steig nach rechts, zieht links von Plattenwand vorbei und mündet wenig später auf der Großen Wiesmahd (große freie Wiesenfläche) in eine Forststraße, auf der wir uns links halten. Nach etwa 250 Metern zweigen wir von der Forststraße nach rechts auf einen Steig ab, 1565 m, der zur waldfreien Senke der Hochwiesmahd leitet und später in den markierten Dachstein-Rundwanderweg (Weg Nr. 618), 1650 m, mündet. Dort halten wir uns links und erreichen nach lichtem Zirben- und Lärchenwald die ruhig gelegene Stoderalm mit der **Brünnerhütte** ❻, 1737 m, die im Jahr 1887 erbaut wurde. Sehr schönes Panorama!

Der Schlussanstieg führt uns hinauf zum **Berggasthof Steinerhaus** ❼, 1828 m, von wo es mit dem Fahrzeug zurückgeht.

Untere Notgasse.

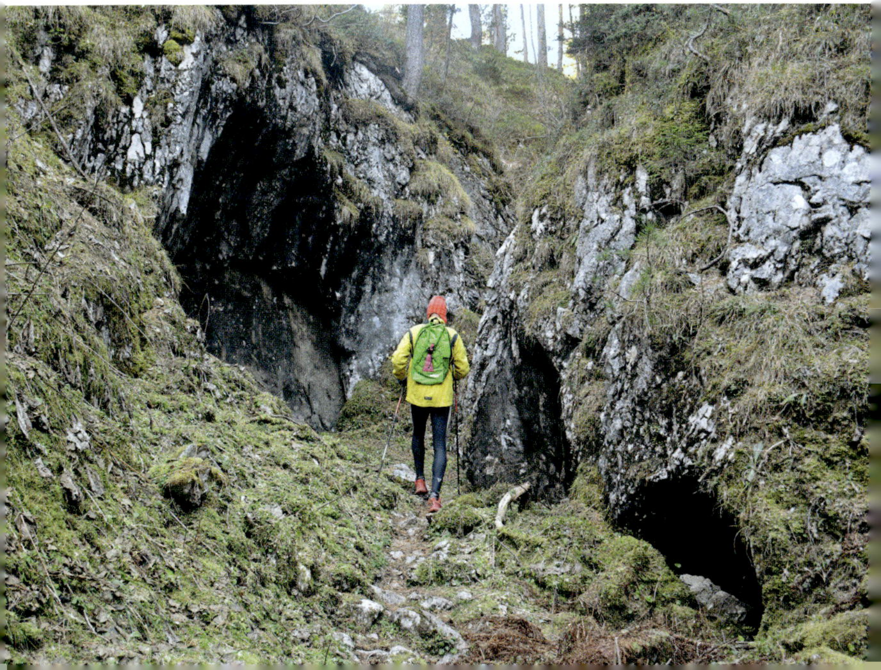

34 Stoderzinken, 2048 m
Friedenskircherl und Florasteig

2.00 Std. | 3,6 km | ↗ 330 m | ↘ 330 m

Hoch gelegener Start und 60 Meter steiler Fels

Der Stoderzinken ist ein prachtvoller Aussichtsberg. Dank der Anfahrt über die Stoderzinken-Alpenstraße kann man den Gipfel auch ohne viel Abstieg und in diesem Fall auch ohne viel Aufstieg besteigen. Wir wählen den Aufstieg über das Friedenskirchlein und den kurzen, knackigen, aber nur teilweise versicherten Florasteig (A, I–) und steigen nach dem Gipfelsieg auf dem Normalweg ab. Die Tour besticht durch die Wegführung und einen herrlichen Blick zum Dachstein-Gletscher. Das Friedenskirchlein – auch Stoderkircherl genannt – beeindruckt durch seine außergewöhnliche Lage in der Stoderzinken-Südwand; Emil Ritter von Horstig d'Aubigny, der Pionier der Erschließung des Stoderzinken, ließ es 1902 erbauen. Der schmale Steig, auf dem wir uns dem Kirchlein nähern, verwöhnt uns linker Hand mit einer hochalpinen Felsszenerie und gibt uns auf der rechten Seite das Gefühl grenzenloser Freiheit.

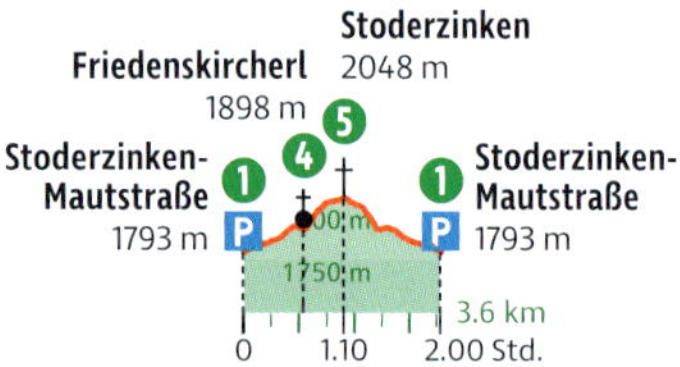

Ausgangspunkt: Parkplatz am Ende der Stoderzinken-Alpenstraße, 1793 m (Maut). Anfahrt von Liezen bzw. Schladming über die Ennstalstraße B 320 nach Gröbming, dort auf die Stoderzinken-Alpenstraße.
ÖPNV: Keine.
Anforderungen: Florasteig: teilweise versicherter Steig (A, I–), Trittsicherheit und Schwindelfreiheit erforderlich, nur für Geübte ohne Klettersteigausrüstung; sonst einfache Wanderung.
Einkehr: Berggasthof Steinerhaus (www.steinerhaus.at), Jausenstation Stoderhütte.
Karte: f&b WK 201 oder WK 0281.
Tipp: Der Florasteig kann auf dem Normalweg umgangen werden (dann Schwierigkeit »blau«).

Wir gehen vom **Parkplatz** am Ende der Stoderzinken-Mautstraße ❶, 1793 m, zum **Berggasthof Steinerhaus** ❷, 1828 m, hinauf und weiter zur **Jausenstation Stoderhütte** ❸, 1830 m. Bei der folgenden Weggabelung halten wir uns rechts und marschieren auf Weg Nr. 676 Richtung

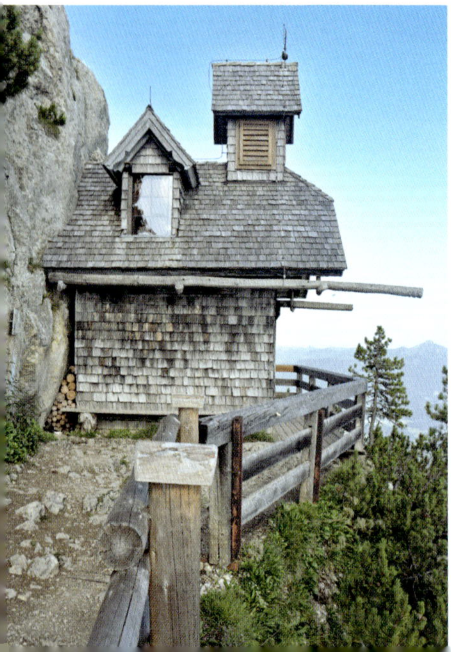

Friedenskircherl.

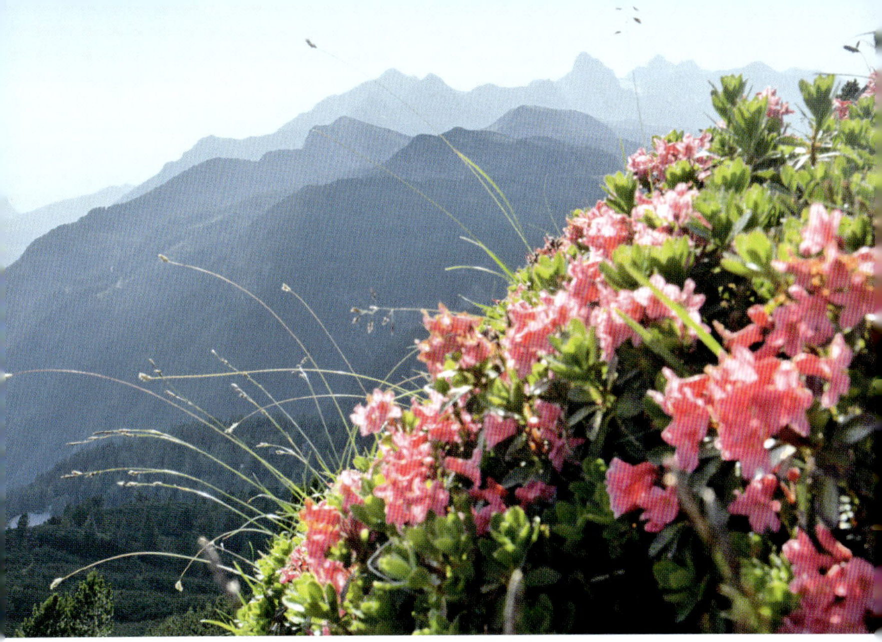

Panoramablick zum Dachstein-Massiv.

Friedenskircherl. Wir treffen später auf das neben einer glatten Felswulst stehende Weißbeton-Standbild von Peter Rosegger; es wurde zur Erinnerung an den steirischen Dichter errichtet, der 1902 seinen Freund Emil Ritter von Horstig d'Aubigny auf dem Stoderzinken besuchte.

Bei der Wegtrennung wandern wir rechts auf schmalem, beeindruckendem Steig zum **Friedenskircherl ❹**, 1898 m, gehen am Kirchlein vorbei und gelangen direkt in die Felsen. Nun geht es am Florasteig im Zickzack steil durch die felsige, teilweise versicherte Flanke etwa 60 Höhenmeter hinauf zum breiten Stoderzinken-Westrücken. Trittsicherheit und Schwindelfreiheit sind nötig, da kurze Passagen ganz leichte Kletterei verlangen (I–).

Nach der aufregenden Kraxelei gehen wir wieder viel gemütlicher weiter und erreichen auf landschaftlich großartigem Steig durch Latschengassen und über felsdurchsetzte Wie-

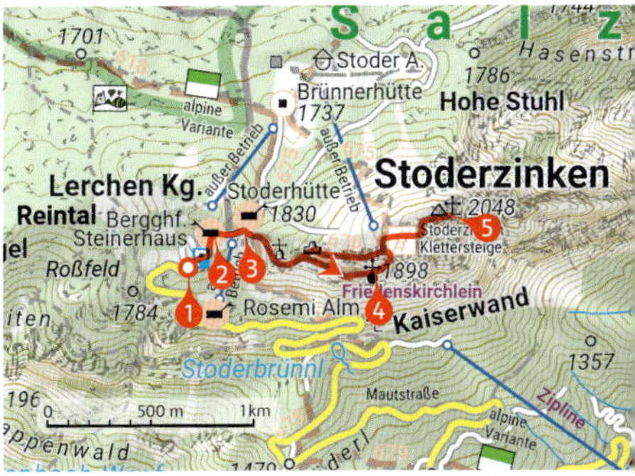

sen den grasüberzogenen Gipfel des **Stoderzinkens ❺**, 2048 m; das Gipfelkreuz steht etwas tiefer. Fantastischer Tiefblick ins Ennstal und Top-Panorama mit Dachstein-Gletscher, Kammspitz und Totem Gebirge!

Beim Abstieg zum Ausgangspunkt – nun ohne Florasteig – orientieren wir uns wieder am Weg Nr. 676 (»Steinerhaus-Parkplätze«), der uns zum Peter-Rosegger-Denkmal bringt und danach, am **Berghaus Steinerhaus ❷** vorbei, zum **Parkplatz ❶**.

35 Dachsteinwarte-Hütte, 2740 m

Hunerschartensteig und Gletscherpfad

4.30 Std. | 8,3 km | ↗ 1180 m | ↘ 190 m

Über versicherte Felsen und Eis hautnah an den Dachstein heran

Unsere Bergtour, die uns ganz knapp an den höchsten Gipfel der Steiermark heranführt, ist unvergleichlich! Schon die ersten Meter von der Talstation der Dachstein-Gletscherbahn zur Dachstein-Südwandhütte begeistern durch die Ausstrahlung der spektakulären Dachstein-Südwand und die großartige Lage der Hütte. Über einen sehr gut versicherten Steig (A/B) erreichen wir die Hunerscharte am Rand des Schladminger Gletschers. Die erste Begehung unseres Weges fand durch den Ramsauer »Auhäusler« statt, der bei der Gämsenjagd den Spuren der flüchtenden Tiere folgte und dabei durch Zufall den Durchstieg durch die Felsabstürze zum Schladminger Gletscher entdeckte. Danach peilen wir den Gletscherweg am Hallstätter Gletscher an, steigen dort in Schnee und Eis bis zum felsigen Dachstein-Gipfelaufbau und beenden unseren Aufstieg bei der Dachsteinwarte-Hütte (Seethalerhütte), mit 2740 Metern die höchstgelegene Hütte in der Dachstein-Tauern-Region. Das Panorama ist vom Start bis zum Ziel erstklassig! Der Abstieg endet bei der Bergstation am Hunerkogel, von wo wir mit der modernen Gondel, bei Platz sogar am offenen Panorama-Deck, ins Tal schweben und unser hochalpines Aufstiegserlebnis aus der Vogelperspektive Revue passieren lassen können.

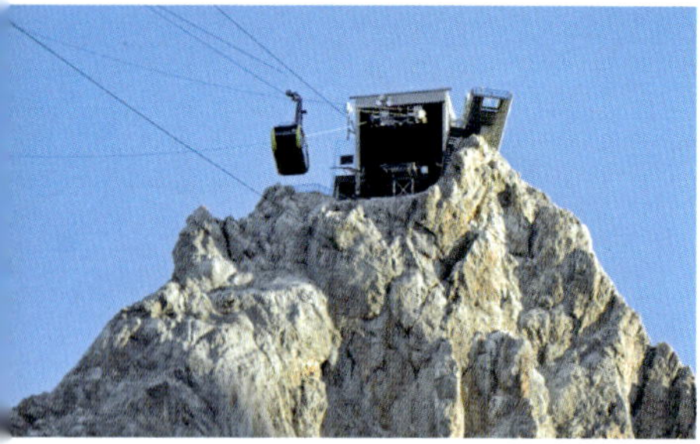

Ausgangspunkt: Parkplatz bei der Talstation der Dachstein-Gletscherbahn, 1680 m (www.derdachstein.at, Tel. +43 3687 22042810). Anfahrt von Liezen über die Ennstalstraße B 320 bis Ruperting, von dort über Weißenbach-Rössing nach Ramsau am Dachstein, danach gut beschildert zur Dachstein-Mautstraße.
ÖPNV: Verbund Linie 960 (Schladming-Dachsteinseilbahn) bis Haltestelle Dachstein Türlwandhütte.
Anforderungen: Hochalpine Tour! Bis zu den Felsen im Kar der Schwadering alpiner Steig, danach gut versicherter Klettersteig (A/B, 200 Höhenmeter) in die Hunerscharte. Gletscherweg zur Dachsteinwarte-Hütte bei gutem Wetter problemlos, da Präparierung mit Pistengerät. Klettersteigset und Helm empfohlen.
Abstieg: Von der Bergstation am Hunerkogel, 2687 m, Abfahrt mit Gondel.
Einkehr: Berghotel Türlwandhütte (www.tuerlwand.at), Dachstein-Südwandhütte (Tel. +43 3687 81509), Dachstein-Panoramarestaurant (www.derdachstein.at), Dachsteinwarte-Hütte/Seethalerhütte (Tel. +43 3687 81209).
Karte: f&b WK 201 oder WK 0281.
Tipp: Die Abfahrt mit der Seilbahn sollte man vorab reservieren.

Tiefblick zur Dachstein-Südwandhütte.

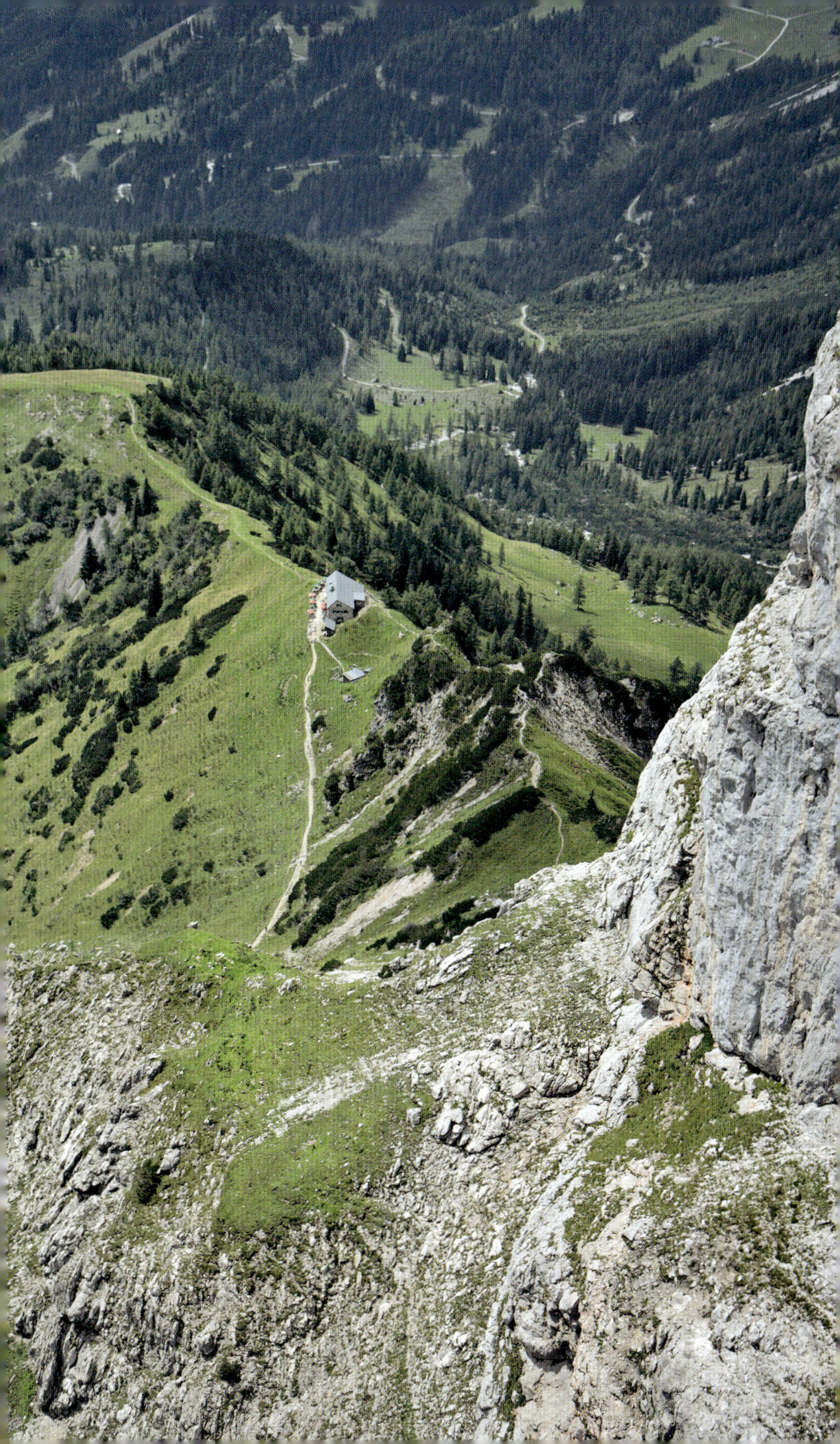

Wir gehen vom **Parkplatz** der Talstation der **Dachstein-Gletscherbahn** ❶, 1680 m, auf gutem Weg Nr. 6/315 zur **Dachstein-Südwandhütte** ❷, 1871 m. Dachstein-Südwand und Lage der Hütte sind beeindruckend!

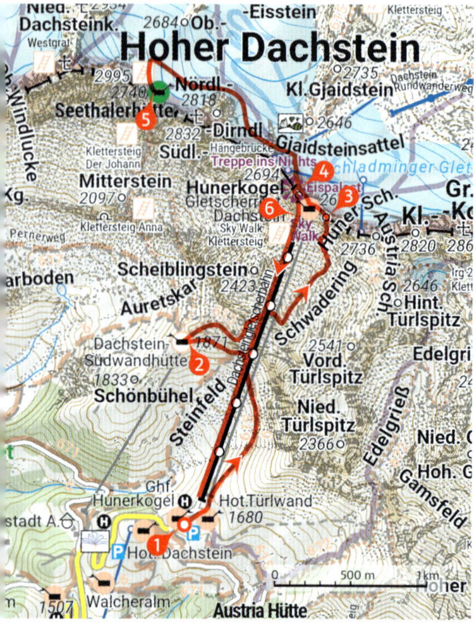

Beginn des Hunerschartensteiges.

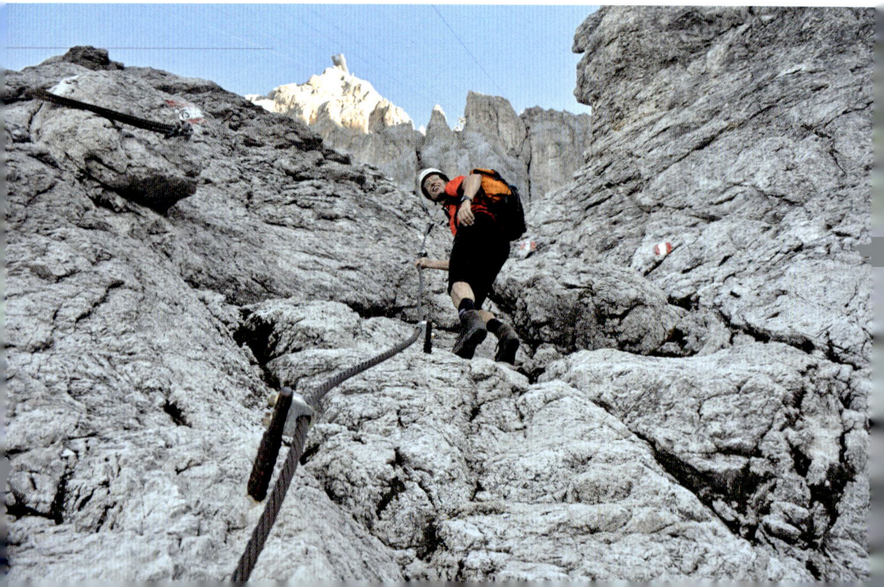

Bei der Hütte folgen wir dem Wegweiser zur Hunerscharte. Wir gehen zuerst über einen Rücken und queren dann – kurz versichert – nach rechts hinüber in das weite Kar der Schwadering, das sich unterhalb der Seilbahn-Bergstation am Hunerkogel erstreckt. Der gut markierte Steig windet sich dann immer östlich der Seilbahnanlage in Serpentinen durch das Kar bergauf. Beim Felsmassiv im obersten Bereich des Kares beginnen die ersten Sicherungen. Der Klettersteig (A/B) ist hervorragend versichert und führt durch eine großartige Felslandschaft. Später zweigt links der Sky Walk Klettersteig (E) ab, dem nicht gefolgt wird! Wir klettern dort nach rechts, weiterhin gut abgesichert mit Eisenstiften und Seilen, spektakulär bis zum Ende des Klettersteiges in der **Hunerscharte** ❸, 2613 m, die fast direkt am Rand des Schladminger Gletschers liegt.

Dort lotsen Wegweiser nach links zur Bergstation der Dachstein-Gletscherbahn (Weg Nr. 18), die wir über den Gletscherrand beim Felsfuß an-

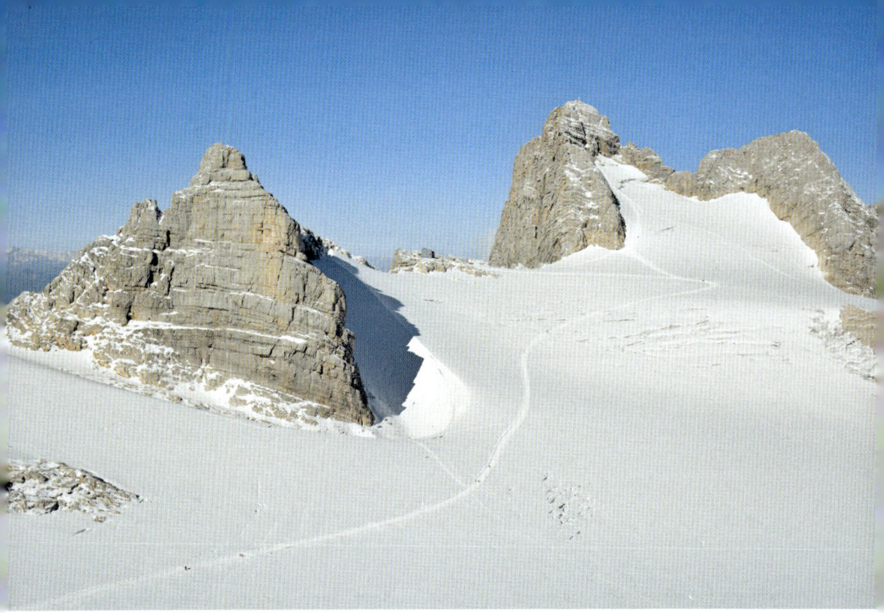

Dachsteinwarte-Hütte zwischen Dirndl (links) und Hohem Dachstein (rechts).

steuern. So gelangen wir auf den von der Bergstation wegführenden **Gletscherweg** ❹, 2668 m, und steigen auf diesem ein Stück zum Hallstätter Gletscher ab, um erst danach zur Dachsteinwarte-Hütte aufzusteigen. Der Gletscherweg ist bei Schönwetter problemlos, da er von Pistengeräten präpariert und mit Schneestangen markiert ist. Beim Höhersteigen fasziniert der Dirndlkolk, der oft als größter Windkolk der Ostalpen bezeichnet wird: Der Freiraum im Gletscher am Fuße des Östlichen Dirndl, 2818 m, entstand durch die Düsenwirkung starker Windtätigkeit.

Knapp vor Beginn der Felswände, die am Gipfel den höchsten Punkt der Steiermark bilden, macht unser Weg eine Schleife nach links, und wir erreichen wenig später die **Dachsteinwarte-Hütte (Seethalerhütte)** ❺, 2740 m, die uns einen faszinierenden Einblick in die Dachstein-Südwand schenkt. Auf der gesamten Tour bestechen das Bergpanorama und die fantastische Naturkulisse!
Schließlich gehen wir auf demselben **Gletscherweg** ❹ zur Bergstation der **Dachstein-Gletscherbahn** ❻, 2687 m, zurück und fahren mit der Gondel hinunter ins Tal.

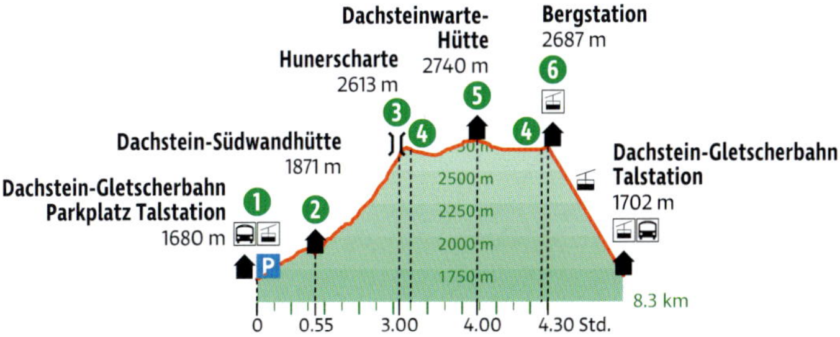

36 Jungfrauensteig, 1977 m

Bizarre Felsen am Weg zur Türlwandhütte

2.45 Std. | 5,3 km | ↗ 660 m | ↘ 300 m

Steilanstieg bis zum höchstgelegenen Postkasten der Ramsau

Der Jungfrauensteig führt uns durch eine einzigartige Szenerie! Es sind nicht nur die Felswände des Dachstein-Massivs, zu denen wir auf Tuchfühlung heranwandern, und die großartige Aussicht, die ungemein begeistern, sondern die bizarren Felsformationen, auf die wir zwischendurch treffen. Der Bereich dieser Felsen – »Steinerne Jungfrauen« genannt – ist für jeden Naturfreund ein optischer Leckerbissen. Umgeben von Latschen finden sich dort senkrechte Felsnadeln, fantastisch geformte Felsenfenster und skurrile Felsformationen. Am Ende des Aufstieges liefert der wohl höchstgelegene Briefkasten der Ramsau ein interessantes Fotomotiv. Für den Abstieg zum Bus beim Berghotel Türlwandhütte bieten sich zwei völlig unterschiedliche Varianten an, ganz nach dem Motto »Wer die Wahl hat, hat die Qual!«: Wir können uns entweder für den Steig entscheiden, der unweit der emporragenden Felswände vorbeiführt und spannende Blicke in das hochalpine Edelgrieskar ermöglicht, oder für den Pfad über die Kammlinie hinab zum Brandriedel, um von dort über die Austriahütte und einen kurzen Gegenanstieg zur Türlwandhütte zu gelangen. Beide Abstiegsvarianten haben ihre Besonderheiten und komplettieren ein wunderschönes Bergerlebnis!

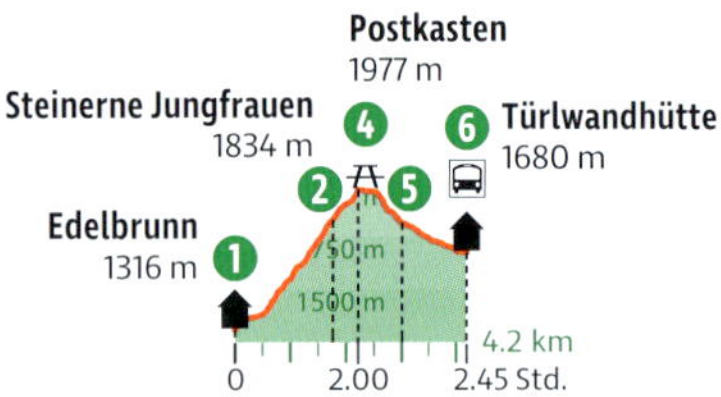

Höchstgelegener Briefkasten der Ramsau.

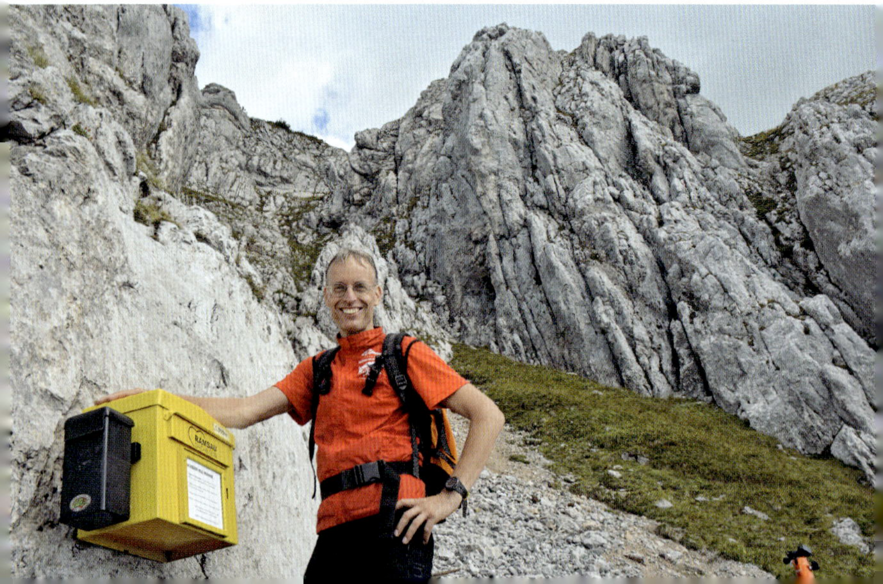

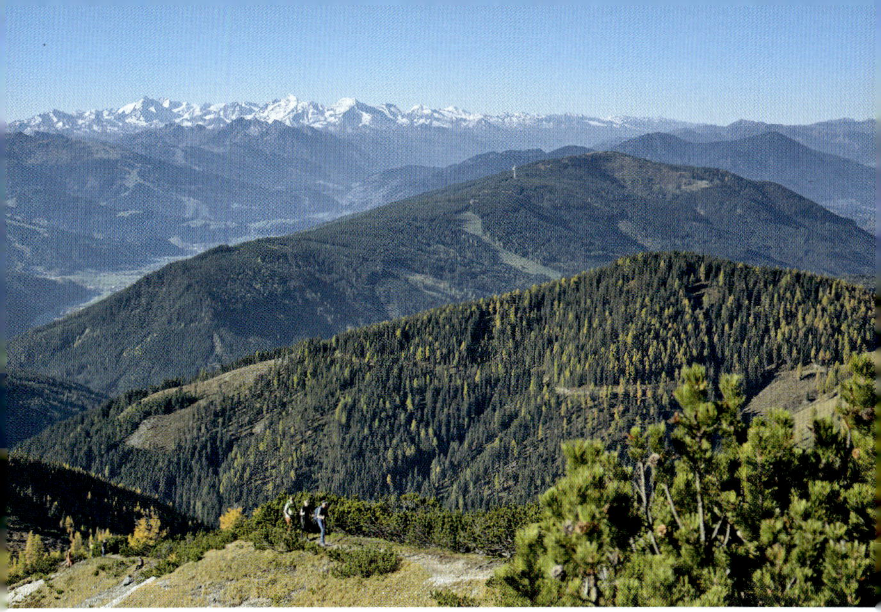

Jungfrauensteig, oberster Teil.

Ausgangspunkt: Parkplätze beim Alpengasthaus Edelbrunn, 1313–1333 m, in Ramsau am Dachstein. Anfahrt von Liezen über die Ennstalstraße B 320 bis Ruperting, von dort über Weißenbach-Rössing nach Ramsau am Dachstein; die Auffahrt zum Alpengasthaus beginnt in der Langgasse (große Hinweistafel) am Westrand von Ramsau.
ÖPNV: Verbund Linie 960 (Schladming – Dachsteinseilbahn) bis Ramsau am Dachstein, Haltestelle Langegasse, von dort ca. 900 m leicht bergauf.
Anforderungen: Der Aufstieg ist durchgehend steil und führt über einen gut ausgetretenen Steig; beide Abstiegsvarianten sind im oberen Teil steil, danach jeweils entspannte Almwanderung.
Abstieg: Abfahrt ab Berghotel Türlwandhütte, 1680 m, mit Bus (siehe auch Seite 145).
Einkehr: Alpengasthaus Edelbrunn (www.edelbrunn.at); nach der Tour: Berghotel Türlwandhütte (www.tuerlwand.at); Variante: Austriahütte (Tel. +43 676 7063836).
Variante: Abstieg über die Austriahütte, Beschreibung auf Seite 145.

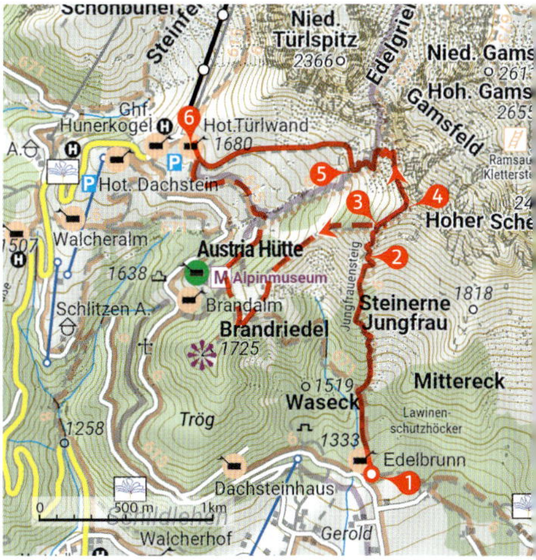

Karte: f&b WK 201 oder WK 0281.
Tipp: Wanderung vom Alpengasthaus Edelbrunn, 1316 m, über Roseggersteig, Brandriedel, Austriahütte zum Berghotel Türlwandhütte, 1680 m, kaum Abstieg. Peter Rosegger hat die richtigen Worte gefunden, als er den Brandriedel mit »Betschemel vor dem Altar Dachstein« bezeichnete.

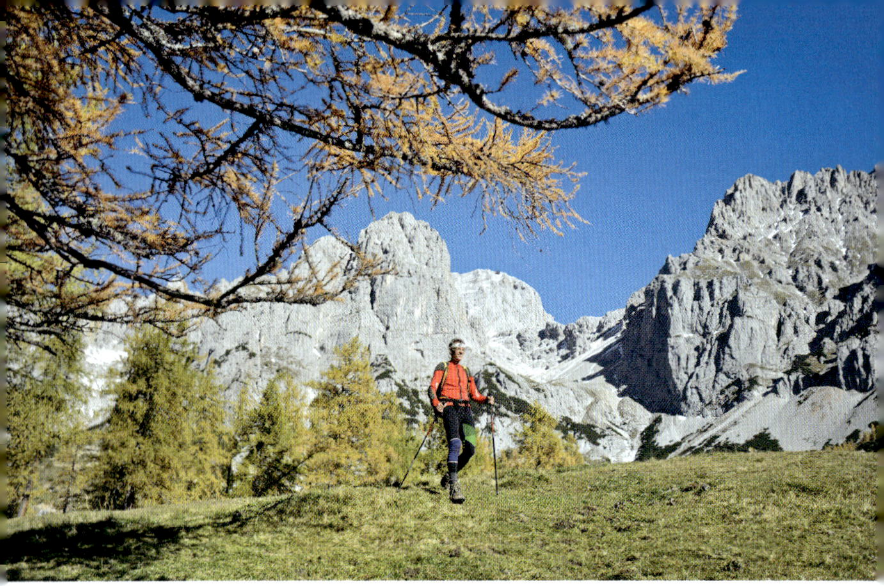

Auf der Abstiegsvariante zur Austriahütte.

Beim **Alpengasthaus Edelbrunn** gibt es mehrere Parkbereiche. Verschiedene Schilder weisen nach rechts zum Jungfrauensteig (Weg Nr. 6), alle »Zubringer« münden in den gleichen Aufstiegsweg. Idealerweise starten wir am **untersten Parkplatz** ❶, 1316 m (Wegweiser), und erreichen nach wenigen Metern einen breiten Weg, dem wir bergwärts folgen.

Schon bald haben wir rechter Hand einen herrlichen Blick auf die Südwände der Scheichenspitze, 2667 m, und direkt vor uns sehen wir über der Baumgrenze einen markanten Grat, dessen breiter Hang von Latschen in Form eines lupenreinen Dreiecks bewachsen ist; vorgelagert können wir auch schon einen Teil der bizarren Felsformationen (»Steinerne Jungfrauen«) erkennen. Wieder im Wald angelangt lotst uns ein Wegweiser nach rechts (»Jungfrauensteig, Weg Nr. 9«). Mehrere einladende Rastplätze und eine kleine Holzleiter versüßen den steilen Aufstieg, der uns schließlich direkt an die erste der **Felsnadeln** ❷, 1834 m, heranführt. Die Szenerie ist atemberaubend!

Knapp danach stößt man auf ein kopfgroßes Holzhäuschen auf einem Holzpfahl neben einer Bank; dort lohnt sich der unmarkierte Abstecher nach rechts durch die Latschen, um die spektakulären Felsenfenster aus nächster Nähe bewundern zu können. Der markierte Weg führt von diesem Rastplatz weiterhin steil bergauf. Am Ende der starken Steigung stößt aus der Latschenzone von links ein **markierter Weg** ❸, 1905 m, hinzu, der zum Brandriedel führt und den wir im Fall der Abstiegsvariante nehmen.

Schließlich erreichen wir den höchsten Punkt unserer Wanderung beim Auslauf des **Gamsfeldgassls** ❹, 1977 m, am Fuße der Hohen Gamsfeldspitze, 2655 m. Sitzbank, Tisch und der höchstgelegene **Postkasten** der Ramsau empfangen uns. Grandioser Ausblick auf das Ramsau-Plateau und die Schladminger Tauern!

Für den Abstieg folgen wir dem Weg weiter nach Nordwesten, queren unter den Felswänden auf gutem Steig und haben prächtige Sicht in das sich rechts ausdehnende Edelgrieskar. Der Steig führt über eine kurze Steilstufe bergab, ist dort stark mit Geröll bedeckt und erfordert Trittsicherheit (Rutschgefahr), Stöcke sehr empfehlenswert!

Wir ignorieren die Abzweigung zum Edelgries (Aufschrift auf Felsen) und wandern links abwärts, Steilheit und steiniger Untergrund lassen bald nach. Bei der Abzweigung zur **Austriahütte** ❺, 1820 m, halten wir uns rechts Richtung **Türlwandhütte** und erreichen diese ❻, 1680 m, über idyllisches Almgelände (Pferde!) auf sehr schönem Steig.

Vom Berghotel Türlwandhütte fahren wir mit dem Bus (Haltestelle Dachstein Türlwandhütte) nach Ramsau am Dachstein bis zur Haltestelle Langegasse, von dort sind es noch ca. 900 Meter leicht bergauf zum **Ausgangspunkt** ❶.

Variante: Abstieg über Austriahütte
(ca. 70 Höhenmeter mehr Abstieg, zusätzlich 45 Min.)

Wir steigen vom **Postkasten** beim **Gamsfeldgassl** ❹ auf dem Aufstiegsweg zurück bis zur Einmündung des **Weges** ❸, der über die Burgleiten zum Brandriedel führt, 1905 m, und folgen diesem nach rechts in die Latschen. Der Steig ist anfangs steil, aber gut strukturiert und wird bald flacher. Großartiger Blick zu den Dachstein-Wänden! Später wandern wir am wiesenreichen Kamm bis zur Kreuzung mit dem **Roseggersteig** (links Metalltreppe), 1698 m, bergab. Dort steigen wir rechts über Wiesen und Lärchenwald zur **Austriahütte** (Wegweiser) hinab, halten uns bei der Hütte erneut rechts und wandern auf einem Forstweg weiter. Weg Nr. 6/615 (Richtung Dachstein-Gletscherbahn) bringt uns schließlich auf nettem Steig zum **Berghotel Türlwandhütte** ❻.

Steinerne Jungfrauen.

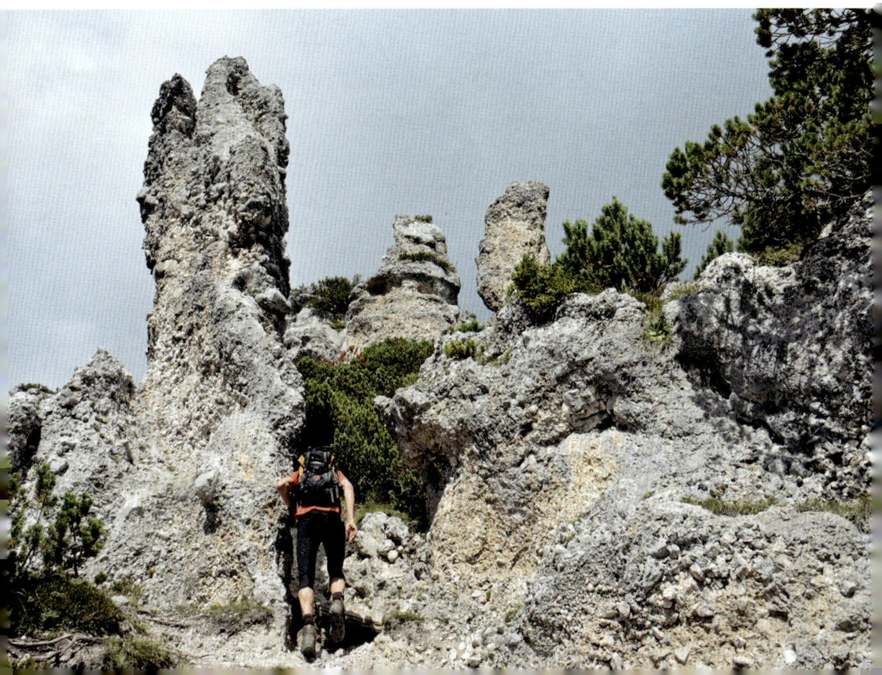

37 Kleiner Gjaidstein, 2735 m, ab Ramsau

Über das Guttenberghaus zum Hunerkogel

TOP | 6.30 Std. | 13,0 km | ↗ 1850 m | ↘ 340 m

Langer, fantastischer Zustieg in das Herz der Dachstein-Gruppe

Wir steigen von Ramsau am Dachstein zum außergewöhnlich schön gelegenen Guttenberghaus hinauf. Danach geht es durch die wild zerklüftete, einsame Karstlandschaft »Am Stein« auf den Gipfel des Kleinen Gjaidstein. Unser hochalpines Unternehmen endet mit dem perfekten Panoramablick auf die Dachstein-Gletscherregion und den Hohen Dachstein. Die enorme Weite dieser Landschaft zeigt den Facettenreichtum der Region, und immer wieder sehen wir in dieser Wüste aus Stein und Fels auch zierliche Alpenblumen! Die Sicht auf mächtige Felsgipfel, tief eingeschnittene Kare, messerscharfe Karrenfelsen und Dolinen, die schon für sich allein eine wundersame Landschaft bilden, wird am Kleinen Gjaidstein noch ergänzt durch den Blick auf das Weiß der Gletscherflächen, die elegant unter uns vorbeifließen. Wenngleich die einzigartige Kombination aus Gletscher und Fels noch immer ein ungemein fesselndes hochalpines Bild liefert, so erschreckt doch die Vorstellung, dass der Gletscher im Jahr 1896 bis auf 2668 Meter reichte, »um an der Schneide der beiden benachbarten Gletscher mit einer sehr zerklüfteten und verwitterten Endkuppe unter dem Firn zu verschwinden« (k. k. Hauptmann und Generalstabsoffizier M. Groller). Besagte Endkuppe liegt knapp oberhalb der Bergrettungshütte, die wir am Gipfelgrat des Kleinen Gjaidsteins sehen.

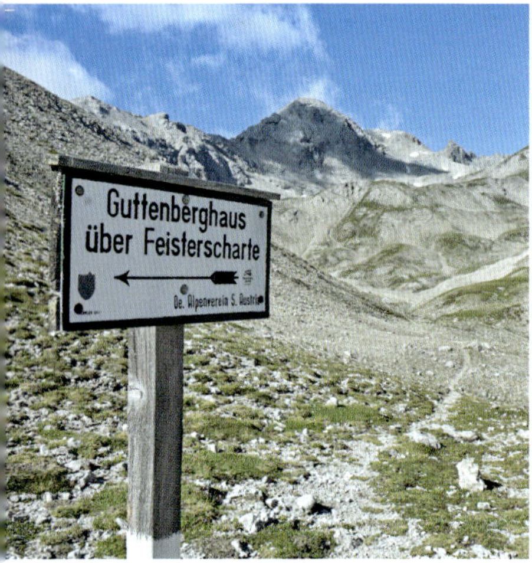

Blick in das Landfriedtal.

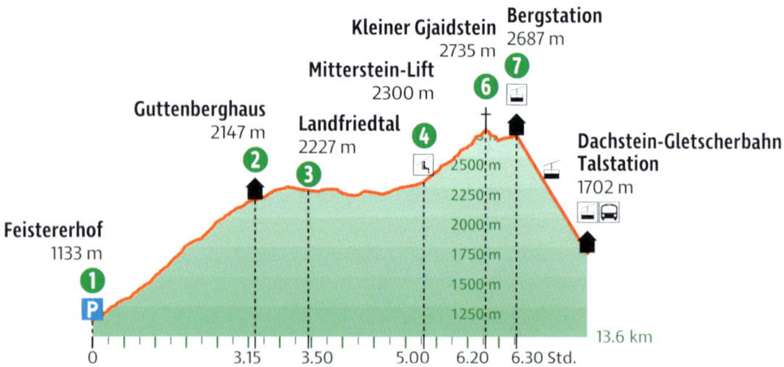

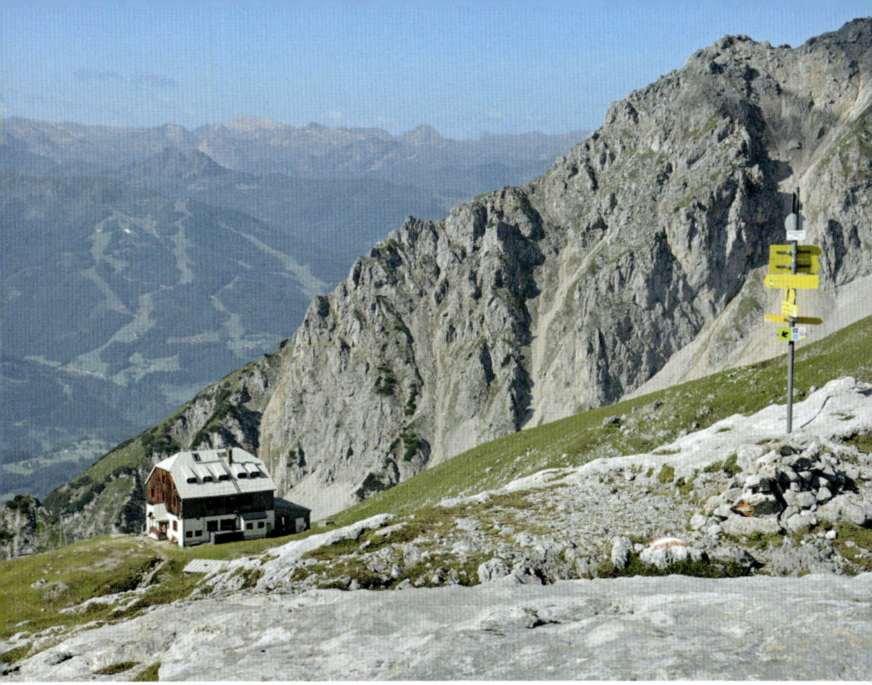

Guttenberghaus.

Ausgangspunkt: Wanderausgangspunkt Feistererhof, 1133 m, in Ramsau am Dachstein (Feistererweg). Anfahrt von Liezen über die Ennstalstraße B 320 bis Ruperting, von dort über Weißenbach-Rössing nach Ramsau am Dachstein; große Hinweistafel am Ostrand von Ramsau. Ausreichend Parkplätze vorhanden.
ÖPNV: Verbund Linie 960 (Schladming – Dachsteinseilbahn) bis Ramsau, Haltestelle Stierer, von dort zu Fuß noch ca. 1,2 km über den Stierhäuslweg.
Anforderungen: Sehr lange, gut markierte Bergtour in hochalpiner Umgebung. Vorsicht bei Nebel! Für den kurzen, gut abgesicherten Gipfelgrat ist Trittsicherheit erforderlich.
Abstieg: Abfahrt mit Gondel ab Bergstation Hunerkogel, 2687 m (www.derdachstein.at, Tel. +43 3687 22042810), danach Bus ab Berghotel Türlwandhütte, 1680 m.
Einkehr: Guttenberghaus (Tel. +43 664 3022956); am Ende der Tour: Dachstein Panoramarestaurant (www.derdachstein.at), Berghotel Türlwandhütte (www.tuerlwand.at).
Variante: Aufstieg über die Silberkarhütte; genaue Beschreibung Seite 149.
Karte: f&b WK 201 oder WK 0281.
Tipps: 1. Seilbahn-Talfahrt reservieren. 2. Eventuell im Guttenberghaus übernachten.

Wir starten beim Parkplatz Wanderausgangspunkt **Feistererhof** ❶, 1133 m (Weg Nr. 616). Zuerst geht es auf Forstweg durch Wald zur Lärchbodenalm, 1406 m, danach auf alpinem Steig direkt zu den Felsen der Fischermauer und schließlich zwischen den grünen Hügeln des Tiefkars hinauf zum **Guttenberghaus** ❷, 2147 m. Die Lage der Hütte, die 1914 errichtet und öfter umgebaut wurde, ist atemberaubend!
Nach einer weiteren kurzen Steilstufe stehen wir in der **Feisterscharte**, 2198 m, zweigen dort nach links ab (von rechts mündet die Variante ein)

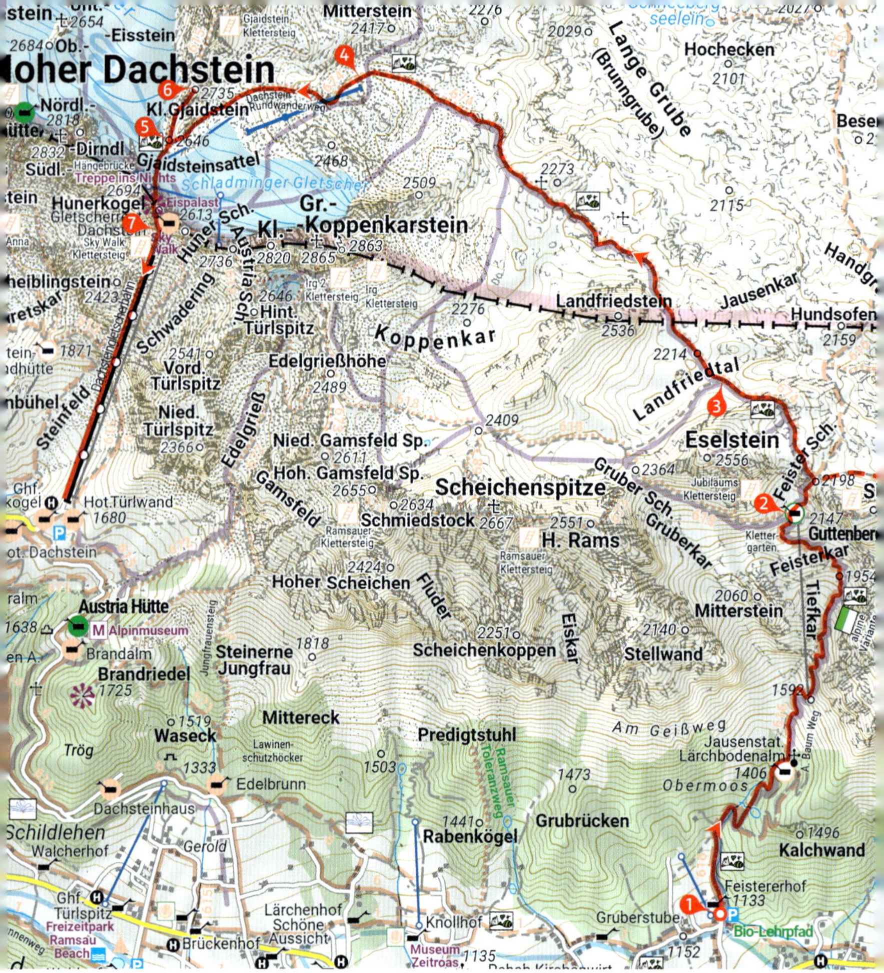

und folgen Weg Nr. 674 Richtung Gjaidsteinsattel/Bergstation Hunerkogel. Die Landschaft ist typisch für die Hochfläche »Am Stein«: Schneemulden, leichte An- und Abstiege, Felsrücken, kleine Rasenpolster und ein weiter Blick bis in das Tote Gebirge prägen das Landschaftsbild.

Nach einiger Zeit zweigt links ein **Weg 3** in das **Landfriedtal** ab, 2227 m – Wegweiser »Guttenberghaus« –, doch wir bleiben rechts (!), marschieren an den Ostabstürzen des Landfriedsteins, 2536 m, entlang und befinden uns später an der Nordseite des Großen Koppenkarsteins, 2863 m. Der spannende Weg, dessen Verlauf man im unübersichtlichen Gelände nur auf kurze Distanz ausmachen kann, ist sehr gut markiert (zusätzlich Stangen); der Grimming spielt im großartigen Bergpanorama eine dominierende Rolle. So nähern wir uns der Felszone mit Kleinem Gjaidstein, 2735 m (links), und Hohem Gjaidstein, 2794 m (rechts).

Von der **Talstation** des **Mitterstein-Sesselliftes 4**, 2300 m, steigen wir mühsam bergauf bis knapp vor den Eissee, 2517 m, dann rechts der Lift-

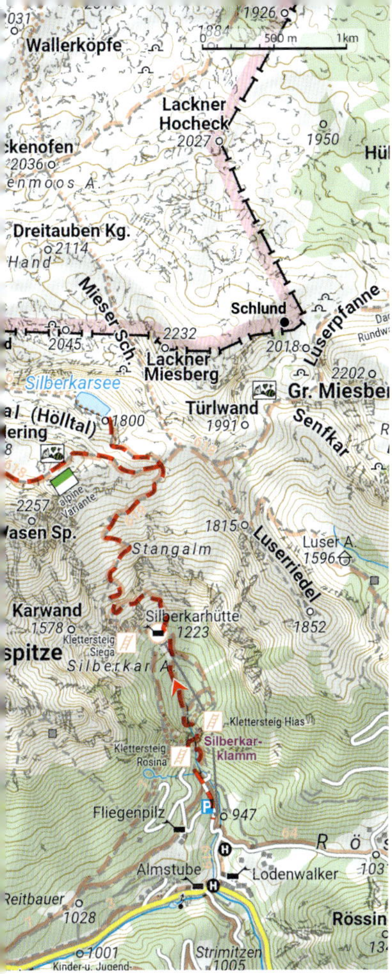

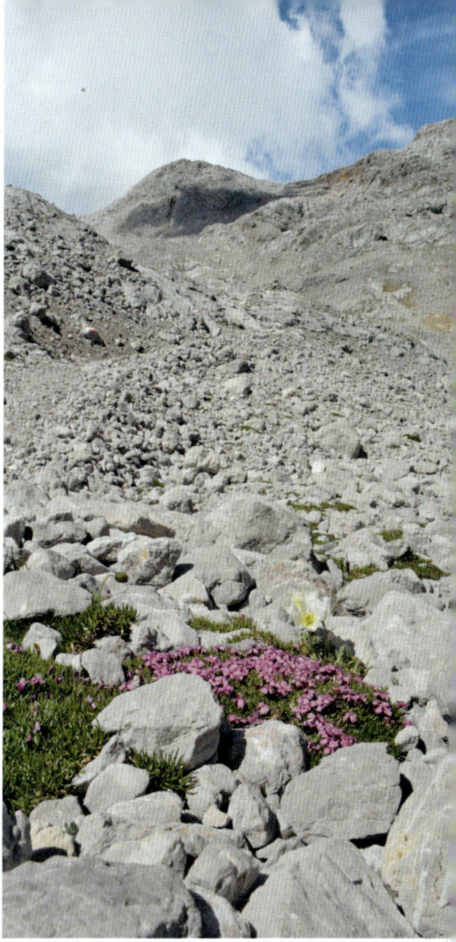

Alpenblumen mit Kleinem Gjaidstein.

anlage auf den Felsrücken. Dort treffen wir ein paar Minuten oberhalb der tiefsten Stelle des lang gezogenen **Gjaidsteinsattels** auf den **Weg** ❺, 2646 m, zur Dachstein-Seilbahn und steigen im gut versicherten Felsgelände zum Gipfel des **Kleinen Gjaidsteins** ❻, 2735 m, hinauf. Fantastische Aussicht über die Gletscher und zum Dachstein mit seinen Felsgesellen! Der kurze Abstieg führt uns an der Bergrettungshütte vorbei zum Gjaidsteinsattel und in wenigen Minuten zur **Seilbahn-Bergstation** ❼, 2687 m.

Mit der Gondel bergab, dann zum nahen Berghotel **Türlwandhütte**, 1680 m, von dort Busfahrt mit Verbund Linie 960 bis Ramsau, Haltestelle Stierer, danach noch ca. 1,2 km zu Fuß über den Stierhäuslweg zum Ausgangspunkt.

Variante mit Blick zum Silberkarsee (zusätzlich 160 Hm Aufstieg, 50 Hm Abstieg)

Der Tourstart erfolgt beim **Parkplatz** der **Silberkarklamm**, 963 m, in Ramsau-Rössing (ca. 4,9 km östlich der Ramsauer Bushaltestelle Stierer). Auf Weg Nr. 619 geht es durch die romantische Klamm (Gebühr) zur **Silberkarhütte**, 1223 m, und über die Stangalm bergauf, bis man den Wegweiser am Grubach, 1923 m, mit der Abzweigung zum **Silberkarsee** (auch »Hölltalsee« genannt) erreicht. Von dort in wenigen Minuten auf eine Felswulst, 1906 m, mit prächtigem Tiefblick zu einem der schönsten Gebirgsseen der Steiermark; man muss nicht bis zum See absteigen!

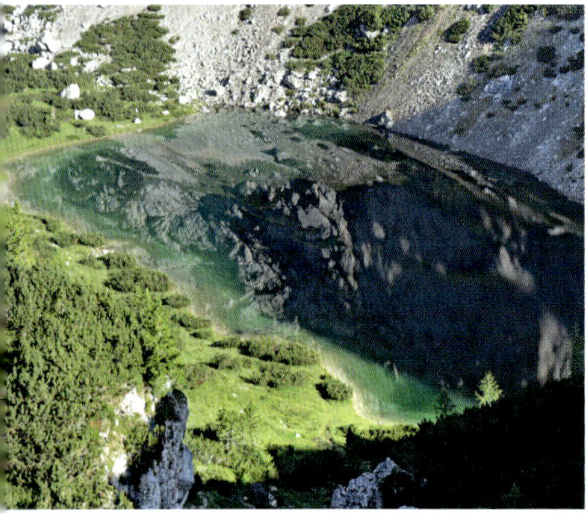

Nach dem Seeblick gehen wir zurück zur Abzweigung am **Grubach** und auf Weg Nr. 618 sehr aussichtsreich zur **Feistererscharte**, 2198 m, danach wandern wir wie bei der Hauptroute beschrieben weiter.

Rückfahrt von der Seilbahn-Talstation bis zum Parkplatz Silberkarklamm mit Bus bzw. außerhalb der Buszeiten Taxi Hubner, Ramsau, www.hubner-taxi.at, Tel. +43 3687 812270.

Foto oben: Silberkarsee.
Unten: Schlussanstieg zum Kleinen Gjaidstein.

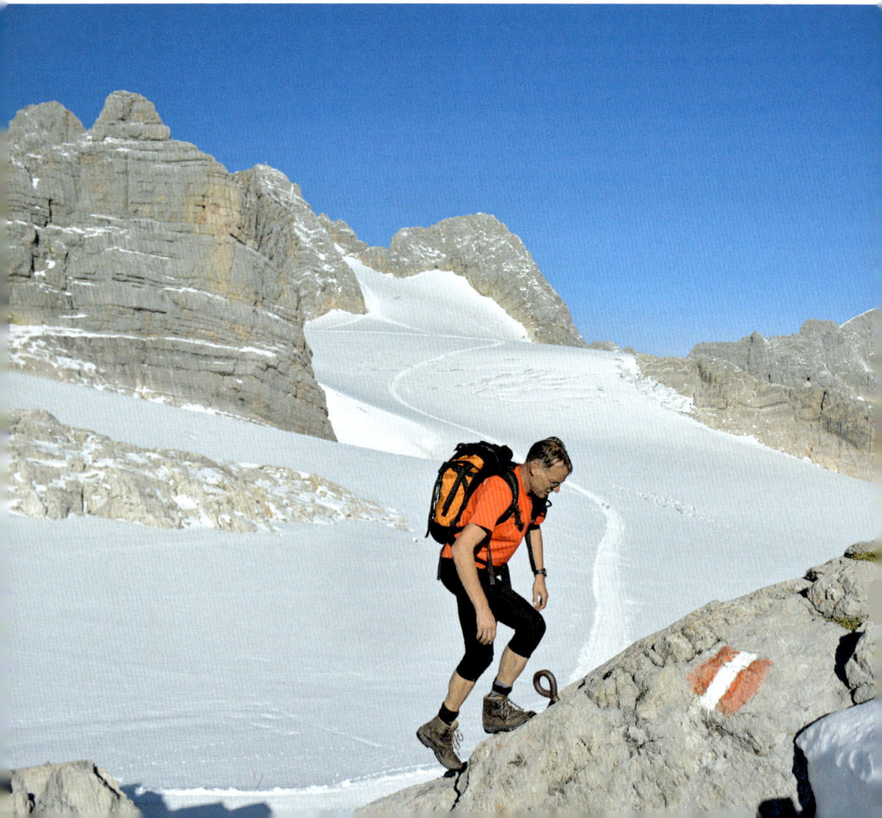

Schwarzensee und Putzentalalm, 1354 m

38

Breitlahnhütte, See-Idylle, malerische Almen

3.30 Std. | 12,0 km | ↗ 320 m | ↘ 320 m

Zu einem Talkessel mit mächtiger Felsbegrenzung

Der Schwarzensee, zu dem wir von der Breitlahnhütte aus wandern, liegt in einer Geländemulde am Beginn des schmalen Talbodens im Schwarzenseebachtal, welches auch als Kleinsölker Obertal bezeichnet wird. Er ist der größte Bergsee in den Niederen Tauern und einer der beliebtesten Fotopunkte im Naturpark Sölktäler, denn die Spiegelung der umliegenden Berge auf der großen Wasseroberfläche ist wirklich überragend! Der Abstecher vom See in das Putzental und hinauf zur Putzentalalm mit den lieblichen Almhütten unterbricht unsere See-Umrundung und zeigt uns ein verführerisches Bergpanorama in einem wilden Bergkessel. Wieder beim See angekommen geht es, vorbei an Säusenbach-Wasserfall und Schwabalm, auf einem netten Steig am See-Westufer entlang zurück in das Kleinsölktal, wo uns die entzückende Harmer Alm mit dem urigen Wasserrad empfängt. Ab dort marschieren wir auf schon bekanntem Weg zurück zum Parkplatz bei der Breitlahnhütte.

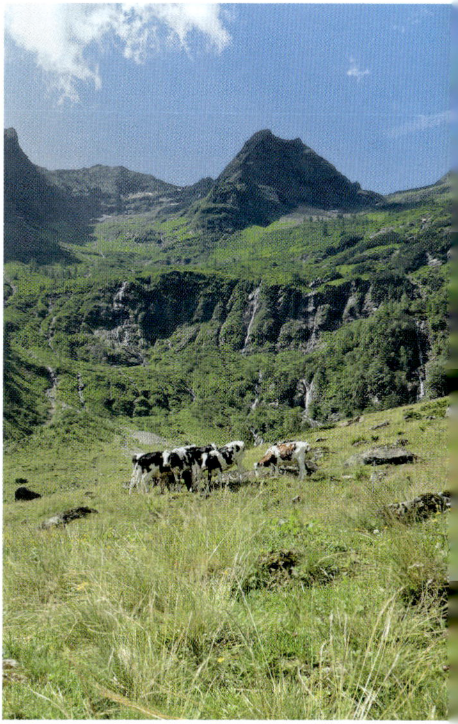

Talschluss bei der Putzentalalm.

Ausgangspunkt: Parkplatz bei der Breitlahnhütte, 1070 m. Anfahrt von Gröbming bzw. Murau über die Sölkpassstraße L704 bis Stein an der Enns, von dort in das Kleinsölktal, danach Mautstraße.
ÖPNV: Verbund Linie 945 (Schöder – Gröbming) bis zum Bahnhof von Stein an der Enns in Kombination mit Tälerbus Sölktäler während der Sommerferien von Montag bis Freitag (Tel. +43 676 6028107 bzw. +43 676 5409858); Tälerbus Sölktäler fährt bis zur Breitlahnhütte.
Anforderungen: Einfache Rundwanderung auf breitem Weg, am Westufer schmaler Wanderweg.
Einkehr: Breitlahnhütte (Tel. +43 664 5359067, nur WhatsApp), Jägeralm/Schwarzenseealm (Tel. +43 664 3137 582), Putzentalalm (www.putzentalalm.webnode.at), Ringdorfer Hütte (Tel. +43 664 3949723), Harmer Alm (www.harmeralm.at).
Karte: f&b WK 201.

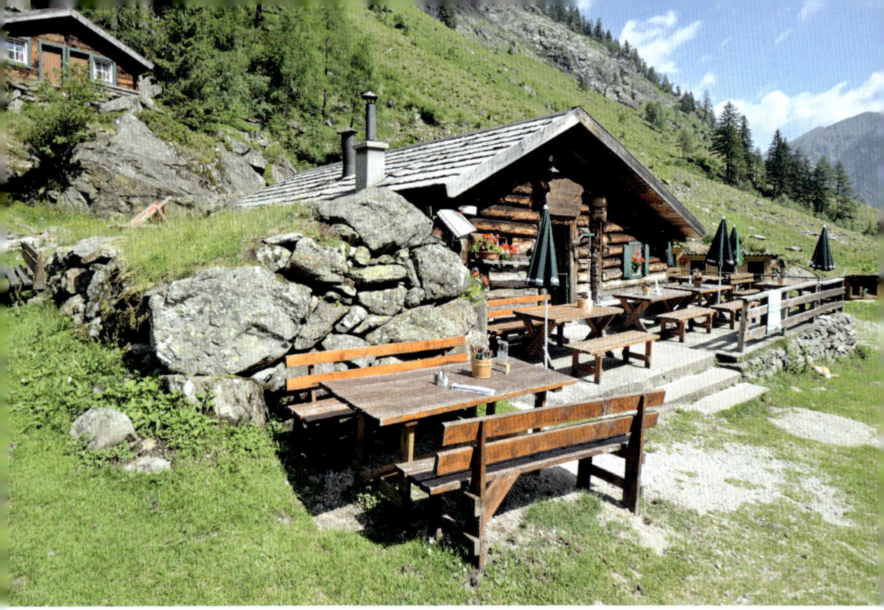

Putzentalalm.

Wir starten beim **Parkplatz** neben der **Breitlahnhütte ❶**, 1070 m, und marschieren auf Weg Nr. 786 durch das Schwarzenseebachtal auf ebener Forststraße Richtung Schwarzensee. Auf dem landschaftlich schönen Marsch kommen wir an der Grafenalm vorbei und biegen später nicht (!) nach rechts zur Harmer Alm ab. Bei der **Jägeralmhütte (Schwarzenseealm) ❷**, 1171 m, können wir den herrlichen Schwarzensee, in dem sich die umliegenden Berge spiegeln, zum ersten Mal sehen.

Schwarzensee.

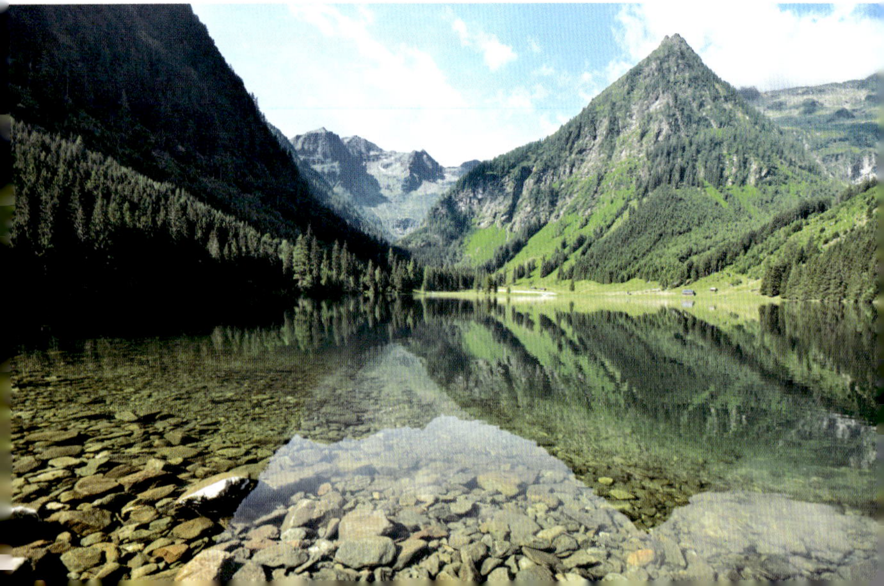

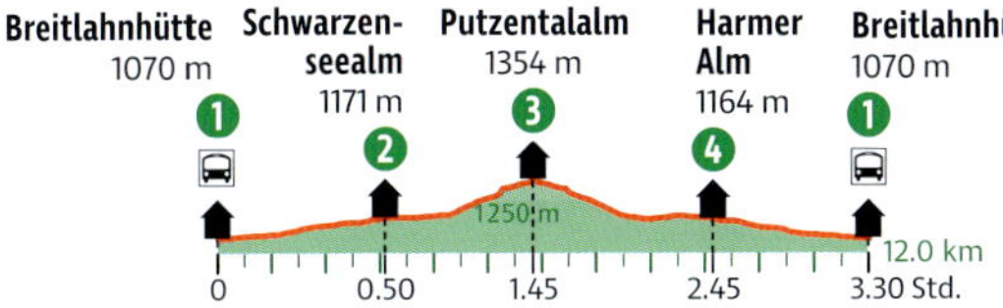

Dann zieht der Weg durch den Wald am östlichen Seeufer entlang. Wegweiser zur Putzentalalm (Weg Nr. 784) geben die weitere Marschrichtung nach links vor, die Forststraße wird bald steiler, und der Putzentalbach begleitet uns. Schließlich verlassen wir den Wald und erreichen einen mächtigen Bergkessel, der das Tal mauerartig begrenzt und von Wasserfällen durchzogen wird. Hier liegen die urigen Hütten der **Putzentalalm** ❸, 1354 m, und die Ringdorfer Hütte, die zu einer Rast einladen. Der Rückweg zum See verläuft auf demselben Weg. Am Ufer schwenken wir dann aber nach links zum Holzsteg, um die See-Umrundung fortzusetzen. Wir passieren die unbewirtschaftete Schwabalm, 1164 m, hinter der der Säusenbach einen netten Wasserfall bildet, bevor er in den Schwarzensee mündet, bleiben rechts und erreichen über den unmarkierten Steig am Seeufer die entzückend gelegene **Harmer Alm** ❹, 1164 m. Durch die Alm fließt ein Bächlein, das ein Wasserrad antreibt. Über eine kleine Brücke stoßen wir wieder auf die Straße, die wir vom Aufstieg kennen, halten uns dort links und wandern durch das Tal bis zum Wanderziel bei der **Breitlahnhütte** ❶.

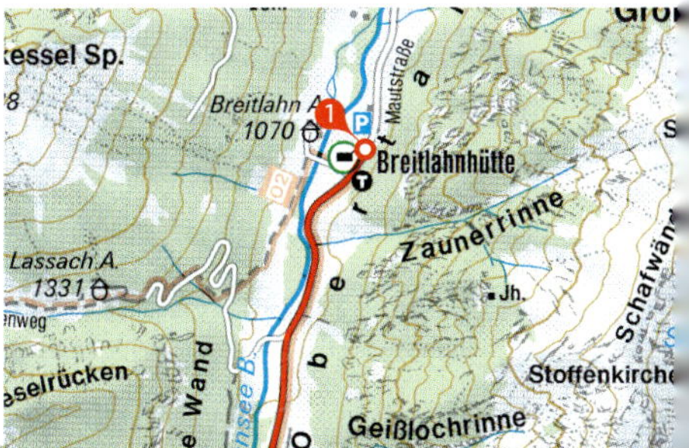
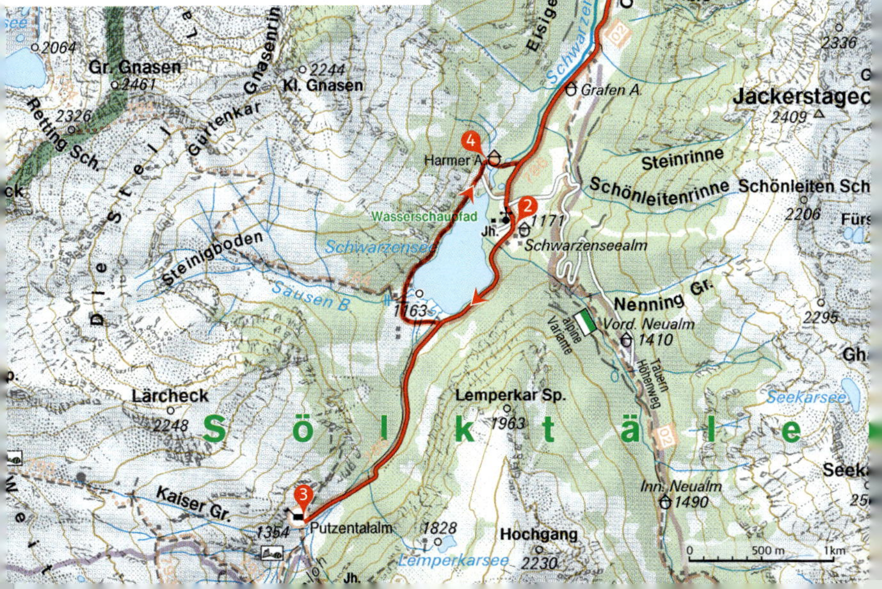

39 Moaralmsee und Hauser Kaibling, 2015 m

Haus im Ennstal – Gumpental – Krummholzhütte

TOP | 5.30 Std. | 14,1 km | ↗ 1320 m | ↘ 310 m

Zum wasserführenden Kleinod in märchenhafter Umgebung

Wir wandern von Haus im Ennstal zuerst lange und sehr abwechslungs- und aussichtsreich nach Südosten, bis wir das stimmungsvolle Gumpental mit seiner traditionellen Almkultur erreichen. Das Tal fasziniert durch seine herrliche Naturlandschaft. Dann steigen wir über einen feinen Almweg zum Moaralmsee hinauf, der ohne Übertreibung zu den schönsten Bergseen der Steiermark gezählt werden kann. Der See und die ihn umgebende Bergkulisse verwirklichen die Idealvorstellung einer Berg- und Seenlandschaft, die auch im zauberhaften Märchen nicht schöner geschildert werden könnte. Anschließend wandern wir auf einem perfekt in die natürlichen Gegebenheiten integrierten Steig zum Rossfeldsattel und erreichen über einen anmutigen Höhenrücken den Gipfel des Hauser Kaibling mit seinem fantastischen Panorama; wieder müssen Superlative zum Ausdrücken der Emotionen herhalten! Beim kurzen Abstieg zur Seilbahn-Bergstation sind dann nicht einmal mehr 200 Höhenmeter zu überwinden.

Die letzten Meter zum Gipfel des Hauser Kaibling.

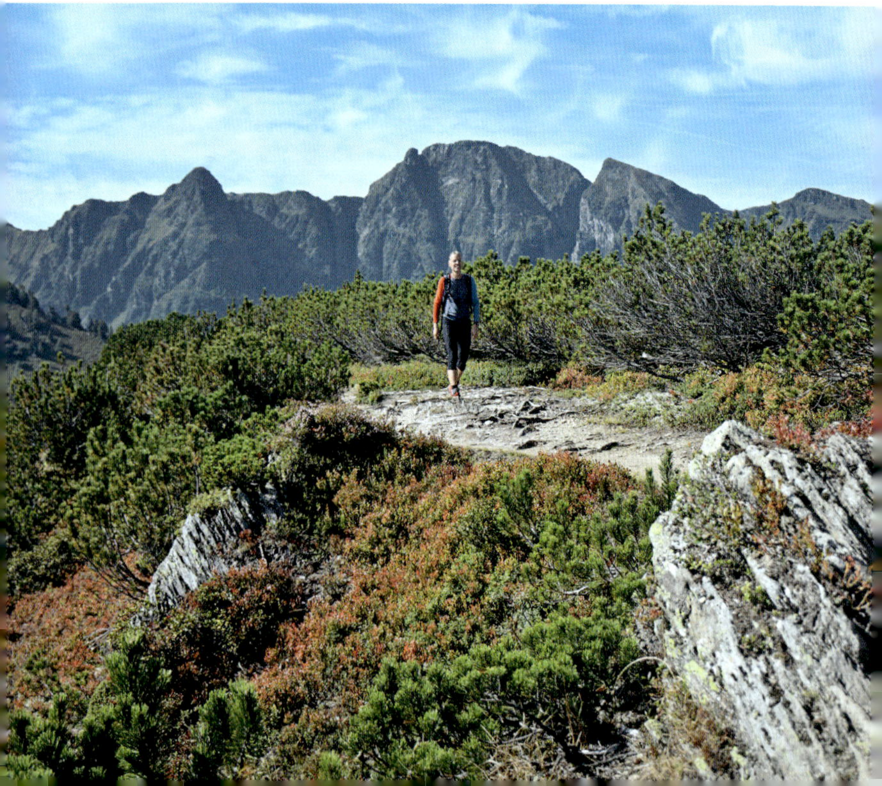

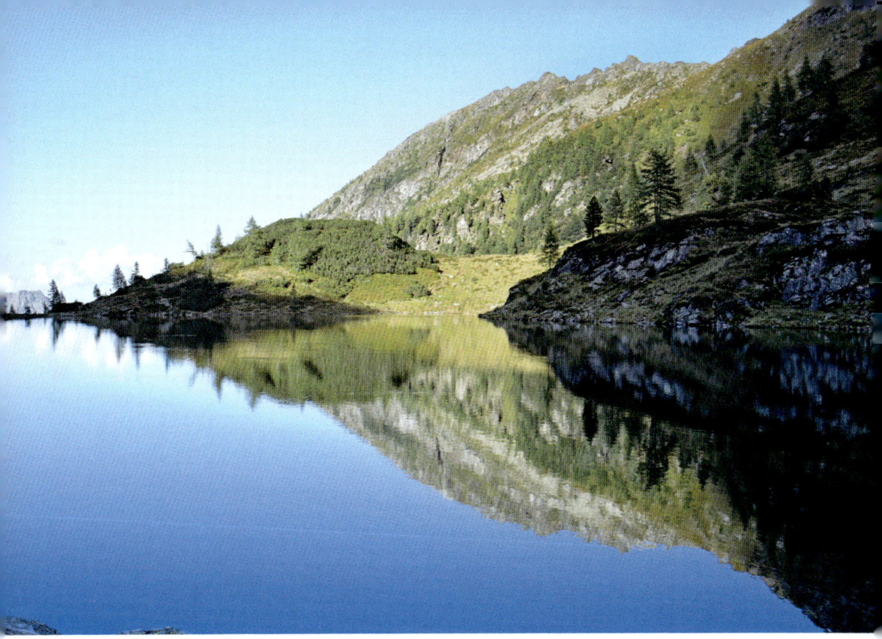

Moaralmsee.

Ausgangspunkt: Parkplatz bei der Talstation der Schladminger Tauern Seilbahn in Haus im Ennstal, 805 m (www.hauser-kaibling.at, Tel. +43 3686 228). Anfahrt von Liezen bzw. Schladming auf der Ennstalstraße B 320 nach Haus im Ennstal, dort zur Kaiblingstraße 118.
ÖPNV: Verbund Linie 900 (Stainach – Schladming) bis Haus im Ennstal, Haltestelle Haus Ort.
Anforderungen: Lange Tour mit großem Aufstieg! Bis in das Gumpental überwiegend Forststraßen, danach eher einfache Almwege.
Abstieg: Abfahrt ab Bergstation, 1840 m, mit Gondel.

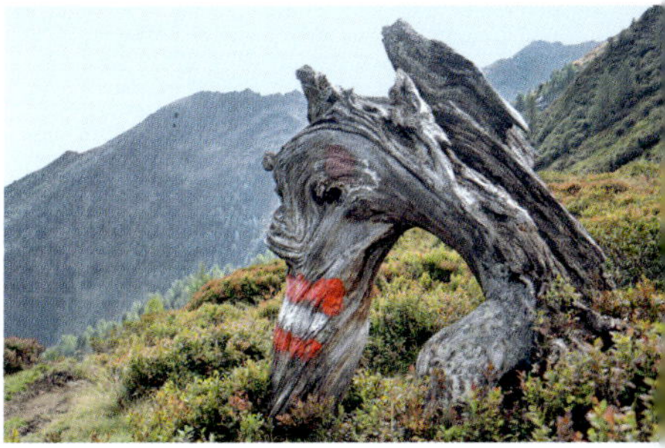

Einkehr: Stanglalm (Tel. +43 664 460 9548), Krummholzhütte (www.krummholzhuette.at).
Karte: f&b WK 201.

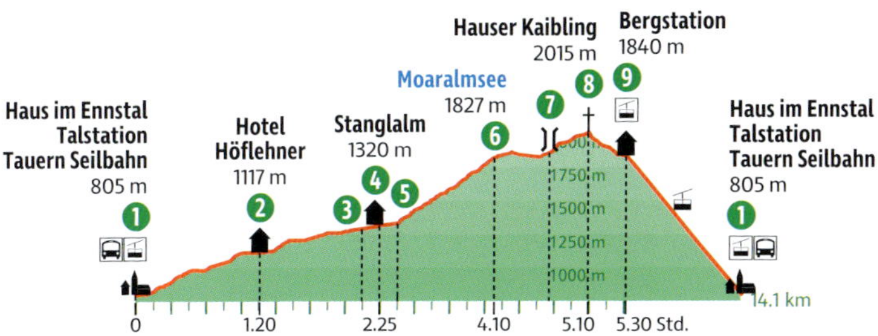

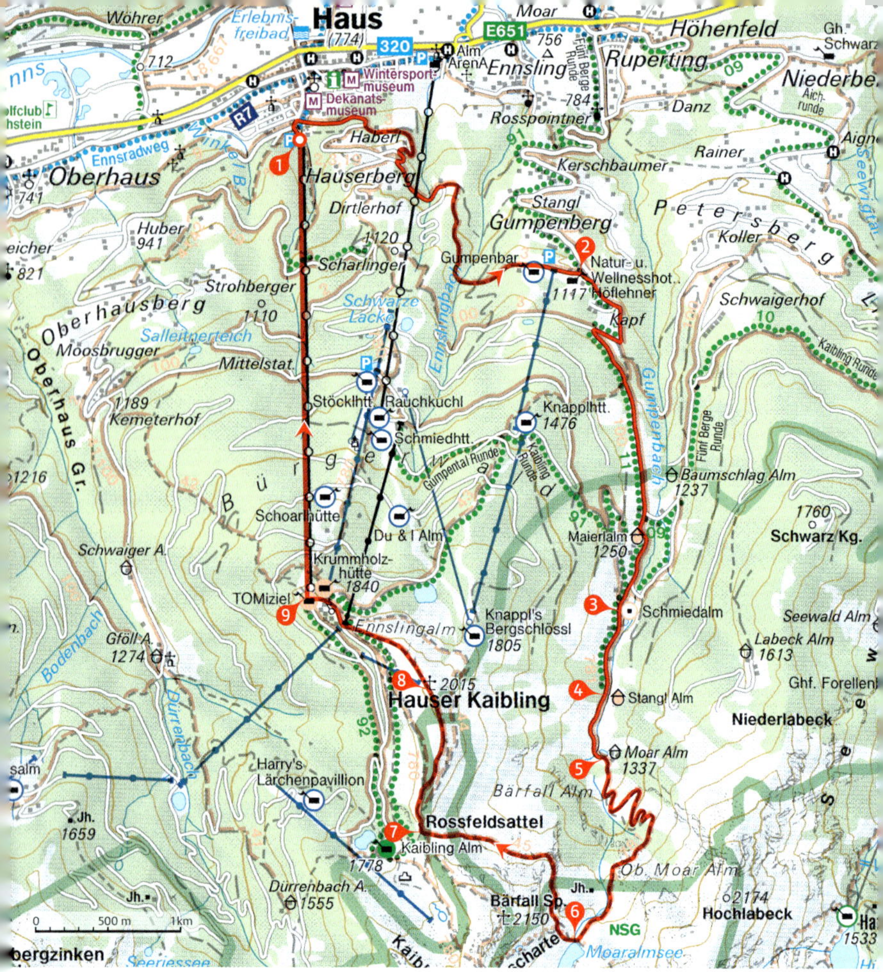

Wir brechen beim Parkplatz bei der **Talstation** der **Schladminger Tauern Seilbahn** ❶, 805 m, zu unserer langen Tour auf. Bei der ersten Kreuzung unterhalb des Parkplatzes halten wir uns rechts, gehen dann gemäß Wegweiser »Rundweg 3 Markt Haus – Gumpenberg – Markt Haus« auf der Asphaltstraße bergauf und biegen nach der ersten Kehre scharf links ab (Wegweiser). In der Folge stoßen wir auf den »Skiweg nach Markt Haus«, queren die FIS-Talabfahrt, haben tolle Rückblicke zum Dachstein-Massiv und ins Ennstal, finalisieren eine lang gezogene Rechtsschleife um das Chalet4You (Ferienwohnung) und erreichen eine Forststraße, der wir nach links folgen; dabei unterqueren wir die Hauser Kaibling 8er-Seilbahn.

Später kreuzen wir die Prenner-Talabfahrt (Wegweiser, tolle Aussicht!) und biegen – weiterhin sehr gut markiert – rechts in den Wald ab, wo wir eine Weile am Forstweg bleiben und nach starker Linksdrehung an einem reizenden Bankerl mit malerischem Wasserbrunnen vorbeikommen. Der Weg verläuft nun in einem stark moosigen Waldabschnitt und stößt später auf eine Wegkreuzung, wo wir halb links absteigen. Gleich danach betreten wir eine freie Fläche, über die wir – am Wildgehege entlang – zum **Natur- und Wellnesshotel Höflehner** ❷, 1117 m, hinuntergehen; dort viele Wegweiser! Wir wandern mit stattlichen Blicken zu Stoderzinken, Kammspitze und Grimming Richtung »Jausenstation Maierlalm – Stanglalm« und tauchen langsam in den romantischen Teil des Gumpentals ein, das vom Höchstein dominiert und durch die Gumpentalalm mit **Schmiedalm** ❸, 1295 m, und **Stanglalm** ❹, 1320 m, versüßt wird. Schließlich erreichen wir am südlichen Talende die **Moaralm** ❺, 1337 m, wo der flache Weg in einen kehrenreichen Aufstieg über eine schöne, grasbewachsene Forststraße überleitet, die ein hübscher Wasserfall garniert.

Zu guter Letzt werden wir über einen Almsteig an den **Moaralmsee** ❻, 1827 m, herangeführt. Der See brilliert mit seiner überwältigenden Lage. Ein Wegweiser lotst uns dann nach rechts zum Rossfeldsattel (Weg Nr. 45); auch der Aufstieg dorthin vergnügt ob der puren Natur und der üppigen Vegetation. Vom **Rossfeldsattel** ❼, 1866 m, erklimmen wir den Gipfel des **Hauser Kaibling** ❽, 2015 m; wiederholt gibt es herrliche Landschaftsbilder, und auch der Tiefblick ins Gumpental ist toll!

Vom Gipfel mit seinem berühmten 360-Grad-Panorama ins Ennstal, zum Dachstein-Massiv und in die Schladminger Tauern steigen wir auf gutem Steig zur **Bergstation** der **Schladminger Tauern Seilbahn** ❾, 1840 m, hinunter, mit der es zurück zum **Ausgangspunkt** ❶ geht.

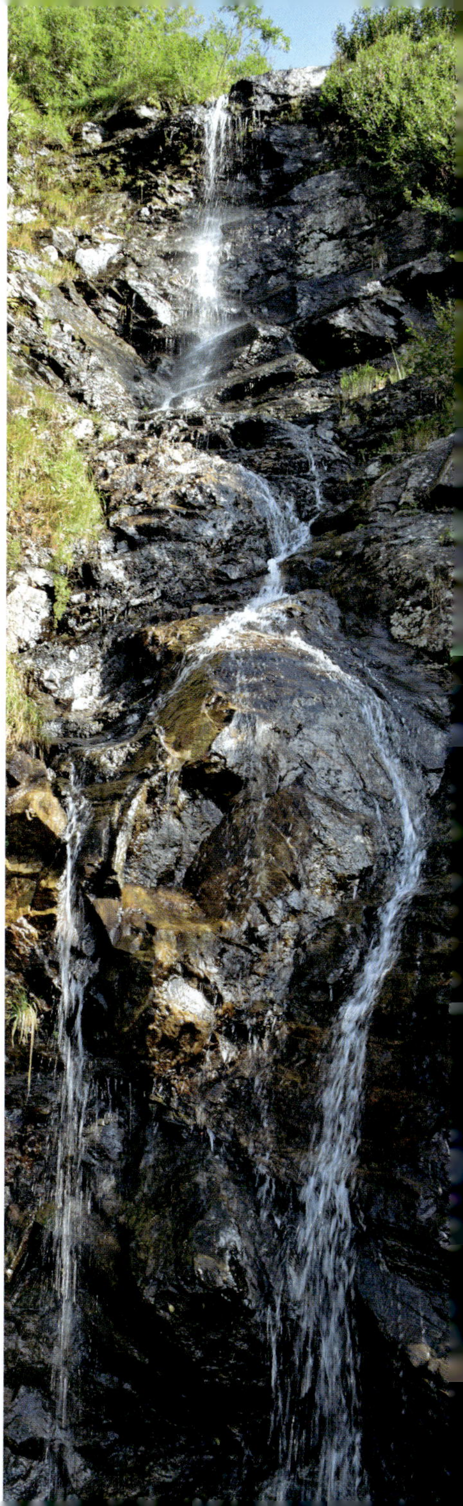

Wasserspiele nach der Moaralm.

40 Krahbergzinken, 2134 m

Top-Aussichtsberg ab der Planai-Bergstation

2.15 Std. | 5,8 km | ↗ 400 m | ↘ 400 m

Abwechslungsreiche Höhenwanderung mit kurzem, steilem Gipfelteil
Die Planai ist der Hausberg von Schladming, und der benachbarte Krahbergzinken ist ein leicht erreichbarer Gipfel mit einer wunderbaren Rundumsicht. Unsere Tour beginnt bei der Bergstation der Planai-Gondelbahn, und der erste Teil führt uns gemütlich über den Planai-Panorama-Rundweg zur Bergstation der Mitterhaus-Bahn. Der Krahbergzinken zeigt sich gleich nach dem Losmarschieren als stolze Pyramide. Nach einem kurzen Abstieg in den Krahbergsattel führt ein alpiner Steig an die Geröllhalden des mittelalterlichen Bergbaues heran. Silberführende Kupfererze hatten hier einst große Bedeutung. Schließlich erreichen wir die alpine Gipfelzone, wo ein wenige Meter langer Felsabschnitt mit künstlichen Tritten und Seilsicherung zum Kraxeln zwingt. Vom schmalen Platz neben dem Gipfelkreuz bricht das Gelände südseitig steil ab. Die Aussicht zum Dachstein, in die Tauern und über das Ennstal hinweg ist atemberaubend! Zum Abstieg nehmen wir denselben Weg zurück zur Bergstation der Planai-Gondelbahn.

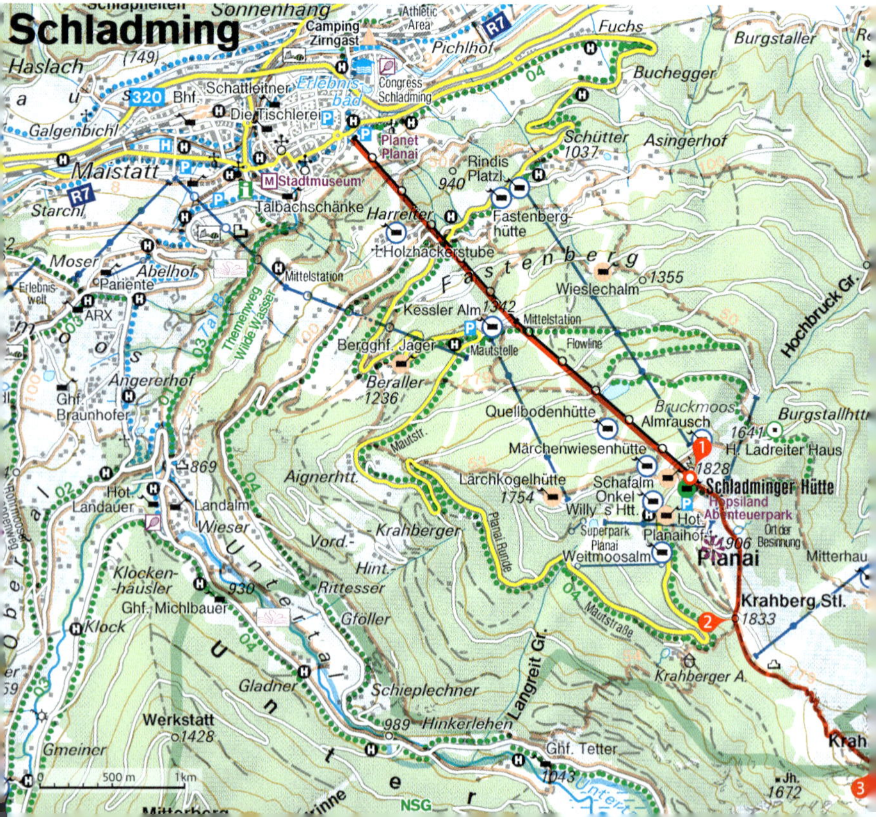

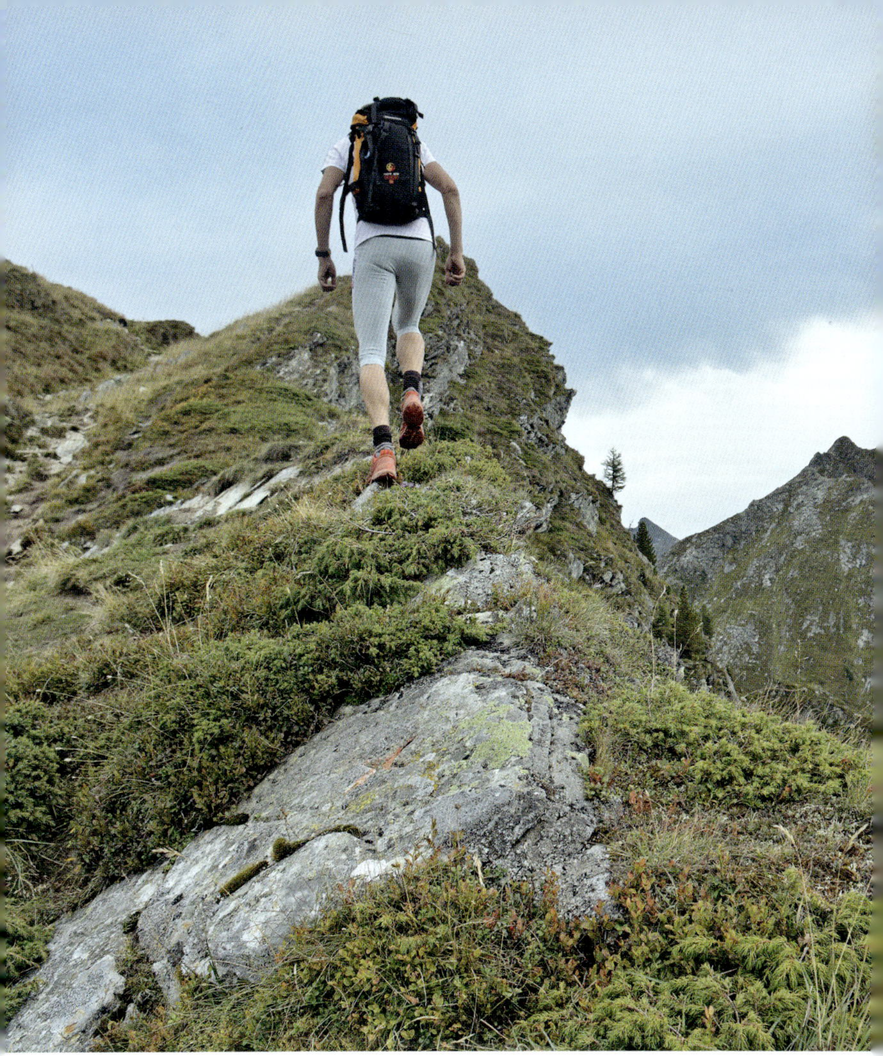

Kurz vor dem Gipfel des Krahbergzinkens.

Ausgangspunkt: Bergstation der Planai-Bergbahn, 1828 m (www.planai.at, Tel. +43 3687 22042). Anfahrt von Liezen bzw. Radstadt auf der Ennstalstraße B 320 bis Schladming, dort zur Coburgstraße 52 (Talstation Planai-Bergbahn, Parkhaus).
ÖPNV: Verbund Linien 900, 971, 960, 900S bis Schladming, Haltestelle Planai-Bahn Talstation. ÖBB-Bahnhof Schladming, ab dort Bus zur Planai-Talstation; zu Fuß ca. 1,5 km.
Anforderungen: Breiter Panoramaweg bis zum Krahbergsattel, danach steilere Serpentinen zum Gipfel, eine kurze versicherte Passage im Gipfelbereich.
Abstieg: Talfahrt ab Bergstation, 1828 m, mit der Planai-Bergbahn (ebenso wie auch die Bergfahrt, siehe »Ausgangspunkt«).
Einkehr: Schladminger Hütte (www.schladmingerhuette.at).
Karte: f&b WK 201.

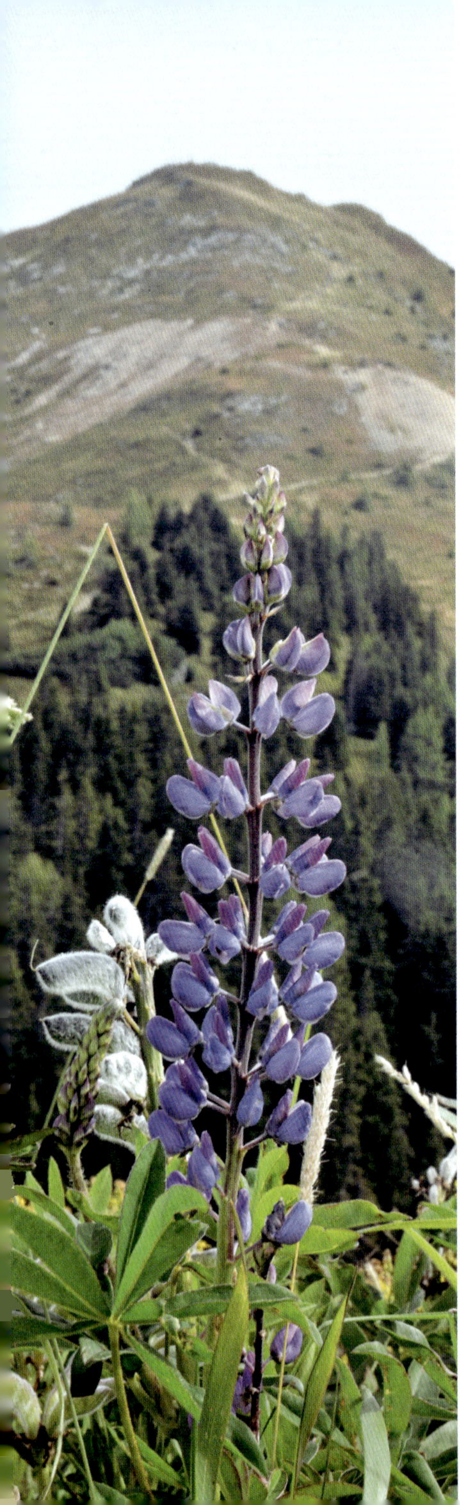

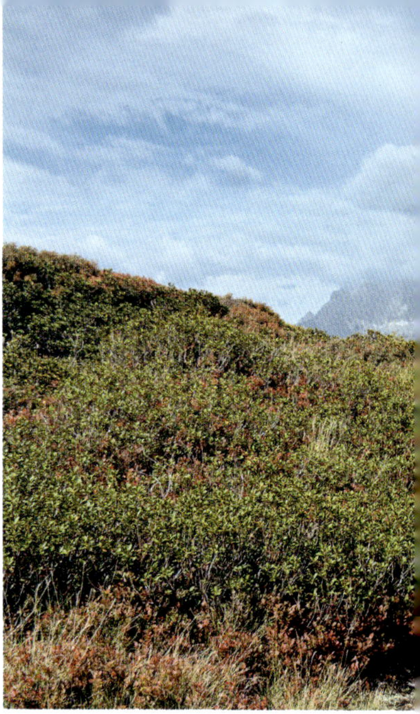

Natürlich könnte man auch von der Talstation in Schladming auf Wanderwegen zur Planai-Bergstation gelangen, doch wir besteigen den Krahbergzinken ab der **Bergstation** ❶, 1828 m. Auf dem Planai-Panorama-Rundweg (Weg Nr. 779) geht es östlich des Planai-Gipfels ohne nennenswerte Steigungen bis zum Wegkreuz am **Krahbergsattel** ❷, 1833 m, dann links weiter zur Bergstation der Mitterhaus-Bahn.

Nach kurzem Abstieg in den Wald wandern wir in steileren Serpentinen über grasiges Gelände bergauf. Ein Wegweiser (»Gipfelweg Krahbergzinken«) lotst uns nach links, und so trennen wir uns vom Planai-Höhenweg, der zur Preintalerhütte weiterleitet. Wir steigen auf dem zunehmend felsiger werdenden Pfad in Serpentinen und über schön geformte Steinstufen höher, und wenn wir an einem großen Steinmann vor-

Lupinien vor dem Krahbergzinken.

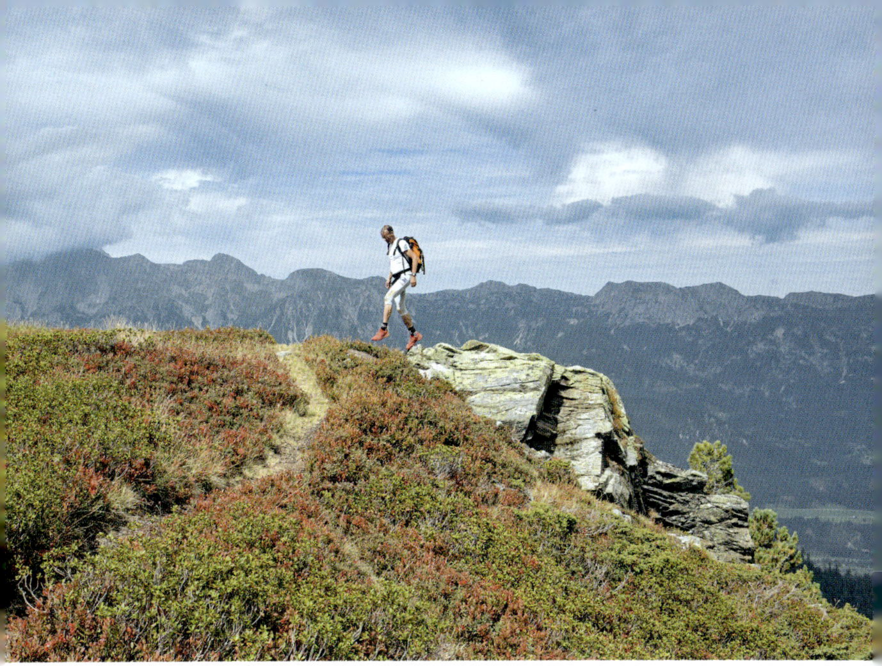

Der Weg besticht durch sein herrliches Panorama.

beikommen, ist es nicht mehr weit bis zum Gipfel.
Im Blickfeld liegt auch der wuchtige Hochgolling, der mit seiner Höhe von 2862 m gleichzeitig der höchste Berg der Schladminger Tauern und der Niederen Tauern ist! Zahlreiche Funde von Kupfer-Sekundärmineralien belegen die unbewachsene Halde, die wir durchqueren, als altes Bergbaurelikt; dann sehen wir auch schon das Gipfelkreuz. Kleinräumige schräge Felsplatten verlangen beim Kraxeln etwas Vorsicht, sind aber mit Drahtseilen und Tritten sehr gut versichert.
Am schmalen Gipfel des **Krahbergzinkens** ❸, 2134 m, angekommen, wird schnell klar, dass »Zinken« im Sinne von »einzelnes spitz hervorstehendes Teil« zu Recht im Namen unseres Berges enthalten ist. Das Panorama begeistert!
Der Abstieg zur **Bergstation der Planai-Gondelbahn** ❶ erfolgt auf demselben Weg.

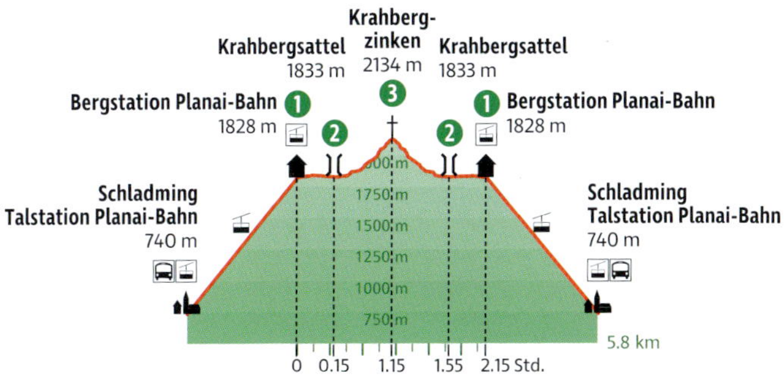

41 Rossfeld, 1919 m, ab Ursprungalm

Heidi-Alm – Laubschachenweg – Hochwurzen

3.15 Std. | 8,8 km | ↗ 470 m | ↘ 230 m

Edles Gipfel-Erlebnis mit monumentalem Dachstein-Blick

Die schmucke Ursprungalm ist der schöne Startplatz für unsere Tour. Sie verkörpert das Idealbild einer Alm und wurde nicht umsonst 1988 als Drehort für den Heidi-Film »Heidi auf der Flucht« ausgewählt. Die malerischen Hütten liegen am Fuße der mächtigen Steirischen Kalkspitze und werden im Norden vom Dachstein-Massiv effektvoll verziert. Zur Zeit der Almrauschblüte ist die Alm, die als die älteste urkundlich erwähnte bewirtschaftete Alm des oberen Ennstals gilt (Jahr 1180), besonders charmant! Vom flachen Almboden steigen wir über den Laubschachenweg zum landschaftlich großartigen Höhenrücken des Rossfelds hinauf, auf dessen höchstem Punkt das weithin sichtbare hölzerne Wappen der ehemaligen Gemeinde Rohrmoos-Untertal steht. Die Holzstruktur erinnert an Glaubenskriege, Erzabbau und Bauernarbeit. Der herausragende Panoramaplatz bietet eine einzigartige Rundumsicht. Auch die unmittelbare Szenerie begeistert, und die Weite der Landschaft tut wirklich gut! Beim Abstieg nehmen wir noch die Kleine Hochwurzen mit, stoßen knapp danach auf die Hochwurzenhütte und fahren mit der Gondel oder dem Mountain-GoKart ins Tal.

Ursprungalm mit Blick zum Dachstein.

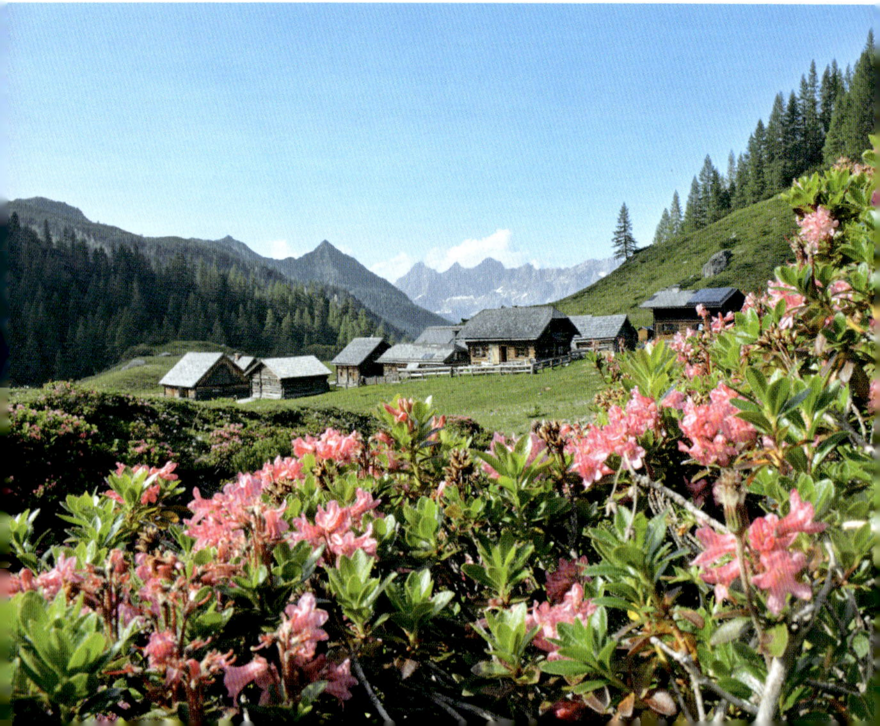

Ausgangspunkt: Parkplatz bei der Ursprungalm im Preuneggtal, 1607 m. Anfahrt von Liezen auf der Ennstalstraße B 320 bis Schladming und über Rohrmoos zur Ursprungalm-Mautstraße.
ÖPNV: In den Sommermonaten mehrmals täglich Wanderbus von Schladming, Talstation der Planai-Seilbahn, über Talstation Hochwurzen-Seilbahn zur Ursprungalm.
Anforderungen: Alpiner Wanderweg, gut strukturierter Abstieg.
Abstieg: Abfahrt ab Hochwurzen-Bergstation, 1814 m, mit Gondel oder Mountain-GoKart (www.planai.at, Tel. +43 3687 22042). Busmöglichkeit von der Talstation nach Schladming (Tälerbus oder Verbund Linie 971, Haltestelle Planai-Bahn Talstation) oder zurück zur Ursprungalm.
Einkehr: Ursprungalm (www.ursprungalm.at), Hochwurzenhütte (www.hochwurzen.at).
Karte: f&b WK 201.
Tipp: Infos über Busverbindungen zwischen Ursprungalm und Talstation der Hochwurzen-Seilbahn vor Tourstart einholen!

Los geht's bei den Almhütten der **Ursprungalm** ❶, 1604 m. Wir gehen nur ein paar Meter auf der flachen Zufahrtsstraße talauswärts, zweigen dann rechts in den Laubschachenweg (Weg Nr. 771) ab und steigen an der östlichen Bergflanke des Preuneggtales über wunderschöne Almweiden und dichte Wälder weiter. Zwischen der Oberen Moarhofalm, 1693 m, und der **Oberen Neudeckalm** ❷, 1772 m, staunen wir über das urwaldähnliche Ambiente und die extravaganten Bäume.
Von der Oberen Neudeckalm, deren breite Wiese wir unterhalb der Hütte queren, geht es auf Weg Nr. 771 zum informati-

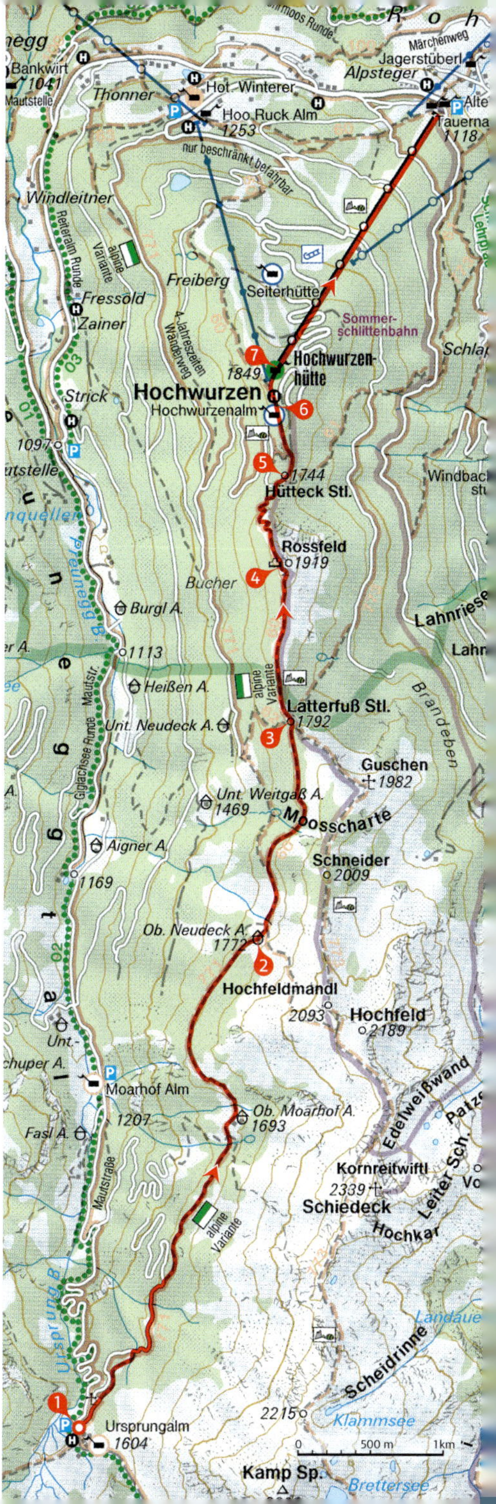

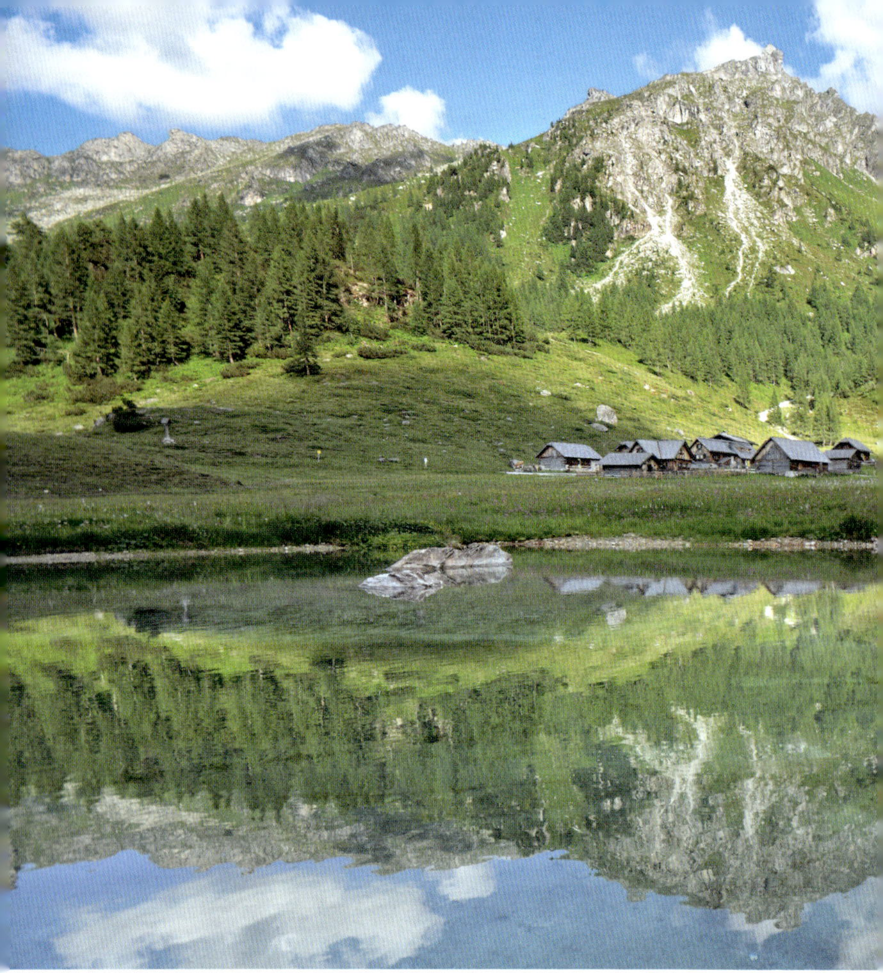

Almsee mit Ursprungalm.

ven Wegkreuz im **Latterfußsattel** ❸, 1792 m. Dann nähern wir uns dem Rossfeld auf Weg Nr. 60. Der bezaubernde Steig mit einzelnen Latschen- und Zirbelkiefern stellt ein Paradebeispiel für ästhetische Wegführung in hinreißender Natur dar.

Schließlich erreichen wird die sanfte, grasige Hochfläche und den höchsten Punkt des **Rossfelds** ❹, 1919 m, mit dem Holzwappen von Rohrmoos-Untertal. Die Aussicht ist einmalig: Nicht nur das Dachstein-Massiv mit der Hochwurzenhütte im Vordergrund zieht unsere Blicke magnetisch an, sondern das gesamte kontrastreiche Landschaftsbild, das die grauen Felswände der nördlichen Kalkalpen, der Nadelwald, die gras- und heidekrautbewachsenen Flächen und die schroffen, steilen Bergflanken der Schladminger Tauern um das Rossfeld herum bieten.

Vom Gipfelplateau steigen wir in mehreren gut zu gehenden Serpentinen zum **Hüttecksattel** ❺, 1744 m, hinunter und biegen am kurzen Gegenanstieg (Bankerlweg, Weg Nr. 60)

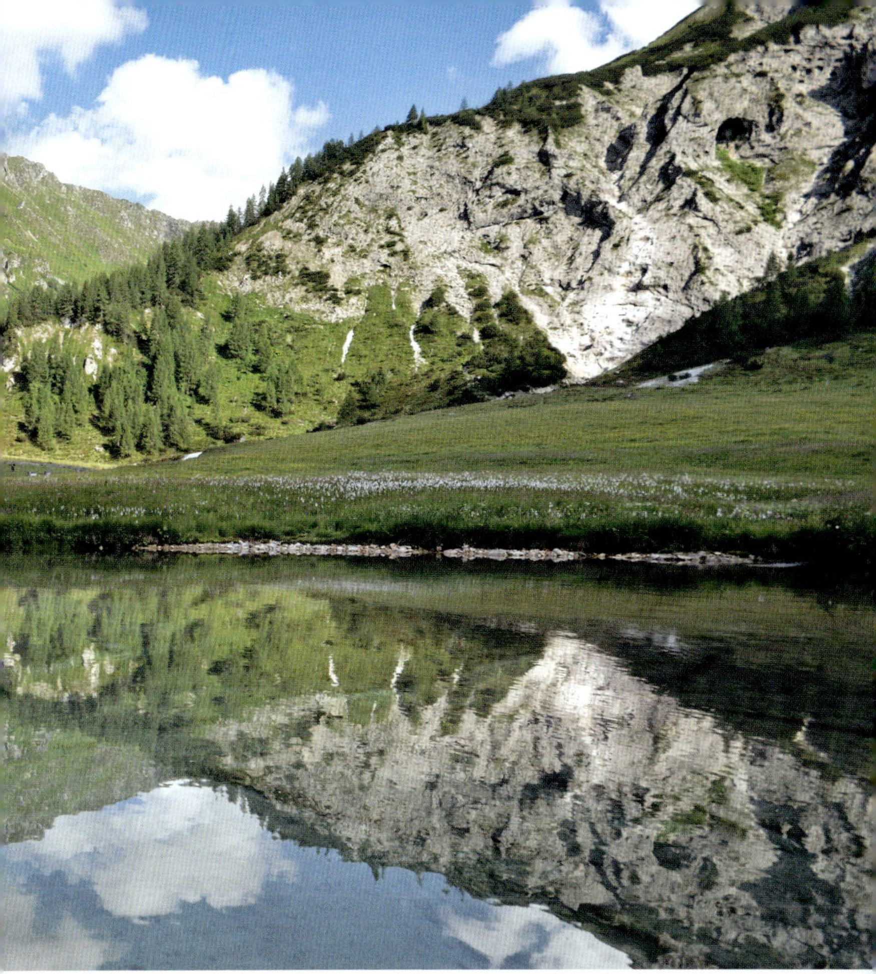

links in den Steig zur **Kleinen Hochwurzen** ❻, 1850 m, ein. Die »Kleine« bietet noch einmal eine schöne Aussicht! Danach ist es nicht mehr weit zur **Hochwurzenhütte**, 1849 m, bei der Bergstation der **Hochwurzen-Bahn** ❼, 1845 m. Wahlweise Seilbahn oder Mountain-GoKart zur **Seilbahn-Talstation**, 1128 m, lassen die Wanderung sanft bzw. rasant ausklingen.

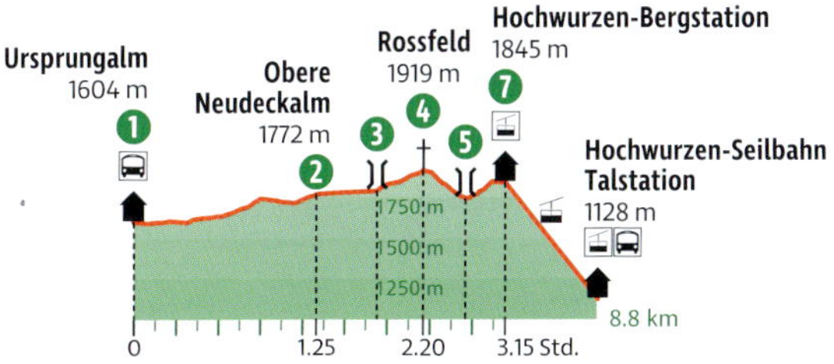

42 Reiteralm-Rundweg

Magischer Spiegelsee, attraktive Gasselhöhe

TOP | 2.30 Std. | 5,3 km | ↗ 380 m | ↘ 380 m

Sechs Seen und ein traumhaftes Dachstein-Panorama

Bergseen in schönster Form und Lage, ein Höhenrücken als Balkon für magische Tief- und Fernblicke und ein ungemein abwechslungsreicher Steig, der den Traum von einer Tour in einer Natur, die solche Schätze hervorgebracht hat, Wirklichkeit werden lässt – das kennzeichnet diese unverwechselbare Rundwanderung, die Begeisterung garantiert! Von den sechs Seen, die der Wegverlauf in komprimiertem Ablauf zur Schau stellt, erhält der Spiegelsee (oder Mittersee) die höchste Aufmerksamkeit, denn wenn sein Wasser ruhig ist, kann die Oberfläche das Dachstein-Massiv wie ein gigantischer Spiegel reflektieren. Die Fortsetzung der Tour über den sich bis zur Gasselhöhe erstreckenden Höhenrücken, den wir nach kurzer, knackiger Steilstufe erreichen, bietet vorzügliche Landschaftsimpressionen am laufenden Band und eine Vielfalt schönster Bergbilder! Dank der Seilbahn ist der Abstieg von der Gasselhöhe auf 260 Höhenmeter begrenzt, sodass wir die Tour voll genießen können. Wer mehr Höhenmeter im Aufstieg zurücklegen will, kann schon bei der Talstation losmarschieren.

Spiegelsee, Schober, Obersee.

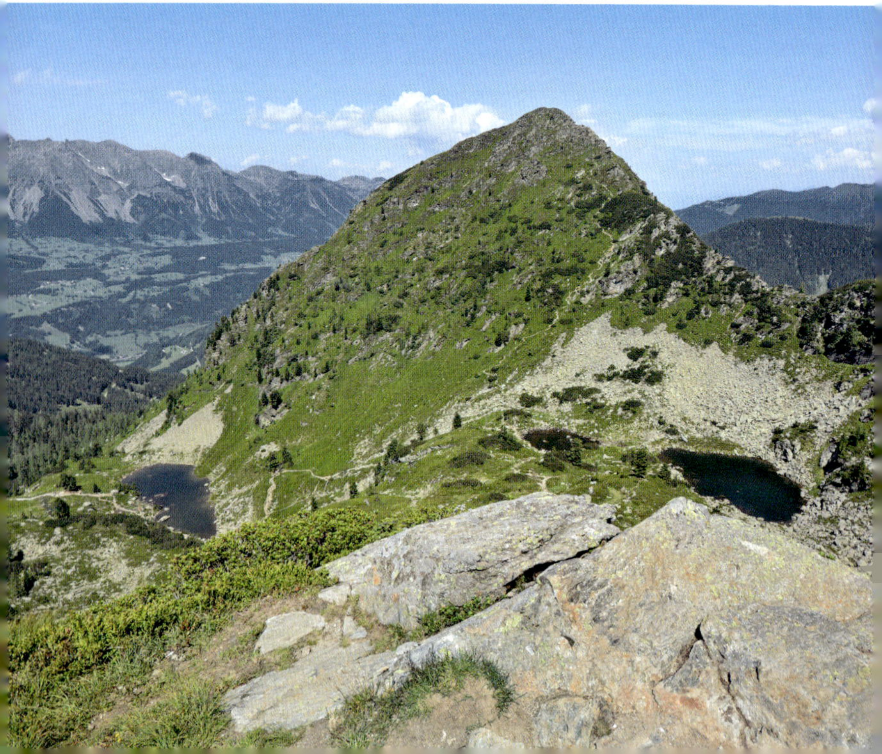

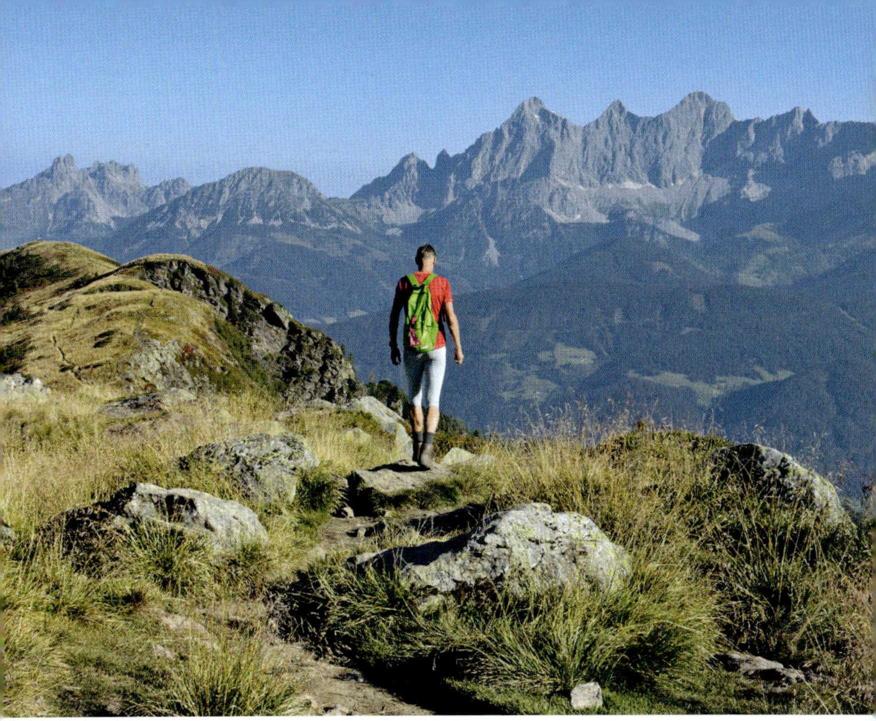

Auf dem Grat zwischen Rippetegg, 2126 m, und Gasselhöhe, 2001 m, mit Blick zum Dachstein-Massiv.

Ausgangspunkt: Bergstation Preunegg Jet, 1741 m (www.reiteralm.at, Tel. +43 6454 73570). Anfahrt von Schladming auf der Ennstalstraße B 320 bis Pichl an der Enns, dort Abfahrt nach Preunegg und gut beschildert rund 3,5 km Richtung Preunegg bis Talstation in Preunegg 70, großer Parkplatz.
ÖPNV: Verbund Linie 971 (Schladming – Janerbrücke) vom Bahnhof in Schladming bis zur Haltestelle Preunegg Jet Talstation (nur in den Sommermonaten).

Anforderungen: Überwiegend einfache Wanderung mit steilem Zwischenstück vom Obersee auf den Höhenrücken, nur mäßig steiler Abstieg von der Gasselhöhe zur Seilbahn-Bergstation.
Abstieg: Talfahrt ab Bergstation, 1741 m, mit dem Preunegg Jet (ebenso wie auch die Bergfahrt, siehe »Ausgangspunkt«).
Einkehr: Gasselhöh-Hütte (www.gasselhoehhuette.at).
Karte: f&b WK 201.

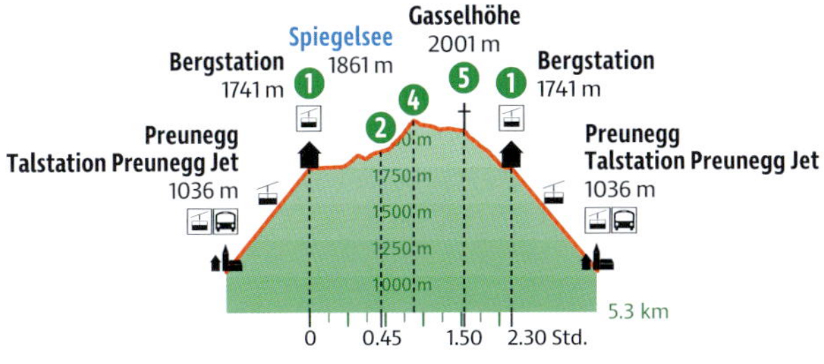

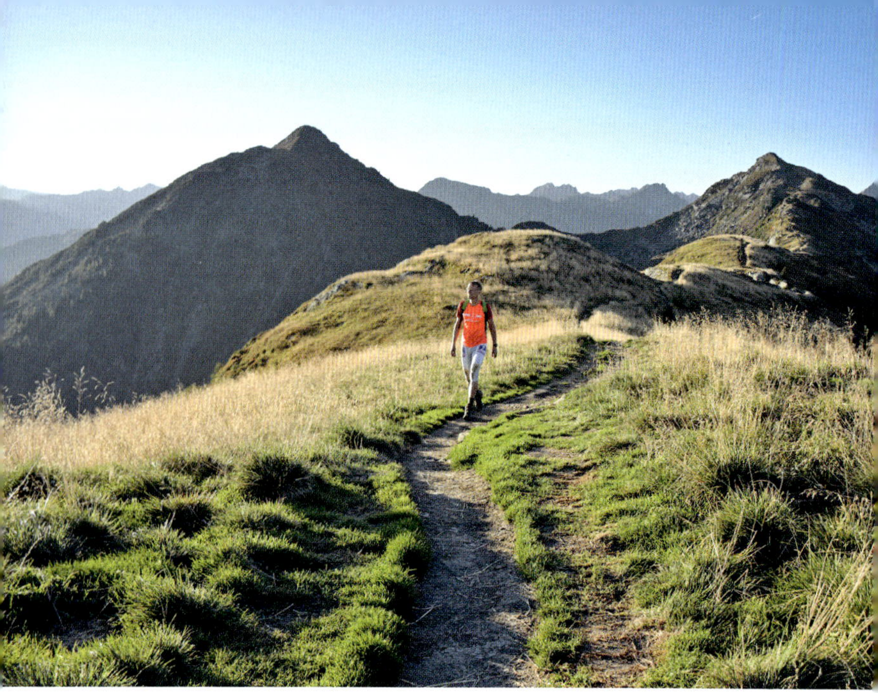

Kurz vor der Gasselhöhe, 2001 m, mit Blick zurück zu Schober, 2133 m (links) und Rippetegg, 2126 m (rechts).

Zwar führt auch ein schöner Wanderweg von der Talstation der Gondelbahn Preunegg Jet in **Preunegg** zur Bergstation hinauf, doch wir verkürzen den Aufstieg mit der Seilbahn und freuen uns, in den bezaubernden Reiteralm-Rundweg (Weg Nr. 66) direkt bei der **Bergstation ❶**, 1741 m, einsteigen zu können.

Nach Verlassen der Bergstation gehen wir beim künstlich angelegten Reiteralmsee (Speicherteich) vorbei, folgen dem Wegweiser zum Spiegelsee (Mittersee) nach links und wandern durch Lärchen und Zirbenhochwald weiter. Die Abzweigung zum Untersee (Weg Nr. 66a) ignorieren wir.

Später haben wir schöne Tiefblicke auf den Untersee, den Waldsee und den kleinen »Glackerch«. Nach einer mäßig ansteigenden Geländestufe stehen wir dann plötzlich vor dem fabelhaften **Spiegelsee ❷**, 1861 m. Bei Windstille und richtigen Lichtverhältnissen spiegeln sich Torstein, Mitterspitz und Dachstein im blau schimmernden Wasser. Auch Bergziegen lieben diesen Platz, und mit etwas Glück sehen wir einige von ihnen.

Danach geht es steiler in ein herrlich zwischen Schober, 2133 m (links), und Rippeteck, 2126 m (rechts), gelegenes Kar. Dort liegt der kristallklare **Obersee ❸**, 1929 m, im formschönen Blockgestein, der sich bei wenig Wasser in zwei Seen »teilt«. Es lohnt sich ungemein, den bei wenig Wasser zunächst noch versteckten größeren Teil des Obersees zu sehen!

Beim See halten wir uns rechts und steigen über die Flanke auf gutem Steig zum Höhenrücken auf, wo wir einen erstrangigen Tiefblick auf die verschiedenen Seen haben.

Am **Höhenrücken ❹**, 2073 m, halten wir uns bei einer Weggabelung rechts (links geht es zum Rippeteck, 2126 m) und genießen den aussichtsreichen Marsch auf dem Höhenweg. Auf dem bezaubernden Pfad geht es mehrfach leicht bergauf und bergab, und im kurzen, unschwierigen Felsgelände sorgt eine solide Leiter für zusätzliche Erleichterung. Die Tiefblicke zu den Seen sind atemberaubend! Zum Schluss führt der sanft geschwungene, nun grasbedeckte Steig, bei dem wir Dachstein und Bischofsmütze exzellent im Blick haben, zum Gipfel der **Gasselhöhe ❺**, 2001 m, mit Gipfelkreuz, Bankerl und top Panorama! Vom Gipfel dieses fantastischen Aussichtsberges schauen wir hinab zur Seilbahn-Bergstation.

Beim einfachen Abstieg können wir uns später noch zwischen dem etwas steileren, direkten Zugang (»Zum Parkplatz«) und einer leichteren Variante (»Leichter Weg zum Parkplatz«; gemeint ist der Parkplatz bei der Eiskarhütte) entscheiden, bevor wir unsere Tour bei der **Bergstation ❶** beenden.

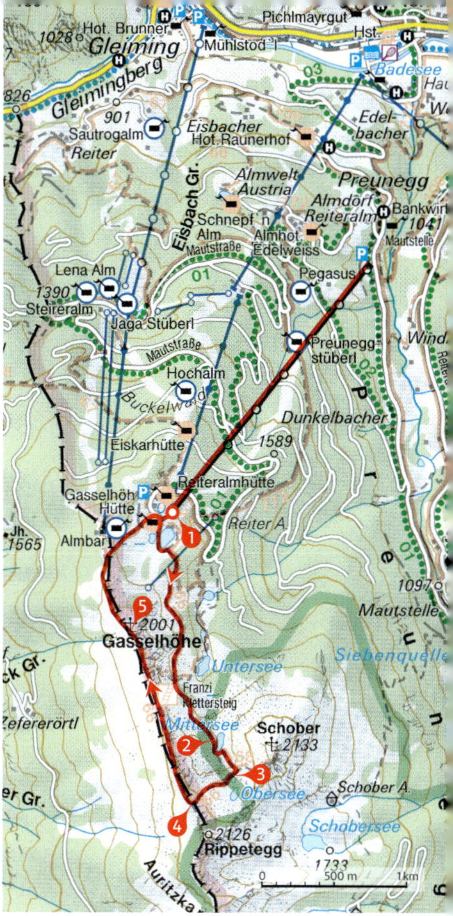

Spiegelsee mit Dachstein-Panorama.

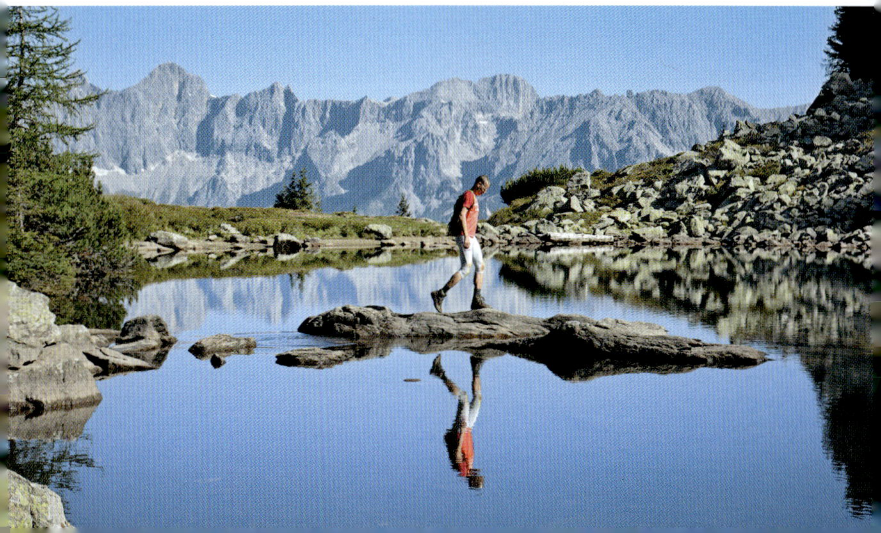

43 Über den Hinterkarsee zum Rantentörl, 2166 m

Durchquerung des Rantentals bis zum Rantensee

TOP | 4.30 Std. | 11,5 km | ↗ 920 m | ↘ 350 m

Idyllische Bergseen und ein hochalpines Panorama!

Eingebettet zwischen dem Sölkpass und dem Preber liegt das Wandergebiet Steirische Krakau. Mit unzähligen formschönen Gipfeln, kristallklaren Bergseen, lieblichen Almen und urigen Hütten sowie einer naturbelassenen Flora und Fauna gilt die Steirische Krakau als Geheimtipp für leidenschaftliche Naturgenießer. Unsere Tour führt uns von der im Jahr 1925 erbauten Klausner Säge durch das idyllische Rantental zur Ebenhandlhütte und weiter in den großartigen Talschluss des Rantentals, wo wir das Rantentörl schon gut sehen können. Doch wir steigen noch nicht direkt zu diesem Platz auf, der uns später begeistern wird, sondern besuchen zuerst noch den märchenhaften Hinterkarsee. Von dort wandern wir auf einem schönen, schmalen Höhenweg zum Rantentörl, haben durchgehend vorzüglichen Tiefblick auf den farbenprächtigen Rantensee und freie Sicht auf viele wilde Gipfel. Beim Rantentörl wird das weite Panorama der bisherigen Wegstrecke sogar noch übertroffen! Ein kurzer Abstieg führt uns schließlich über die sanfte Rantenalm zum Ufer des Rantensees, bei dem sich auch noch eine Rast lohnt. Unweit davon ist die Haltestelle für den in den Sommermonaten verkehrenden Tälerbus, mit dem es entspannt zurück zum Ausgangspunkt geht.

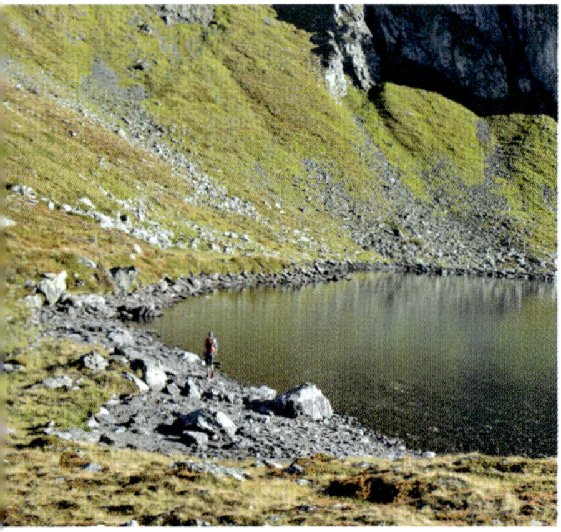

Hinterkarsee.

Ausgangspunkt: Parkplatz bei der Klausner Säge, 1306 m. Anfahrt von Murau über die Murtalstraße B 96 bis Seebach, dort rechts nach Krakaudorf und danach noch ca. 7,5 km über Krakauhintermühlen bis zur unübersehbaren Klausner Säge.

ÖPNV: Verbund Linie 895 (Murau-Tamsweg) bis Haltestelle Krakauschatten Moos, von dort ca. 700 m.

Anforderungen: Einfacher Aufstieg auf Forststraße bis knapp vor den Rantensee, danach alpiner Steig zum Rantentörl. Abstieg zum Rantensee nur im Bereich Rantentörl steil.

Abstieg: Abfahrt mit Tälerbus ab Straßenende, 1876 m, knapp neben dem Rantensee (Montag bis Freitag, 10.30 und 15.15 Uhr, nur nach Voranmeldung, Tel. +43 3535 8600 oder +43 664 2377956).

Einkehr: Ebenhandlhütte (Tel. +43 3535 8632).

Karte: f&b WK 211.

Tipps: 1. Naturdenkmal Günster Wasserfall zwischen Krakaudorf und Schöder (65 m, höchster Wasserfall der Steiermark).
2. Wanderung (einfach) vom Etrachsee zur Rudolf-Schober-Hütte.

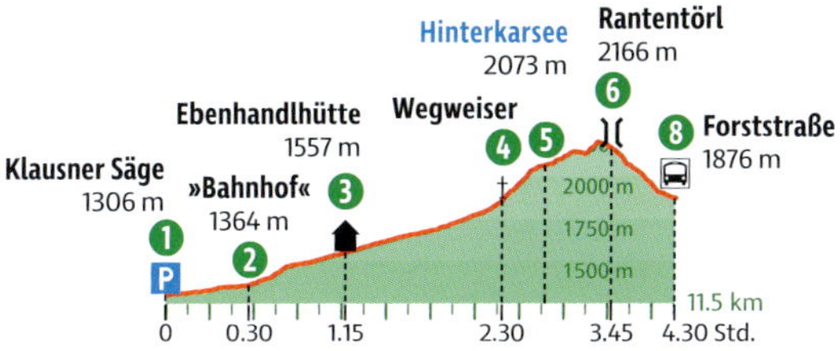

Wir wandern vom Parkplatz bei der **Klausner Säge** ❶, 1306 m, auf Weg Nr. 792 in den Rantengraben (Wegweiser »Rantengraben/Rantensee«) und über die aussichtsreiche, bequem angelegte Forststraße bis zur Verzweigung Prebertal/Rantental (mächtiger **Wegweiser** ❷, 1364 m, mit Bezeichnung **»Bahnhof«**).

Wir bleiben im Rantental, erreichen später die **Ebenhandlhütte** ❸, 1557 m, und wandern danach an zwei weiteren lieblichen, aber unbewirtschafteten Almhütten vorbei. Vor uns dominiert der mächtige Predigtstuhl, 2543 m. Wir wandern noch bis zu einer scharfen Rechtskehre auf der Forststraße und zweigen dort halb links in den schmalen Wanderweg ab (Wegweiser »Rantensee/Etrachsee«).

Beim markanten Felsen mit **Marterl** und mehreren **Wegweisern** ❹, 1869 m, halten wir uns rechts (Wegweiser »Etrachsee«) und steigen in großartiger Landschaft mit Blick zum Rantensee und den dahinter steil abfallenden Hängen des lang gezogenen Rantenknorrn auf gutem Steig höher. Dabei überqueren wir

Aufstieg zum Hinterkarsee.

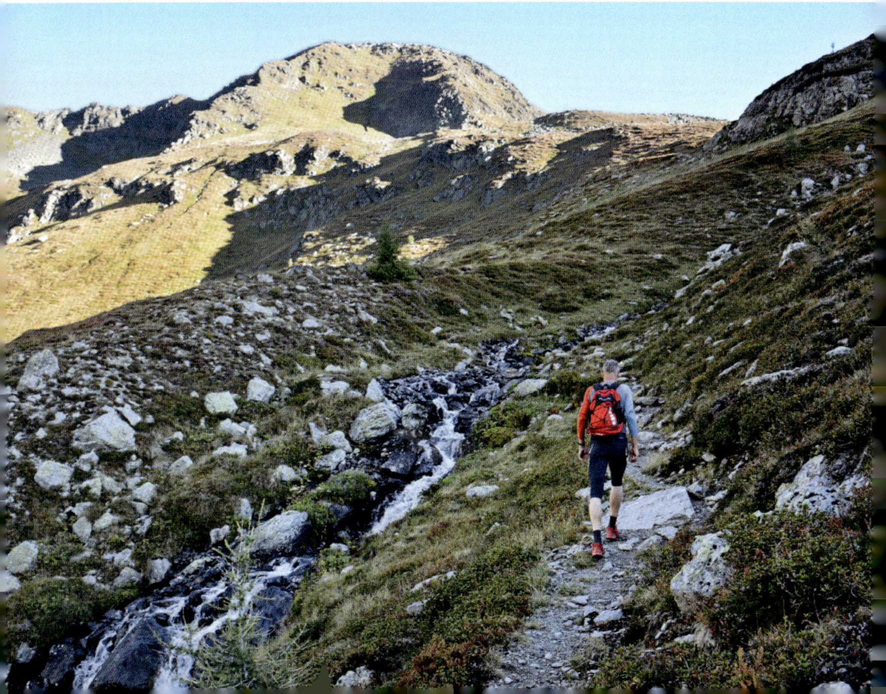

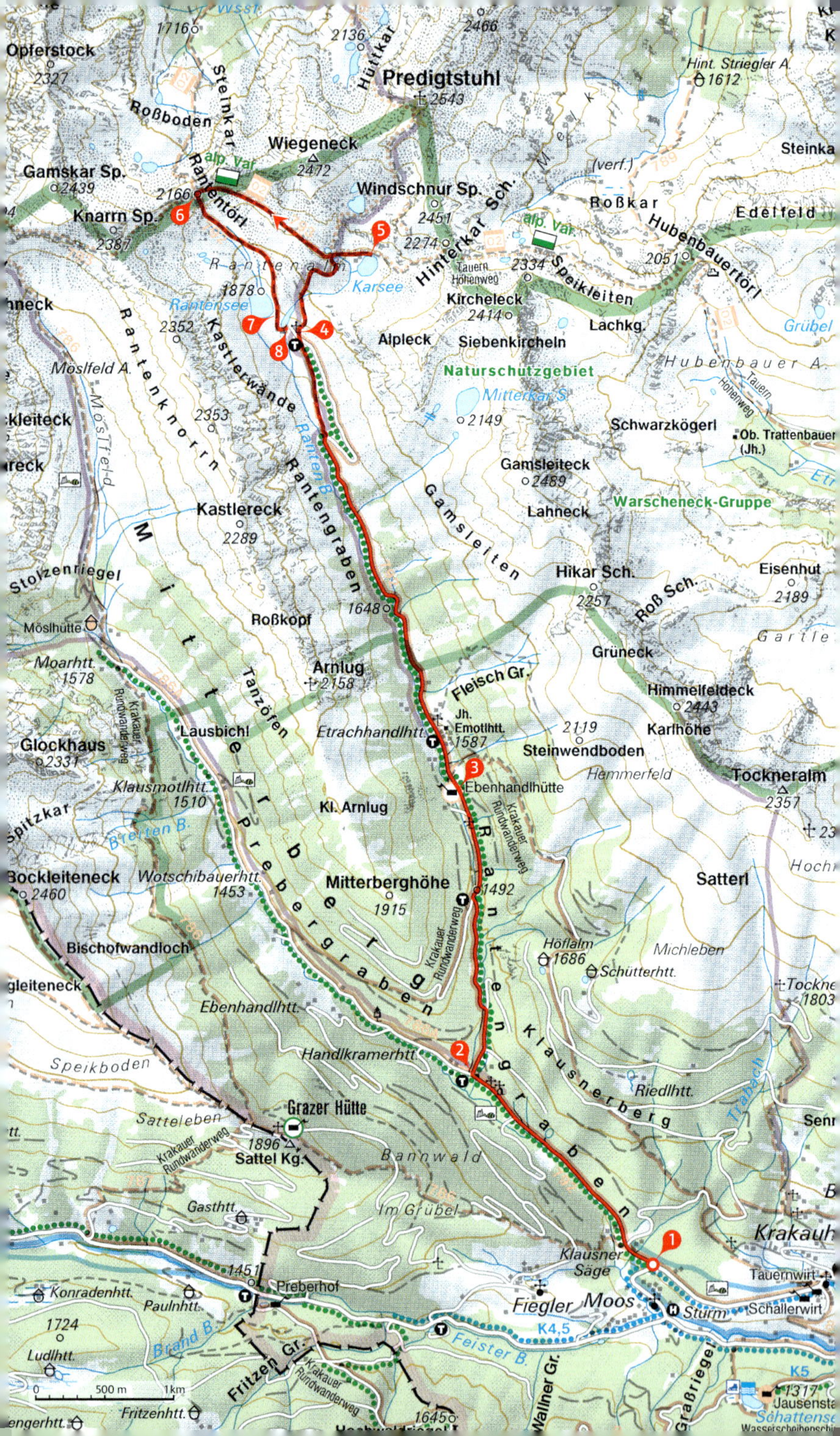

Opferstock
2327
Roßboden
Steinkar
Hüttkar
Predigtstuhl
2543
2136
2466
1716
Wiegeneck
2472
Gamskar Sp.
2439
Rantentörl
2166
alp. Var.
Knarrn Sp.
2387
Windschnur Sp.
2451
Hinterkar Sch.
2274
Tauern Höhenweg
2334
Speikleiten
Roßkar
Hubenbauertörl
2051
Edelfeld
Steinka
Hint. Striegler A.
1612
(verf.)
Karsee
Rantensee
1878
2352
Kircheleck
2414
Siebenkircheln
Lachkg.
Grübel
Alpleck
Naturschutzgebiet
Mitterkar S.
2149
Hubenbauer A.
Mösfeld A.
Rantenknorrn
Kastlerwände
2353
Rantenb.
Schwarzkögerl
Ob. Trattenbauer (Jh.)
Gamsleiteck
2489
Warscheneck-Gruppe
Lahneck
Gamsleiten
Kastlereck
2289
Rantengraben
Hikar Sch.
2257
Eisenhut
2189
Roß Sch.
Stolzenriegel
Möslhütte
1648
Roßkopf
Grüneck
Gartle
Moarhtt.
1578
Arnlug
2158
Fleisch Gr.
Himmelfeldeck
2443
Tanzöfen
Jh. Emotlhtt.
1587
Etrachhandlhtt.
2119
Karlhöhe
Glockhaus
2331
Lausbichl
Steinwendboden
Hemmerfeld
Tockneralm
2357
Klausmotlhtt.
1510
Kl. Arnlug
Ebenhandlhütte
Krakauer Rundwanderweg
Mitterberg
Preberg
Breiten B.
Spitzkar
Bockleiteneck
2460
Wotschibauerhtt.
1453
Mitterberghöhe
1915
1492
Satterl
Bischofwandloch
Preberggraben
Höflalm
1686
Schütterhtt.
Michleben
Tockne
1803
Ebenhandlhtt.
Rantengraben
Klausnerberg
Handlkramerhtt.
Riedlhtt.
Speikboden
Grazer Hütte
Satteleben
1896
Sattel Kg.
Bannwald
Trabach
Gasthtt.
Im Grübel
Krakauh
Klausner Säge
Tauernwirt
1451
Preberhof
Fiegler Moos
Sturm
Schallerwirt
Konradenhtt.
Paulnhtt.
K4,5
1724
Brand B.
Feister B.
Ludlhtt.
Fritzen Gr.
Wallner Gr.
Graßriegel
K5
1317
Jausensta
Schattense
0
500 m
1 km
Fritzenhtt.
1645

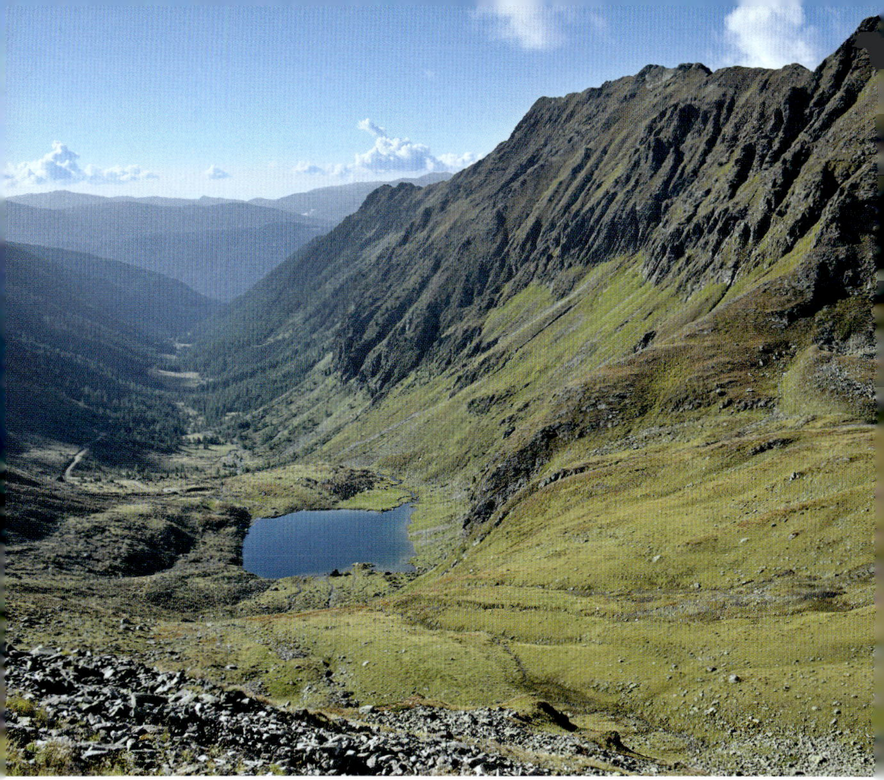

Blick vom Rantentörl zum Rantensee.

den munter sprudelnden Rantenbach und erreichen bald ein kleines Hochplateau, dort ist die Abzweigung (Wegweiser) zum Rantentörl (Weg Nr. 793/02). Sehr lohnend ist der kurze Abstecher zum kristallklaren **Hinterkarsee** (auf manchen Karten auch »Karsee«) **5**, 2073 m, hinter dem das felsige Gelände eine natürliche Mauer bildet – eine Pracht und ein Musterbeispiel für Natur in ihrer reinsten Form! Die bezaubernde Landschaft lädt zu einer längeren Rast ein.

Nach diesem Abstecher gehen wir zurück zur Abzweigung zum Rantentörl und dann dorthin auf einem schmalen markierten Steig, der die steilen Hänge des Wiegenecks, 2472 m, ohne viel Höhenverlust quert. Wir haben edle Blicke zum Rantensee und durch das Rantental nach Süden sowie zum vor uns liegenden **Rantentörl** **6**, 2166 m, das die Bezeichnung »Törl« für einen »schmalen, felsigen Passübergang« ideal verkörpert. Im Törl weitet sich das Panorama ins Kleinsölktal und zu zwei bezaubernden Seeaugen, und auch die mächtige Gamskarspitze, 2439 m, beeindruckt!

Vom Rantentörl steigen wir südwärts auf Weg Nr. 787a/792 bergab zur Rantenalm und weiter zum Rantensee. Es geht nur anfangs kurz steil über Blockgestein, dann über den sanften Almboden bis zum wunderschönen Seeufer. Vom **Rantensee** **7**, 1878 m, sind es nur ein paar Minuten bis zum Ende der **Forststraße** **8**, 1876 m, wo wir in den Tälerbus einsteigen können.

44 Rinsennock, 2334 m

Edler Gipfel zwischen Winkleralm und Kornock

3.15 Std. | 8,1 km | ↗ 680 m | ↘ 270 m

Ein perfektes »Nock-Erlebnis« hoch über der Turracher Höhe

Die sanften, aber gerade deswegen so anziehenden Nockberge sind die westlichste und höchste Gebirgsgruppe der Gurktaler Alpen. Sie erstrecken sich über Teile Kärntens, Salzburgs und der Steiermark. Ihr Erscheinungsbild ist durch zahlreiche kuppenartige und grasbewachsene Berggipfel geprägt; die Bezeichnung Nock für »Kuppe« ist für ihre Gipfel typisch. Wir wollen echtes »Nock-Feeling« bei der Wanderung auf den Rinsennock erleben und wählen als Ausgangspunkt die Turracher Höhe. Schon auf dem Weg zur entzückenden Winkleralm spüren wir den Reiz dieser Bergregion. Beim steilen Aufstieg auf den Rinsennock ändert sich das Panorama im Zeitraffer, denn die Almlandschaft wird schnell von einem rauen Hochgebirgspanorama ergänzt! Unser Nock-Erlebnis ist authentisch und wird mit dem spannenden Abstieg zum Kornock vollendet. Von dort fahren wir mit dem Sessellift und Blick auf die Seen der Turracher Höhe bergab; kein Wunder, dass die Seen der Sage nach durch Freudentränen Gottes entstanden sind, die er vergossen hatte, als er sah, was er Schönes geschaffen hatte.

Ausgangspunkt: Parkplatz bei der Talstation der Kornockbahn, 1770 m (www.turracherhoehe.at, Tel. +43 4275 8252-0), auf der Turracher Höhe. Anfahrt von Murau auf der Murauer Straße B 97 bis Stadl an der Mur, dort Auf-

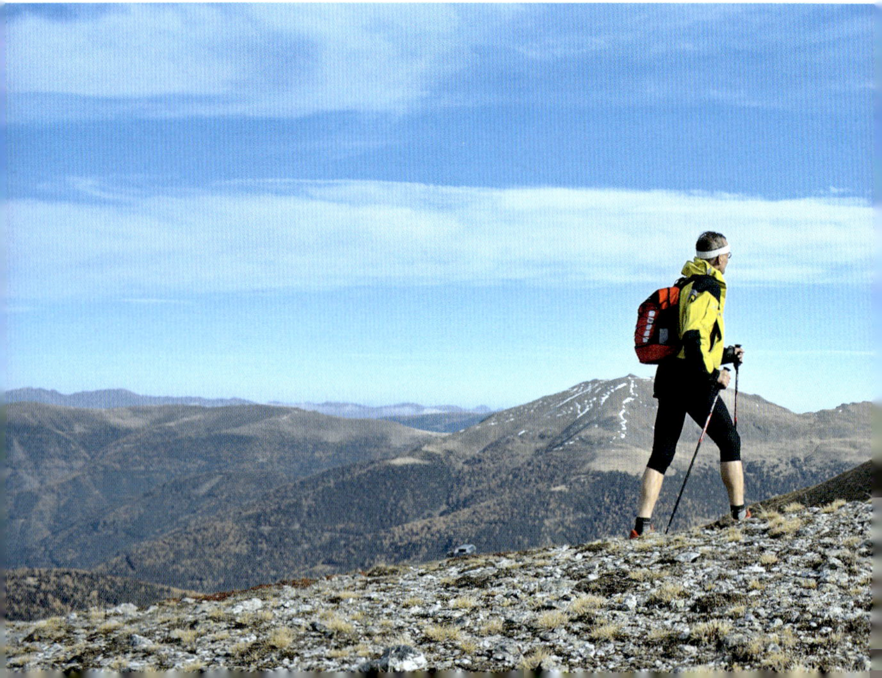

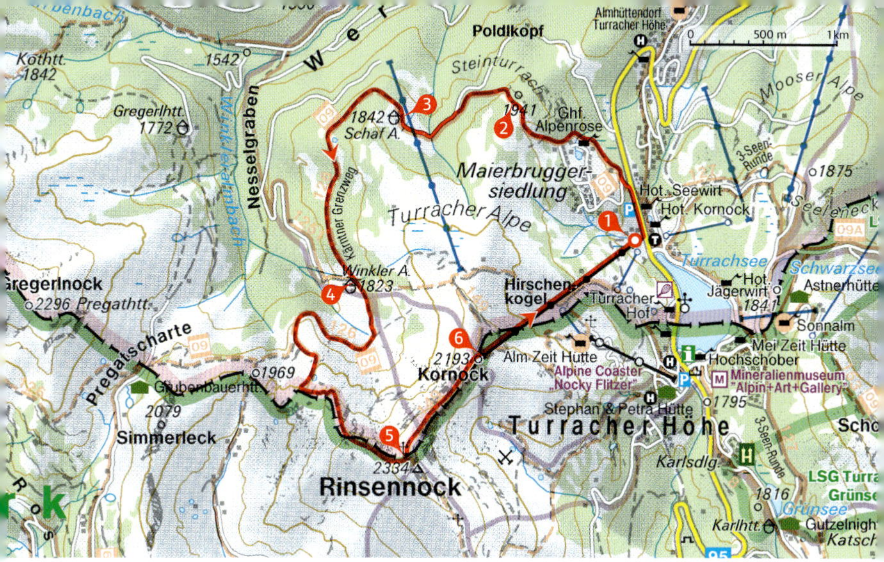

fahrt auf der Turracher Straße B 95 bis zur Turracher Höhe.

ÖPNV: Keine Verbindung von der steirischen Seite (Murau) her.

Anforderungen: Bis zur Winkleralm überwiegend auf schöner Forststraße, danach abschnittsweise steiler Aufstieg auf gutem Steig zum Gipfel, beim Abstieg im Schrofengelände kurz Trittsicherheit nötig.

Abstieg: Abfahrt ab Bergstation Kornock, 2193 m, mit Sessellift.

Einkehr: Keine während der Tour.

Karte: f&b WK 222.

Rinsennock mit Gipfelkreuz.

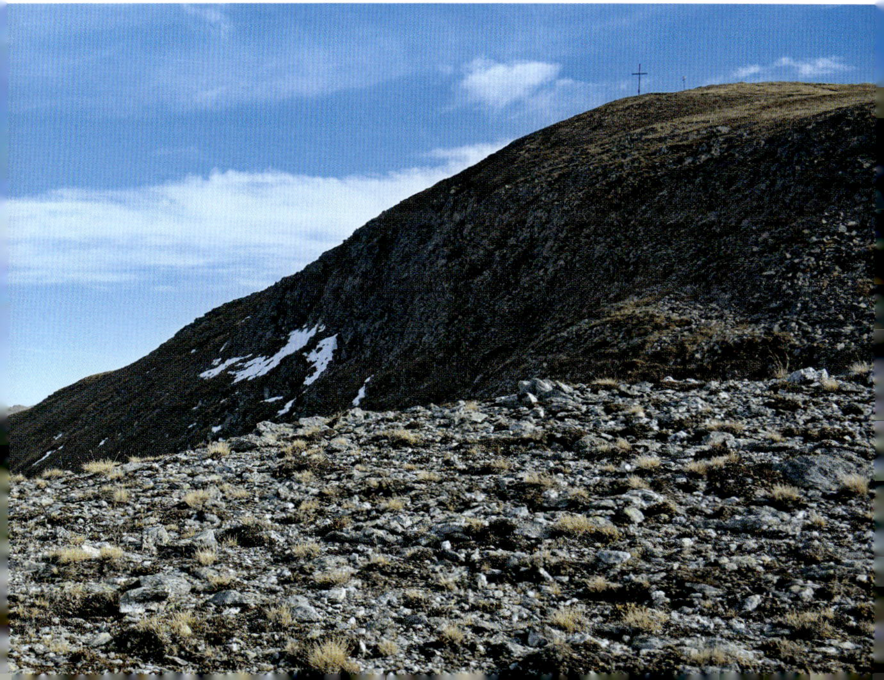

Wir marschieren vom Parkplatz bei der **Talstation** der **Kornockbahn** ❶, 1770 m, ein kurzes Stück auf der Asphaltstraße nach Norden, und biegen dann links in die Maierbruggersiedlung ab (große Hinweistafel). Dort sehen wir Wegweiser Richtung Schafalm und Winkleralm (Weg Nr. 126), an denen wir später vorbeikommen werden. Wir bleiben noch ein Stück auf der Einbahnstraße, die durch die architektonisch interessante Siedlung führt, zweigen später links (Wegweiser) hinauf ab und wandern auf bald aussichtsreichem Forstweg gut markiert und mäßig steil weiter.

Dann Vorsicht: Der **Wegweiser** ❷, 1925 m, auf der rechten Seite mit der Aufschrift »Prießhütte, Gr. Königstuhl, Karlbad« gibt die richtige Marschrichtung vor, auch wenn der Hinweis »Schafalm/Winkleralm« fehlt! Es geht auf einem Wiesensteig und durch ein Waldstück bergab zur Forststraße. Dort halten wir uns links und erreichen schnell die unbewirtschaftete **Schafalm** ❸, 1842 m. Der Weg verläuft dann weiterhin relativ eben um einen Bergrücken herum zur zauberhaften **Winkleralm** ❹, 1823 m, mit ihren entzückenden Hütten. Die Lage der Alm und die unmittelbare Szenerie sind fantastisch; der Blick auf dieses Kleinod wird uns übrigens beim Aufstieg über die steile Flanke des Rinsennock erneut begeistern!

Blick auf die vergletscherte Hochalmspitze, 3360 m.

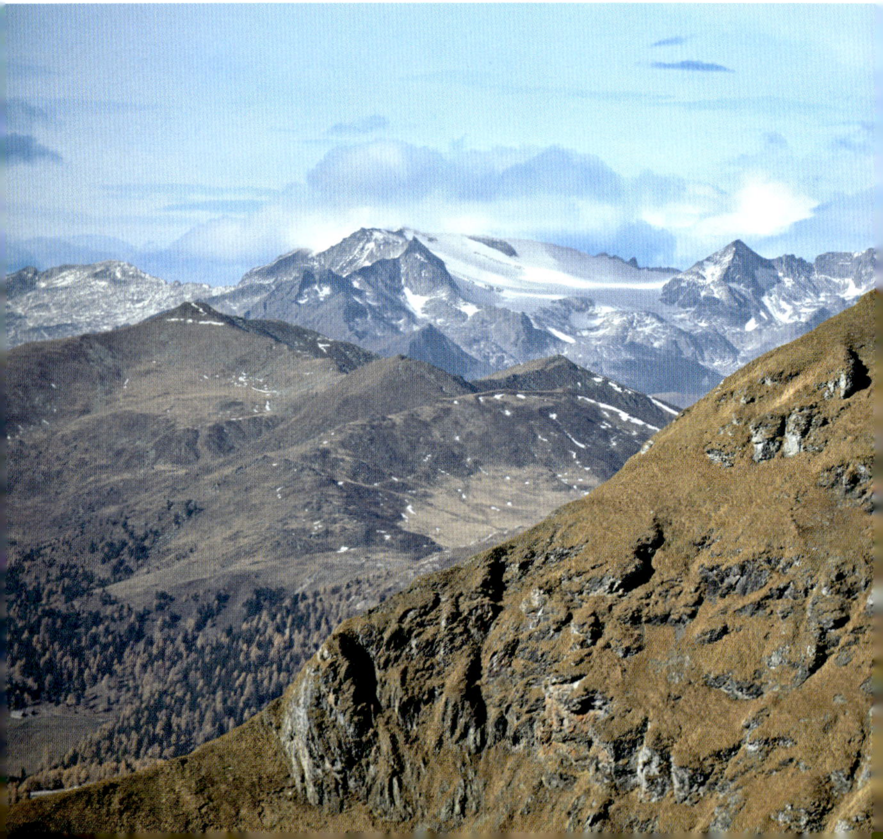

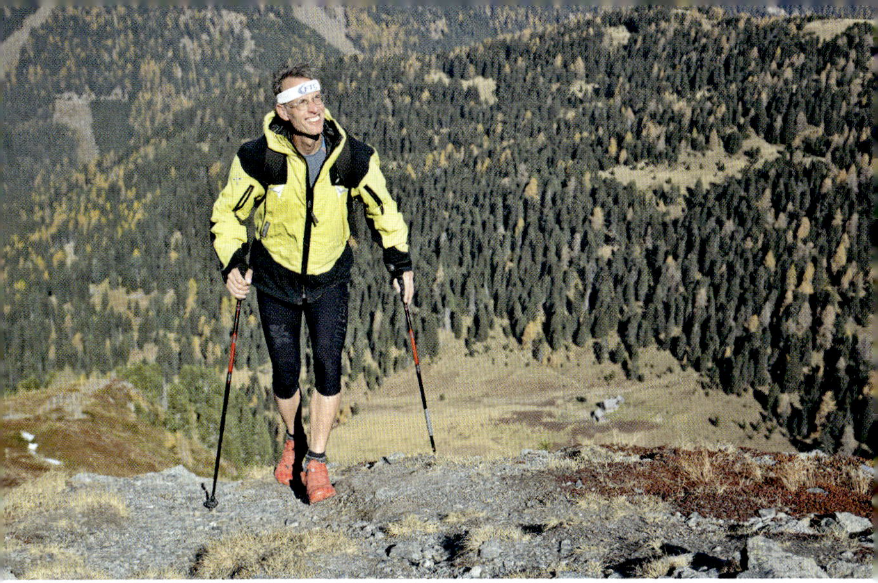

Tiefblick zur Winkleralm.

Wir folgen dem Weg Nr. 126 noch eine Weile durch hübschen Zirbenwald bis zu einer Wegteilung mit Wegweiser: Geradeaus geht es Richtung Pregatscharte und Prießhütte, doch wir biegen hier links zum Rinsennock ab. Bald danach erreichen wir am Fuß der steilen Flanke ein kleines, von Felsblöcken und einzelnen Zirben bildhübsch geprägtes, grasiges Hochplateau mit eingelagerten Seeaugen.

In der Folge queren wir die steile Flanke auf gutem Steig nach links, schauen zur Winkleralm hinunter und sehen rechts oben das Gipfelkreuz des Rinsennock. Wir steigen immer am Bergrücken auf (Zaun) und haben dabei den Gratverlauf zum Kornock, über den wir absteigen, vor Augen. Im Westen taucht die schneebedeckte Hochalmspitze zwischen Gregerlnock und Stangnock auf, herrlich! Knapp vor dem Gipfel erreichen wir eine vollkommen grasige Kuppe – Nockberg-Erlebnis in Reinformat! Am Gipfel des **Rinsennock** ❺, 2334 m, begeistert das erstklassige Alpenpanorama.

Der kurze Abstieg zur Bergstation der Kornockbahn ist klar vorgegeben. Ein paar Schrofen im obersten Abschnitt verlangen Vorsicht, danach geht es auf unproblematischem Steig zum Tourende bei der **Bergstation** ❻, 2193 m; von dort Abfahrt mit Sessellift zurück zum **Ausgangspunkt** ❶.

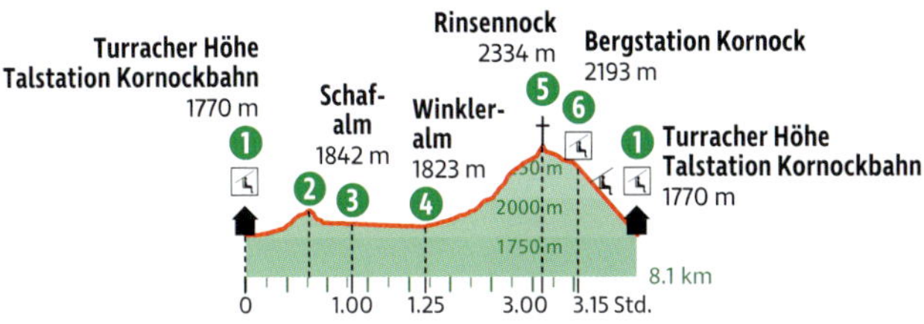

45 Goldachnock, 2171 m, ab St. Georgen

Hauserer See, Kammwanderung und mehr

6.45 Std. | 18,0 km | ↗ 1320 m | ↘ 420 m

Viel Spannung und ein mächtiges Panorama nach langem Zustieg

Die Kombination von langer, abwechslungsreicher, außergewöhnlicher Bergtour und einem Abstieg, der über weite Strecken ohne nennenswertes Gefälle verläuft, waren dafür ausschlaggebend, dass sich diese Tour trotz etwas mehr Abstieg für dieses Wanderbuch qualifiziert hat! Wir beginnen die Wanderung in St. Lorenzen ob Murau, können nicht leugnen, dass wir im schattigen Lorenzer Graben ob seiner Länge Demut verspüren, steigen dann zur hübsch gelegenen Simbauerhütte bergauf und erreichen später den wunderschönen Hauserer See, ein exquisites Schmuckstück in brillanter Landschaft. Danach begeben wir uns kurz in völlig wegloses Gelände, stoßen aber bald auf schwach ausgeprägte Steigspuren und kraxeln über eine von Glimmerschiefer, Zwergsträuchern und Grasheiden dominierte steile Geländerippe auf den Goldachnock. Nach dem weglosen Zwischenspiel, bei dem es jedoch durch die ganz klar vorgegebenen natürlichen Anhaltspunkte keine Zweifel an der richtigen Orientierung gibt, folgt eine sanfte, ungemein aussichtsreiche Kammüberschreitung über die Rosenkranzhöhe zur Bergstation der Kreischberg-Gondelbahn, mit der wir wieder ins Tal gelangen.

Ausgangspunkt: Parkplatz bei der Talstation der Kreischberg 10er-Gondelbahn, 867 m (www.kreischberg.at, Tel. +43 3537 300) in St. Lorenzen ob Murau. Anfahrt von Murau über die Murauer Straße (B 97) bis St. Georgen am Kreischberg.
ÖPNV: ÖBB, Verbund Linie 890 (Neumarkt in Steiermark – Tamsweg) bis zum Bahnhof von St. Lorenzen ob Murau.
Anforderungen: Sehr unterschiedlich! Zuerst langes Wegstück überwiegend im Wald auf Asphaltstraße und Forststraßen bis zur Simbauerhütte, danach einfacher Waldsteig zum Hauserer See. Vom See bis zum Fuß des Goldachnock mühsam weg- und markierungslos; über Flanke mit teils hochgewachsenen Heidelbeersträuchern und Almrausch, danach steilere Felsrippe (zwei Stellen I/I+, Trittsicherheit nötig) zum Goldachnock.
Abstieg: Einfache Kammwanderung zum Kreischberg. Abfahrt ab Bergstation, 1766 m, mit Gondel.
Einkehr: Riegleralm am Kreischberg (www.riegleralm.at).
Karte: f&b WK 211.
Tipp: Die Tour kann als einfache, immer markierte Rundwanderung vom Parkplatz bei der Schranke im Lorenzer Graben über Simbauerhütte – Hauserer See – Hausererseehütte und zurück zur Schranke »entschärft« werden (470 Höhenmeter).

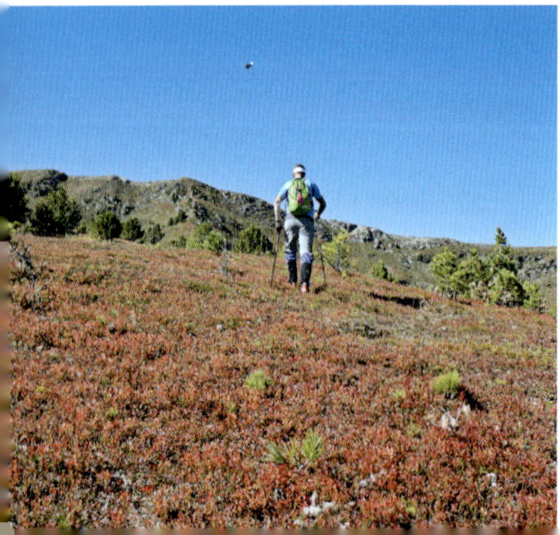

Wegloses Stück nach dem Grünbichl.

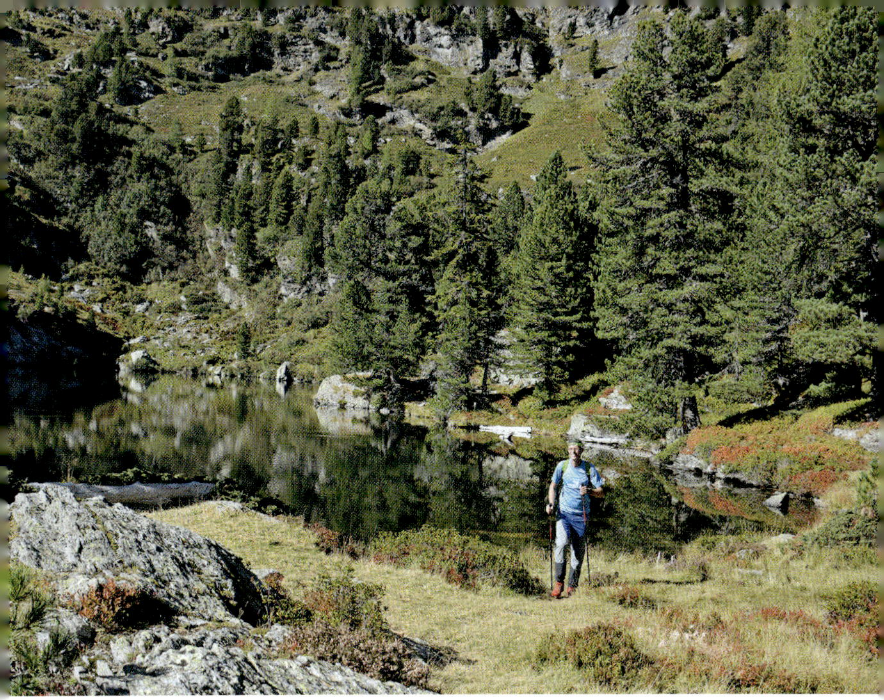

Hauserer See.

Wir starten unsere lange Tour bei der **Talstation** der **Kreischberg 10er-Gondelbahn** ❶, 867 m. Der Seigerweg bringt uns zum Lorenzer Weg, wo wir rechts abbiegen und im lang gezogenen Lorenzer Graben immer auf der Forststraße neben dem Lorenzer Bach (mehrere Wegweiser »Hauserer See«) weitergehen. Nach einigen Kilometern erreichen wir eine **Schranke** ❷, 1415 m, und steigen dort rechts (Weg Nr. 1) über die Forststraße zur unbewirtschafteten **Simbauerhütte** ❸, 1743 m, auf.

Nach der Hütte geht es über einen grasigen Almweg weiter. Wir kommen an der kleinen Simbauerkapelle samt Quellbrunnen vorbei, dann beim Simbauerkreuz, 1833 m, und erblicken nach einem Überstieg den **Hauserer See** ❹, 1878 m. Der See ist ein Juwel! Beim See sehen wir den Wegweiser »Haussererseehütte/St. Lorenzen«. Genau neben dem Wegweiser verlassen wir jetzt den markierten Weg nach rechts und folgen einem nur mehr schwach ausgeprägten Steig, der sich nach wenigen Metern in Schwarzbeersträuchern und Almrausch verliert.

Nun wartet der anstrengendste Teil der gesamten Tour, denn wir müssen am Übergang zur Baumgrenze in weglosem, steilem Gelände durch hochgewachsene Schwarzbeersträucher und Almrausch am Hang des **Grünbichl**, 2012 m, aufsteigen. Halb rechts oben sehen wir das Gipfelkreuz des Goldachnock, der aus unserem Blickwinkel aus drei markanten Kuppen besteht. Von der äußerst rechten Kuppe zieht eine gut ausgeprägte Geländerippe zu einem schmalen Sattel hinab. Über diese Rippe steigen wir später bergauf.

Wir orientieren uns beim Marsch durch das Strauchwerk einfach immer am Gipfelkreuz, das uns die ide-

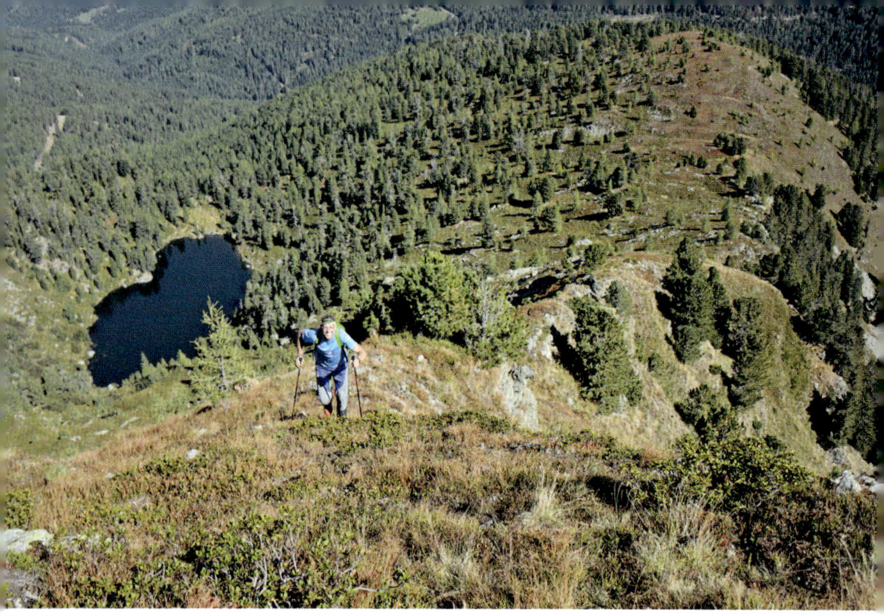

Knapp unter dem Goldachnock mit Blick zum baumfreien Grünbichl.

ale Richtung vorgibt. So gelangen wir doch rascher als erwartet auf den baumfreien Höhenrücken rechts (!) der etwas höher gelegenen, harmlosen Kuppe des Grünbichl, wo das Strauchwerk signifikant niedriger ist und uns beim Gehen gar nicht mehr stört. Das Landschaftsbild ist großartig!

Nach dem kräfteraubenden Abschnitt steuern wir nun exakt den Fuß der markanten Geländerippe an und steigen aus dem Sattel über diese bergauf; Steigspuren, die zwischendurch verwachsen sind, unterstützen das Aufspüren der Ideallinie. Während die erste größere Felsansammlung direkt überstiegen wird, umgehen wir die zweite in einem kleinen Rechtsbogen. Wir verlassen die Geländerippe aber erst bei ihrem höchsten Punkt. Wenige kurze Stellen verlangen Trittsicherheit!

Während des Höhersteigens haben wir einen hervorragenden Tiefblick auf den Hauserer See, und beim »Ausstieg« bietet sich völlig überraschend ein Prachtblick zur vergletscherten Hochalmspitze! Nun geht es unschwer nach links zum Gipfelkreuz des **Goldachnock** 5, 2171 m. Dort empfängt uns eine fantastische

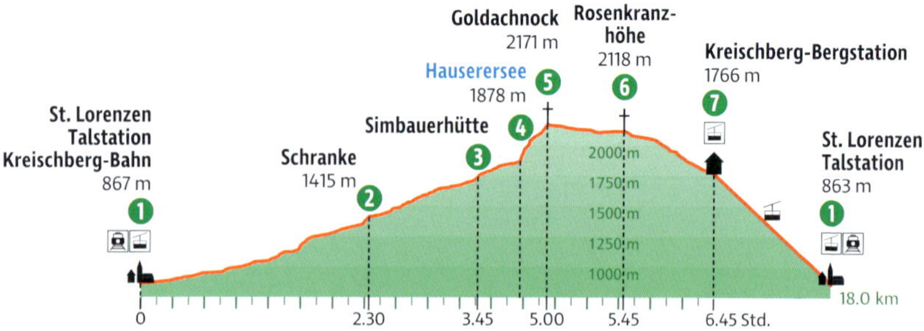

Aussicht zu den Julischen Alpen und zur markanten Prankerhöhe, 2166 m. Nach dem Gipfelerlebnis beginnt eine gemütliche Kammwanderung nach Norden; sie ist gut markiert und bringt uns über über Kirbischhals, 2060 m, Kirbisch, 2140 m, und **Rosenkranzhöhe** 6, 2118 m, bis zum **Kreischberg**, 1981 m, von wo wir – teilweise entlang der Skipiste – zur **Bergstation** der **Gondelbahn** 7, 1766 m, absteigen; mit der Gondel fahren wir zurück ins Tal zu unserem **Ausgangspunkt** 1.

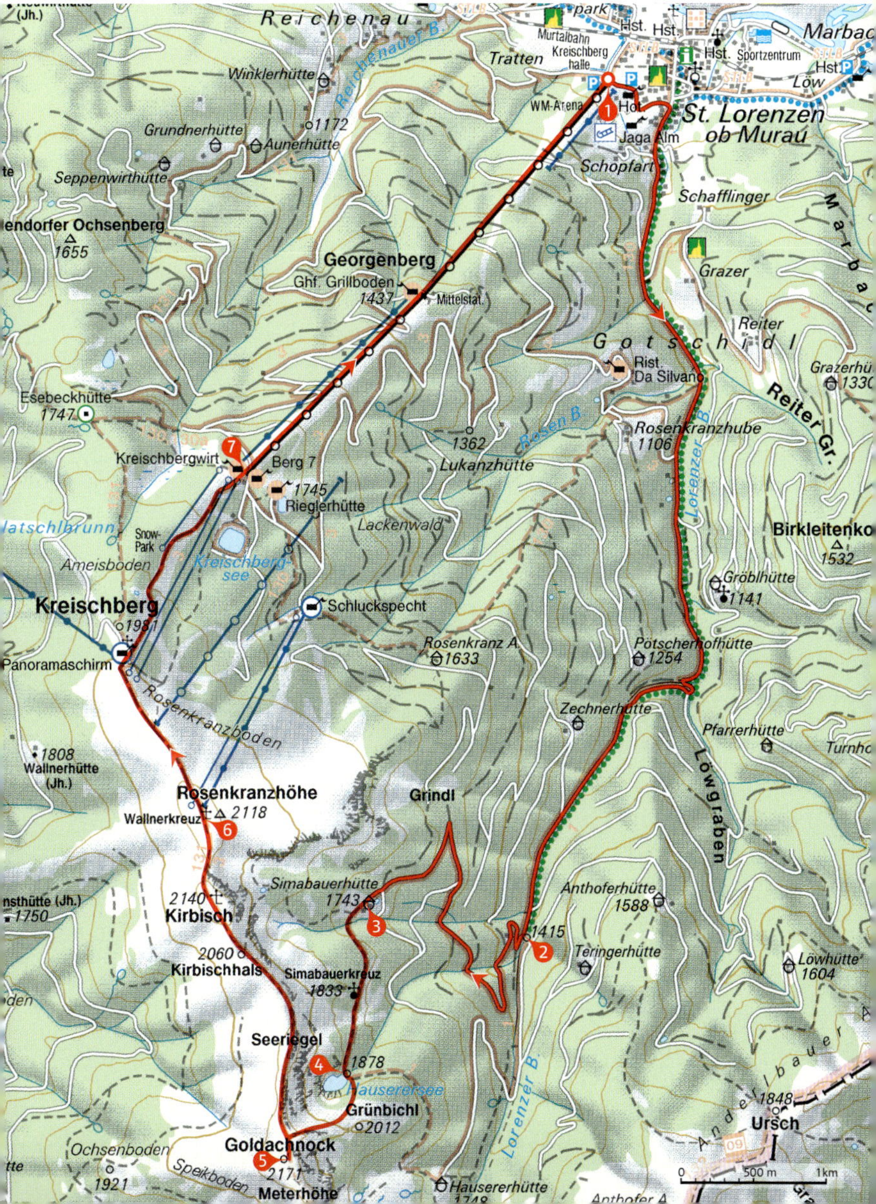

46 Frauenalpe, 1997 m, ab Murau

Über die Murauer Hütte zur Gipfel-Kapelle

4.45 Std. | 9,7 km | ↗ 1130 m | ↘ 410 m

Aussichtsreiche Kammwanderung nach kräftigem Waldanstieg

Der höchste Punkt der Frauenalpe im steirischen Teil der Gurktaler Alpen liegt auf einer weichen Almkuppe, die nach Süden hin abbricht. Um dort hinzukommen, nehmen wir den langen Weg ab Murau und überwinden als Vorspiel zuerst 700 Höhenmeter hinauf zur Murauer Hütte. Von der Hütte schlängelt sich der schöne Weg bald unmarkiert, aber ohne Orientierungsprobleme, in wunderbarer Almlandschaft über einen sanften, aussichtsreichen Höhenrücken dem Gipfel der Frauenalpe entgegen. Über die baumlosen Almflächen, die von Schwarz- und Preiselbeeren überzogen sind, erreichen wir das Gipfelkreuz, das unweit der schmucken Apollonia-Kapelle und der kleinen Bernhard-Fest-Hütte steht. Das gewaltige Panorama auf knapp 2000 m Seehöhe ist sehenswert! Besonders im Herbst zeigen sich die Lärchen und die mit roten Preiselbeerblättern dekorierten freien Landschaftsflächen im obersten Abschnitt von ihrer schönsten Seite. Für den Abstieg wählen wir den einfachen, aussichtsreichen Ziehweg, der direkt bei der Murauer Hütte endet, wo wir uns vom Taxi abholen lassen können.

Aussichtsberg Frauenalpe.

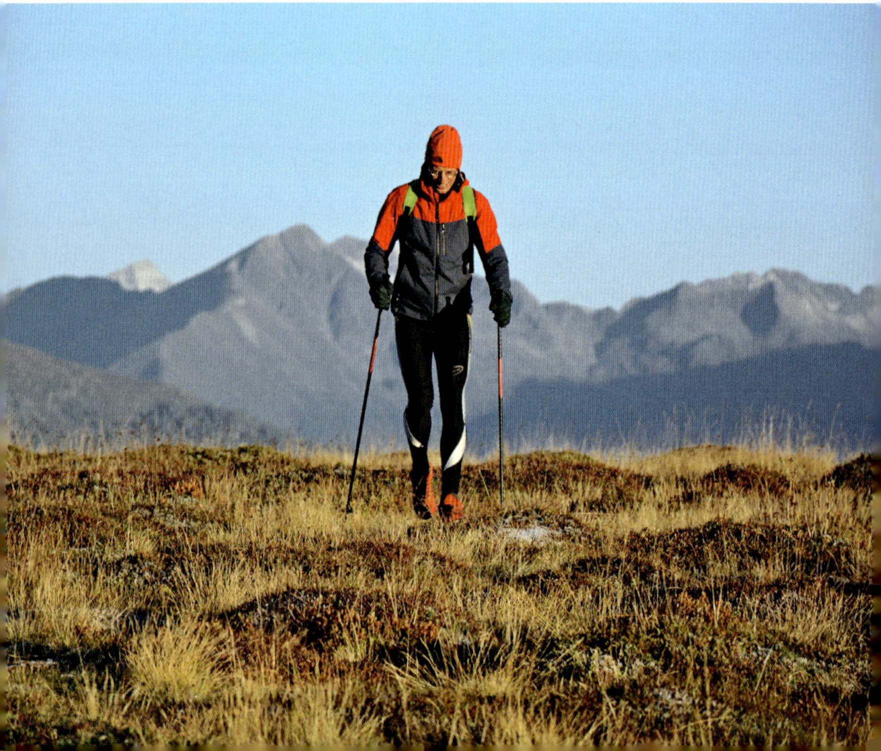

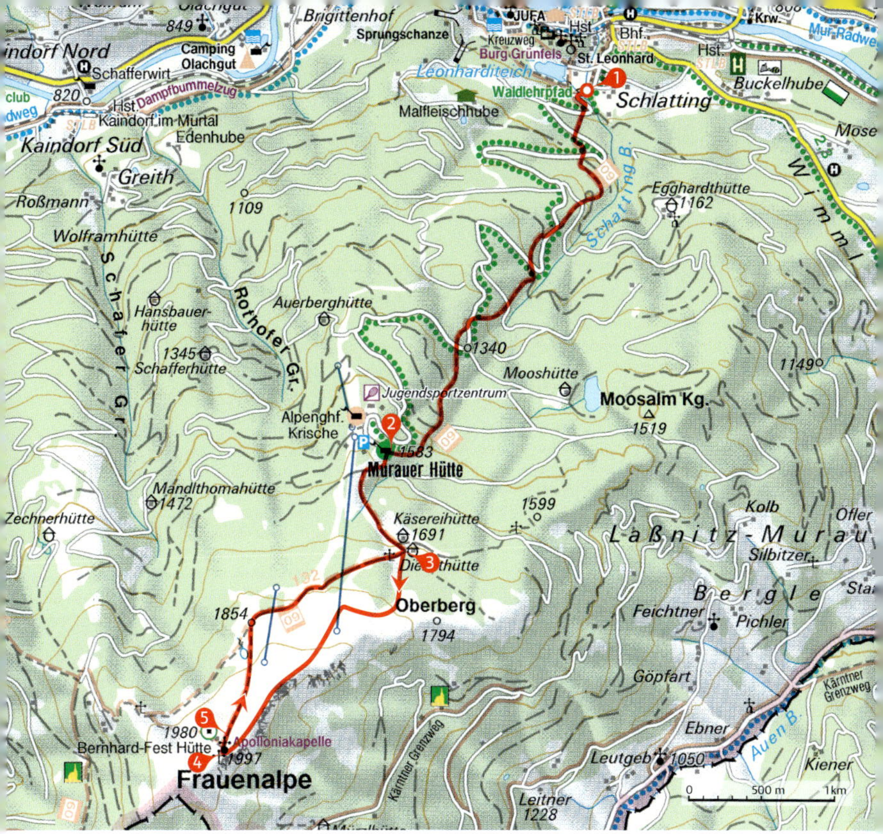

Ausgangspunkt: Kleiner Parkplatz im Ortsteil Schlatting bei Auffahrt zur Frauenalpe, 866 m. Anfahrt von Murau bis zur markanten Abzweigung auf die Frauenalpe, auf dieser noch ca. 500 m bis vor die starke Linkskurve, unweit davon großer Strommast.
ÖPNV: ÖBB-Bahnhof Murau ca. 800 m vom Ausgangspunkt entfernt, Verbund Linien 885, 890, 895, 897, 898,
Anforderungen: Überwiegend Waldanstieg zur Murauer Hütte, danach unmarkierte Almwanderung über Bergrücken, dennoch einfache Orientierung. Abstieg auf aussichtsreicher Forststraße.
Abstieg: Ab Murauer Hütte bis Ausgangspunkt mit Taxi (Taxi WIF-ZACK, Murau, www.taximurau.at, Tel. +43 664 3957777).
Einkehr: Murauer Hütte (www.murauerhuette.at).
Karte: f&b WK 211.
Tipps: 1. Altstadt von Murau!
2. Wandergebiet Grebenzen mit dem hoch gelegenen Ausgangspunkt Dreiwiesenhütte, 1770 m, ca. 24 km ab Murau über St. Lambrecht.

Wir starten am kleinen **Parkplatz ❶**, 866 m, und marschieren ein Stück auf der Asphaltstraße zur Frauenalpe bergauf. Doch schon bei der ersten Rechtskurve zweigt unser Steig zur Murauer Hütte links in den Wald ab. Dabei haben wir einen beachtlichen Blick auf Murau und die Wallfahrtskirche St. Leonhard, die im sehr schlanken und hohen spätgotischen Stil erbaut wurde. In der Folge kreuzen wir die Asphaltstraße noch

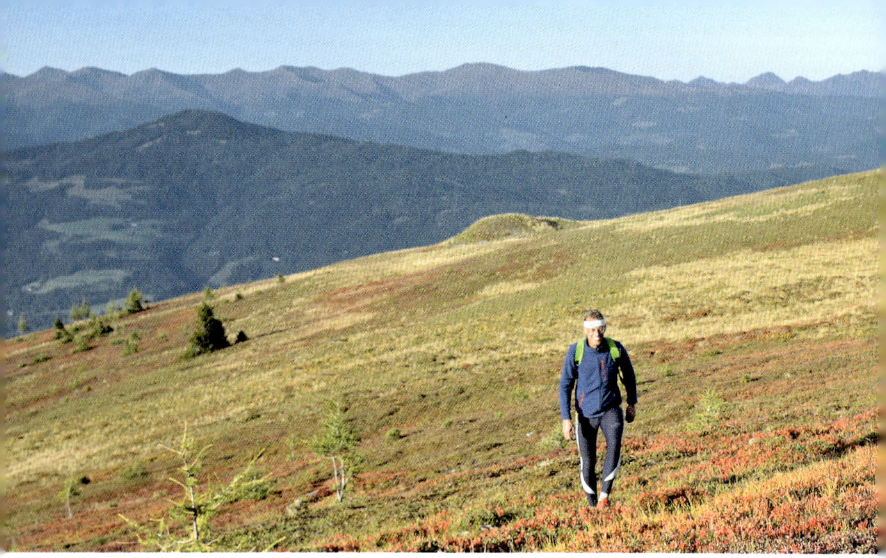

Gipfelbereich der Frauenalpe.

ein paarmal, bis wir deutlich nach der Roßhalt zur **Murauer Hütte ❷**, 1583 m, gelangen.

Danach folgen wir der Markierung »Bernhard Fest Hütte/Frauenalpe Gipfel«, auf Weg Nr. 132/09 über eine schöne Forststraße und erreichen die Käsereihütte, 1691 m, vor der es rechts ein Stück über die Wiese bergauf geht. Wir gelangen schnell wieder auf die **Forststraße ❸**, 1715 m, und sehen halb rechts ein Marterl, zu dem wir aber nicht mehr gehen. Stattdessen steigen wir ca. 30 Meter vor dem Marterl über die Wiese weiter – unmarkiert – bergauf (Fahrweg erkennbar).

Es geht dann in einer lang gezogenen Rechtsschleife immer auf dem wunderschön von Gras bewachsenen Fahrweg (ehemalige Pistenschneise, der Skibetrieb wurde 2017 eingestellt) bis zu dessen abruptem Ende auf einer kleinen ebenen Fläche. Dort biegen wir links im rechten Winkel ab und steigen steiler (deutlich erkennbare Wegspuren) auf den Höhenrücken hinauf, wobei die Kuppe des Oberbergs, 1794 m, nicht bestiegen wird, sondern links von uns bleibt.

Immer leicht bergauf gelangen wir auf den ungemein aussichtsreichen Bergkamm und wandern über sanften Almboden (Zaun bleibt immer links von uns!) dem weithin sichtbaren Gipfelkreuz entgegen. Nur wenige Meter unter dem Gipfel platziert sind die kleine steinerne **Apollonia-**

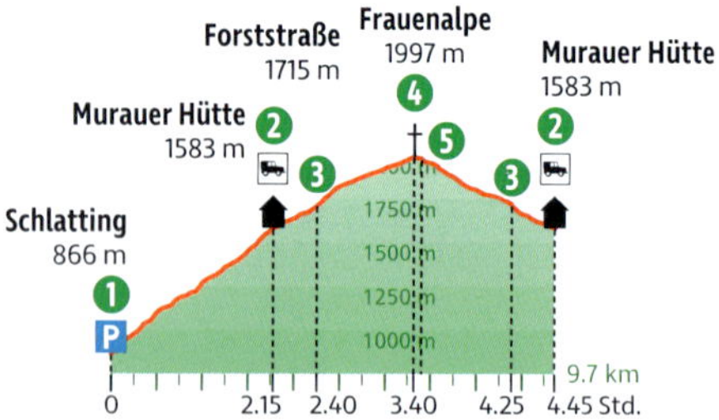

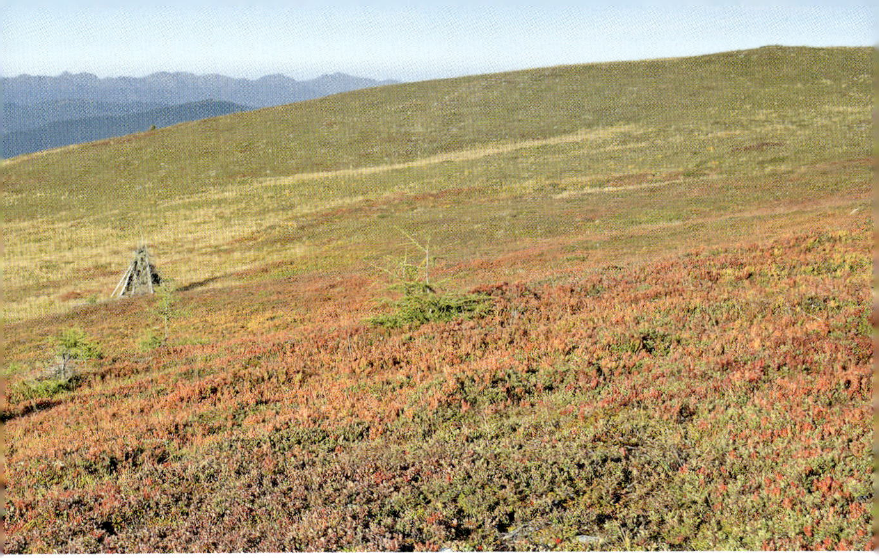

Kapelle, die der heiligen Apollonia geweiht ist, und die Bernhard-Fest-Hütte (AV-Selbstversorgerhütte). Am Gipfel der **Frauenalpe** ❹, 1997 m, beeindruckt die Rundumsicht, und die prächtige steinerne Panoramatafel hilft bei der Orientierung.

Der Abstieg ist sehr einfach, denn wir bleiben immer auf dem Fahrweg (Weg Nr. 132), der zuerst unmittelbar rechts der **Bernhard-Fest-Hütte** ❺, 1980 m, vorbeiführt und uns in wunderbarer Almlandschaft mit herrlicher Aussicht auf die Schladminger und Wölzer Tauern zuerst zur **Kreuzung** ❸ nahe der Käsereihütte und schließlich zum Wanderziel bei der **Murauer Hütte** ❷ bringt.

Sonnenaufgang neben der Apollonia-Kapelle.

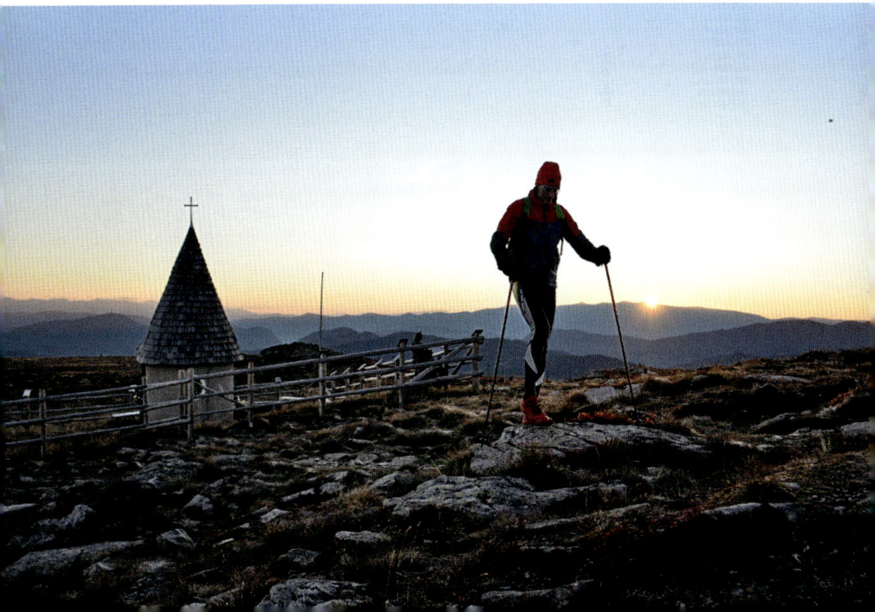

47 Leopoldsteiner See – Pfaffingalm – Präbichl

Fobistal, Frauenmauerhöhle und Polster

TOP | 7.15 Std. | 20,7 km | ↗ 1350 m | ↘ 200 m

Glanzvolle Hochschwab-Impressionen am laufenden Band

Das im Norden der Steiermark gelegene Hochschwab-Massiv zählt zu den großen Karstplateaus der Nördlichen Kalkalpen. Schon der Auftakt zu unserer sehr langen, ungemein vielfältigen Hochschwab-Tour begeistert mit dem Leopoldsteiner See, der am Fuß der wuchtigen Seemauer liegt. Die imponierende Wasserperle der Stadt Eisenerz besticht mit natürlicher Schönheit! Dann geht es weiter, zwischen hohen Felswänden hindurch, in das großartige Fobistal, das durchaus zu den schönsten Gebirgstälern der Ostalpen gezählt werden kann. Doch das Landschaftsbild wird beim Aufstieg zur Pfaffingalm noch schöner! In der Folge führt unsere Wanderung auch noch am kolossalen Osteingang der Frauenmauerhöhle vorbei; die Höhle bildet einen Teil des Frauenmauer-Langstein-Höhlensystems, das ein mehrere Dutzend Kilometer langes System aus Gängen, Canyons und Schächten darstellt (Besichtigung nur mit Führung, siehe Tour 48). Zum Schluss gefällt die lange Querung vom Neuwaldeggsattel zur Bergstation des Polster-Sesselliftes mit der ausgiebigen Aussicht in das Hochschwab-Massiv und zu den Eisenerzer Alpen.

Ausgangspunkt: Gebührenpflichtiger Parkplatz beim Restaurant Leopoldsteinerseestüberl, 638 m. Anfahrt von Leoben bzw. Hieflau über die Eisenstraße B 115 zum Nordrand von Eisenerz, dort Abzweigung zum See.
ÖPNV: Verbund Linie 820 (Leoben – Eisenerz Münichtal) bis Eisenerz, Hst. Kaiserschildstraße, von dort zu Fuß die Hieflauer Straße 300 m bergab, danach rechts in die Seestraße, auf ihr noch gut 1 km zum Parkplatz.
Anforderungen: Lange, alpine Tour, steiler Anstieg im Fobistal, danach unschwierig über almartige Hochfläche. Nach dem Bärenlochsattel kurz steil bergab, danach schmaler Steig mit einzelnen Sicherungen zum Neuwaldeggsattel.
Abstieg: Abfahrt mit dem Polster-Sessellift, 1791 m (www.praebichl.at, Tel. +43 3849 60600 (Öffnung voraussichtlich Sommer 2023), danach Bus bis Eisenerz (Details siehe »ÖPNV«) und die letzten 1,3 km zu Fuß auf der Straße.
Einkehr: Restaurant Leopoldsteinerseestüberl (Tel. +43 664 8200642), Pfaffingalm.
Karte: f&b WK 0041.
Tipp: Information über die Fahrzeiten der Busse zwischen Präbichl und Eisenerz vor Tourstart einholen. Für mehr Flexibilität Anfahrt mit Bus ab Präbichl erwägen.

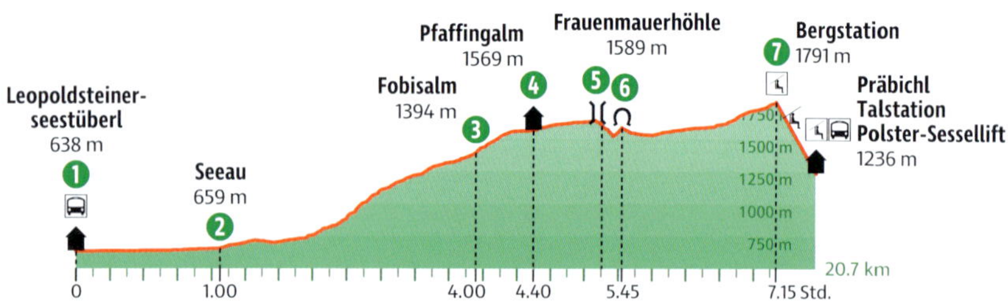

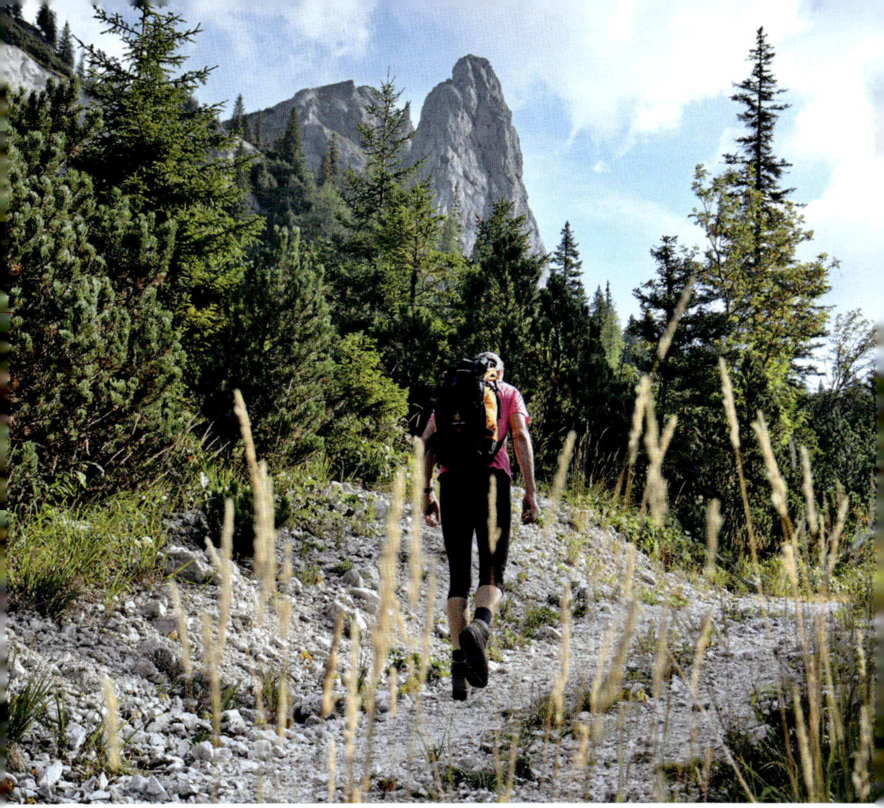

Blick zum Fobisturm.

Wir gehen beim Parkplatz vor dem Restaurant **Leopoldsteinerseestüberl ❶**, 638 m, los, und marschieren auf der Südseite des Sees auf Weg Nr. 801 flach in die **Seeau ❷**, 659 m; dort biegen wir rechts Richtung Sonnschienhütte ab und erreichen wenig später die Klamm mit Tiefblick in den Seeaubach. Beim Marsch durch den Hinterseeaugraben (Forststraße) beeindrucken die steil abfallenden Felswände um uns!

Über die mächtige Steilstufe des »Im Schluss« erreichen wir ein flaches Hochtal, in dem wir unter dem lang gestreckten, stark strukturierten Felsmassiv des Großen Kollmannstocks, 1768 m, zur Fobisalm aufsteigen. Dabei stoßen wir auf lieblich eingelagerte kleine Wiesenplateaus und haben sagenhafte Blicke zum markanten Fobisturm, 1710 m.

Bei der **Fobisalm** (unbewirtschaftete Almhütte) **❸**, 1394 m, zweigen wir rechts zur Pfaffingalm ab (Weg Nr. 830). Prachtblick auf das isolierte Felsmassiv des Brandstein! Der Weg über den Mitterriedl zur **Pfaffingalm ❹**, 1569 m, die von sanften Hügeln und Weideflächen gekennzeichnet ist, ist außergewöhnlich schön!

Nach den Almhütten kommen wir beim Pfaffingkreuz vorbei und gelangen durch die Karstlandschaft der »Steinwiese« (Wegtafel) zum Bärenlochsattel. Auf dem Weg dorthin haben wir eine imposante Sicht zur Nordseite der Frauenmauer, 1827 m, und zum schroffen Bergmassiv der Griesmauer.

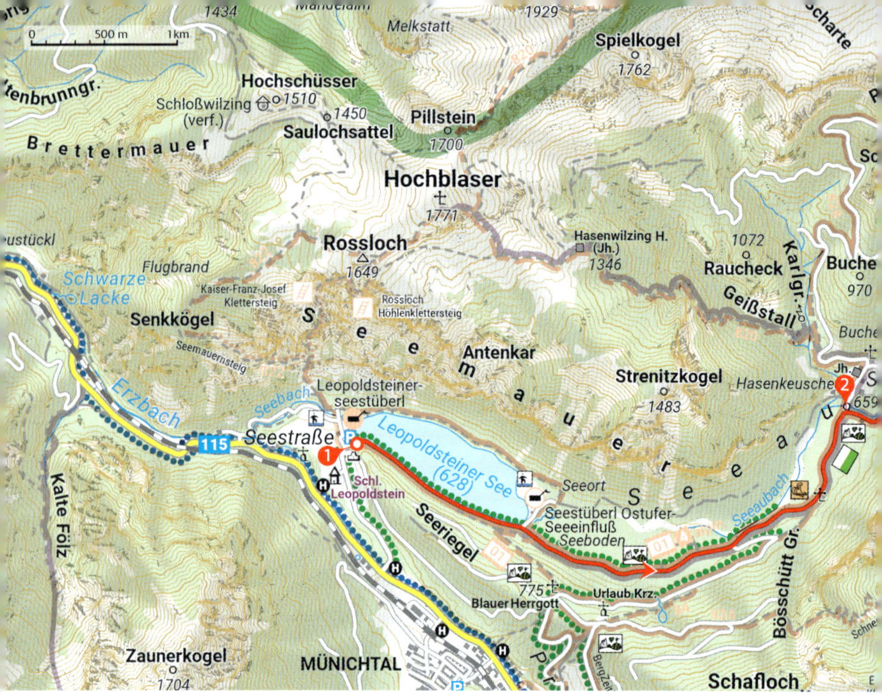

Beim **Bärenlochsattel** 5, 1609 m, halten wir uns links Richtung Neuwaldeggsattel (Weg Nr. 832), steigen zwischen Langstein und Frauenmauer kurz steil bergab, doch bald wieder leicht bergauf (roter Schriftzug mit Pfeil »Höhle« auf Stein beachten!) und gelangen so direkt zum mäch-

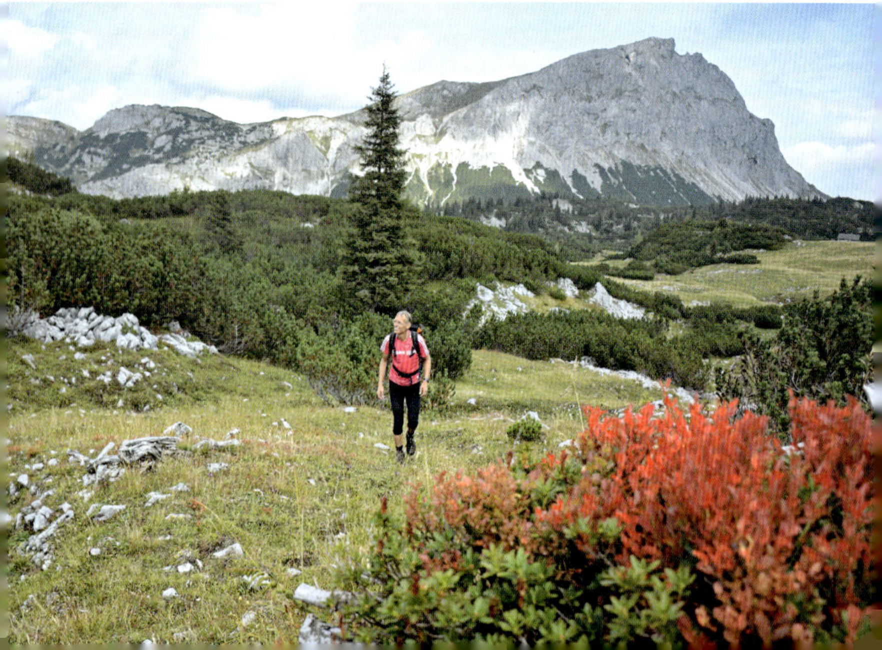

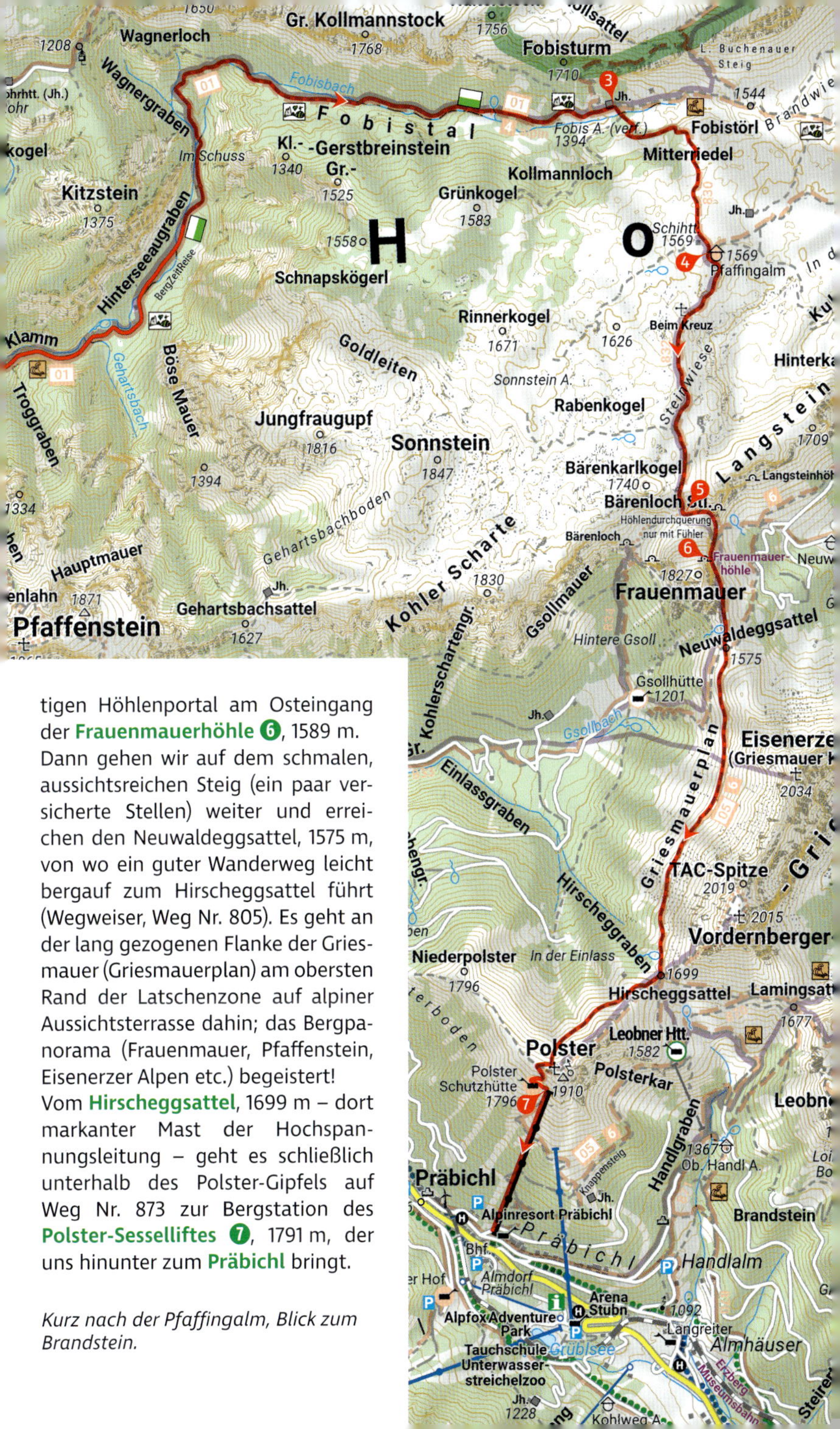

tigen Höhlenportal am Osteingang der **Frauenmauerhöhle** **6**, 1589 m. Dann gehen wir auf dem schmalen, aussichtsreichen Steig (ein paar versicherte Stellen) weiter und erreichen den Neuwaldeggsattel, 1575 m, von wo ein guter Wanderweg leicht bergauf zum Hirscheggsattel führt (Wegweiser, Weg Nr. 805). Es geht an der lang gezogenen Flanke der Griesmauer (Griesmauerplan) am obersten Rand der Latschenzone auf alpiner Aussichtsterrasse dahin; das Bergpanorama (Frauenmauer, Pfaffenstein, Eisenerzer Alpen etc.) begeistert!
Vom **Hirscheggsattel**, 1699 m – dort markanter Mast der Hochspannungsleitung – geht es schließlich unterhalb des Polster-Gipfels auf Weg Nr. 873 zur Bergstation des **Polster-Sesselliftes** **7**, 1791 m, der uns hinunter zum **Präbichl** bringt.

Kurz nach der Pfaffingalm, Blick zum Brandstein.

48 Durch die Frauenmauerhöhle

Von der Gsoll-Kehre zum Polster-Sessellift

3.45 Std. | 9,0 km | ↗ 960 m | ↘ 100 m

644 Meter lange Durchgangshöhle mit riesenhaften Eingängen

Die Frauenmauerhöhle ist eine 644 m lange Höhle, die in der namensgebenden, kühn aufragenden Frauenmauer, 1827 m, liegt. Sie ist Teil des weit verzweigten Frauenmauer-Langstein-Höhlensystems, das derzeit das größte bekannte Höhlensystem des Hochschwab ist, und wurde 1885 auch von Kaiserin Elisabeth besucht. Zwei Eingänge, deren Anblick ob ihrer Lage, Form und Mächtigkeit schon hoch emotionales Staunen hervorrufen, ermöglichen es, dass die gigantische Höhle, die bereits 1931 zum Naturdenkmal erklärt wurde, auf einem faszinierenden Weg durchquert werden kann, allerdings nur in Begleitung staatlich geprüfter Höhlenführer. Zwischen dem tieferen Westeingang und dem höheren Osteingang liegen ca. 130 Höhenmeter. Nach der Befahrung der Höhle wandern wir auf einem schmalen Steig zum Neuwaldeggsattel. Von dort queren wir die von der Griesmauer herabziehenden Flanken, genießen das Bergpanorama und erreichen die Bergstation des Polster-Sesselliftes, mit dem wir zum Präbichl abfahren.

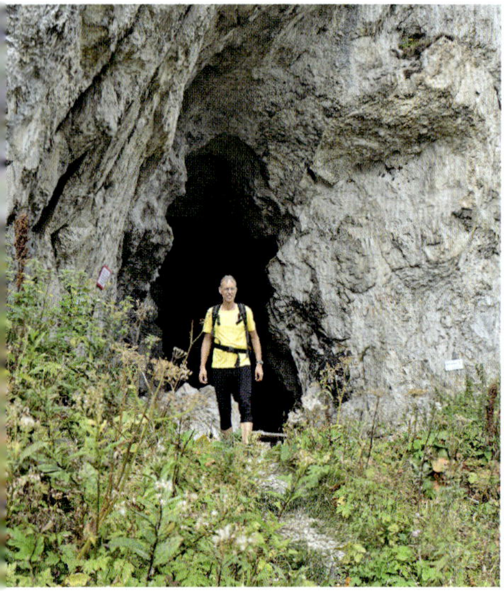

Osteingang Frauenmauerhöhle.

Ausgangspunkt: Parkplatz in der Gsollkurve, 930 m, an der Eisenstraße B 115 zwischen Präbichl und Eisenerz.
ÖPNV: Verbund Linie 820 (Leoben – Eisenerz Münichtal) bis Haltestelle Gsollkehre Abzw. Gsollhütte.
Anforderungen: Unschwierige Wanderung zum Westeingang der Höhle mit Eisenleiter; vom Osteingang bis zum Neuwaldeggsattel schmaler Steig mit einzelnen Versicherungen.
Abstieg: Abfahrt von der Bergstation des Polster-Sessellifts, 1791 m (www.praebichl.at, Tel. +43 3849 60600, Öffnung voraussichtlich Sommer 2023). Information über die Fahrzeiten der Busse zwischen Präbichl (Haltestelle Passhöhe) und Gsollkurve (Haltestelle Gsollkehre Abzw. Gsollhütte) vor Tourstart einholen (Verbund Linie 820, Leoben – Eisenerz Münichtal).
Einkehr: Gsollalm (www.genussreich.at/gsollalm).
Karte: f&b WK 0041.
Tipps: 1. Höhlenführungen 15. Juni–15. Sept. Samstag, Sonntag, Feiertag; wochentags nur mit Anmeldung. Westeingang: 11.00 und 13.00 Uhr, Osteingang: 12.00 und 14.00 Uhr. Führungsgebühr 10 Euro, Dauer 1 Stunde. Bei Schlechtwetter keine Führung!
2. Anfahrt mit Bus ab Präbichl erwägen.

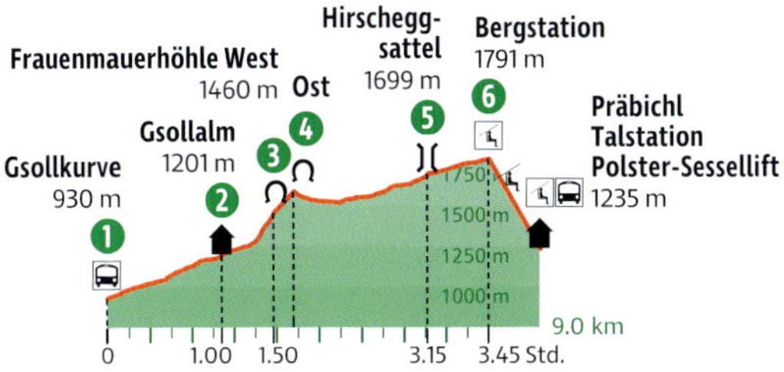

Die große Übersichtstafel beim Parkplatz bei der **Gsollkurve** ❶, 930 m, veranschaulicht uns den Weg zur Frauenmauerhöhle, und der Wegweiser »Gsollalm/Frauenmauerhöhle Westeingang« (Weg Nr. 833) gibt die Richtung vor. Zunächst gehen wir auf einer aussichtsreichen Forststraße zur fein gelegenen **Gsollalm** ❷, 1201 m. Prachtblick auf die Frauenmauer! Bald nach der Gsollalm wird das Gelände steiler, und der Steig schlängelt sich bis unmittelbar an die scheinbar unzugänglichen Felswände der Frauenmauer heran. Über eine lange Leiter gelangen wir zum Illmaier-Platzl. Sepp Illmaier hat in seiner aktiven Zeit zahlreiche Personen vor dem Tod aus der Höhle gerettet. Vom Illmaier-Platzl klettern

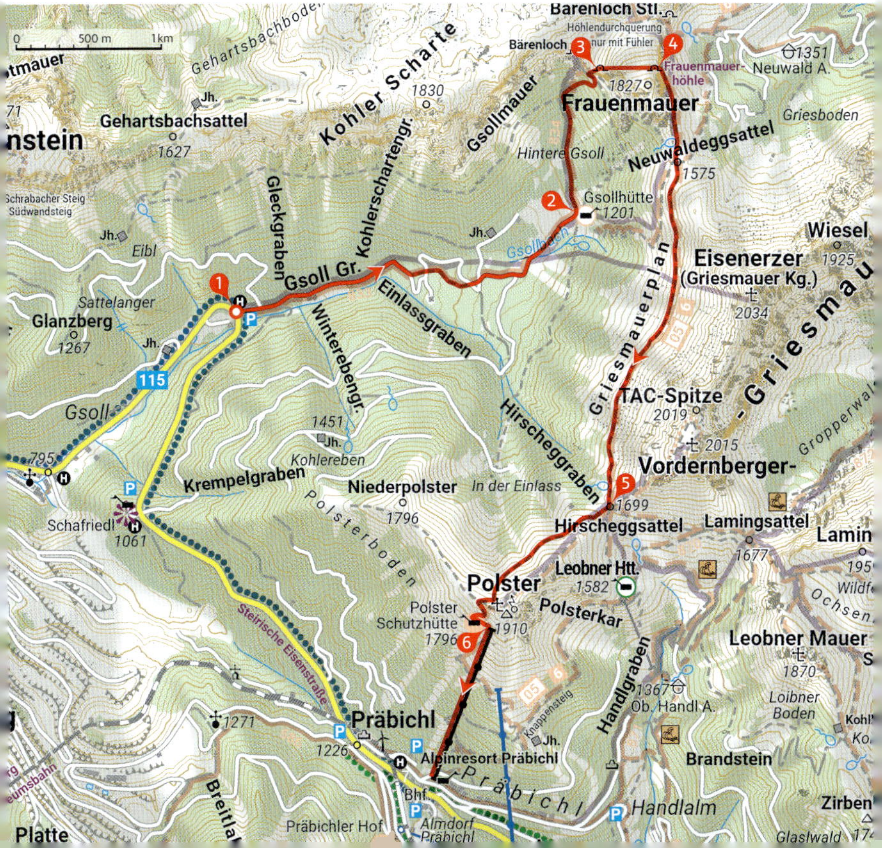

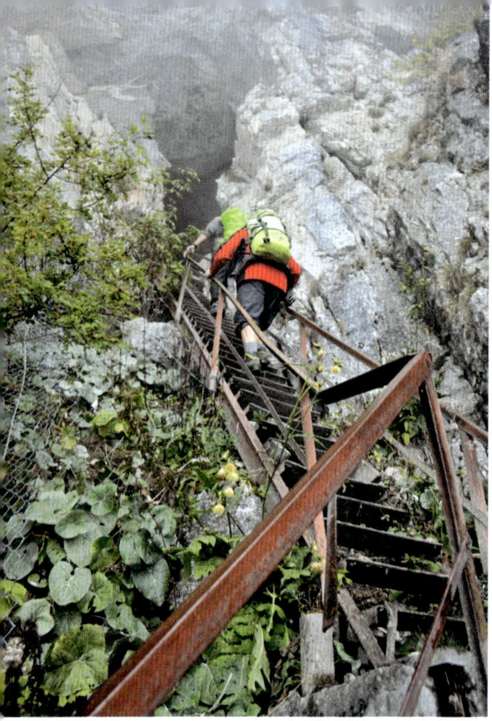

Oben: Westeingang Frauenmauerhöhle.

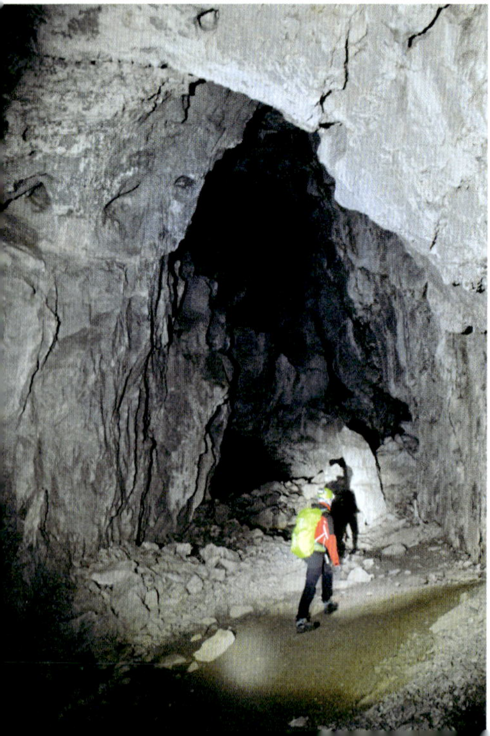

wir über eine weitere Eisenleiter direkt zum monumentalen **Höhleneingang** ❸, 1460 m, hinauf. Spektakulär! Eine weitere Leiter führt rechts durch ein kleines Felsloch zur Hütte der Höhlenführer.

Dann beginnt die Befahrung der Höhle: Klamm, Kirche, Kanzel, die mächtige Kreuzhalle (an deren Ende sich der Weg über eine Schutthalde steil nach oben zieht), Elisabeth-Halle (von wo die gewaltige Öffnung des Osteingangs zu sehen ist). Von den Todesopfern, die durch Verirren ums Leben kamen, sei auf das Unglück aus dem Jahr 1890 verwiesen, das drei Studenten betraf: Da ihre Lichtquelle versagte, wollten sie sich im Stockdunkel an der Felswand entlangtasten, um so zum Ausgang zu gelangen. Doch die Felswand war ein Felspfeiler mit 50 Metern Umfang, der sich endlos lang umrunden ließ, sodass die Studenten letztlich an Erschöpfung starben. In der Höhle erinnern Kreuze an dem Felspfeiler an dieses Unglück.

Schließlich erreichen wir den **Osteingang** ❹, 1589 m, auch der ist gigantisch. Famose Aussicht in das Hochschwab-Massiv! Vom mächtigen Höhlenportal gehen wir auf schmalem, aussichtsreichem Steig nach rechts (ein paar versicherte Stellen) zum Neuwaldeggsattel, 1575 m, und von dort über die Griesmauerplan und den **Hirscheggsattel** ❺, 1699 m, zur Bergstation des **Polster-Sesselliftes** ❻, 1791 m. Weitreichendes Bergpanorama! Mit dem Lift fahren wir hinunter zum **Präbichl**.

In der Frauenmauerhöhle.

TAC-Spitze, 2019 m

Leobner Hütte und 40 Meter Klettersteig

49

3.30 Std. | 6,2 km | ↗ 890 m | ↘ 320 m

Ein stolzer Felsturm in der zerrissenen Griesmauer

Der 1873 in Graz gegründete, aber inzwischen aufgelöste Techniker-Alpen-Club ist Namenspate der TAC-Spitze, die einer der Hauptgipfel des rund 3,2 km langen, schroffen Felsgrates der Griesmauer ist. Rund 250 Meter südlich der TAC-Spitze steht die geringfügig niedrigere Vordernberger Griesmauer, 2015 m. Zwischen diesen beiden Gipfeln erstreckt sich ein Plateau mit beeindruckenden Felsblöcken und ausgedehnten Blockfeldern; die TAC-Spitze überragt es mit steilen felsigen Flanken und Felswänden. Der Aufstieg vom Präbichl über die Leobner Hütte zum Hirscheggsattel ist einfach. Dann steigen wir mitten hinein in die großräumige, tiefgreifende Bergzerreißung an der Südwestseite der Griesmauer, die sich durch Doppelgratbildungen, Felstürme und mächtige Gesteinsblöcke äußert. Die letzten Meter zum Gipfelkreuz müssen über eine kurze, luftige Klettersteig-Passage überwunden werden (A/B). Die Aussicht vom Gipfel ist fantastisch! Nach dem lupenreinen Gipfelerlebnis steigen wir auf demselben Weg bis zum Hirscheggsattel ab, wandern von dort zur Bergstation des Polster-Sesselliftes und nehmen den Lift für die Abfahrt zum Präbichl.

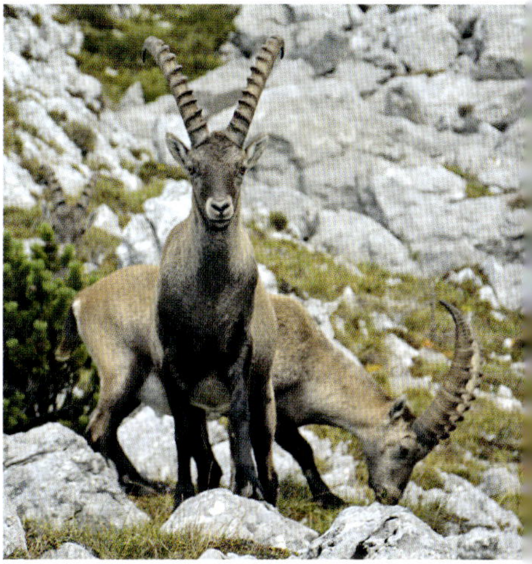

Bei den Alpensteinböcken werden die Hörner bis zu einem Meter lang.

Ausgangspunkt: Parkplatz, 1221 m, ca. 250 m nach dem Gasthof Latschenstub'n (Laufstraße 56). Anfahrt von Leoben bzw. Hieflau über die Eisenstraße B 115 zur Präbichl-Passhöhe, dort Abzweigung in die Laufstraße und noch ca. 1,7 km.

ÖPNV: Verbund Linie 820 (Leoben Hauptbahnhof – Eisenerz Münichtal) bis Präbichl, Haltestelle Passhöhe, von dort über die Laufstraße ca. 1,3 km.

Anforderungen: Unschwierig bis zum Hirscheggsattel, danach über Geröll unter den Grattürmen der Griesmauer vorbei und über Blockgestein zur Gipfelwand; der kurze Hubert-Wieser-Steig (A/B) durch die steile Ostflanke der TAC-Spitze versichert, aber ausgesetzt.

Abstieg: Abfahrt von der Bergstation des Polster-Sessellifts, 1791 m, (www.praebichl.at, Tel. +43 3849 60600, Öffnung voraussichtlich Sommer 2023) zum Präbichl, von dort ca. 1,1 km auf der Laufstraße zum Parkplatz.

Einkehr: Leobner Hütte (Tel. +43 664 5315505).

Karte: f&b WK 0041.

Tipps: 1. Vordernberger Griesmauer, 2015 m; kein Klettersteig!
2. Aufstieg ab Talstation des Polster-Sesselliftes über den steilen Knappensteig zur Leobner Hütte.

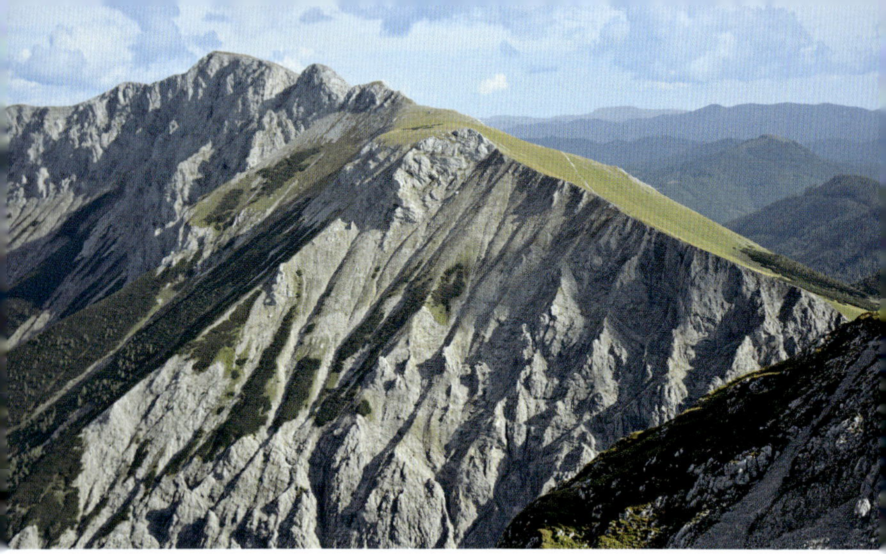

Blick von der TAC-Spitze zum Lamingegg (siehe Tour 50).

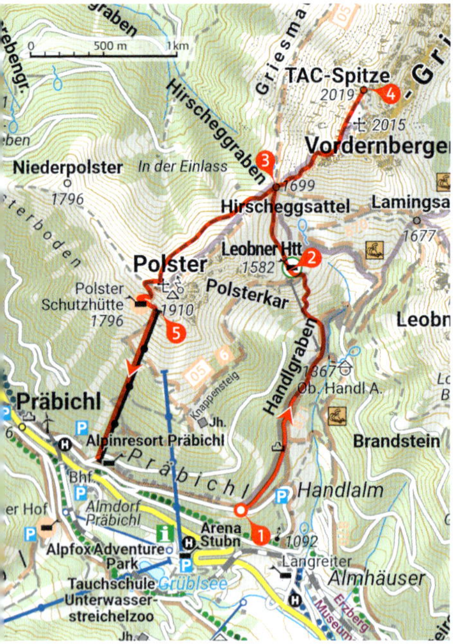

Etwa 250 Meter nach dem **Gasthof Latschenstub'n** befinden sich zahlreiche **Parkplätze** ❶, 1221 m. Von dort folgen wir dem breiten Schotterweg (Weg Nr. 871) durch den waldreichen Handlgraben. Bald öffnet sich der Graben und gibt den Blick auf das kontrastreiche Bild grüner Almwiesen vor der Felsbastion der Griesmauer frei. Bei der Wegteilung neben der Materialseilbahn nehmen wir den linken Weg zur Leobner Hütte und steigen dann wahlweise über den aussichtsreichen Forstweg oder den (steileren) Serpentinensteig zur **Leobner Hütte** ❷, 1582 m, hinauf.

Bei der Hütte gibt uns der Wegweiser »Hirscheggsattel/TAC« die weitere Marschroute (Weg Nr. 805) zum Hirscheggsattel mit dem markanten Strommast vor. Beim Höhersteigen haben wir attraktive Blicke nach Osten zu Lamingegg, Hochturm und Leobner Mauer. Beim **Hirscheggsattel** ❸, 1699 m, lotst uns der Wegweiser mit »TAC-Spitze über Hubert Wieser Steig (Klettersteig)« bergauf. Die Grattürme werden über Schuttrinnen an der Westseite unterhalb der ausgeprägten Abrisskante unschwierig umgangen.

Der Steig zieht dann steil zwischen einem fotogenen Felssporn (links) und der ausgedehnten Felszone

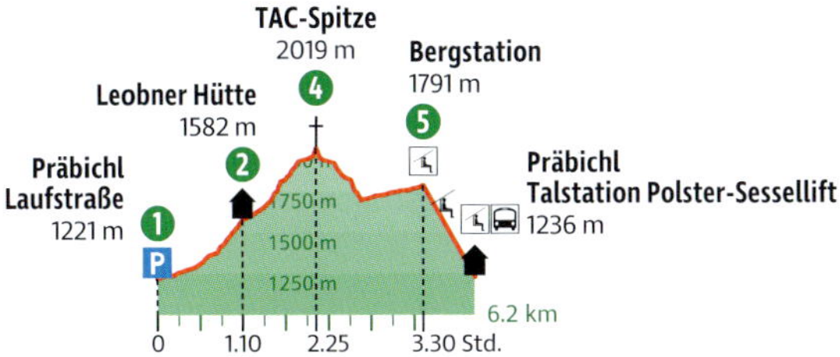

(rechts) hindurch und erreicht die Mulde zwischen der TAC-Spitze (geradeaus) und der Vordernberger Griesmauer (rechts). Wenn sich der Weg teilt, nehmen wir den linken Ast und gelangen auf ein exquisites Felsplateau, das die Bergzerreißung der Griesmauer in Reinkultur demonstriert: Die Hochfläche wird durch große turmartige Felsteile gebildet, die sich schon von der Hauptmasse abgelöst haben. Als Folge des Abdriftens ist die Bildung von stellenweise bis zu zehn Meter breiten Gesteinszerreißungen festzustellen.

Wir steigen zwischen den mächtigen Felsblöcken hindurch und orientieren uns am kleinen Sattel beim Gipfelaufbau der **TAC-Spitze**. Dort beginnt der kurze Hubert-Wieser-Klettersteig (A/B), über den wir steil und ausgesetzt, aber sehr gut versichert zum **Gipfelkreuz** ❹, 2019 m, klettern. Fantastisches Panorama!

Der Abstieg verläuft auf demselben Weg zurück in den **Hirscheggsattel** ❸ und von dort unterhalb des Polster-Gipfels auf Weg Nr. 873 zur Bergstation des **Polster-Sesselliftes** ❺, 1791 m.

Mit dem Lift fahren wir zum **Präbichl**; bei der Talstation biegen wir links in die Laufstraße ein und erreichen nach ca. 1,1 km den Parkplatz.

Gipfel der TAC-Spitze, Blick zur Vordernberger Griesmauer.

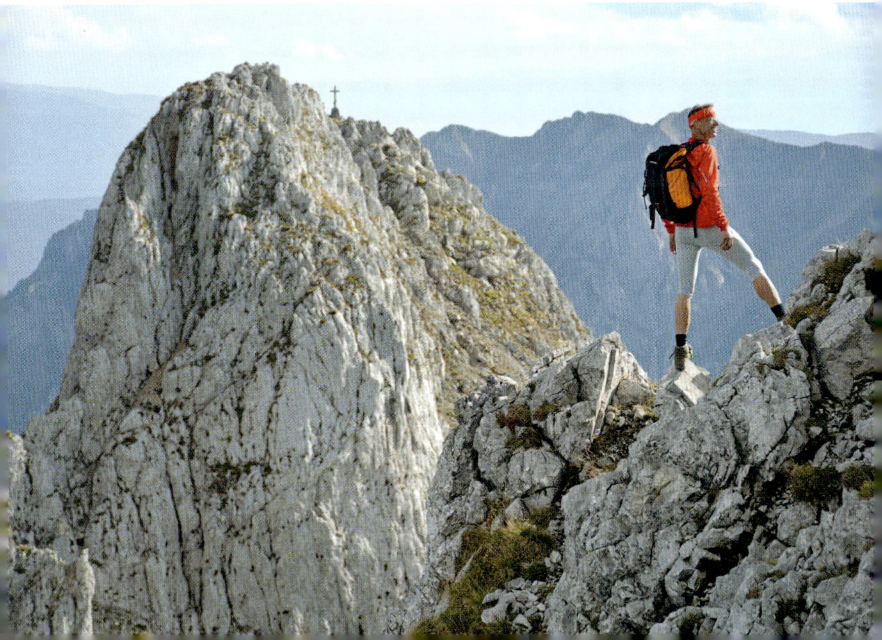

50 Leobner Mauer, 1870 m

Von der Handlalm zum Polster-Sessellift

3.30 Std. | 7,7 km | ↗ 830 m | ↘ 260 m

Pfundige Gipfel auf fesselnden Steigen in kontrastreicher Natur

Der Trenchtling ist der südwestlichste Gebirgsstock des Hochschwab-Massivs. Er selbst und die unmittelbare Umgebung sind wie geschaffen, um Bergfilme zu drehen, die einen unglaublich tiefen Eindruck hinterlassen, denn in bunter Folge wechselt das kontrastreiche Landschaftsbild. Entzückt zuerst die liebliche Obere Handlalm mit ihrer bildhübschen Lage, so ist es dann die großartig gelegene Leobner Hütte, zu der wir gerne hinüberschauen. Im Leobnersattel können wir uns zwischen der Besteigung der Leobner Mauer und des Lamingegg entscheiden. Der Weg zum Gipfel der Erstgenannten, den eines der wohl interessantesten Gipfelkreuze der Steiermark schmückt, führt entlang bizarrer Felszinnen, die aus den Westabstürzen emporragen. Dabei fasziniert der Blick zum Trenchtling mit dem Lamingegg, welches sich im grünen Mantel der weitläufigen Rasen- und Schrofenhänge so diametral von der dahinter liegenden, aus gebanktem Wettersteinkalk bestehenden, stark zerrissenen Griesmauer abhebt. Beim Aufstieg zum Lamingegg imponiert der Wegverlauf an der Scheitellinie zwischen den südseitig ausgerichteten weitläufigen Rasenhängen des Wildfelds und der zerrissenen Trenchtling-Nordflanke. Schließlich genießen wir beim Rückweg ab dem Lamingsattel bis zur Bergstation des Polster-Sesselliftes eine erlesene Höhenwanderung, bevor wir mit dem Lift zum Präbichl hinunterfahren.

Ausgangspunkt: Parkplatz, 1221 m, ca. 250 m nach dem Gasthof Latschenstub'n (Laufstraße 56). Anfahrt von Leoben bzw. Hieflau über die Eisenstraße B 115 zur Präbichl-Passhöhe, dort Abzweigung in die Laufstraße und noch ca. 1,7 km.

ÖPNV: Verbund Linie 820 (Leoben Hauptbahnhof – Eisenerz Münichtal) bis Präbichl, Haltestelle Passhöhe, von dort ca. 1,3 km auf der Laufstraße.

Anforderungen: Stellenweise luftiger Gratweg über Felsgelände im Gipfelbereich der Leobner Mauer. Aufstieg auf

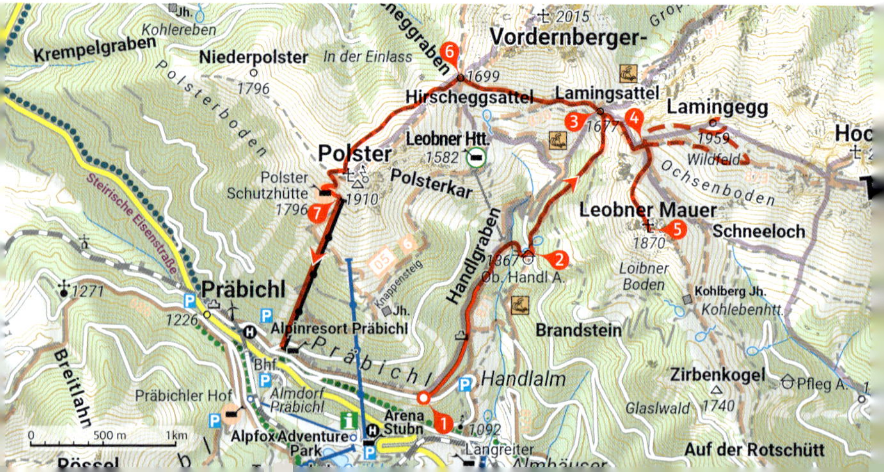

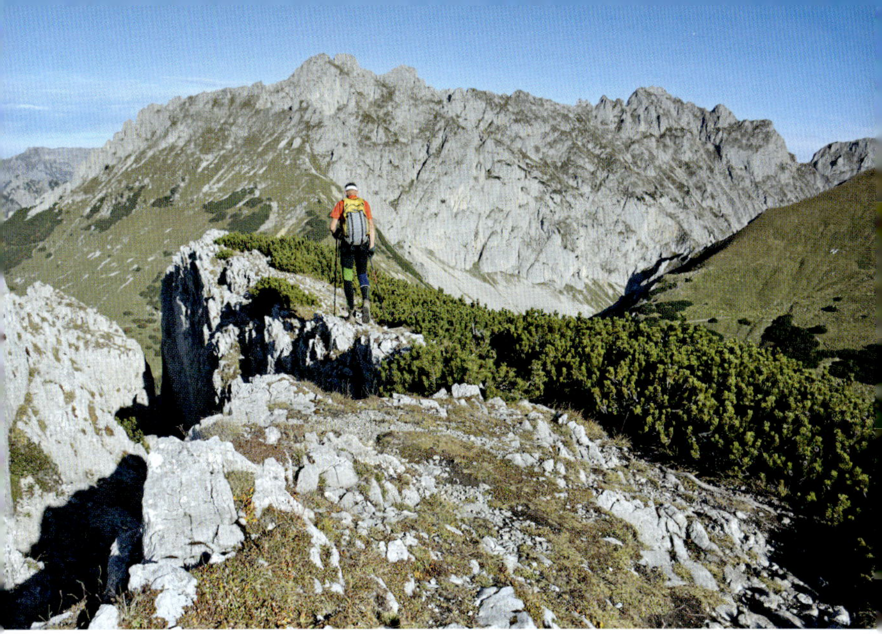

Gipfelbereich auf der Leobner Mauer.

das Lamingegg (Variante) unmarkiert, aber klar vorgegeben, Abstieg nur kurz unmarkiert, danach guter Steig.
Abstieg: Abfahrt von der Bergstation des Polster-Sessellifts, 1791 m (www.praebichl.at, Tel. +43 3849 60600, Öffnung voraussichtlich Sommer 2023), zum Präbichl, von dort ca. 1,1 km auf der Laufstraße zum Parkplatz.
Einkehr: Keine.
Variante: Besteigung des Laminegg, 1959 m; detaillierte Beschreibung siehe Seite 199.
Karte: f&b WK 0041.
Tipp: Aufstieg ab Talstation des Polster-Sesselliftes über den steilen Knappensteig zur Leobner Hütte und von dieser in den Lamingsattel.

Ca. 250 Meter nach dem **Gasthof Latschenstub'n** gibt es zahlreiche **Parkplätze** ❶, 1221 m; ab diesen folgen wir dem Weg Nr. 871 (breiter Schotterweg) durch den waldreichen Handlgraben. Bald weitet sich der Graben und präsentiert uns das kontrastreiche Bild grüner Almwiesen vor der Felsbastion der Griesmauer. Gleich danach tauchen links Polster und rechts Leobner Mauer auf, und auch hinter uns – in den Eisenerzer Alpen – tut sich panoramamäßig viel!

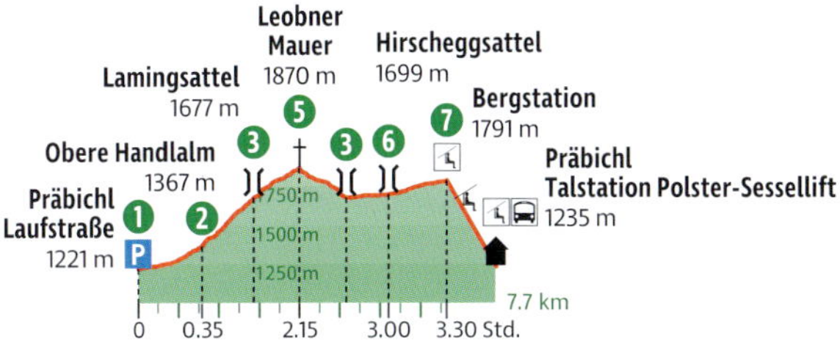

Bei der Wegteilung neben der Materialseilbahn zur Leobner Hütte entscheiden wir uns für den äußerst rechten Weg Nr. 870 zum Lamingsattel und stehen wenig später auf der **Oberen Handlalm ❷**, 1367 m, die uns mit einem schönen Blick zum Eisenerzer Reichenstein verwöhnt. Wir überqueren die Forststraße schräg links und steigen gleich halb rechts im Wald bergan zum **Lamingsattel ❸**, 1677 m. Immer wieder haben wir vortreffliche Blicke nach links zur Leobner Hütte!

Vom Lamingsattel geht es auf Weg Nr. 873 Richtung Hochturm weiter. Wir wählen den Steig über die auffälligen Latschenkieferwurzeln (linker Weg; den rechten Weg nehmen wir für den Abstieg) und gelangen am Ende der Latschenzone in den **Leobnersattel ❹**, 1772 m (viele Wegweiser). Linker Hand zeigt sich ein ausgeprägter, lang gestreckter Kamm, dazwischen sticht das Felsköpfl des Lamingegg, 1959 m, heraus (siehe Variante). Wir biegen im Leobnersattel scharf rechts zur **Leobner Mauer** ab.

Der klar vorgegebene Steig führt uns am Strommast vorbei und durch die Latschenzone zum **Gipfel ❺**, 1870 m, mit dem extravaganten Gipfelkreuz. Wir bewegen uns hier zwischen skurrilen Felstürmen und Zinnen mit prächtigem Tiefblick

Leobner Mauer mit kunstvollem Gipfelkreuz.

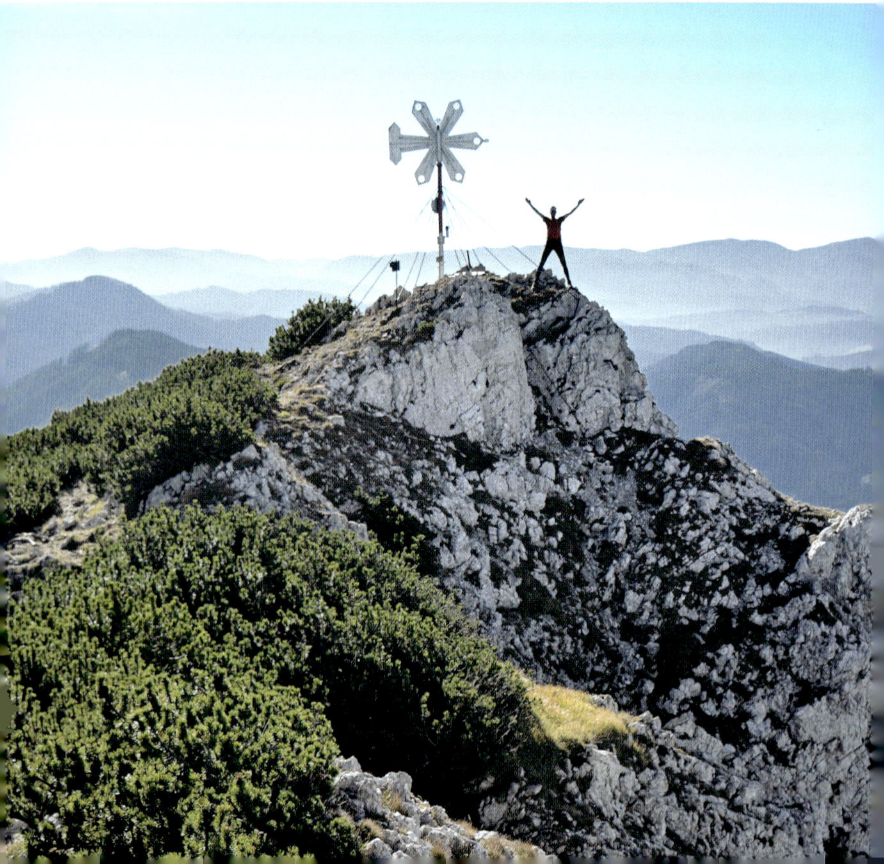

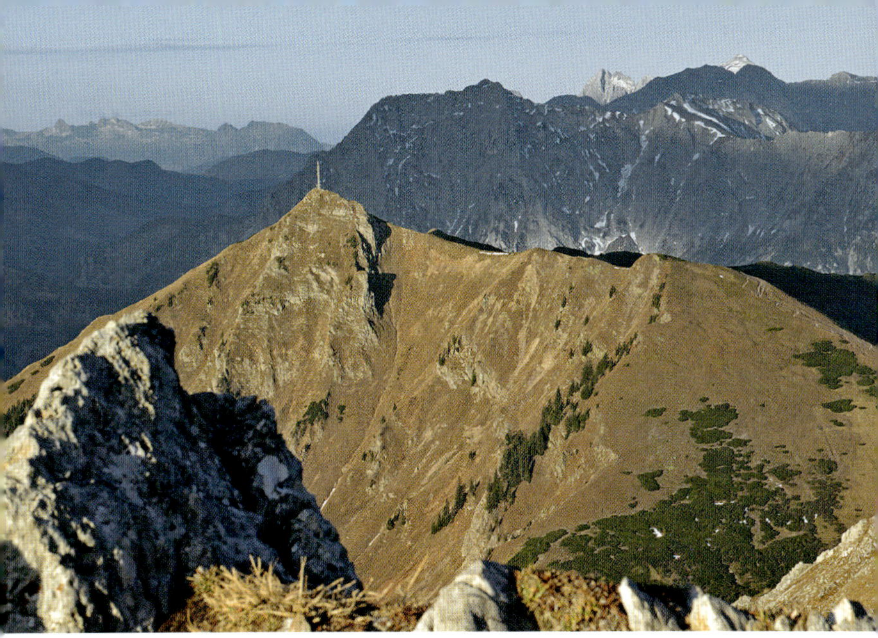

Blick vom Lamingegg (Variante) zum Polster.

und fantastischer Aussicht. Auffallend sind die gegensätzlichen Landschaftsformen: Steilabbrüche und Bergzerreißungen einerseits und die grasdurchzogene »sanfte« Flanke um das Lamingegg andererseits!

Der Abstieg verläuft auf demselben Weg zurück in den **Leobnersattel** ❹ und auf dem ebenfalls bekannten Weg Nr. 874 zum **Lamingsattel** ❸; von dort weiter (Weg Nr. 873) zum **Hirscheggsattel** ❻, 1699 m. Hier (Wegweiser) biegen wir links ab und gelangen zur Bergstation des **Polster-Sesselliftes** ❼, 1791 m, mit dem wir zum **Präbichl** abfahren.

Von der Talstation geht es auf der Laufstraße zurück zum Parkplatz.

Variante: Lamingegg, 1959 m

(ab Leobner Sattel 190 Hm, 40 Min. Aufstieg)

Aufstieg wie bei der Leobner Mauer bis **Leobnersattel** ❹, 1772 m. Dort verlassen wir den markierten Weg und steigen im rechten Winkel nach links (!) direkt auf den Kamm hinauf (oben markierter Pfosten). Am Kamm finden wir einen sehr guten Steig vor, auf dem wir bis zum kleinen Gipfelaufbau des **Lamingegg** bleiben. Wir haben tolle Tiefblicke nach Norden in Laming- und Jassinggraben und sehen unseren Abstiegsweg auf der Südseite in der grasdurchzogenen Flanke des Wildfelds. Das kleine hölzerne **Gipfelkreuz**, 1959 m, erreichen wir am besten in einer sanften Linksschleife über die harmlose Rasenkuppe. Hervorragendes Panorama!

Der Abstieg ist einfach, denn wir müssen vom Gipfel nur immer leicht fallend nach Osten queren, die natürlichen schmalen Grasterrassen ausnützend, bis wir wieder auf den breiten Wanderweg, der vom Leobnersattel heraufzieht, stoßen, 1925 m. Herrlicher Blick zum Hochturm! Dann steigen wir am breiten Weg zum **Leobnersattel** ❹ ab.

Von dort wie bei der Leobner Mauer zum **Polster-Sessellift** ❼, 1791 m.

51 Grüner See – Pribitz, 1579 m – Präbichl

Zwei Tage in rassiger Hochschwab-Umgebung

2 Tage | 25,5 km | ↗1560 m | ↘560 m

Eine Spezialkombination: einsamer Reihensteig und Dr.-Kotek-Steig

Unsere zweitägige Tour im westlichen Hochschwabgebiet verbindet den schönsten Tiefblick auf den Grünen See mit traumhaft gelegenen Almhütten und wildromantischer Hochgebirgslandschaft. Gleich nach dem Start bezaubert der Grüne See zum ersten Mal. Danach geht es über den unmarkierten, einsamen Reihensteig auf die Pribitz, und die sich mit jedem Schritt verändernde Perspektive zur gewaltigen Felsbastion der Messnerin liefert ein begeisterndes Rahmenprogramm zum großartigen Aufstieg. Nach kurzem Abstieg zur weitläufigen Sonnschienalm erreichen wir das Etappenziel bei der Sonnschienhütte, die durch ihre traumhafte Lage am Fuße des mächtigen Ebensteins besticht. Besonders im Frühling wachsen in den Wiesen unzählige Enziane, die riesigen blauen Teppiche geben der Grasfläche ein ganz besonderes Design! Am zweiten Tag marschieren wir von der Sonnschienhütte auf alpinen Aussichtsbalkonen zum Ziel bei der Bergstation des Polster-Sesselliftes. Der Weg dorthin ist ein landschaftlicher Leckerbissen: Die Hörndlalm mit den lieblichen Almhütten, der herrliche Brandstein-Blick, die Frauenmauer und die aussichtsvolle Traverse an den Flanken der Griesmauer sind nur eine Auswahl der Höhepunkte auf dem Weg zum Wanderziel, von dem wir mit dem Sessellift zum Präbichl hinunterfahren.

Tiefblick von der Pribitz zum Grünen See.

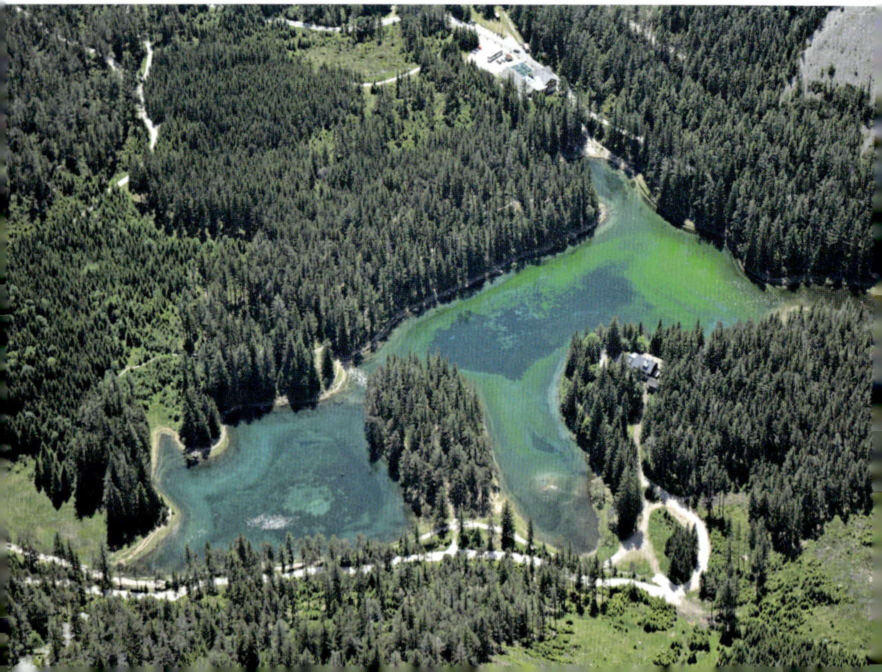

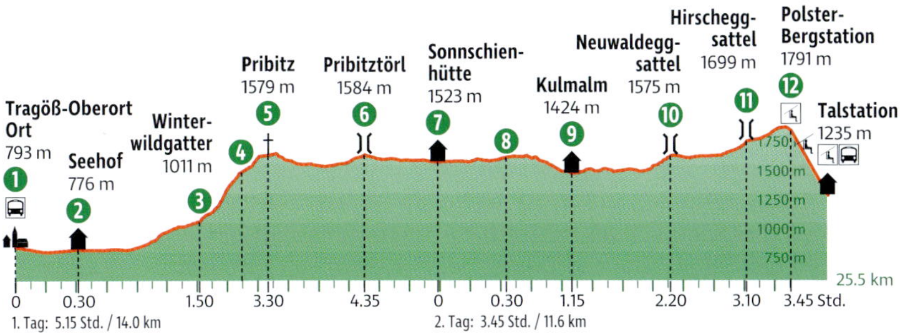

Ausgangspunkt: Bushaltestelle Tragöß-Oberort Ort, 793 m, im Ortszentrum von Tragöß. Bei Anreise mit dem Auto Parkplatz Grüner See (kostenpflichtig). Anfahrt mit dem Auto von Bruck an der Mur über die Tragößer Straße L 111 nach Tragöß-Oberort, dort links zum nahen Parkplatz.

ÖPNV: Verbund Linie 175 (Bruck an der Mur – Tragöß) von Bruck an der Mur, Haltestelle Bahnhof, nach Tragöß-Oberort, Haltestelle Tragöß-Oberort Ort.

Anforderungen: 1. Tag: Der Reihensteig ist ein unmarkierter Steig mit vielen steilen Serpentinen und zwei kurzen versicherten Stellen. Der Abstieg von der Pribitz ist einfach. – 2. Tag: Grundsätzlich einfache Wanderung auf Steigen mit kurzen versicherten Stellen beim Kulmstein sowie am Dr.-Kotek-Steig knapp nach der Kulmalm.

Abstieg: Abfahrt von der Bergstation des Polster-Sessellifts, 1791 m, (www.praebichl.at, Tel. +43 3849 60600, Öffnung voraussichtlich Sommer 2023) zum Präbichl.

Einkehr: Gasthof Seehof beim Grünen See (www.seehof-gruenersee.com), Sonnschienhütte (www.sonnschienhuette.info), Kulmalm.

Karte: f&b WK 0041.

Tipps: 1. Vorab über die Busverbindungen zwischen Präbichl und Bruck an der Mur (bzw. Oberort-Tragöß) informieren! Prinzipiell empfiehlt sich An- und Rückreise mit öffentlichen Verkehrsmitteln ab/nach Bruck an der Mur: mit Bus von Bruck an der Mur nach Tragöß-Oberort (siehe ÖPNV); Fahrt vom Präbichl (Präbichl Passhöhe) nach Leoben »Leoben Hauptbahnhof« (Verbund Linie 820), danach mit Zug (viele Verbindungen) zurück nach Bruck an der Mur, Bahnhof.
2. Die Idee der Einrichtung eines »Wanderbusses« von Vordernberg über das Hiaslegg zum Grünen See wurde an die Stadtgemeinde Trofaiach herangetragen.
3. Der Aufstieg zur Sonnschienhütte kann auch ohne Pribitz sehr einfach ab der Klammhöhe auf dem gut markierten Weg Nr. 837 erfolgen.

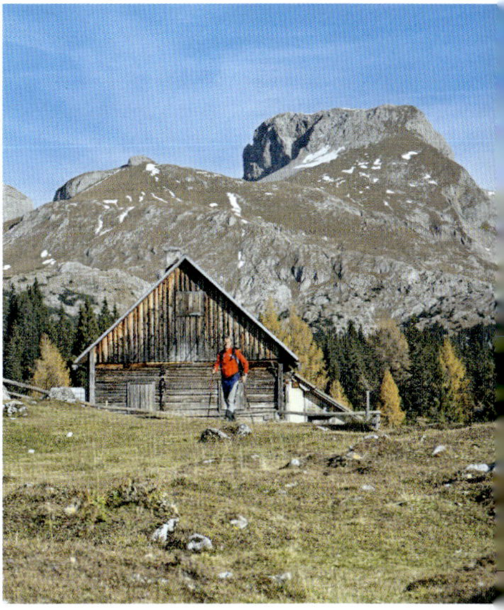

Hörndlalm mit Ebenstein.

Tag 1: Tragöß-Oberort – Grüner See – Pribitz – Sonnschienhütte

Während wir von der Bushaltestelle **Tragöß-Oberort Ort**, ❶ 793 m, im Ortszentrum von Tragöß-Oberort, in wenigen Minuten auf sanft fallendem Asphalt zum Parkplatz beim Grünen See wandern, beeindrucken vor uns die gigantischen Felswände der Pribitz. Wir bleiben noch bis zum **Gasthof Seehof** ❷, 776 m, auf der schmalen Straße.
Gleich hinter dem Seehof zweigen wir rechts zum Ufer des **Grünen Sees** ab, gehen direkt am Südufer

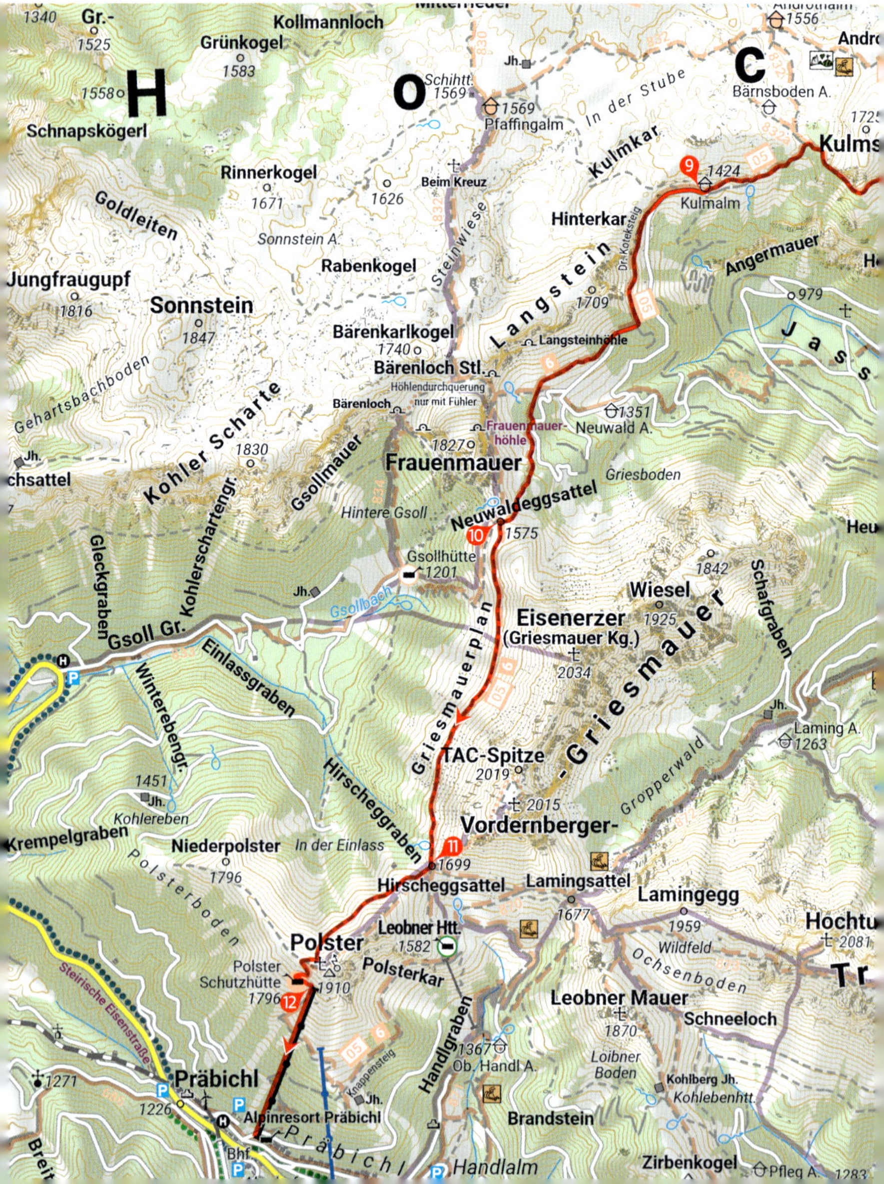

entlang (See bleibt rechts), steigen über eine Brücke und folgen dem Fahrweg Richtung »Tourismusbüro« bis zur Abzweigung in die Klamm (gute Beschilderung). Weiter Richtung Klamm, am Frühstückstein vorbei, bis zur Klammhöhe, 970 m; dort Forststraße mit Wegweisern und Prachtblick zum Felsloch in der Messnerin.

Ab hier geht es ohne Markierung weiter! Wir gehen scharf links auf der Forststraße, biegen nach etwa 130 Metern rechts in eine andere Forststraße ein und bleiben auf dieser bis zu einem hohen **Winter-**

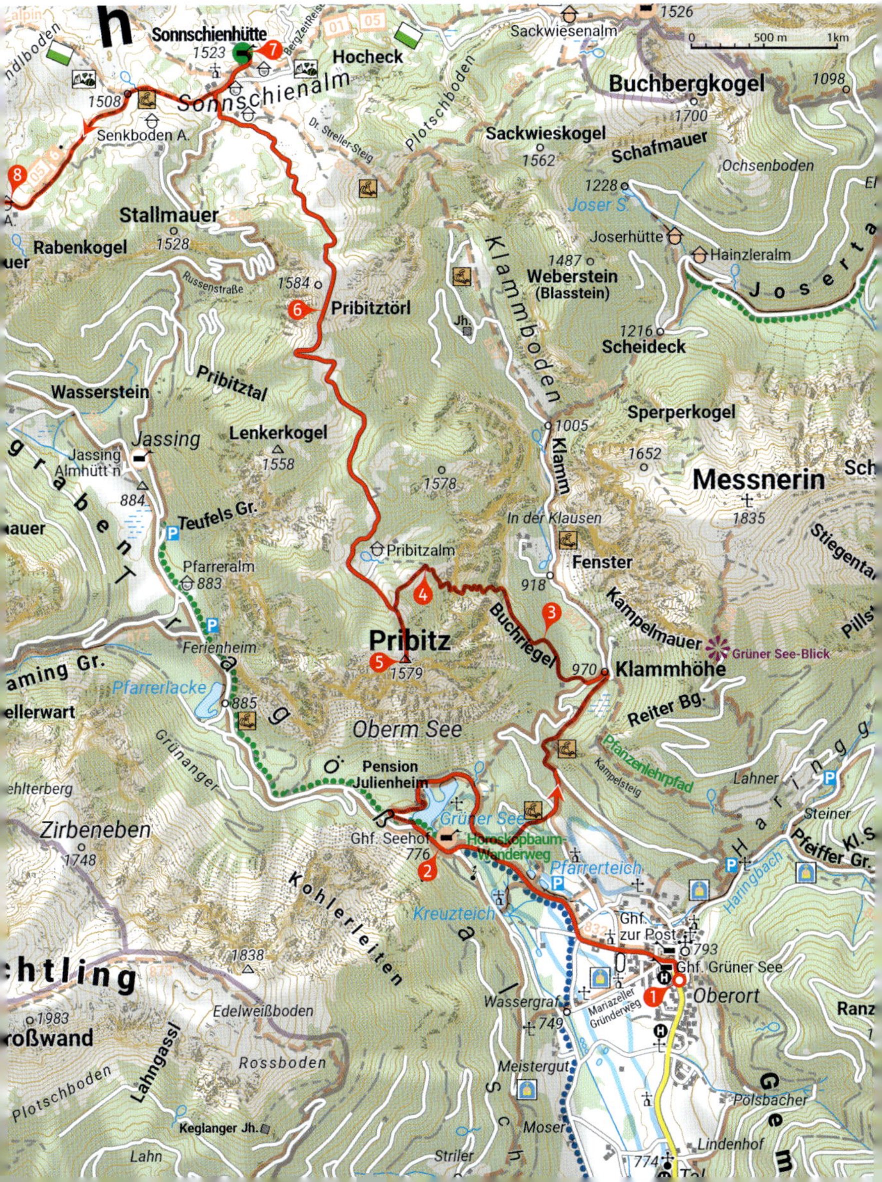

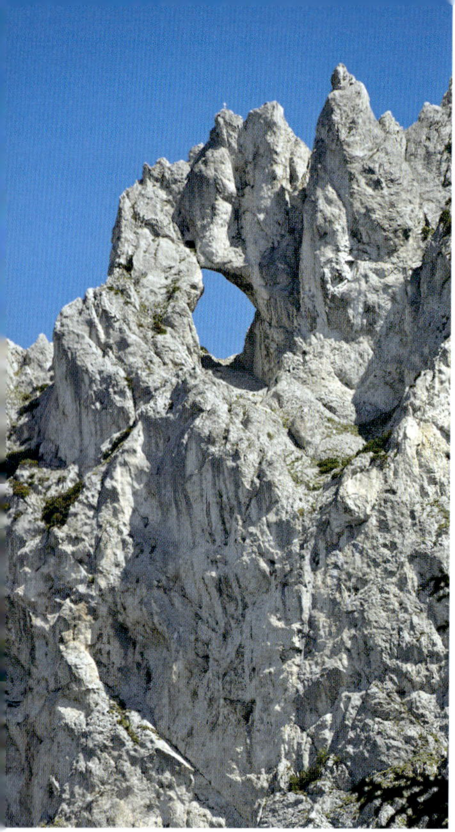

Felsloch in der Messnerin.

wildgatter ❸ 1011 m; dort Tafel mit Hinweis auf Wegsperre von 15.10. bis 15.6. (Wildschutzgebiet). Beim Gatter beginnt der **Reihensteig**, der nur auf den ersten Metern auf dem Waldboden nicht sofort zu sehen ist.

Wir steigen beim Gatter halb links ein paar Meter aufwärts (nicht unmittelbar am Zaun entlang!), um gleich danach – leicht rechts haltend – den bald viel besser ausgetretenen Jagdsteig zu erkennen. Nach Querung einer Schutthalde (imposanter Blick zur Messnerin!) und eines steil abfallenden Waldstücks finden wir eine kurze Drahtseilsicherung vor und steigen wenige Meter danach – noch zwischen den letzten Bäumen und deutlich vor dem nahe gelegenen baumfreien Schuttfeld – links im grasigen Steilhang über zahlreiche Serpentinen hinauf, bis wir die Felsen mit den vielen Löchern (dort Edi-Labner-Gedenktafel) erreichen. Grandioses Landschaftsbild!

Ein Knotenseil und eine urige Holzbrücke helfen beim weiteren Aufstieg, und nach ein paar Serpentinen erreichen wir den **Ausstieg** ❹, 1440 m (auch hier die Hinweistafel auf Wegsperre), wo wir uns links halten und auf gutem Steig durch die Latschen und bei immer beeindruckenderem Panorama, am großen Steinmann vorbei, zum abgeflachten Gipfel der **Pribitz** ❺, 1579 m, gelangen. Atemberaubender Tiefblick zum Grünen See, herrliches Berg- und Talpanorama!

Vom Gipfel gehen wir die paar Meter zum großen Steinmann zurück, zweigen links ab, queren das Gelände auf gutem Steig oberhalb der entzückenden Pribitzalm (Hütten) und erreichen eine aussichtsreiche Forststraße, auf der wir nach links weitergehen. Nach einem kurzen Stück bergauf zum **Pribitztörl** ❻, 1584 m, geht es hinunter zum Tagesziel bei der **Sonnschienhütte** ❼, 1523 m.

Tag 2: Sonnschienhütte – Hörndlalm – Polster-Sessellift

Wir spazieren von der **Sonnschienhütte** ❼ kurz auf der Zufahrtsstraße nach Westen zum Wegweiser, der die Richtung zu unseren nächsten Zielen »Hörndlalm/Kulmalm/Neuwaldegg-Sattel« anzeigt. Wir folgen dem Weg Nr. 805, zweigen beim »Stoanbrunn«, 1508 m, links ab und erreichen nach

Sonnschienhütte mit Ebenstein.

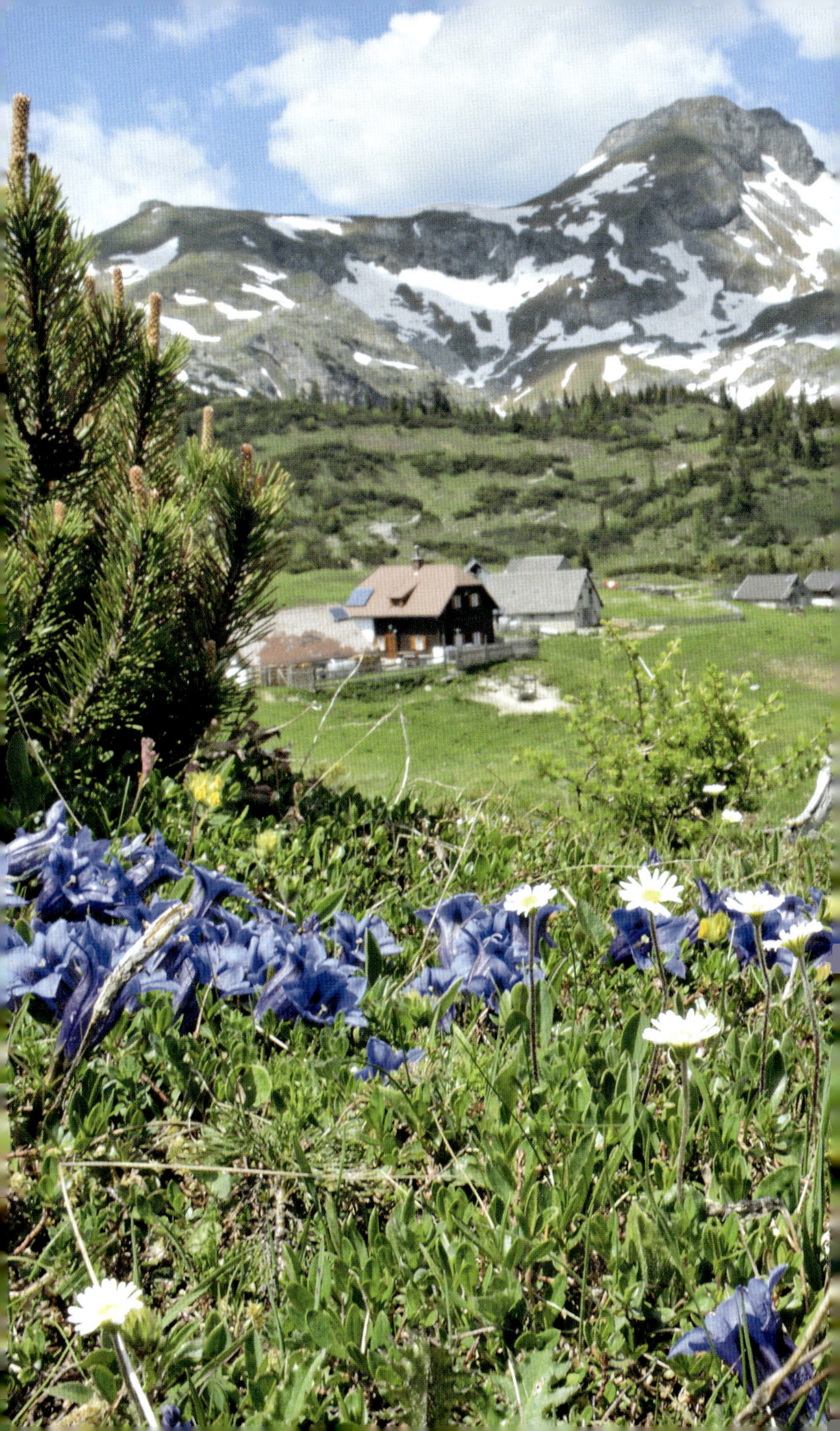

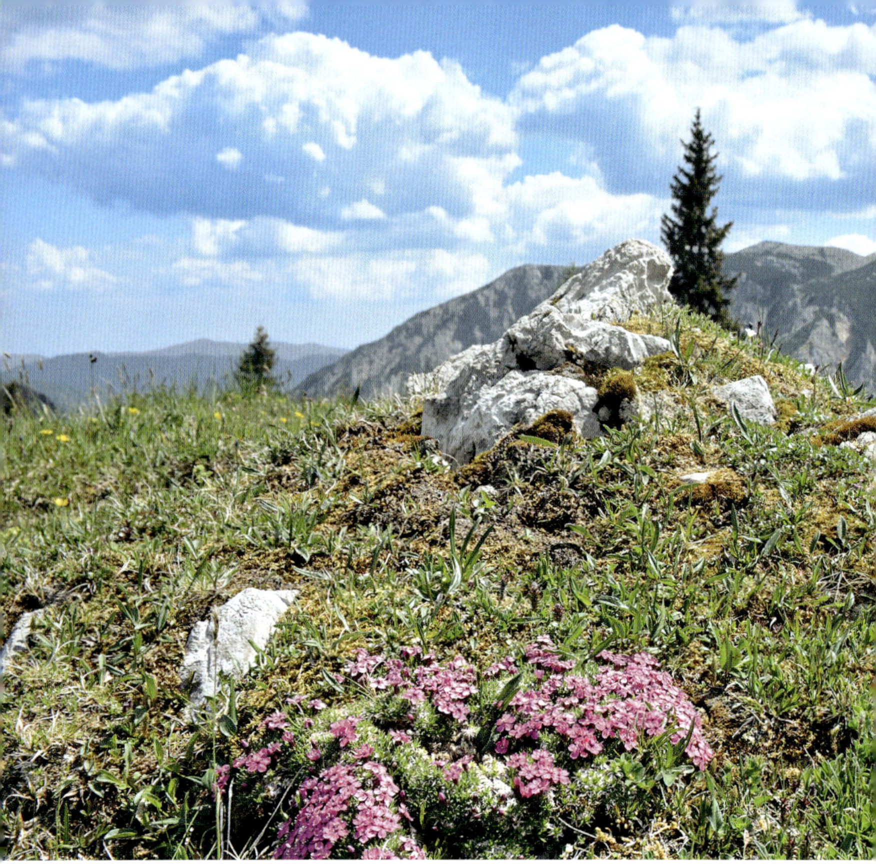

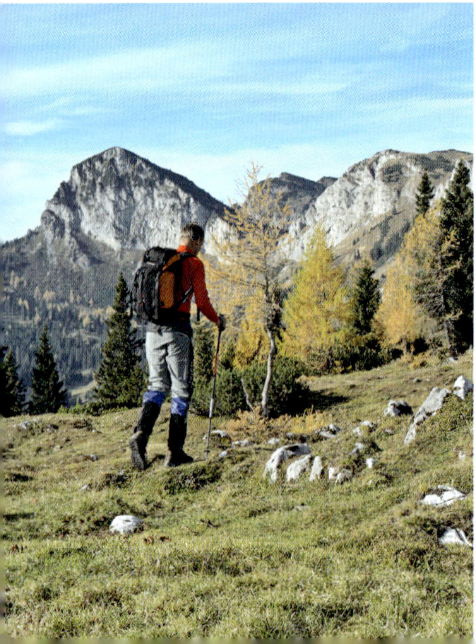

einem Forststraßenstück weiter oben die hübschen Hütten auf der **Hörndlalm** **8**, 1562 m. Gut erkennbar im Westen der Neuwaldeggsattel zwischen Griesmauer (links) und der wuchtigen Frauenmauer (rechts). Nach der Hörndlalm führt der Steig am Kulmstein, 1725 m, vorbei. Problemlose Stellen sind dennoch mit Ketten bzw. Stahlseil versichert, auch ein kleiner Holzsteg erleichtert das Gehen. Wir sehen gut hinab zur Kulmalm und in das zur Jassing abfallende Tal. Rechts taucht der mächtige Brandstein, 2003 m, auf, gleichzeitig haben wir einen Prachtblick zur Bärnsbodenalm-Hütte. Bei

Frauenmauer und Langstein.

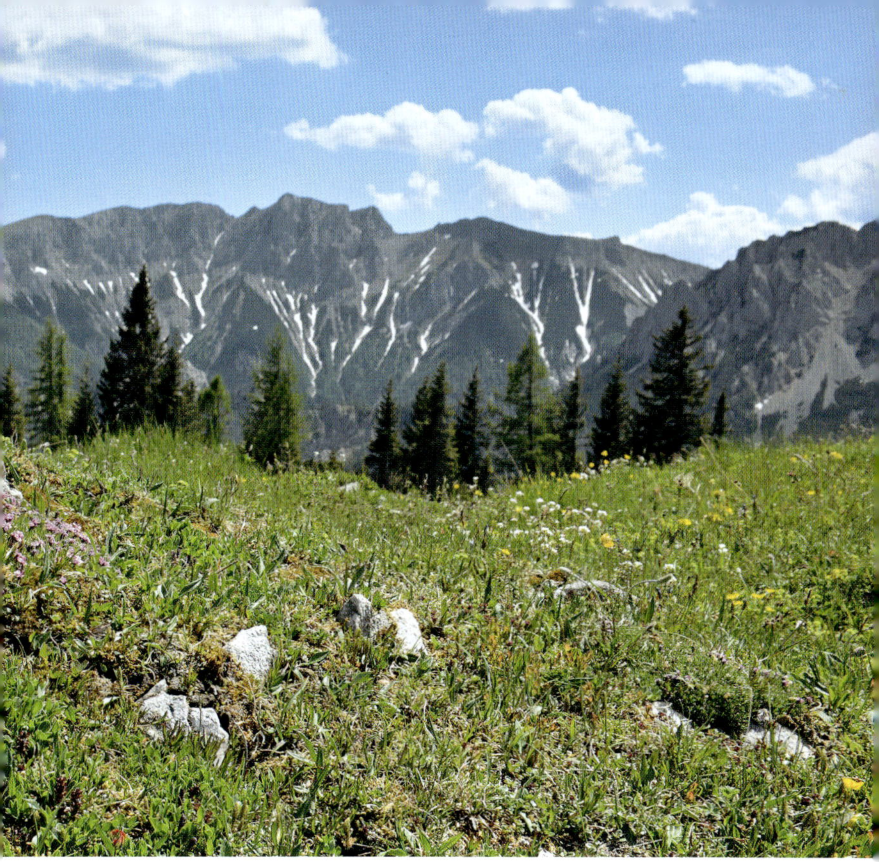

Blick von der Hörndlalm zum Hochturm.

der Abzweigung zur Bärnsbodenalm-Hütte marschieren wir aber links zur **Kulmalm** ❾, 1424 m (»Kulmalm – Neuwaldeggsattel«). Hinter uns zeigt sich der Kulmstein mit seinem kantigen Gesicht.

Nach der Kulmalm geht es kurz auf der Forststraße bergab, beim Wegweiser rechts auf den Dr.-Koteksteig (Richtung »Neuwaldeggsattel/Leobner Hütte«) und danach leicht bergauf weiter. Der Steig quert eine Flanke, die nur anfangs von kleinen Felsplatten durchzogen und dort versichert ist. Danach in einfachem Gelände weiter, bis der Steig in eine grasbewachsene Forststraße überleitet. Links unten sehen wir die Neuwaldalm, 1351 m, zu der wir aber nicht absteigen. In der ersten leichten Linkskurve zweigt unser Steig halb rechts bergauf ab und führt direkt auf die Frauenmauer, 1827 m, zu. Wir stoßen wieder auf Wegweiser und nehmen Weg Nr. 805 zum **Neuwaldeggsattel** ❿, 1575 m.

Von dort queren wir die aussichtsreichen Flanken unterhalb der Felswände der lang gezogenen Griesmauer, haben tolle Ausblicke nach Westen (Pfaffenstein!) und erreichen den **Hirscheggsattel** ⓫, 1699 m, wo wir halb rechts zur Bergstation des **Polster-Sesselliftes** ⓬, 1791 m, weitergehen, um von dort mit dem Lift zum **Präbichl** zu fahren.

52 Windgrube, 1809 m

Fölzgraben und Hans-Leitner-Alpinsteig

4.15 Std. | 8,1 km | ↗ 1050 m | ↘ 300 m

Geniale Aussicht am Schönleitenplateau bei der Aflenzer Bürgeralm

Wir gehen aus dem Fölzgraben zum Alpengasthaus Schwabenbartl und steigen von dort über den Hans-Leitner-Alpinsteig zur Windgrube, dem höchsten Gipfel im Nahbereich der Aflenzer Bürgeralm, auf. Schon bald haben wir fabelhafte Blicke zu den markant abfallenden prallen Felswänden von Fölzstein und Mitteralpenturm und zu den vorgelagerten Flanken der Mitteralm, des Zlacken und der Endriegel, die den Endriegelgraben, eine Wildnis aus Stein und Wasser, umgeben. Je höher wir steigen, desto stärker verändert sich der Anblick dieser mächtigen Felsen, und gutmütig geneigte Grünflächen, die in die Gipfelregionen eigebettet sind, kommen zum Vorschein. Die Frage, warum die Windgrube diesen eher sonderbaren Gipfelnamen trägt, lässt sich vielleicht mit einem Blick in die Vergangenheit beantworten: Schon 1920 hatte Erich Spengler in einer geologischen Studie in einer Fußnote festgehalten, dass sich die Bezeichnung Windgrube, »welche die Spezialkarte für den höchsten Gipfel des Bürgeralmplateaus anwendet, in Wirklichkeit auf eine etwa 300 m nordöstlich des Gipfels gelegene Doline bezieht. Der Gipfel selbst ist allgemein unter dem Namen Schönleiten bekannt«. Sei es wie es sei, die als »Grube« bezeichnete Aussichtskanzel krönt unseren Aufstieg mit einem perfekten 360-Grad-Panorama! Nach dem kurzen Abstieg zur Almsiedlung auf der Aflenzer Bürgeralm geht es mit dem urigen Doppelsessellift hinunter nach Aflenz.

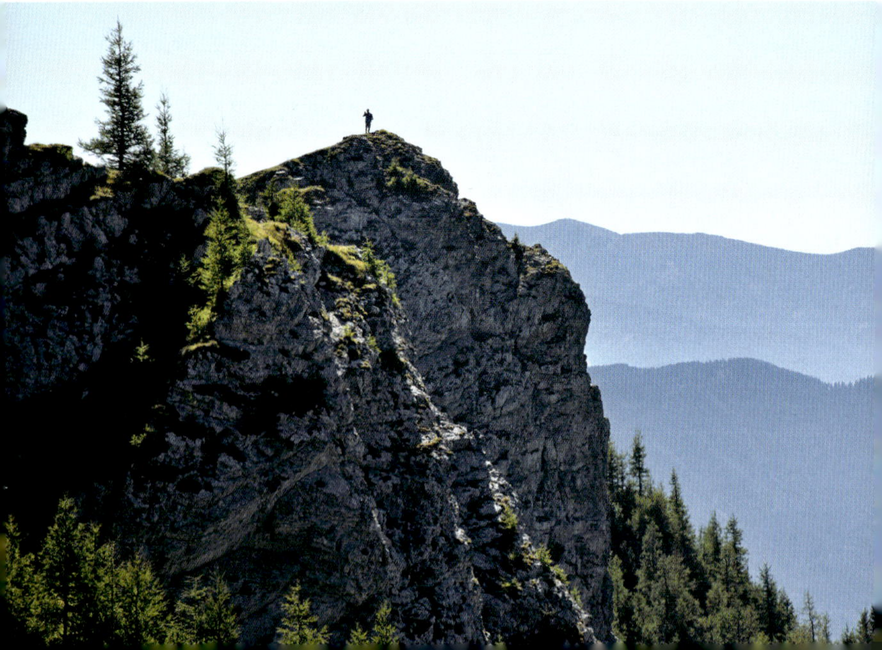

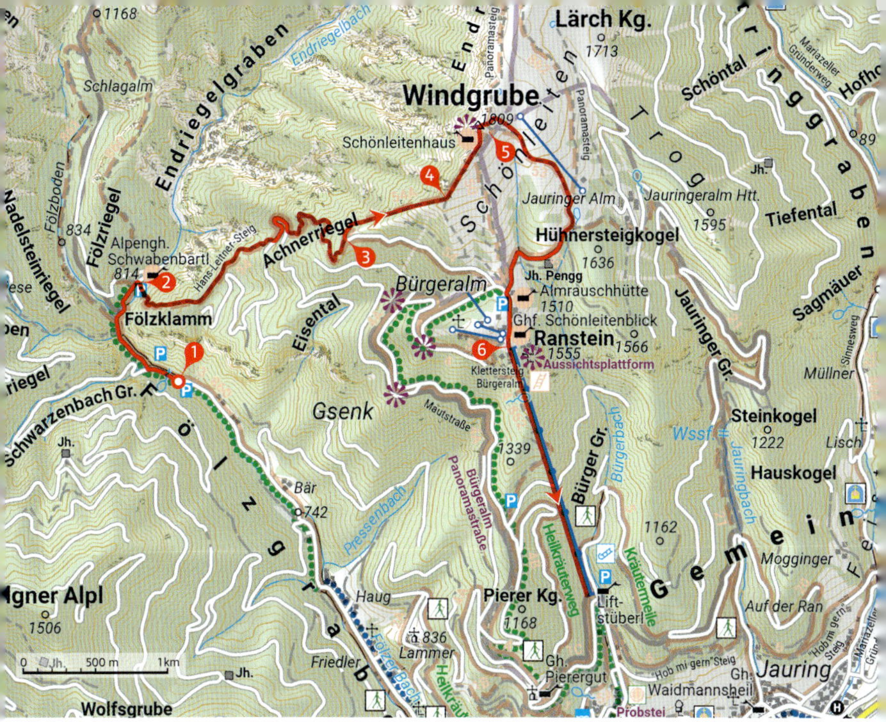

Ausgangspunkt: Gebührenpflichtiger Parkplatz 1 oder 2 im Fölzgraben, 777 m. Anfahrt von Kapfenberg bzw. Mariazell über die Mariazeller Straße B 20 bis Thörl, dort Abzweigung in den Fölzgraben, danach noch ca. 5 km.
ÖPNV: Verbund Linie 170/171 (Bruck/Mur – Mariazell) bis Aflenz, Haltestelle Kirche, von dort ca. 4 km (Option: Taxi)
Anforderungen: Steile, aber einfache, aussichtsreiche Wanderung auf alpinem Steig.
Abstieg: Ab Bergstation auf der Aflenzer Bürgeralm, 1528 m, Sessellift nach Aflenz (www.aflenzer-buergeralm.at, Tel. +43 3861 22518). Die Strecke zwischen der Sessellift-Talstation und dem Ausgangspunkt wird mit dem Taxi absolviert (Taxi Hochschwab-Reisen, Aflenz, Tel. +43 3861 2400; Taxi Gombotz, Etmißl, Tel. +43 3862 24990; Taxi Steiner, Aflenz, Tel. +43 3862 51333).
Einkehr: Alpengasthaus Schwabenbartl, Schönleitenhaus (www.schoenleitenhaus.at), Almrauschhütte auf der Aflenzer Bürgeralm.
Karte: f&b WK 0041.
Tipp: Auto beim gebührenfreien Parkplatz direkt neben der Sessellift-Talstation abstellen und vor (!) der Wanderung mit dem Taxi in den Fölzgraben fahren. Kombiticket Sessellift + Taxi bei Seilbahn-Kassa checken!

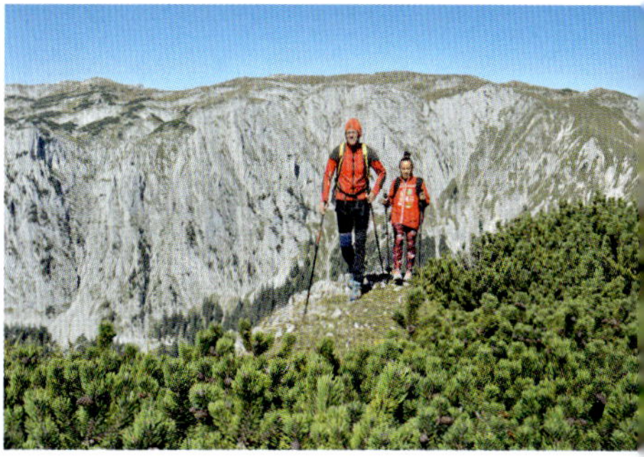

Am Westrand des Schönleitenplateaus.

Wanderer am Vorgipfel der Windgrube.

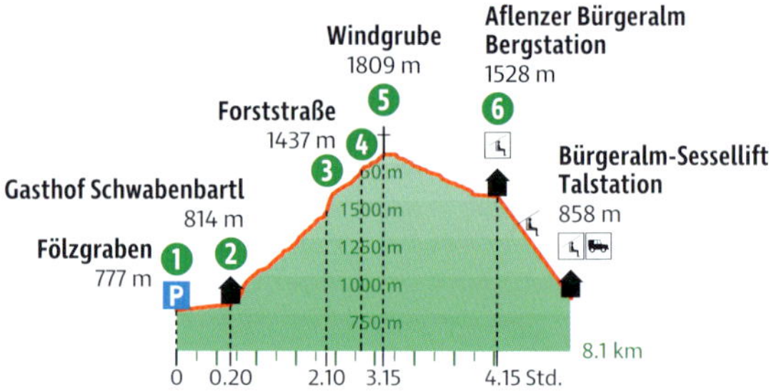

Vom **Parkplatz** im **Fölzgraben** ❶, 777 m, gelangen wir auf einer Schotterstraße zum Gasthaus Schwabenbartl, sollten aber kurz davor noch links haltend ein paar Meter weit in die urige Fölzklamm (Hinweistafel) hineinspazieren, denn der Gang über die breite Holzbrücke, die zwischen mächtigen Felswänden hindurchführt, ist eindrucksvoll!

Direkt hinter dem **Gasthof Schwabenbartl** ❷, 814 m, beginnt rechts der gut markierte Hans-Leitner-Alpinsteig (Weg Nr. 54, große Hinweistafel). Fast genauso schnell, wie die Steigung zunimmt, können wir durch den lichten Wald zu den Felsformationen von Fölzstein, 1946 m, und Mitteralpenturm, 1709 m, hinüberschauen!

Der Weg, der sich bis auf die Windgrube durch seinen weichen Belag auszeichnet, dreht auf einem Rücken nach dem ersten Steilaufschwung nach links, die Steigungen nehmen vorübergehend ab und wir erreichen den »Mitteralmblick« (Tafel) und bald danach eine Quelle. Je höher

Schönleitenhaus.

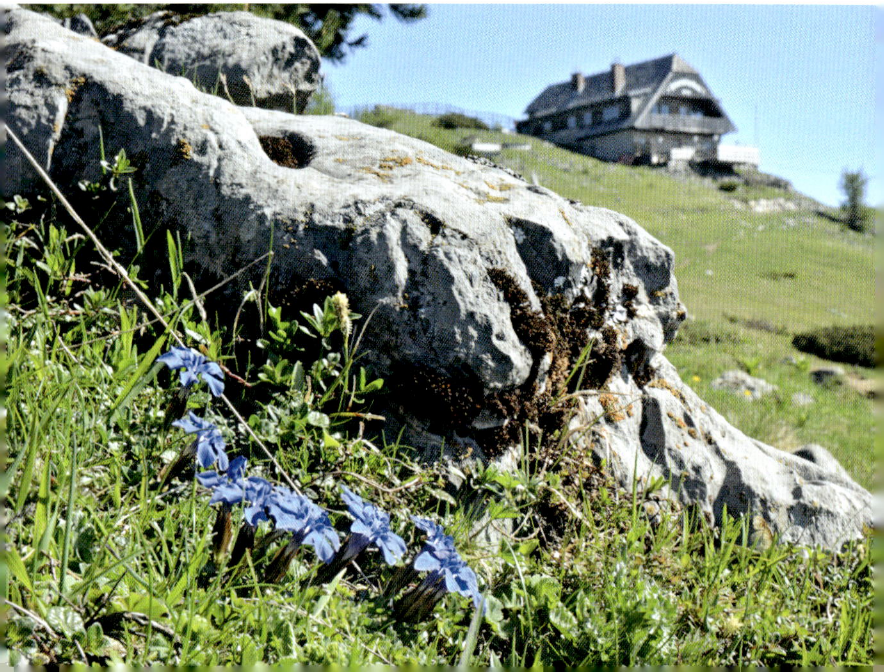

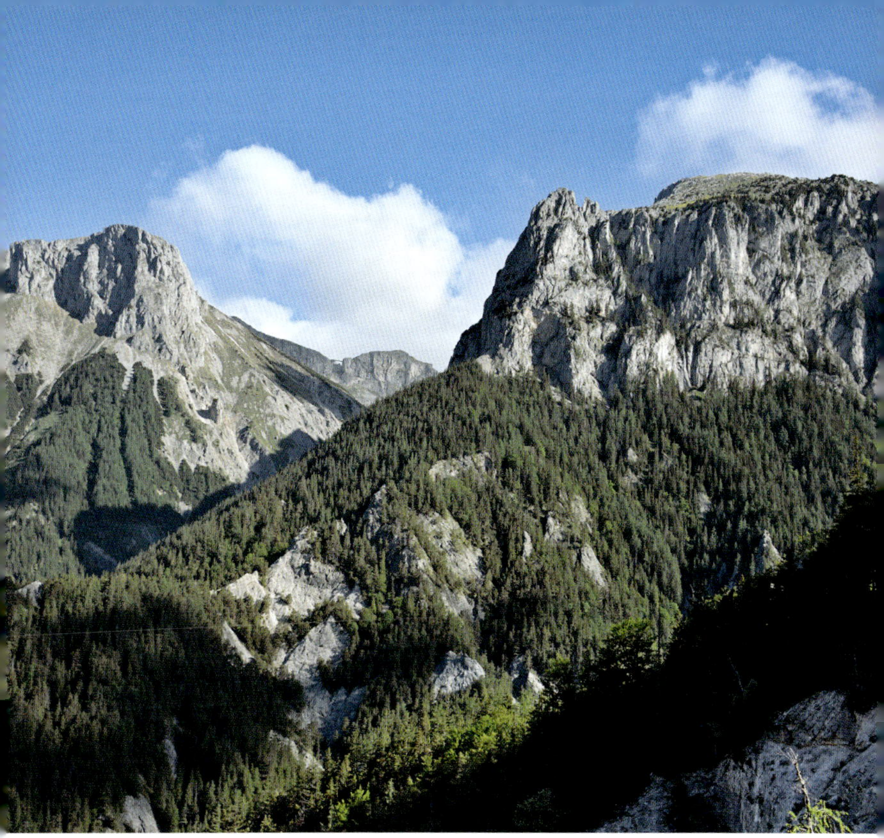

Fölzstein (links) und Mitteralpenturm (rechts).

wir im Wald steigen, desto größer wird die Freude, das Bergpanorama, das sich aus zerfurchten Felswänden und lieblich grünen Wiesenmatten zusammensetzt, als Gesamtwerk – ohne Sichteinschränkung durch vereinzelte Bäume – zu sehen. Auf 1437 m treffen wir auf eine **Forststraße** ❸, die zur Aflenzer Bürgeralm führt (Hinweistafel).

Wir bleiben nur ein paar Meter auf der Straße und biegen gleich wieder links ab (Tafel auf Baum: »Schönleitenhaus, steiler Anstieg, 1 Stunde«). Der im weiteren Verlauf sehr schön angelegte Steig, der bald auch eine feine Aussicht nach Süden zulässt, führt ziemlich direkt bis zum Ausstieg aus dem **Waldgelände** ❹, 1704 m, wo sich das Landschaftsbild abrupt ändert: Plötzlich stehen wir in einer baumfreien Grasflanke, die im Frühsommer von Alpenblumen verziert ist. Wir halten uns links und steigen am Rand der Latschen zum **Schönleitenhaus**, 1780 m, und weiter zum Gipfel der **Windgrube** ❺, 1809 m, auf; die Aussicht ins zentrale Hochschwab-Massiv und der gewaltige Tiefblick in den Endriegelgraben begeistern.

Für den kurzen Abstieg zur **Bergstation** des urigen Doppelsessellifts im gut sichtbaren Almdorf auf der **Aflenzer Bürgeralm** ❻, 1528 m, nehmen wir die angenehme Bergstraße, bevor wir zuletzt mit dem Lift talwärts fahren.

53 Schönleitenplateau, 1809 m, ab Seewiesen

Hackentörl, Höchstein, Aflenzer Bürgeralm

4.30 Std. | 10,9 km | ↗ 920 m | ↘ 320 m

Verliebt in das kontrastreiche Hochplateau

Zuerst beeindruckt unsere Tour mit der ausgedehnten Wiesenlandschaft um Seewiesen, die sich weit in das von Felswänden begrenzte Seetal hinein erstreckt. Dann zieht das wuchtige Feistringstein-Massiv, das mit seinem lang gestreckten und stark strukturierten Felsbereich und den steilen Flanken, über die die Waldgrenze wie Malerei verläuft, die Aufmerksamkeit an sich. Und schließlich entzückt uns die landschaftlich großartige Überquerung des sanft geneigten, grasbewachsenen Schönleitenplateaus, das an seinem Westrand wild zerrissen in den Endriegelgraben abbricht und auf der Windgrube, 1809 m, seine höchste Stelle erreicht. Auf der Route mit ihren durchwegs angenehmen Wegabschnitten bezaubert zudem der kurze Abstecher zum Höchstein, 1741 m, einem Felskopf mit Gipfelkreuz und interessanter Felslandschaft, die als Skywalk mit Panoramablick fungiert. Den Abschluss der Tour bildet der kurze Abstieg zur Aflenzer Bürgeralm; von dort bringt uns der gemütliche Sessellift bergab nach Aflenz.

Ausgangspunkt: Bushaltestelle Dullwitz, 931 m, direkt an der Mariazeller Straße (B 20) in Seewiesen, beim Hotel Seeberghof. Anfahrt von Kapfenberg bzw. Mariazell.

ÖPNV: Verbund Linie 170/171 (Bruck/Mur-Mariazell) bis Seewiesen, Haltestelle Dullwitz.

Anforderungen: Eher einfache, aussichtsreiche Tour auf alpinem Steig.

Abstieg: Ab Bergstation auf der Aflenzer Bürgeralm, 1528 m, Sessellift nach Aflenz (www.aflenzer-buergeralm.at, Tel. +43 3861 22518), von der Talstation 10 Min. zur Bushaltestelle Aflenz Ort.

Einkehr: Schönleitenhaus (www.schoenleitenhaus.at), Almrauschhütte auf der Aflenzer Bürgeralm.

Karte: f&b WK 0041.

Tipp: Vorab über die Buszeiten für die Fahrt zwischen Aflenz (Haltestelle Aflenz Kirche) und Seewiesen (Haltestelle Dullwitz) informieren (Bus, Verbund Linie 170/171); für mehr Flexibilität Anfahrt ab Aflenz mit Bus erwägen.

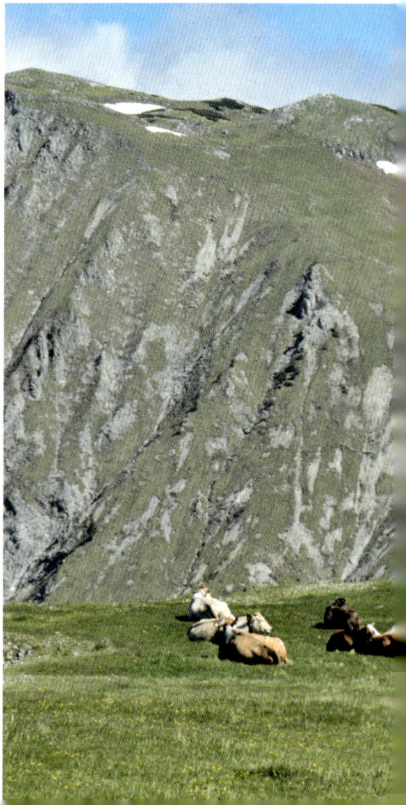

Schönleitenplateau.

Wir starten bei der Bushaltestelle Seewiesen, Dullwitz an der B 20 gegenüber dem **Hotel Seeberghof** ❶, 931 m. In Sichtweite befindet sich ein Wegweiser zum Hackentörl (Weg Nr. 863), von wo aus wir über den großen Wiesenboden, mit schönem Blick nach rechts ins Hochschwab-Massiv, leicht bergab zu einer kleinen Brücke marschieren.

Unmittelbar danach steigen wir, wieder den Wegweisern »Hackenalm« bzw. »Hackentörl« folgend, direkt zur **Hackenalm** ❷, 1071 m, mit den kleinen Hütten, auf. Dann geht es im Wald hinauf zum **Hackentörl** ❸, 1291 m. Dort folgen wir dem Wegweiser »Zlackensattel, Bürgeralm« (Weg Nr. 865), haben linker Hand bald freien Blick zum Felsköpfl des Höchsteins und steigen, stets von

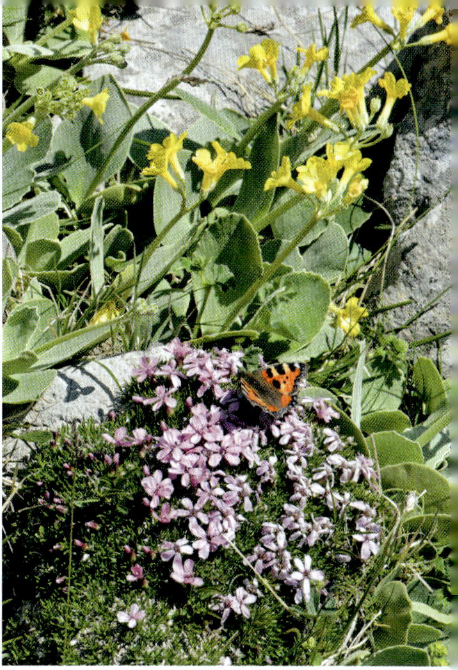

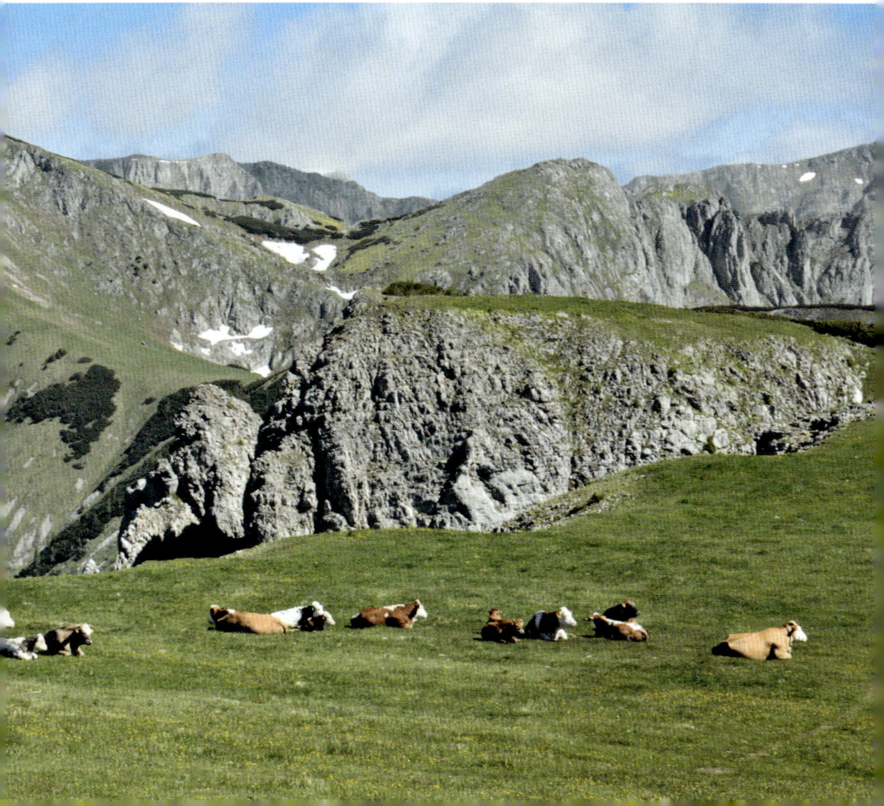

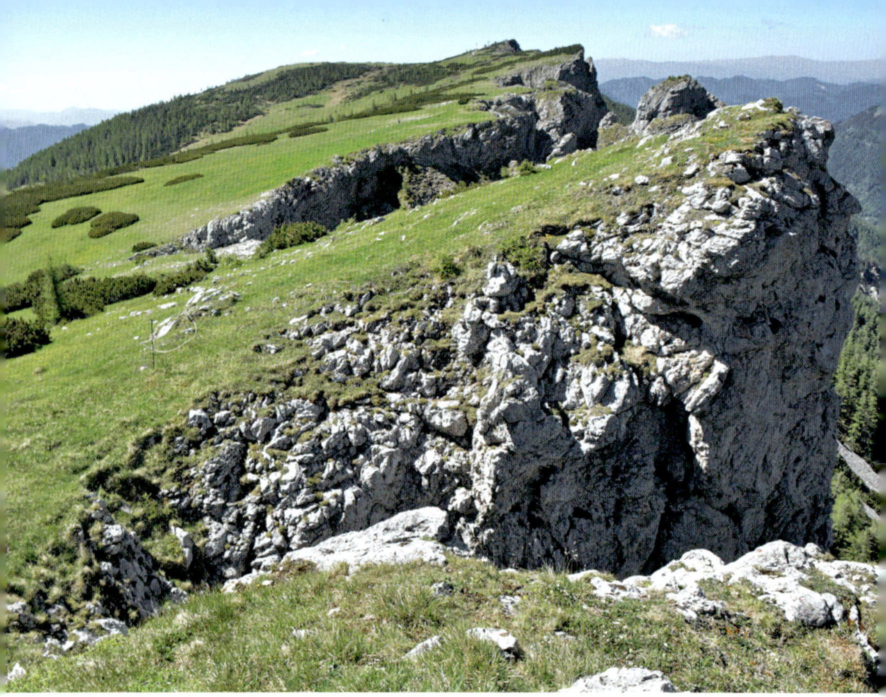

Blick über das Schönleitenplateau zur Windgrube (Bildmitte).

der mächtigen Felsmauer auf der rechten Seite begrenzt, auf gutem Steig in den **Zlackensattel**, 1743 m, auf.

Je höher wir kommen, desto schöner formt sich die vom Feistringstein nach Westen ziehende Felswand, und bald können wir auch darüber hinweg zu den Aflenzer Staritzen blicken. Im Nahbereich des Zlackensattels zweigen wir nach links ab, um den wenige Meter entfernten **Höchstein** ❹, 1741 m, zu besuchen; sein Gipfelkreuz ist an imposanter Stelle angebracht – mit Prachtblick nach Osten zu Oisching und Schießling!

Wieder zurück bei der Abzweigung gehen wir weiter Richtung Bürgeralm (Weg Nr. 862). Der Pfad zieht sich zwischen Latschen und Felsen auf einen kleinen Grat und stößt dann auf die freie Almfläche. Wir marschieren in der weiten grünen Landschaft, die mit dem kleinen See, einzelnen Latschengruppen und der großartigen Aussicht zu den Hochschwab-Gipfeln eine Bilderbuchlandschaft

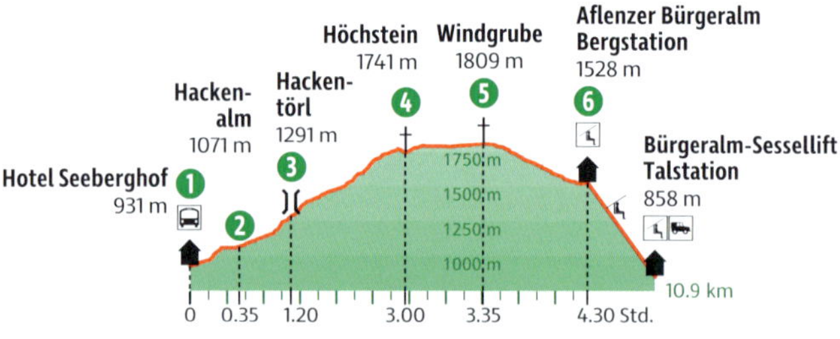

verkörpert; es ist kaum zu glauben, dass dieses liebliche Gelände rechter Hand teils senkrecht Hunderte Meter weit in den wilden Endriegelgraben abbricht. Der Gipfelsieg auf der knapp rechts des Hauptweges liegenden **Windgrube ❺**, 1809 m, unweit des **Schönleitenhauses** (dort auch Liftstützen) ist das Finale eines sehr zufriedenstellenden Aufstieges! Den kurzen Abstieg zur Bergstation des Doppelsessellifts auf der **Aflenzer Bürgeralm ❻**, 1528 m, absolvieren wir bequem auf der Bergstraße. Mit dem Lift geht es hinunter nach **Aflenz**; von der Talstation sind es ca. 10 Minuten bergab ins Zentrum von Aflenz (Busstation Aflenz Kirche).

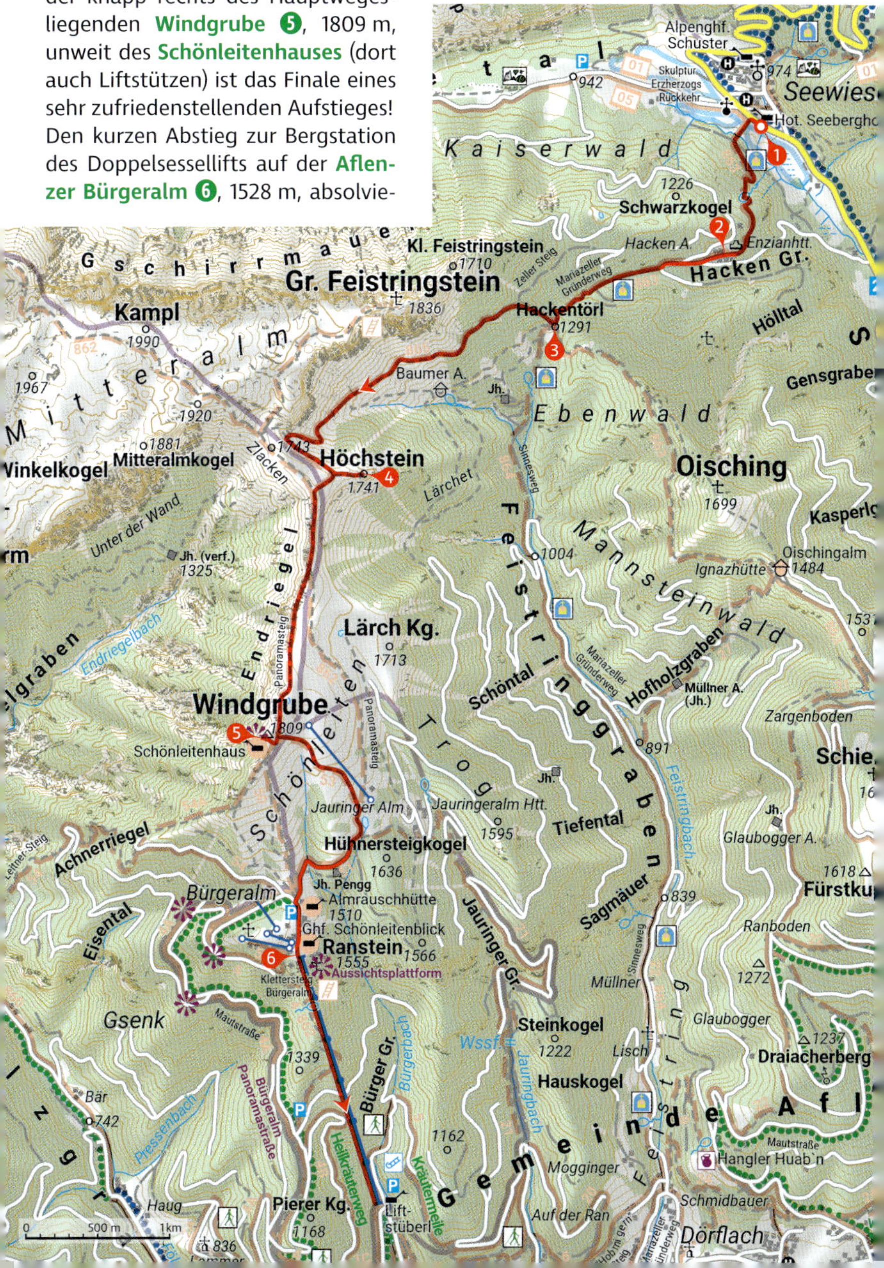

54 Gemeindealpe Mitterbach, 1626 m

Vorbei am Erlaufsee zum Erlauf-Ursprung

5.00 Std. | 14,5 km | ↗ 950 m | ↘ 140 m

Höchster Aussichtsberg im Mariazeller Land mit Ötscher-Blick!
1952 wurden der Erlauf-Ursprung und die Felsgebilde im Umkreis von 20 Metern zum Naturdenkmal erklärt und stehen damit unter besonderem Schutz. Zu diesem herrlichen Platz führt der erste Teil der Wanderung, die in Mitterbach am Erlaufsee beginnt und schon bald am kristallklar schimmernden Erlaufsee an der Grenze zwischen Niederösterreich und der Steiermark vorbeiführt. Danach geht es auf die Gemeindealpe, den höchsten Aussichtsberg im Mariazeller Land. Sie liegt inmitten des Naturparks Ötscher-Tormäuer und ist vom gegenüberliegenden Bergmassiv des Ötscher durch das einzigartige Schluchtensystem der Ötschergräben getrennt. Am aussichtsreichen Gipfel, der großartige Einblicke in die umliegende Bergwelt gewährt, steht nicht nur ein massives Gipfelkreuz, sondern auch das weithin bekannte Terzerhaus als ideale Einkehr nach der Wanderung, bevor wir mit den Sesselliften zurück ins Tal fahren.

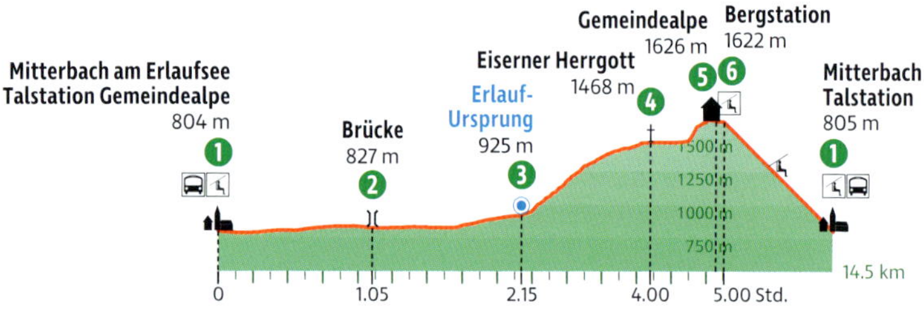

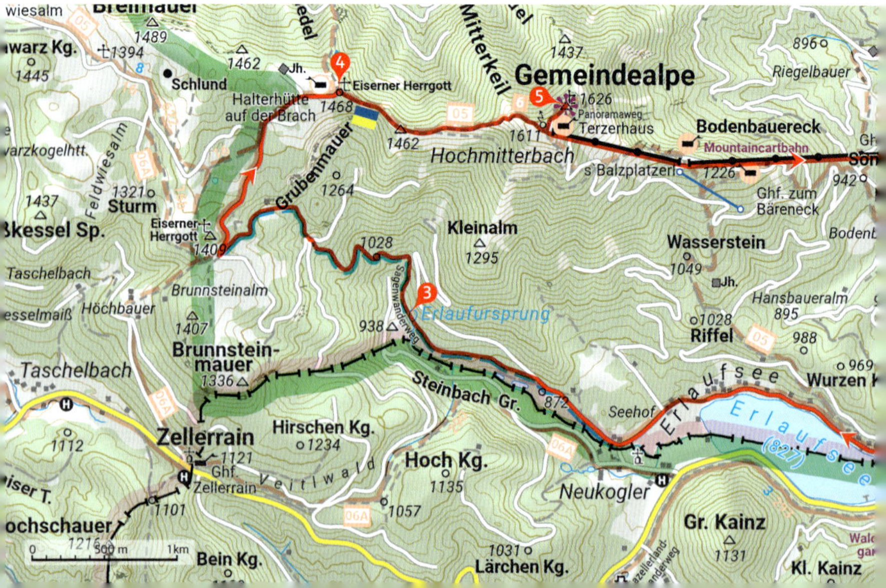

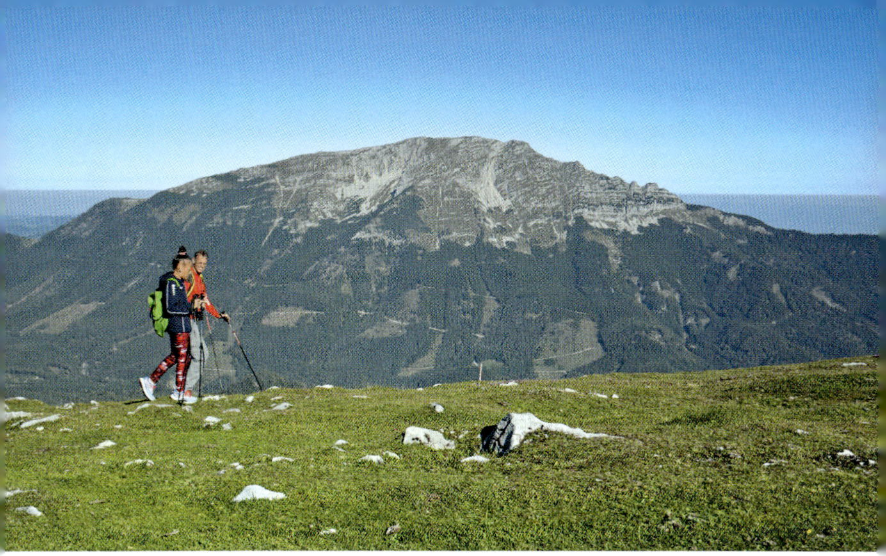

Am Gipfel der Gemeindealpe mit Blick zum Ötscher.

Ausgangspunkt: Parkplatz bei der Talstation der Bergbahnen auf die Gemeindealpe, 804 m, in Mitterbach am Erlaufsee. Anfahrt von Mariazell über die Mariazeller Straße B 20 nach Mitterbach am Erlaufsee.
ÖPNV: Verbund Linie 197 (Mariazell – Mitterbach – Erlaufsee) bis Mitterbach am Erlaufsee, Haltestelle Sessellift.
Anforderungen: Meist einfache Tour über Waldwege, im Gipfelbereich steileres Gelände und zahlreiche Kehren.
Abstieg: Abfahrt von der Bergstation, 1626 m, mit Sesselliften (www.gemeindealpe.at, Tel. +43 3882 41720).
Einkehr: See-Buffet am Erlaufsee (http://herrenhaus-see.at), Terzerhaus (www.terzerhaus.at).
Karte: f&b WK 0031.
Tipp: Ab Sessellift-Mittelstation 4,6 km Abfahrt mit dem Mountaincart über eine gut ausgebaute Schotterstrecke.

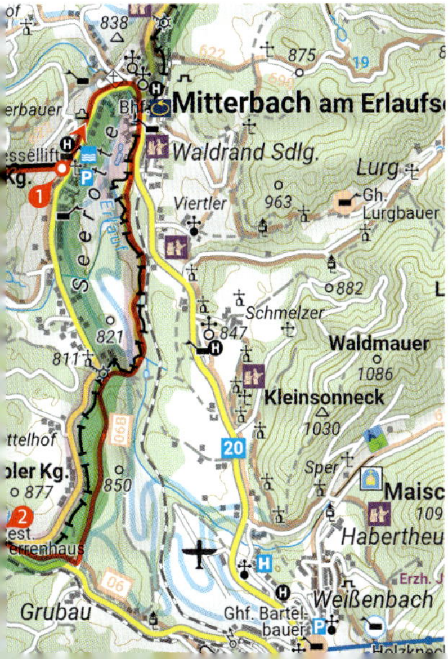

Wir marschieren vom **Parkplatz** der **Gemeindealpe-Bergbahn ❶**, 804 m, zum Dorfplatz von Mitterbach, dann ein kurzes Stück entlang der B 20 Richtung Mariazell, bis rechts der Wanderweg Richtung Erlaufsee abzweigt (Mariazellerweg Nr. 06B), auf dem wir nahe der geschwungenen Erlauf entlangmarschieren. Bei der Wegtrennung halten wir uns nicht links nach Mariazell, sondern rechts zum Erlaufsee.

Nach ca. 600 Metern geht es über die **Brücke ❷**, 827 m, danach rechts zum glasklaren, schön gefärbten **Erlaufsee** und in weiterer Folge vollständig am nördlichen Seeufer entlang zum Lindenhof. Im Steinbachgraben ge-

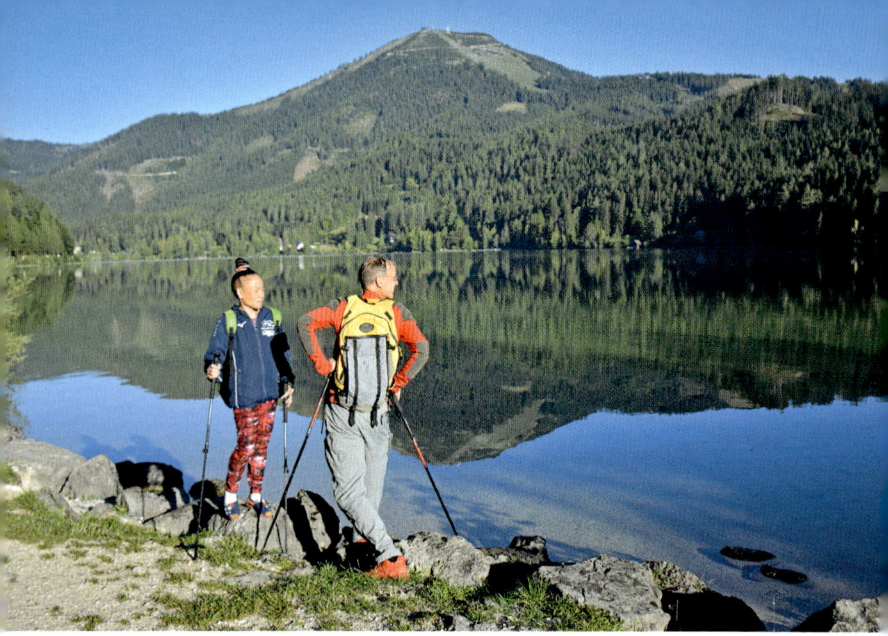

Erlaufsee und Gemeindealpe.

langen wir auf dem Brunnsteinweg – immer rechts der Erlauf – zum **Erlauf-Ursprung ❸**, 925 m. In früheren Zeiten hieß die Erlauf vom Ursprung bis zum See Steinbach. An ihrem Ursprung versprühen das Bachbett und die moosbewachsenen Steine märchenhaften Charme, und besonders aufregend ist dieser Platz zur Zeit der Schneeschmelze und nach starken Regenfällen, wenn die Wassermassen der jungen Erlauf höchst temperamentvoll aus dem felsigen Höhleneingang schießen.

Dann wird der Steig steiler, schmäler und steiniger, bleibt aber stets gut begehbar und führt vorbei am ehemaligen Marmorsteinbruch – das vielfach rot geaderte Gestein wurde für den barockisierten Innenraum der Mariazeller Basilika verwendet – zur Brunnsteinalm. Von dort geht es auf der Forststraße durch almreiches Gelände schwach ansteigend zur Halterhütte auf der Brach und weiter zum (»irrtümlichen«) **Eisernen Herrgott ❹**, 1468 m. Ursprünglich nur ein Bild auf einer knorrigen Almfichte, hat es der Mariazeller Tischler Girrer 1980 durch ein Marterl ersetzt, doch der »echte« Eiserne Herrgott befindet sich auf 1409 Meter (zwischen Dreihüttenboden und Höchbauer).

Dann geht es dem steilen Gipfelaufbau entgegen. Wir befinden uns jetzt gleichzeitig auf einem Abschnitt des Nord-Süd-Weitwanderwegs Nr. 05, wandern auf steinigem, gratähnlichem Terrain und am Wiesenrücken bergauf und -ab und gelangen schließlich auf der linken, direkten, steilen Linie über gut ein Dutzend Serpentinen durch Latschen zum Gipfelplateau der **Gemeindealpe** mit dem **Terzerhaus**, 1626 m, und dem nahe gelegenen **Gipfelkreuz ❺**, 1626 m. Fantastische Rundumsicht!

Abfahrt von der **Bergstation ❻** zurück zum **Ausgangspunkt ❶** mit zwei Sesselliften oder ab der Mittelstation mit dem Mountaincart.

Rauhenstein, 1770 m

Am steilen Farfelsteig zum Schneealm-Westrand

4.15 Std. | 8,0 km | ↗1050 m | ↘330 m

Ausdrucksvolle Schneealm-Tour mit staunenswertem Panorama

Die Schneealm ist ein weitläufiges und landschaftlich äußerst abwechslungsreiches, von grünen Wiesen und Latschen durchzogenes Kalkplateau, das an seinen Rändern teilweise senkrecht abfällt. Der Weg von Neuberg an der Mürz über den Farfelsteig ist einer der steilsten Anstiege auf das Schneealm-Plateau. Schon beim Start sehen wir hoch oben die Felsen mit der Sendeanlage, unter denen der Weg nach links verläuft. Durch die Farfel, eine breite Felsrinne, erreichen wir die sanfte grüne Hochfläche und marschieren durch einen idyllischen Latschengürtel weiter. Noch zeigt sich der Gipfel des Rauhensteins als völlig harmloser Latschenhang, doch sobald wir seinen Grat erreichen, ändert sich das Landschaftsbild schlagartig! Auf dem unschwierigen Pfad zum Gipfel gibt es rechts nur mehr enorme Tiefe, denn wir wandern direkt auf den haarscharf neben uns teils senkrecht ins Mürztal abbrechenden Felswänden. Die völlig unerwartete hochalpine Szenerie begeistert und schenkt uns ein eindrucksvolles Gipfelerlebnis. Um knieschonend ins Tal zu gelangen, wandern wir über die aussichtsreiche Schneealm-Straße, mit unvergesslichen Blicken zum ungemein kühn positionierten Schneealpenhaus, nur mehr bis zum hoch gelegenen Parkplatz Kohlebnerstand.

Rauhenstein – die letzten Meter zum Gipfel.

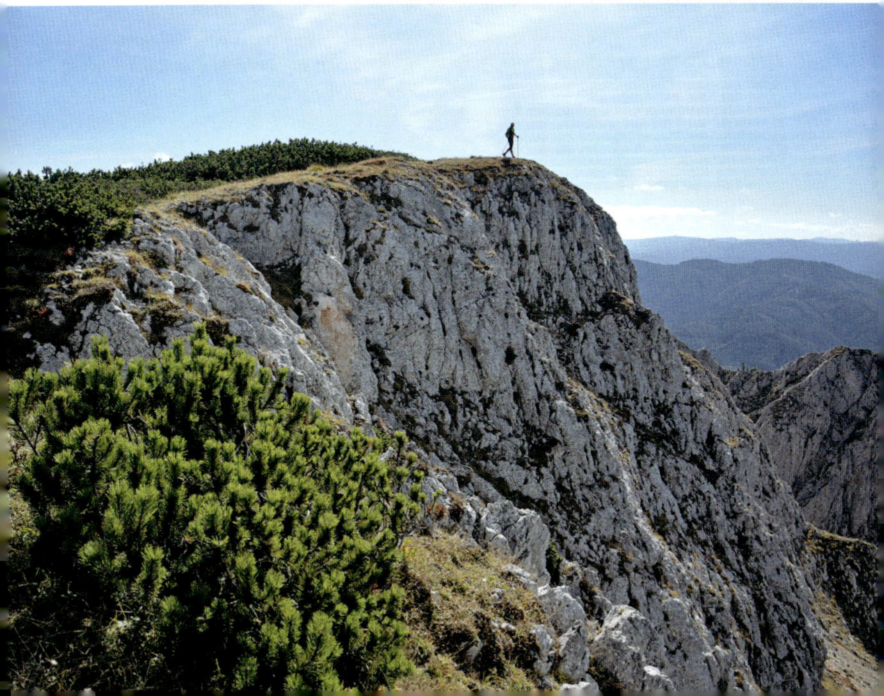

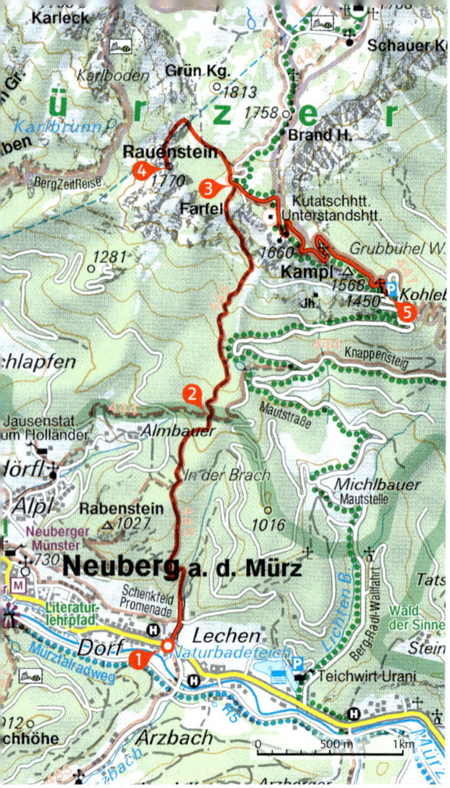

Ausgangspunkt: Ehemaliger Gasthof Holzer in Neuberg an der Mürz, Hauptstraße 65. Anfahrt direkt von Mürzzuschlag bzw. Mariazell auf der Lahnsattel Straße B 23. Parkmöglichkeiten am Straßenrand.
ÖPNV: Verbund Linie 189 (Mariazell – Mürzzuschlag) bis Neuberg an der Mürz, Haltestelle Mühlgasse, von dort ca. 350 m Richtung Mürzzuschlag.
Anforderungen: Steiler Anstieg durch Waldgelände und durch eine kurze Felsrinne, danach keine nennenswerten Steigungen und unproblematische Wegführung.
Abstieg: Die Strecke vom Parkplatz Kohlebnerstand an der mautpflichtigen Schneealm-Straße zum Ausgangspunkt wird mit dem Taxi absolviert (NP Taxi und Vermietung GmbH, Neuberg an der Mürz, Tel. +43 3857 20170).
Einkehr: Unterwegs keine, mehrere Einkehrmöglichkeiten in Neuberg an der Mürz.
Karte: f&b WK 022.
Tipp: Der Rauhenstein kann auch vom Parkplatz Kohlebnerstand, 1450 m, aus bestiegen werden.

Beim **ehemaligen Gasthof Holzer** ❶, 730 m, beginnt der Lechnergraben, dort geben Wegweiser die Richtung zur Schneealm vor (»Farfelsteig«, »Knappensteig«). Wir folgen der Forststraße ein kurzes Stück, biegen dann links ab und orientieren uns immer an den Hinweisen »Schneealm (Farfelsteig)«. Knappensteig und Farfelsteig verlaufen anfangs auf demselben Weg, bis zu einer markanten **Wegkreuzung** ❷, die als »Spielkogel, 1020 m« vermessen wurde.
Dort zweigt der Farfelsteig (Weg 445) ab und schlängelt sich durch den Nadelwald steil bergauf bis fast unter den Sender, wo er nach links abdreht und flacher am Fuße der Felswände (Aussichtsbankerl) in die Felsrin-

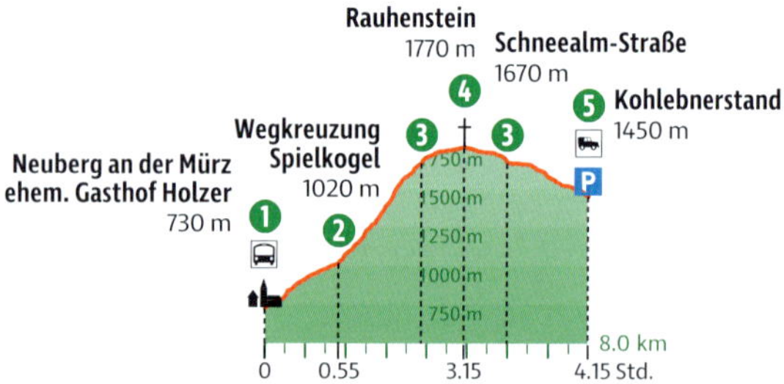

ne der Farfel führt. Nun steigen wir zwischen senkrechten Felswänden (unmittelbar rechts) und den etwas weiter entfernten Abhängen des Rauhensteins (links) höher bis zur Schneealm-Hochfläche und treffen dort auf die **Schneealm-Straße** und **Wegweiser ❸**, 1670 m (In der Griab). Wir marschieren auf der Straße nur ein kurzes Stück bergauf und zweigen in der ersten Rechtskurve links auf einen Almpfad ab, der uns (unmarkiert) durch einen kurzen Graben zu einem zauberhaften kleinen Wiesenplateau in alpiner Umgebung leitet. Links zeigt der latschenbewachsene Rauhenstein sein sanftestes Gesicht. Eine kurze Latschengasse führt uns direkt an den Plateauabbruch heran. Faszinierender Tiefblick! Vom kleinen Plateau steigen wir nach links und über den schmalen Steig Richtung Gipfel auf. Plötzlich zeigt sich der **Rauhenstein** mit abschreckenden Felswänden von seiner hochalpinen Seite, und es ist ein Genuss, auf dem landschaftlich großartigen Weg nur wenige Meter links der Abbruchkante bis zum wunderschönen **Gipfelkreuz ❹**, 1770 m, zu wandern, das im Juni 2021 errichtet wurde. Der Blick in den Westteil der Schneealm imponiert, und es sind die Felsabbrüche in Kombination mit den verstreut liegenden, idyllisch grünen Hochplateaus, die der Landschaft eine ganz besondere Note geben.

Für den Abstieg nehmen wir denselben Weg bis zur **Abzweigung ❸**, 1670 m, in die Farfel und folgen ab dort immer der Straße. Wir haben noch unfassbare Blicke zu den Südabbrüchen der Schneealm und zum Schneealmhaus und beenden die Tour beim **Parkplatz Kohlebenstand ❺**, 1450 m. Ab dort geht es mit dem Fahrzeug (Taxi) ins Tal.

Abstieg mit Blick zum Schönhaltereck, 1860 m.

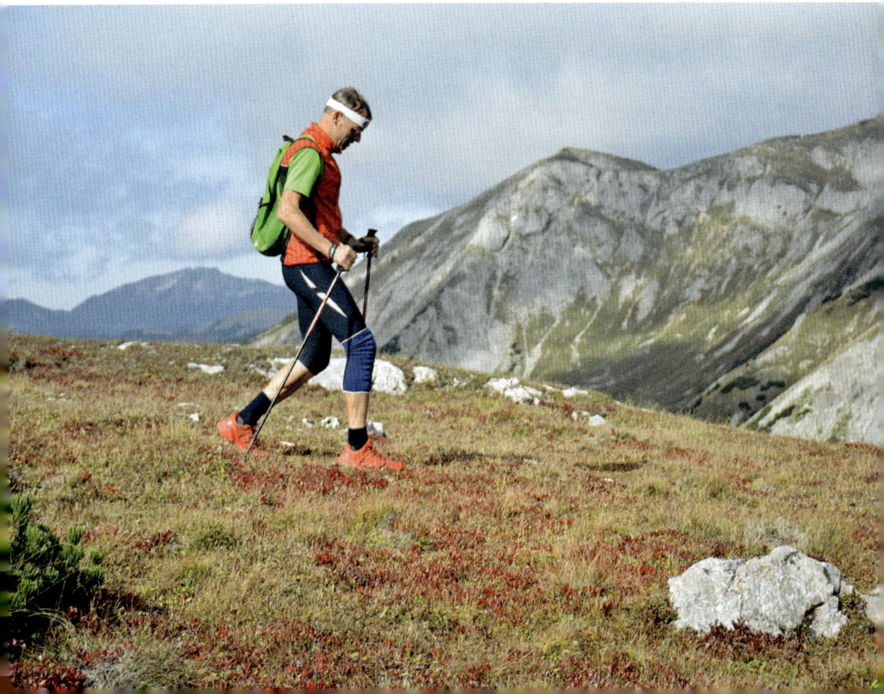

56 Zwei Tage über die Schneealm

Windberg, Mitterbergwand, Burgwand und mehr

2 Tage | 25,2 km | ↗ 1400 m | ↘ 680 m

Eine spektakuläre Schleife durch ein malerisches Stück Steiermark

Der große Bergstock der Schneealm liegt im äußerst stimmungsvollen Naturpark Mürzer Oberland. Die Überquerung dieses stark verkarsteten Massivs mit seinem abwechslungsreichen Kalkplateau besticht mit einzigartig schöner Landschaft! Am ersten Tag wandern wir von Neuberg an der Mürz durch den Karlgraben und über die idyllische Knopperwiese zum Windberg, dem höchsten Gipfel der Schneealm. Dann machen wir einen unmarkierten Abstecher auf unschwierigem Steig über die kühne Mitterbergschneid bis zum Felsgipfel der Kleinen Mitterbergwand. Die Schneealm zeigt sich hier von einer ausgesprochen wilden Seite mit krassen Tiefblicken in den Melkboden und zur attraktiven Donnerwand! Schließlich erreichen wir die Almwirtschaft rund um die schmucke Michlbauerhütte, die wohl eine der traumhaftesten Almlandschaften der gesamten Steiermark darstellt! Um eine großartige Schneealm-Überschreitung auch ohne viel Abstieg erleben zu können, übernachten wir auf der Lurgbauerhütte und erfreuen uns dort am Naturschauspiel von unter- und aufgehender Sonne. Am zweiten Tag wandern wir über die Kleine Burgwand Richtung Schneealpenhaus und dann auf der Schneealm-Straße bergab zum hoch gelegenen Parkplatz Kohlebnerstand.

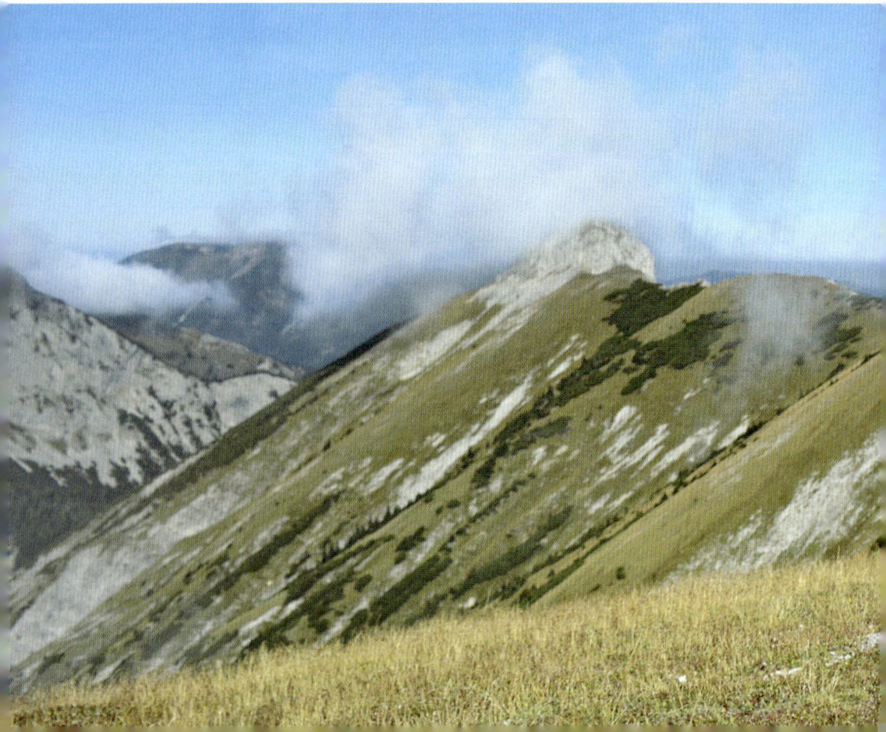

Ausgangspunkt: Hauptplatz in Neuberg an der Mürz, 730 m. Anfahrt direkt von Mürzzuschlag bzw. Mariazell auf der Lahnsattel-Straße B 23, Parkmöglichkeiten vorhanden.
ÖPNV: Verbund Linie 189 (Mariazell – Mürzzuschlag), bis Neuberg an der Mürz, Haltestelle Hauptplatz.
Anforderungen: Große Tour in hochalpiner Umgebung! 1. Tag: Der Übergang vom Windberg zur Kleinen Mitterbergwand verläuft auf schmalem Steig in einer sehr steilen gras- und latschendurchzogenen Flanke (mächtiger Tiefblick!), ist aber einfach. – 2. Tag: Leichte Wanderung vorwiegend auf Forststraße.
Abstieg: Die Strecke zwischen Parkplatz Kohlebnerstand (mautpflichtige Schneealm-Straße) und dem Ausgangspunkt wird mit dem Taxi absolviert (NP Taxi und Vermietung GmbH, Neuberg an der Mürz, Tel. +43 3857 20170).
Einkehr: Bio Almsennerei Lurgbauerhütte (www.lurgikas.at), Schneealpenhaus (www.schneealpenhaus.com), Michlbauerhütte (www.michlbauerhütte.at).
Karte: f&b WK 022.
Tipp: Übernachtungsmöglichkeiten auch auf der Michlbauerhütte und im Schneealpenhaus.

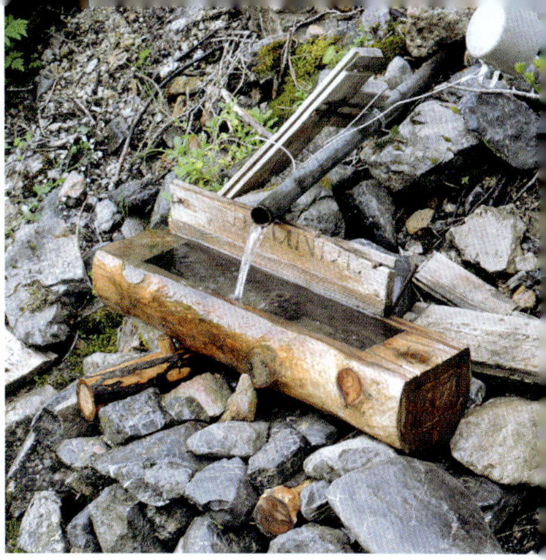

Karlbrunn-Quelle.

Traverse zur Kleinen Mitterbergwand.

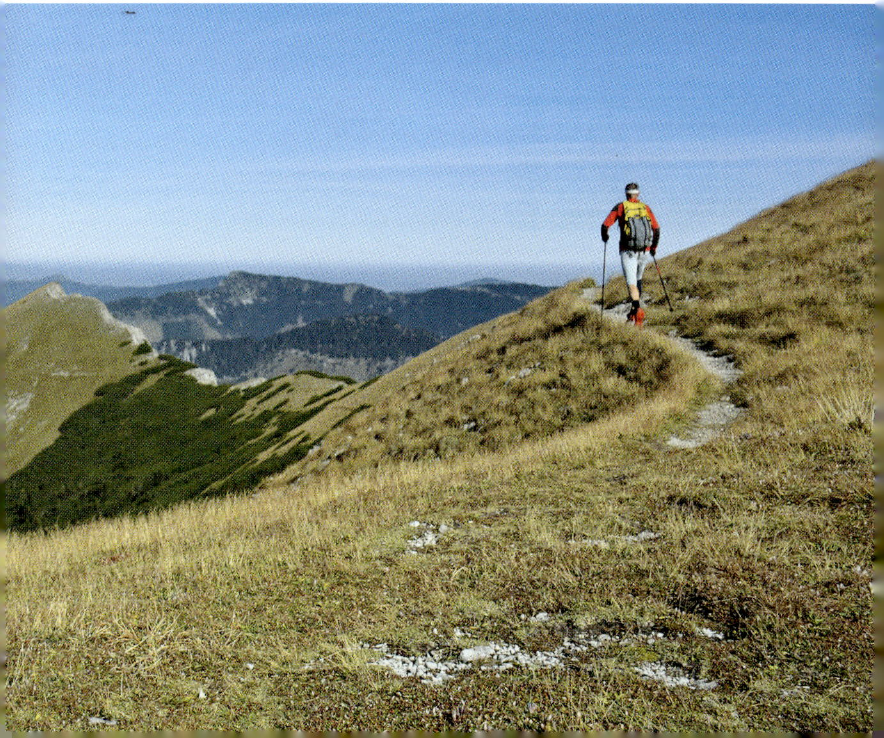

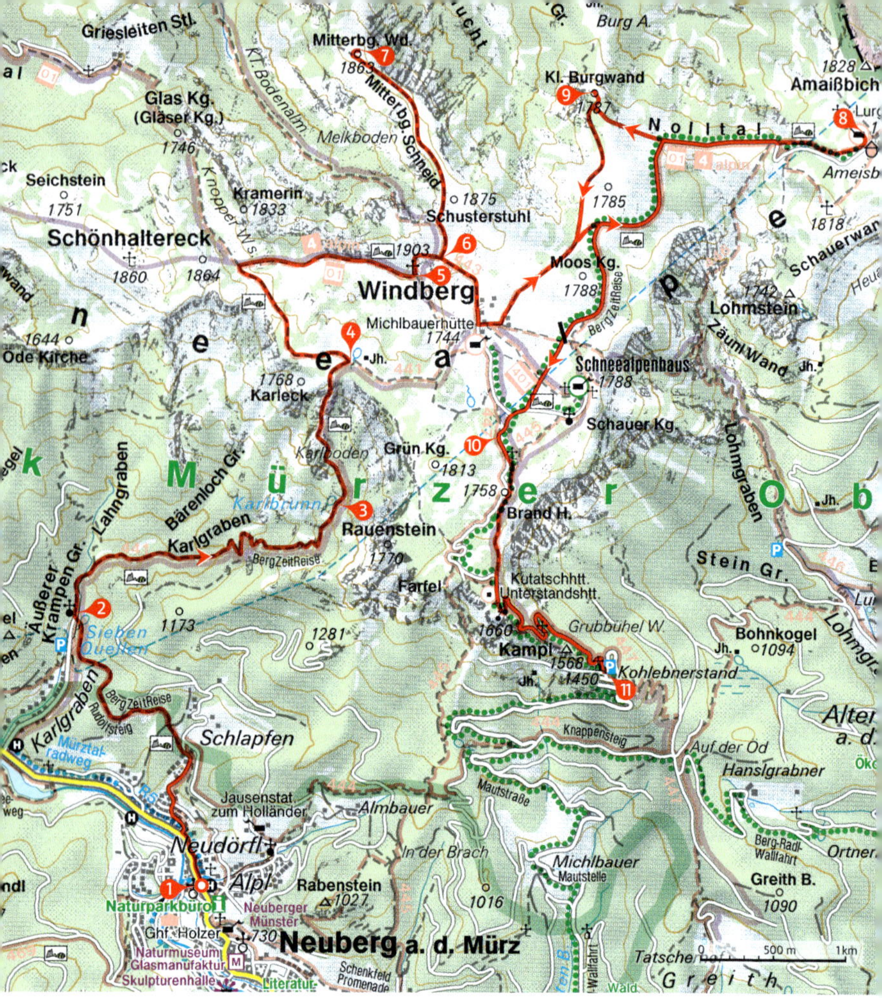

Tag 1: Karlgraben – Windberg – Kleine Mitterbergwand – Lurgbauerhütte

Gegenüber dem **Hauptplatz** in **Neuberg an der Mürz** ❶, 730 m, gibt der Wegweiser »Sieben Quellen/Karlgraben/Schneealpenhaus« den Wegverlauf vor. Wir gehen kurz auf der B 23 entlang der Mürz und biegen dann rechts in den Schlapfenweg ein. Bald danach werden wir vom Wegweiser zum Rudolfssteig nach links in den Wald gelotst. Der einfache Pfad schlängelt sich zum Äußeren Krampengraben (Karlgraben), wo wir die kleine **Barbarakapelle** ❷, 800 m, und Wegweiser sehen.
Wir folgen dem Weg Nr. 441 durch den Karlgraben, zuerst auf Forststraße, am Klettergarten vorbei und treffen auf ein (ausgetrocknetes) Flussbett, wo wir tolle Blicke zu den mächtigen Westabstürzen der Schneealm haben. Aus dem Bachbett (Achtung Markierung!) zieht ein bequemer Steig nach links durch den Wald bergauf. Weiter oben öff-

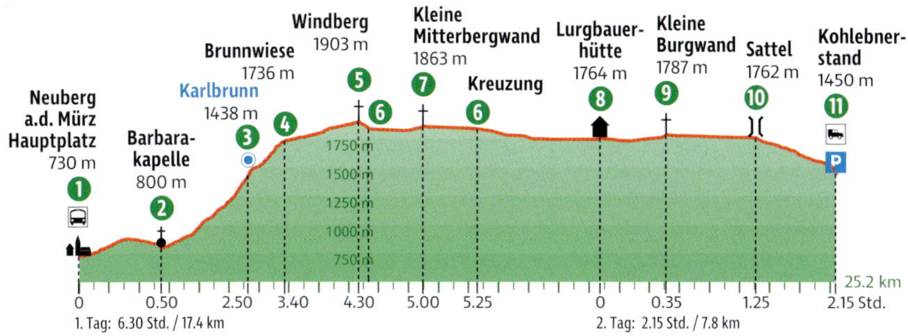

net sich eine attraktive Aussicht zum messerscharf wirkenden Grat des Schönhalterecks, 1864 m, und die **Karlbrunn-Quelle** ❸, 1438 m, lädt zum Trinken und Auffüllen der Wasservorräte ein.

Später queren wir nach links in die Krummholzzone und erreichen den oberen Karlgraben. Imposant die Felsabstürze des Rauhensteins im Südosten! Die klar vorgegebene Route erreicht östlich des Karlecks, 1768 m, einen Sattel, über den wir das Hochplateau der Schneealm betreten und zur wunderschönen **Brunnwiese** ❹, 1736 m, gelangen. Von dort geht es auf Weg Nr. 401a nach links zur Knopperwiese. Das Wegstück mit Seeaugen, Almlandschaft und Nahblick zu den steilen Felsabbrüchen des Schönhalterecks ist höchst reizvoll!

Bei der Knopperwiese, 1780 m, biegen wir rechts ab (Wegweiser »Windberg Gipfel«) und steigen über den breiten Höhenrücken bergauf bis zum Wegweiser, der als »Kramerin, 1810 m« vermessen wurde. Auf der dem Melkboden gegenüberliegenden Seite sehen wir die Felshaube

Die Kleine Mitterbergwand wird über die linke Seite bestiegen.

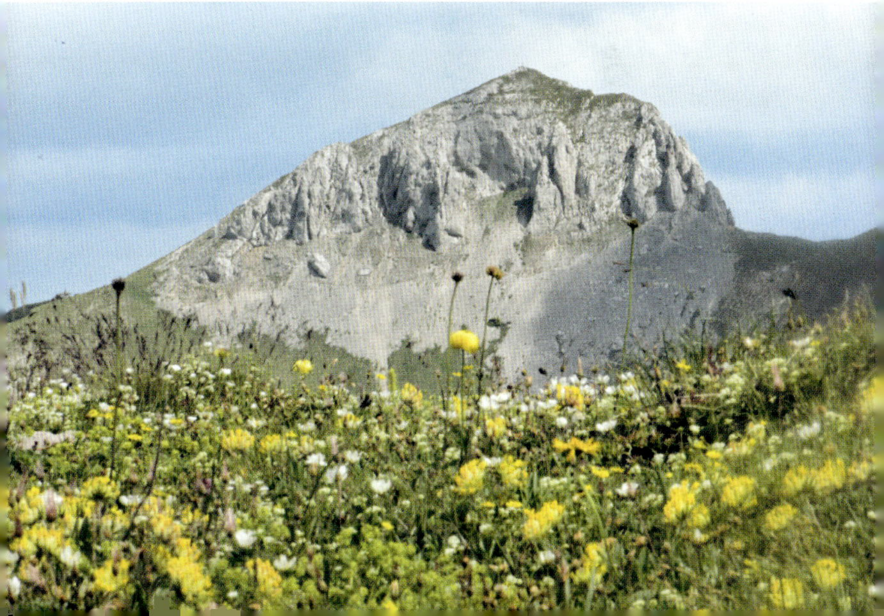

der Kleinen Mitterbergwand, 1863 m, und können sehr gut unseren späteren Wegverlauf über die lang gezogene Mitterbergschneid erkennen. Auch die Donnerwand mit ihren steil in den Melkboden abfallenden Felswänden präsentiert sich immer besser, und rechter Hand macht eine Alm zwischen ausgedehnten Latschenzonen auf sich aufmerksam.

Dann erreichen wir am **Windberg** ❺, 1903 m, den höchsten Punkt der Schneealm. Prunkvolles silbriges Gipfelkreuz, großartiges Panorama und Tiefblick auf eine der wohl schönsten Almlandschaften der Steiermark! Nun gemäß Wegweiser »Lurgbauerhütte/Abzweigg. Weg 443 20 min« (Weg Nr. 401) bergab. Auf dem schmalen Steig zweigen wir später beim **Wegweiser** ❻, 1840 m, nach links Richtung »Kleinbodengraben« (Weg Nr. 443) ab (geradeaus geht es zum »Schneealpenhaus/Almboden«, Weg Nr. 401).

Der Weg führt in den Melkboden hinab, doch wir bleiben ihm nur für etwa 200 Meter treu. Dann verlassen wir den Weg und gehen unmarkiert halb rechts zu dem unübersehbaren Pfad, der über die Mitterbergschneid zur **Kleinen Mitterbergwand** verläuft. Die Grasflanke ist zwar am Beginn sehr steil (!), aber der Steig ist hindernisfrei und gut zu begehen. Außergewöhnlich eindrucksvolles Ambiente! Wir wandern unter allen Felsen der Kleinen Mitterbergwand vorbei – nicht vorher über den verlockenden Steig (II-) in die Felsen klettern! – und steigen über die grasige Nordseite unproblematisch zum **Gipfelkreuz** ❼, 1863 m, hinauf. Mächtiger Panoramablick!

Danach geht es auf demselben Weg zurück bis zur **Abzweigung** ❻ zum Windberg, wo wir nach links auf Weg Nr. 401 zur Michlbauerhütte, 1744 m, absteigen. Bei der Hütte biegen wir erneut links ab (Weg Nr. 401a) und

Windberg-Gipfelkreuz mit Heukuppe, 2007 m.

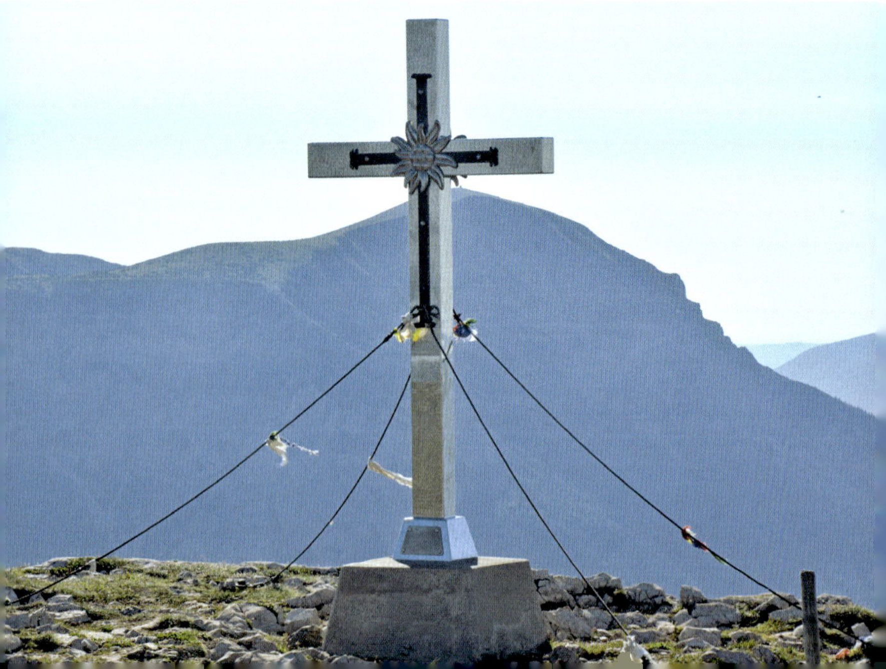

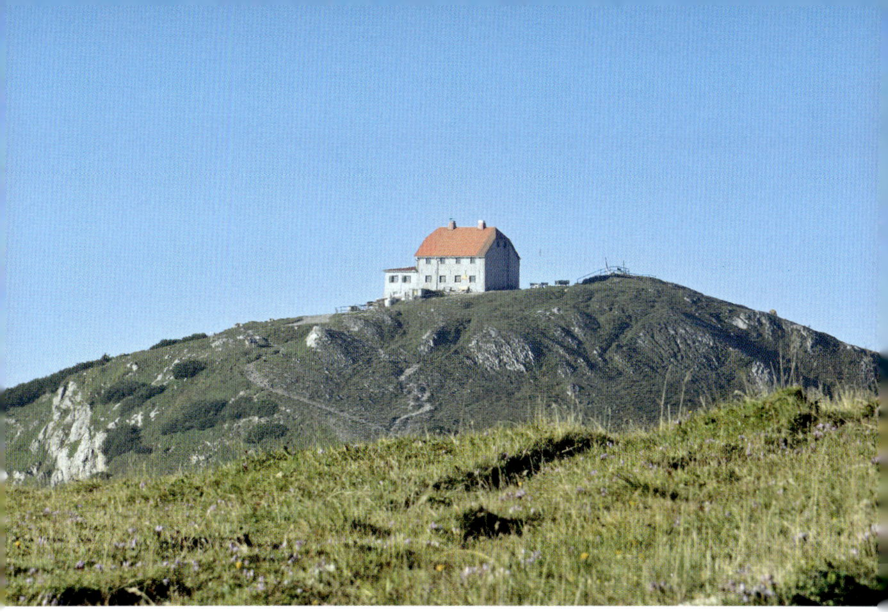

Schneealpenhaus.

erreichen über einen relativ ebenen Abschnitt den Vermessungspunkt Langseiten, 1758 m, und gleich danach die breite Schneealm-Straße. Wir gehen links auf der Straße weiter und erreichen später, durch Latschen abkürzend, unser Tagesziel bei der **Lurgbauerhütte** ❽, 1764 m. Wem die Mitterbergschneid zu ausgesetzt war, kann stattdessen jetzt bei der Hütte entweder den Amaißbichl, 1828 m, oder die Schauerwand (1818 m – mit tollem Gipfelkreuz!) auf einfachen, markierten Wegen besteigen.

Tag 2: Lurgbauerhütte – Kleine Burgwand – Parkplatz Kohlebnerstand

Wir gehen von der **Lurgbauerhütte** ❽ auf der Schneealm-Straße nach Westen zurück bis zur auffälligen Linkskurve. Dort steigen wir geradeaus, unmarkiert, durch die Latschengasse weiter und dann leicht rechts haltend in wenigen Minuten unschwierig auf die **Kleine Burgwand** ❾, 1787 m. Herrliches Panorama!
Danach ein paar Schritte retour durch die Latschengasse, doch wir steigen nicht mehr zur Schneealm-Straße ab, sondern wandern weglos in direkter Linie über den grasigen Hügel Richtung Schneealpenhaus, das wir gut sehen. So stoßen wir wieder auf die Schneealm-Straße und wandern auf dieser, unterhalb des Schneealpenhauses, 1788 m, eben nach Südwesten.
Noch einmal sehen wir rechts die Michlbauerhütte, bevor wir auf einen kleinen **Sattel** ❿, 1762 m, gelangen, auf dem wir das Almgebiet der Schneealm endgültig verlassen und Richtung Parkplatz Kohlebnerstand absteigen. Je tiefer wir kommen, desto spektakulärer wird der Blick zurück zum Schneealpenhaus, das wie ein Adlernest über den Südabstürzen der Schneealm thront.
Vom **Kohlebnerstand** ⓫, 1450 m, fahren wir mit dem Fahrzeug (Taxi) nach Neuberg an der Mürz.

57 Sonnwendstein, 1523 m

Gebirgsjägersteig rauf, Zauberberg runter

3.45 Std. | 7,2 km | ↗ 860 m | ↘ 290 m

Von Maria Schutz über den Erzkogel zum Semmering

Der markante Sonnwendstein ist einer der schönsten Aussichtspunkte im Semmeringgebiet. Auf seiner Nordseite zieht der schmale Gebirgsjägersteig vom Wallfahrtsort Maria Schutz in reizvoller, steiler Umgebung perfekt angelegt bis zum Gipfel. Der Steig ist zugleich Teil des 38 km langen »Gebirgsjäger-Gedächtnisweges Ostalpen«, den Friedrich Brettner in den frühen 1990er-Jahren initiierte, um an das unermessliche Leid der Menschen in der Region um den Semmering, die gegen Ende des Zweiten Weltkrieges zum Kriegsschauplatz wurde, zu erinnern. Am Gipfel angekommen, bei der kleinen Gedächtniskapelle, verführt die Aussichtskanzel zu ausgiebigem Landschaftsblick! Dann ändert sich die Umgebung, und wir wandern von der Pollereshütte gemütlich hinüber zum kleinen Erzkogel mit dem mächtigen Gipfelkreuz. Über einen reizvollen Kammweg mit toller Aussicht kommen wir schließlich zum Hirschenkogel – dem sogenannten »Zauberberg« –, auf dem die 30 Meter hohe Dr.-Erwin-Pröll-Milleniumswarte steht. Nicht weit daneben befindet sich die Bergstation der Semmering-Gondelbahn, mit der wir bequem zur Semmering-Passhöhe hinabfahren.

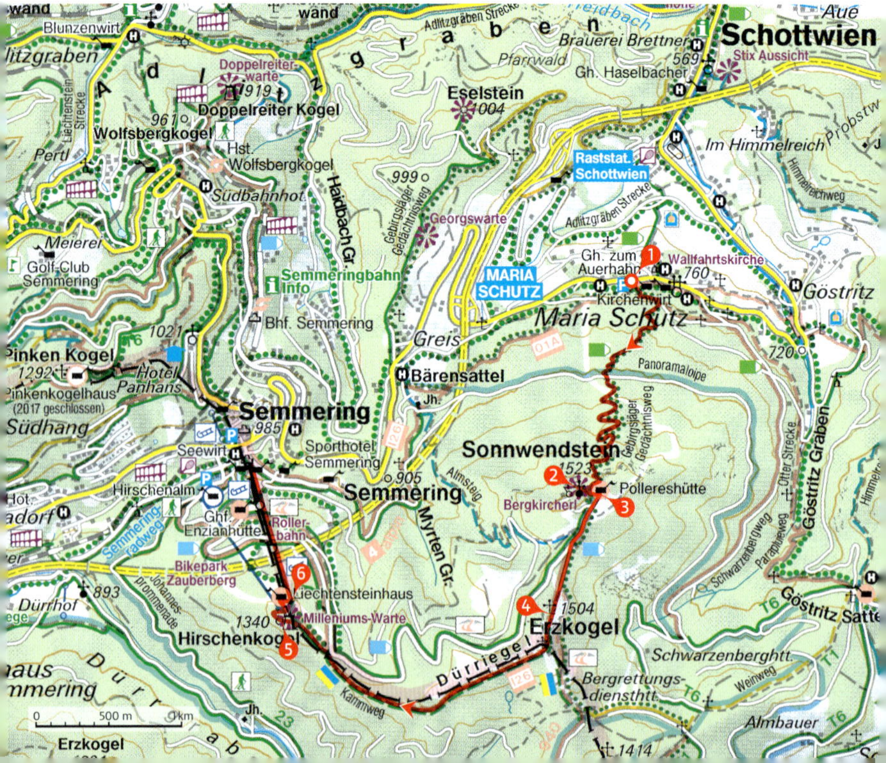

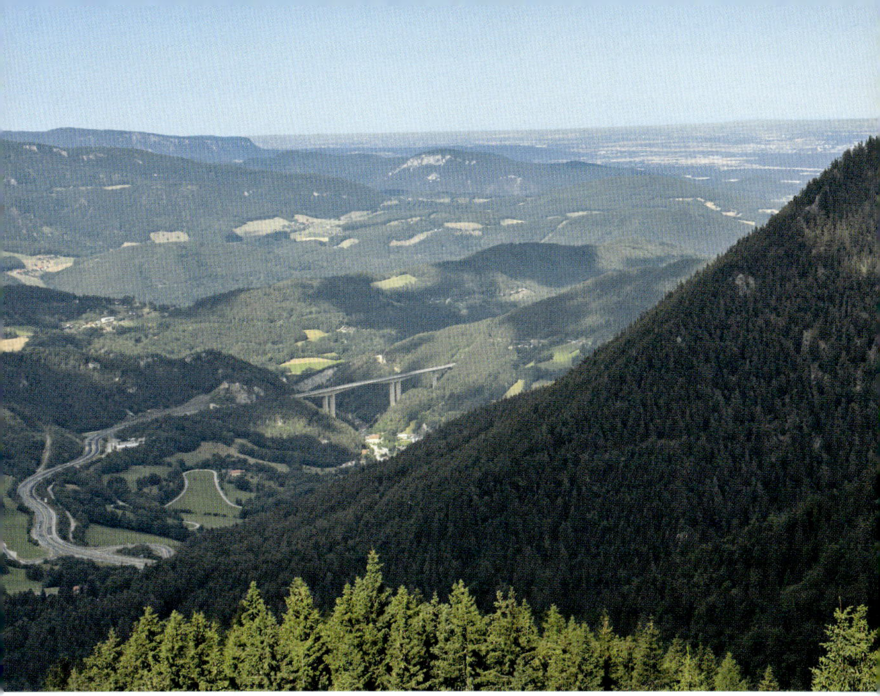

Blick vom Semmering auf den Talübergang Schottwien.

Ausgangspunkt: Parkplatz beim Feuerwehrhaus in Maria Schutz, 760 m. Anfahrt von Mürzzuschlag über die Semmering-Passhöhe und die L 4168 nach Osten (6 km) oder die Sememring Schnellstraße (S 6) bis zur Ausfahrt Maria Schutz.
ÖPNV: Verbund Linie 187 (Mürzzuschlag – Semmering); ab Semmering Bahnhof: VOR Linie 343 (Semmering – Gloggnitz) über Semmering bis Maria Schutz, Haltestelle Feuerwehr.
Anforderungen: Der Gebirgsjägersteig ist ein schmaler, aber insgesamt eher unschwieriger Waldsteig im steilen Gelände.
Abstieg: Abfahrt ab Bergstation am Hirschenkogel (www.semmering.com, Tel. +43 2664 8038) mit Gondel zum Semmering, mit Bus VOR-Linie 343 (recht gute Verbindung) zurück zum Ausgangspunkt (Haltestelle Semmering Passhöhe – Maria Schutz Feuerwehr).
Einkehr: Pollereshütte (www.polleres-huette.at), Panoramarestaurant Liechtensteinhaus (www.semmering.com).
Karte: f&b WK 022.
Tipp: Vor dem Tourstart über die Bus-Fahrzeiten informieren; für mehr Flexibilität Anfahrt mit Bus ab Semmering erwägen.

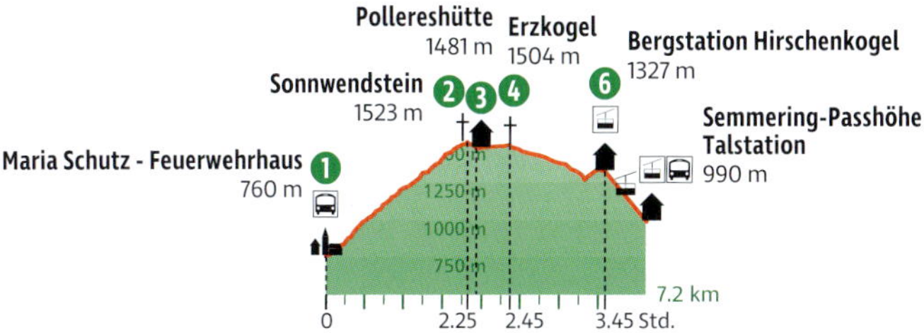

Beim großen **Parkplatz** neben dem **Feuerwehrhaus** ❶, 760 m, verkörpert das mächtige Transparent, das an das »Gebirgsjägerkriterium« (Berglauf zum Sonnwendstein) erinnert, den »offiziellen Start« für unseren Aufstieg. Der wildromantische Gebirgsjägersteig windet sich in vielen Kehren durch die Nordseite des Sonnwendsteins empor. Der Aufstieg ist vorzüglich markiert und punktet im oberen Teil mit netter alpiner Umgebung und atemberaubenden Tiefblicken zur 130 Meter hohen Autobahnbrücke über Schottwien.

Am Ende der Steilstufe, knapp unter dem Gipfel, taucht linker Hand die Pollereshütte auf, doch der Steig zum Gipfel des **Sonnwendsteins** dreht dort nach rechts und endet nach kurzer Zeit an der **Aussichtsplattfom** ❷, 1523 m, mit Kapelle, die 1935 in Gedenken an den ermordeten Bundeskanzler Engelbert Dollfuß errichtet wurde. Herausragendes Panorama vom Semmeringgebiet über Rax und Schneeberg bis hin zum Wiener Neustädter Becken! Tief unten im Tal befindet sich die historische Semmeringbahn, die von Carl von Ghega geplant, 1854 eröffnet und 1998 zum UNESCO-Weltkulturerbe ernannt wurde.

Der Abstieg führt zur **Pollereshütte** ❸, 1481 m. Danach folgen wir dem Fahrweg nach rechts, marschieren an Ebereschenhütte und Peterhütte vorbei, ignorieren die Abzweigung nach rechts bergab und gehen, mit Blick auf die kleine Pyramide des Erzkogels, noch ein Stück geradeaus. Wegweiser leiten uns dann nach rechts zum **Erzkogel** ❹, 1504 m, dessen sehr kurzer Schlussanstieg steil ist. Großes Gipfelkreuz und fantastisches Panorama mit Hirschenkogel, Fischbacher Alpen, Rax, Schneealpe, Veitsch und Hochschwab!

Danach steigen wir über den Wiesenkamm nach Westen ab, gelangen über den **Dürriegel** (Hochalmweg) in den Wald und stoßen später zur Skipiste (dort befinden sich zahlreiche Wegweiser). Auf der Piste gehen wir etwa 50 Meter bergauf, biegen dann links in den Wald ab und folgen

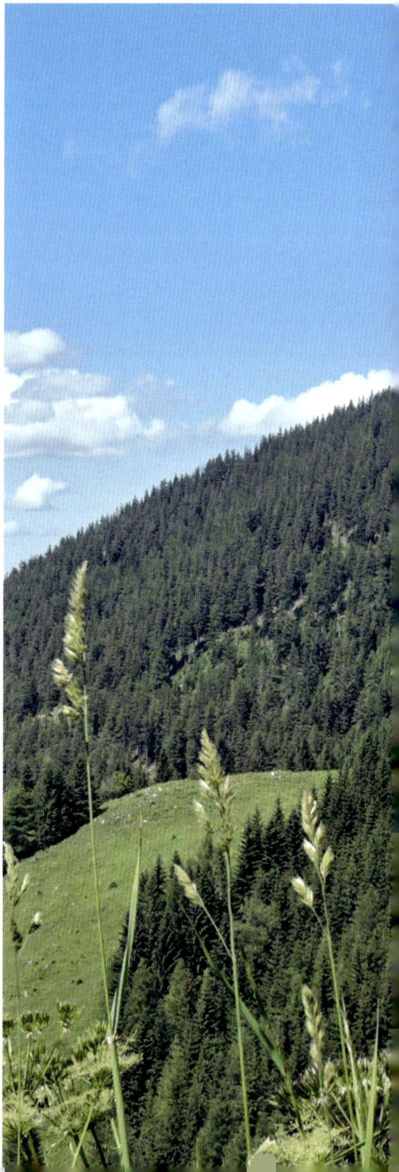

dort dem breit ausgetretenen Steig zum Gipfel des **Hirschenkogels ❺**, 1340 m, auf dem die 30 Meter hohe Dr.-Erwin-Pröll-Warte steht. Top-Panorama! Tief unter uns befindet sich die Autobahn A2 mit der Brücke über Schottwien. Der Talübergang ist mit seinen 632 Metern Länge eine der größten Spannbetonbalkenbrücken weltweit.

Dann Abstieg zur nahe gelegenen Bergstation der **Semmering-Gondelbahn ❻**, 1327 m, und mit dieser zur Semmering-Passhöhe.

Sonnwendstein.

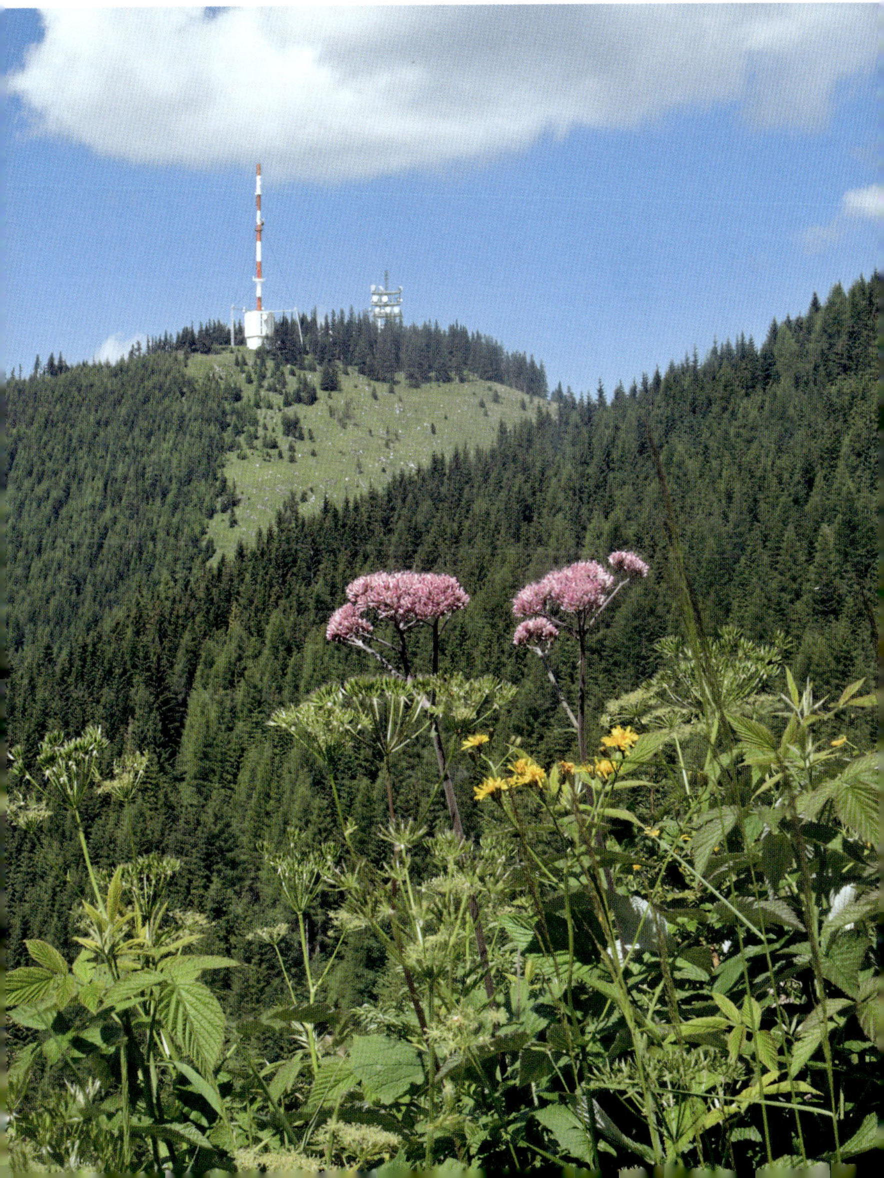

58 Rax-Törl und Jakobskogel, 1737 m

Von Hirschwang zum Gipfel beim Otto-Haus

5.30 Std. | 12,7 km | ↗1270 m | ↘250 m

Phänomenaler Felsdurchbruch und Tiefblick in das Höllental

Der mächtige Kalkstock der Rax an der steirisch-niederösterreichischen Grenze ist eines der beiden namensgebenden Bergmassive der Rax-Schneeberg-Gruppe. Viele Touren in ihrem östlichen Teil verkörpern das Idealbild von »ohne viel Abstieg«, da die perfekt gelegene Rax-Seilbahn genutzt werden kann, die 1926 als erste Personen-Seilbahn von Österreich dem öffentlichen Verkehr übergeben wurde. Stellvertretend für das breite Tourenangebot, bei dem die Rax-Seilbahn den Abstieg auf ein Minimum reduziert, soll die Wanderung von Hirschwang über den Törlweg auf den Jakobskogel vorgestellt werden. Der Weg an der Rax-Südseite führt uns durch das einzigartige Rax-Felsentörl auf das Rax-Plateau zum Otto-Haus, das nur drei Kilometer von der steirischen Grenze entfernt steht. Von dort lohnt sich noch der Aufstieg zum nahen Hüttengipfel mit großem Gipfelkreuz und hochalpiner Umgebung. Nach dem Gipfelsieg am Jakobskogel steigen wir zum »Praterstern« ab und gehen von dort fast eben zur »Höllentalaussicht«, die 1910 an einer Felsnase am Abbruch des Raxplateaus errichtet wurde. Dort komplettieren wir das Rax-Erlebnis mit dem Blick in die Rax-Nordabbrüche und erreichen nach knieschonendem Kurzabstieg die nahe gelegene Seilbahn.

Otto-Haus.

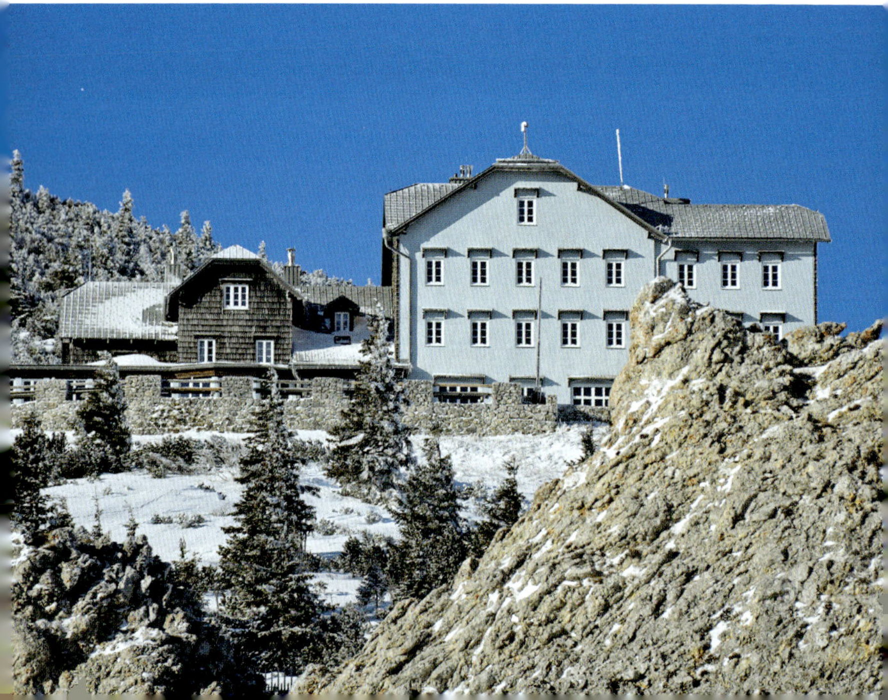

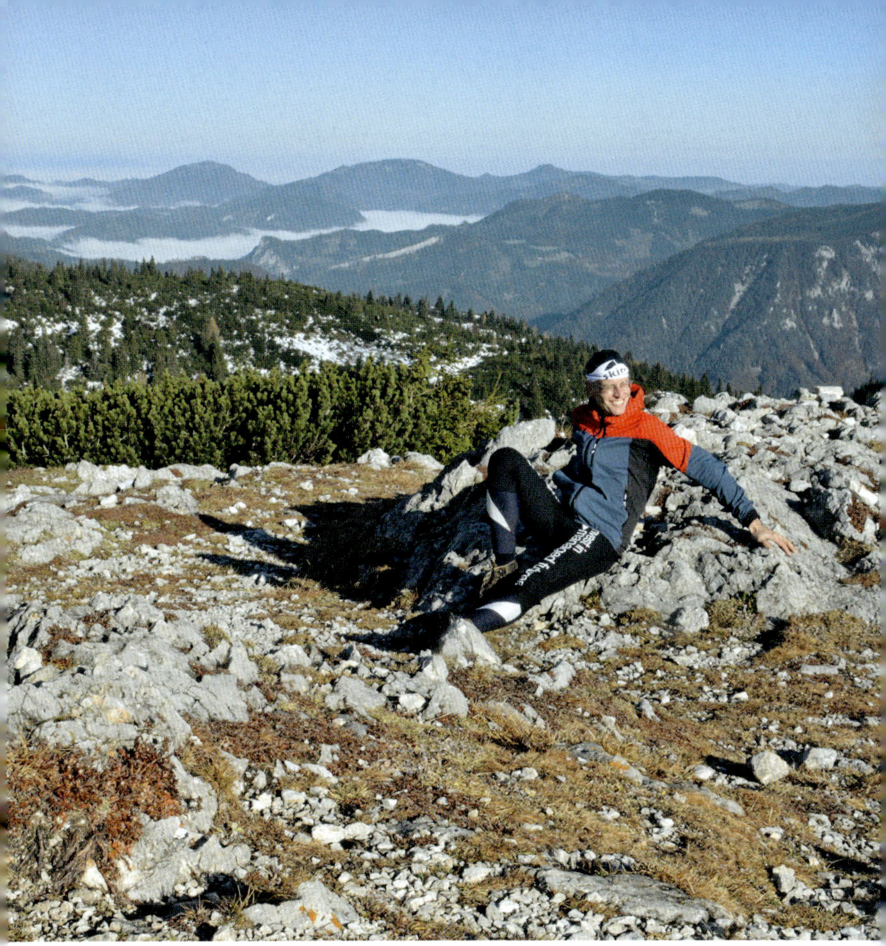

Am Gipfel des Jakobskogels.

Ausgangspunkt: Parkplatz bei der Talstation der Rax-Seilbahn, 528 m. Anfahrt über die Semmering-Schnellstraße S 6 bis Gloggnitz, dort Ausfahrt Raxgebiet und auf Höllental-Bundesstraße B 27 bis Hirschwang.
ÖPNV: ÖBB-Bahnhof Payerbach-Reichenau, dann Regionalbus 341, 342 bis Hirschwang, Haltestelle Rax Raxseilbahn.
Anforderungen: Steilere Abschnitte am Törlweg, oben alpin, aber unschwierig. Jakobskogel ab Otto-Haus kurz und steil, steiniges Terrain und Wurzeln (Trittsicherheit von Vorteil).
Abstieg: Abfahrt ab Bergstation, 1547 m, mit Gondel (www.raxalpe.com, Tel. +43 2666 52497).
Einkehr: Knappenhof (www.knappenhof.at), Otto-Haus (Tel. +43 2666 52402), Raxalm-Berggasthof (www.raxalpe.com).
Karte: f&b WK 022.
Tipps: 1. Wanderung aus dem Höllental (Weichtalhaus) über den Wachthüttelkamm auf die Rax-Hochfläche zur »Höllentalaussicht« und mit der Rax-Seilbahn bergab.
2. Der Törlweg kann bei wenig Schnee sogar im Winter begangen werden, denn die Rax-Seilbahn ist fast ganzjährig in Betrieb!

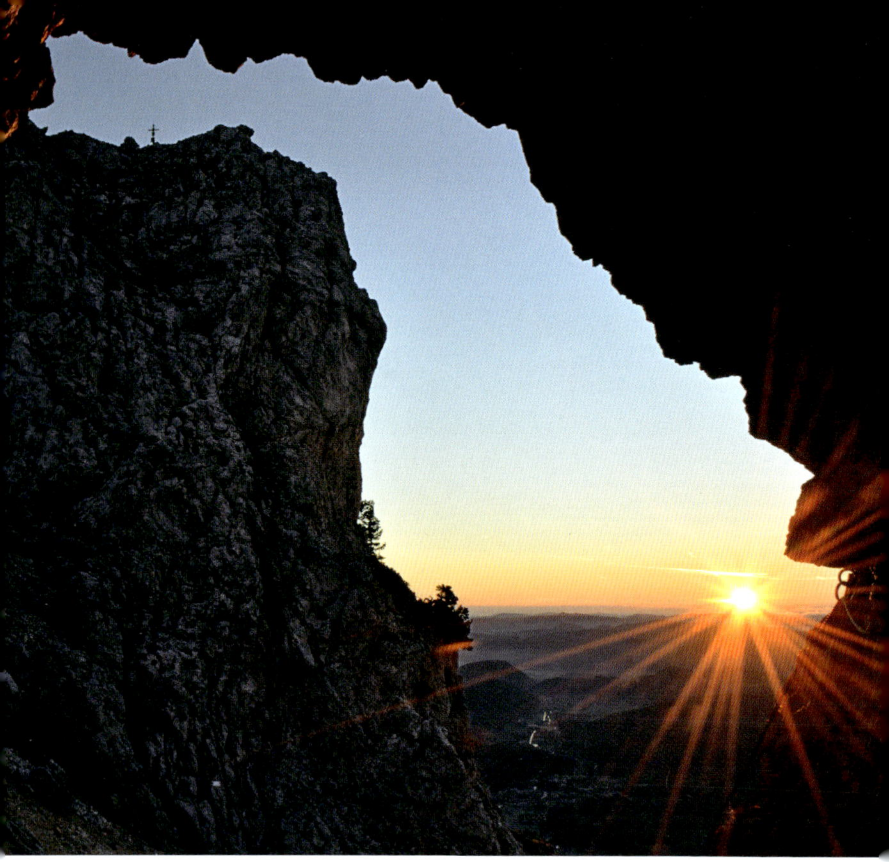

Immer spektakulär: Sonnenaufgang beim Rax-Törl.

Wir starten beim **Parkplatz** der **Rax-Seilbahn ❶**, 528 m, gehen ein Stück durch Hirschwang nach Süden Richtung Reichenau und biegen unmittelbar nach einer Bushaltestelle rechts in die schmale Emil-von-Linhart-Gasse ein, dort Wegweiser »Otto-Schutzhaus 3 h«. Gleich nach der Brücke über die Schwarza besticht die 1902 errichtete Henriettenkapelle.

Wir folgen der gelben Markierung bis zum Wegweiser beim Ausschüttanger, 712 m, biegen dort rechts Richtung »Törlweg zum Otto Schutzhaus« ab (nun durchgehend rote Markierung) und erreichen bald den **Knappenhof ❷**, 768 m; dort schöner Blick über die gesamte Rax-Südseite (!) sowie Wegweiser.

Beim Weitermarsch sehen wir kurz die Seilbahn-Bergstation, zu der der Gsolhirnsteig, der von uns aber ignoriert wird, direkt hinaufführt. Wir zweigen erst später (gut markiert) rechts zum Törlweg ab und stoßen dann auf das nicht immer Wasser führende **Lammel-Brünnl** (Grandl – Lahn), das 1905 »ihrem verdienten Hüttenwart« (Josef Lammel vom Otto-Haus) zu Ehren errichtet wurde.

Danach wird das Gelände zunehmend steiler, doch gut zu gehende Serpentinen, die an der Luisenrast vobeiführen, lassen uns angenehm an Höhe gewinnen. Schließlich führt

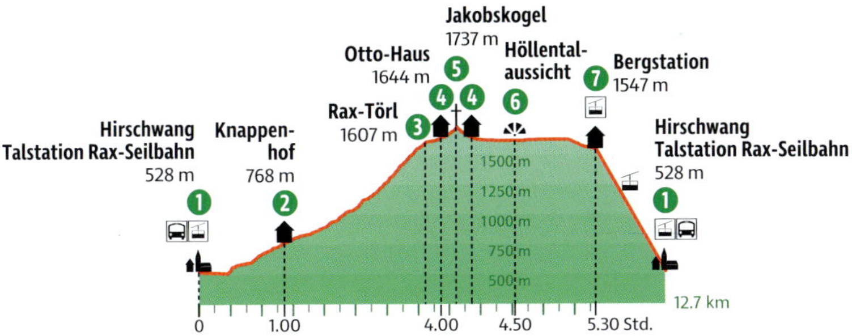

der Weg aus dem Wald heraus und die Landschaft wird hochalpin. Höhepunkt ist der Gang durch das **Rax-Törl** ❸, 1607 m, welches im Licht der aufgehenden Sonne besonders spektakulär ist!

Unmittelbar nach dem einzigartigen Felsdurchbruch erreichen wir die Rax-Hochfläche und das traditionsreiche **Otto-Haus** ❹, 1644 m, in dem schon Sigmund Freud, der oft über den Törlweg aufgestiegen war, übernachtet hatte. Vom Schutzhaus ist es nicht mehr weit bis zum Jakobskogel: Vorbei an der feinen Aussichtsplattform geht es auf steinigem Untergrund recht steil durch die Latschen bergauf, bis wir den Gipfel des **Jakobskogels** ❺, 1737 m, mit dem großen Kreuz und prima Panorama erreichen.

Auf demselbem Weg zurück zum Otto-Haus, danach weiter zum »Praterstern« (Wegknotenpunkt, 1623 m), von dort Abstecher nach links zur **Höllentalaussicht** ❻, 1620 m. Herrliches Panorama! Danach gehen wir auf demselben Weg zum »Praterstern« zurück, von wo es auf sehr einfachem, breitem Wanderweg nicht mehr weit bis zur **Seilbahn-Bergstation** ❼, 1547 m, ist.

Mit der Gondel fahren wir zur **Talstation** ❶.

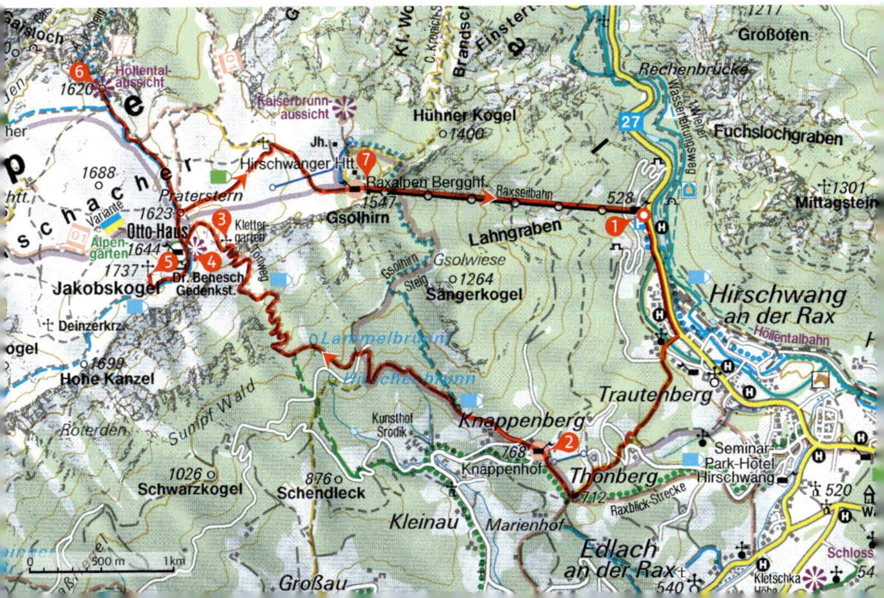

Stichwortverzeichnis

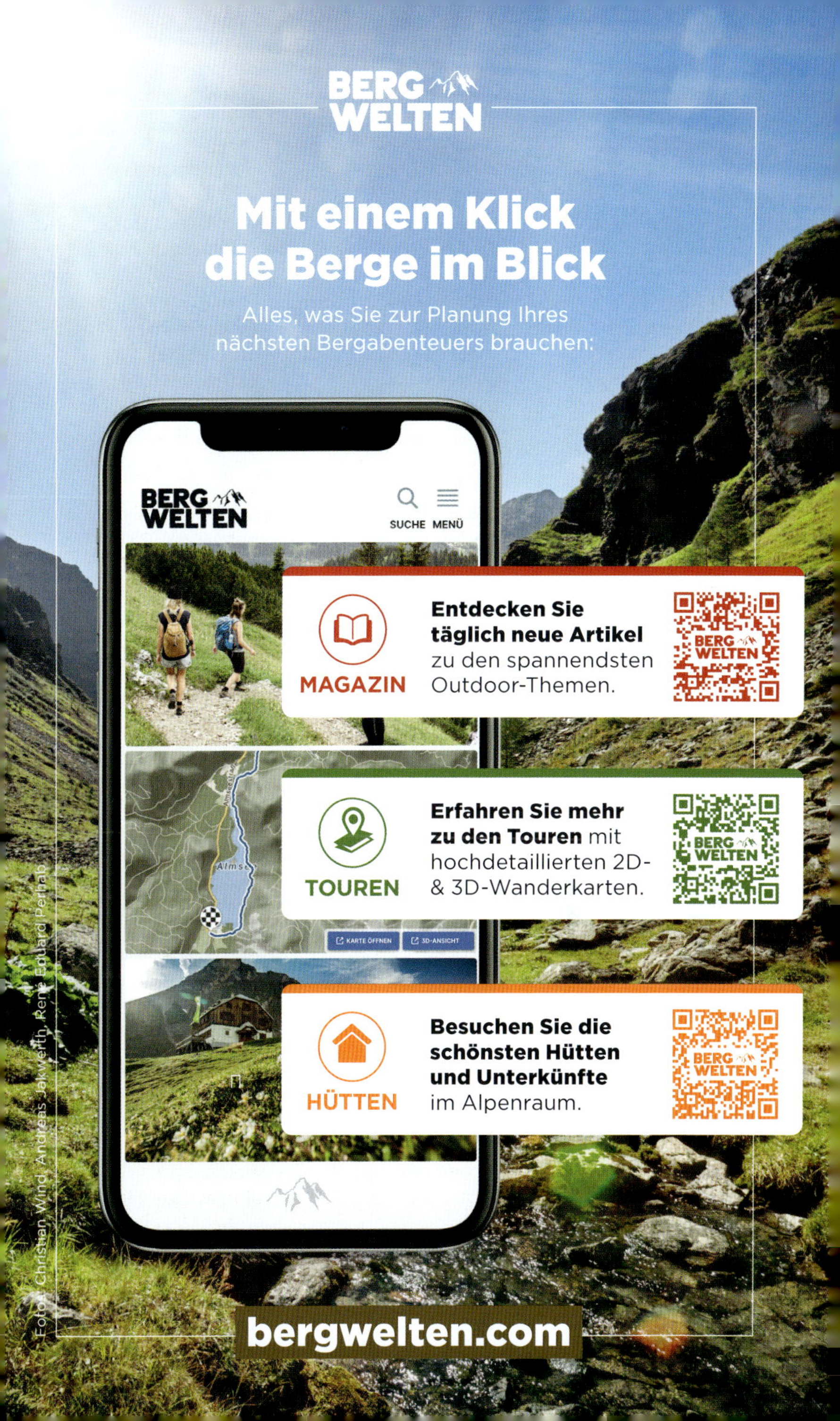
BERG WELTEN
Mit einem Klick die Berge im Blick
Alles, was Sie zur Planung Ihres nächsten Bergabenteuers brauchen:
BERG WELTEN
SUCHE
MENÜ
MAGAZIN
Entdecken Sie täglich neue Artikel zu den spannendsten Outdoor-Themen.
TOUREN
Erfahren Sie mehr zu den Touren mit hochdetaillierten 2D- & 3D-Wanderkarten.
KARTE ÖFFNEN
3D-ANSICHT
HÜTTEN
Besuchen Sie die schönsten Hütten und Unterkünfte im Alpenraum.
bergwelten.com
Fotos: Christian Wind, Andreas Jakwerth, René Eduard Perhab

Impressum

Umschlagbild: Abstieg vom Jungfrauensteig zur Austriahütte (Tour 36).

Bild im Innentitel: Reiteralm-Rundweg (Tour 42).

Bild unter dem Inhaltsverzeichnis: Dachstein-Gletscherbahn.

Bild auf den Seiten 26/27: Tauplitzsee auf der Tauplitzalm (Tour 31).

Alle 198 Fotos vom Autor, ausgenommen die Fotos auf den Seiten 22 rechts (Doris Ponocny), Seite 24 unten (Fritz Geissler) sowie 42/23 (Österreichischer Alpenverein, Sektion Mixnitz).

Kartografie: 58 Wanderkärtchen im Maßstab 1:50.000
sowie 2 Übersichtskärtchen im Maßstab 1:1.000.000 und 1:2.000.000
© Freytag & Berndt, Wien

1. Auflage 2023

ISBN 978-3-7633-3297-7

MIX
Papier aus verantwortungsvollen Quellen
FSC® C021956

Wir freuen uns über jeden Korrekturhinweis zu diesem Wanderbuch!
Bitte per E-Mail an: **leserzuschrift@rother.de**

ROTHER BERGVERLAG · Keltenring 17 · D-82041 Oberhaching
Tel. +49 89 608669-0 · www.rother.de